国家卫生健康委员会"十三五"规划教材

全国中医药高职高专教育教材

供医学美容技术等专业用

美容实用技术

第 3 版

主　编　张丽宏

副主编　李春雨　李　娟　曾小平

编　委　（按姓氏笔画排序）

王　来（黑龙江中医药大学佳木斯学院）

邓丽阳（白城医学高等专科学校）

包依飞（辽西技师学院）

孙　磊（白城医学高等专科学校）

杜桂凤（哈尔滨孙进高级技工学校）

李　娟（四川国际标榜职业学院）

李春雨（安徽中医药高等专科学校）

李春梅（随州职业技术学院）

张丽宏（黑龙江中医药大学佳木斯学院）

张忠欣（遵义医药高等专科学校）

周佳丽（四川护理职业学院）

曾小平（江西中医药高等专科学校）

雷双媛（黑龙江中医药大学佳木斯学院）

人民卫生出版社

图书在版编目（CIP）数据

美容实用技术 / 张丽宏主编 . —3 版 . —北京：
人民卫生出版社，2020
ISBN 978-7-117-29954-1

Ⅰ. ①美… Ⅱ. ①张… Ⅲ. ①美容 – 中医学 – 高等职
业教育 – 教材 Ⅳ. ①R275②TS974.1

中国版本图书馆 CIP 数据核字（2020）第 064306 号

| 人卫智网 | www.ipmph.com | 医学教育、学术、考试、健康，购书智慧智能综合服务平台 |
| 人卫官网 | www.pmph.com | 人卫官方资讯发布平台 |

美容实用技术
第 3 版

主　　编：张丽宏
出版发行：人民卫生出版社（中继线 010-59780011）
地　　址：北京市朝阳区潘家园南里 19 号
邮　　编：100021
E - mail：pmph @ pmph.com
购书热线：010-59787592　010-59787584　010-65264830
印　　刷：三河市宏达印刷有限公司
经　　销：新华书店
开　　本：787 × 1092　1/16　印张：18
字　　数：415 千字
版　　次：2010 年 5 月第 1 版　　2020 年 6 月第 3 版
　　　　　2025 年 5 月第 3 版第 9 次印刷（总第 16 次印刷）
标准书号：ISBN 978-7-117-29954-1
定　　价：59.00 元
打击盗版举报电话：010-59787491　E-mail：WQ @ pmph.com
质量问题联系电话：010-59787234　E-mail：zhiliang @ pmph.com

《美容实用技术》数字增值服务编委会

修 订 说 明

为了更好地推进中医药职业教育教材建设,适应当前我国中医药职业教育教学改革发展的形势与中医药健康服务技术技能人才的要求,贯彻落实《国家中长期教育改革和发展规划纲要(2010—2020 年)》《医药卫生中长期人才发展规划(2011—2020 年)》《中医药发展战略规划纲要(2016—2030 年)》精神,做好新一轮中医药职业教育教材建设工作,人民卫生出版社在教育部、国家卫生健康委员会、国家中医药管理局的领导下,组织和规划了第四轮全国中医药高职高专教育、国家卫生健康委员会"十三五"规划教材的编写和修订工作。

本轮教材修订之时,正值《中华人民共和国中医药法》正式实施之际,中医药职业教育迎来发展大好的际遇。为做好新一轮教材出版工作,我们成立了第四届中医药高职高专教育教材建设指导委员会和各专业教材评审委员会,以指导和组织教材的编写和评审工作;按照公开、公平、公正的原则,在全国 1 400 余位专家和学者申报的基础上,经中医药高职高专教育教材建设指导委员会审定批准,聘任了教材主编、副主编和编委;确立了本轮教材的指导思想和编写要求,全面修订全国中医药高职高专教育第四轮规划教材,即中医学、中药学、针灸推拿、护理、医学美容技术、康复治疗技术 6 个专业 83 门教材。

第四轮全国中医药高职高专教育教材具有以下特色:

1. **定位准确,目标明确** 教材的深度和广度符合各专业培养目标的要求和特定学制、特定对象、特定层次的培养目标,力求体现"专科特色、技能特点、时代特征",既体现职业性,又体现其高等教育性,注意与本科教材、中专教材的区别,适应中医药职业人才培养要求和市场需求。

2. **谨守大纲,注重三基** 人卫版中医药高职高专教材始终坚持"以教学计划为基本依据"的原则,强调各教材编写大纲一定要符合高职高专相关专业的培养目标与要求,以培养目标为导向、职业岗位能力需求为前提、综合职业能力培养为根本,同时注重基本理论、基本知识和基本技能的培养和全面素质的提高。

3. **重点考点,突出体现** 教材紧扣中医药职业教育教学活动和知识结构,以解决目前各高职高专院校教材使用中的突出问题为出发点和落脚点,体现职业教育对人才的要求,突出教学重点和执业考点。

4. **规划科学,详略得当** 全套教材严格界定职业教育教材与本科教材、毕业后教育教材的知识范畴,严格把握教材内容的深度、广度和侧重点,突出应用型、技能型教育内容。基础课教材内容服务于专业课教材,以"必须、够用"为度,强调基本技能的培养;专业课教材紧密围绕专业培养目标的需要进行选材。

5.体例设计,服务学生 本套教材的结构设置、编写风格等坚持创新,体现以学生为中心的编写理念,以实现和满足学生的发展为需求。根据上一版教材体例设计在教学中的反馈意见,将"学习要点""知识链接""复习思考题"作为必设模块,"知识拓展""病案分析(案例分析)""课堂讨论""操作要点"作为选设模块,以明确学生学习的目的性和主动性,增强教材的可读性,提高学生分析问题、解决问题的能力。

6.强调实用,避免脱节 贯彻现代职业教育理念。体现"以就业为导向,以能力为本位,以发展技能为核心"的职业教育理念。突出技能培养,提倡"做中学、学中做"的"理实一体化"思想,突出应用型、技能型教育内容。避免理论与实际脱节、教育与实践脱节、人才培养与社会需求脱节的倾向。

7.针对岗位,学考结合 本套教材编写按照职业教育培养目标,将国家职业技能的相关标准和要求融入教材中。充分考虑学生考取相关职业资格证书、岗位证书的需要,与职业岗位证书相关的教材,其内容和实训项目的选取涵盖相关的考试内容,做到学考结合,体现了职业教育的特点。

8.纸数融合,坚持创新 新版教材最大的亮点就是建设纸质教材和数字增值服务融合的教材服务体系。书中设有自主学习二维码,通过扫码,学生可对本套教材的数字增值服务内容进行自主学习,实现与教学要求匹配、与岗位需求对接、与执业考试接轨,打造优质、生动、立体的学习内容。教材编写充分体现与时代融合、与现代科技融合、与现代医学融合的特色和理念,适度增加新进展、新技术、新方法,充分培养学生的探索精神、创新精神;同时,将移动互联、网络增值、慕课、翻转课堂等新的教学理念和教学技术、学习方式融入教材建设之中,开发多媒体教材、数字教材等新媒体形式教材。

人民卫生出版社医药卫生规划教材经过长时间的实践与积累,其中的优良传统在本轮修订中得到了很好的传承。在中医药高职高专教育教材建设指导委员会和各专业教材评审委员会指导下,经过调研会议、论证会议、主编人会议、各专业编写会议、审定稿会议,确保了教材的科学性、先进性和实用性。参编本套教材的近 1 000 位专家,来自全国 40 余所院校,从事高职高专教育工作多年,业务精纯,见解独到。谨此,向有关单位和个人表示衷心的感谢! 希望各院校在教材使用中,在改革的进程中,及时提出宝贵意见或建议,以便不断修订和完善,为下一轮教材的修订工作奠定坚实的基础。

人民卫生出版社有限公司

2018 年 4 月

全国中医药高职高专院校第四轮规划教材书目

教材序号	教材名称	主编		适用专业
1	大学语文（第4版）	孙 洁		中医学、针灸推拿、中医骨伤、护理等专业
2	中医诊断学（第4版）	马维平		中医学、针灸推拿、中医骨伤、中医美容等专业
3	中医基础理论（第4版）*	陈 刚	徐宜兵	中医学、针灸推拿、中医骨伤、护理等专业
4	生理学（第4版）*	郭争鸣	唐晓伟	中医学、中医骨伤、针灸推拿、护理等专业
5	病理学（第4版）	苑光军	张宏泉	中医学、护理、针灸推拿、康复治疗技术等专业
6	人体解剖学（第4版）	陈晓杰	孟繁伟	中医学、针灸推拿、中医骨伤、护理等专业
7	免疫学与病原生物学（第4版）	刘文辉	田维珍	中医学、针灸推拿、中医骨伤、护理等专业
8	诊断学基础（第4版）	李广元	周艳丽	中医学、针灸推拿、中医骨伤、护理等专业
9	药理学（第4版）	侯 晞		中医学、针灸推拿、中医骨伤、护理等专业
10	中医内科学（第4版）*	陈建章		中医学、针灸推拿、中医骨伤、护理等专业
11	中医外科学（第4版）*	尹跃兵		中医学、针灸推拿、中医骨伤、护理等专业
12	中医妇科学（第4版）	盛 红		中医学、针灸推拿、中医骨伤、护理等专业
13	中医儿科学（第4版）*	聂绍通		中医学、针灸推拿、中医骨伤、护理等专业
14	中医伤科学（第4版）	方家选		中医学、针灸推拿、中医骨伤、护理、康复治疗技术专业
15	中药学（第4版）	杨德全		中医学、中药学、针灸推拿、中医骨伤、康复治疗技术等专业
16	方剂学（第4版）*	王义祁		中医学、针灸推拿、中医骨伤、康复治疗技术、护理等专业

续表

教材序号	教材名称	主编	适用专业
17	针灸学(第4版)	汪安宁　易志龙	中医学、针灸推拿、中医骨伤、康复治疗技术等专业
18	推拿学(第4版)	郭　翔	中医学、针灸推拿、中医骨伤、护理等专业
19	医学心理学(第4版)	孙　萍　朱　玲	中医学、针灸推拿、中医骨伤、护理等专业
20	西医内科学(第4版)*	许幼晖	中医学、针灸推拿、中医骨伤、护理等专业
21	西医外科学(第4版)	朱云根　陈京来	中医学、针灸推拿、中医骨伤、护理等专业
22	西医妇产科学(第4版)	冯　玲　黄会霞	中医学、针灸推拿、中医骨伤、护理等专业
23	西医儿科学(第4版)	王龙梅	中医学、针灸推拿、中医骨伤、护理等专业
24	传染病学(第3版)	陈艳成	中医学、针灸推拿、中医骨伤、护理等专业
25	预防医学(第2版)	吴　娟　张立祥	中医学、针灸推拿、中医骨伤、护理等专业
1	中医学基础概要(第4版)	范俊德　徐迎涛	中药学、中药制药技术、医学美容技术、康复治疗技术、中医养生保健等专业
2	中药药理与应用(第4版)	冯彬彬	中药学、中药制药技术等专业
3	中药药剂学(第4版)	胡志方　易生富	中药学、中药制药技术等专业
4	中药炮制技术(第4版)	刘　波	中药学、中药制药技术等专业
5	中药鉴定技术(第4版)	张钦德	中药学、中药制药技术、中药生产与加工、药学等专业
6	中药化学技术(第4版)	吕华瑛　王　英	中药学、中药制药技术等专业
7	中药方剂学(第4版)	马　波　黄敬文	中药学、中药制药技术等专业
8	有机化学(第4版)*	王志江　陈东林	中药学、中药制药技术、药学等专业
9	药用植物栽培技术(第3版)*	宋丽艳　汪荣斌	中药学、中药制药技术、中药生产与加工等专业
10	药用植物学(第4版)*	郑小吉　金　虹	中药学、中药制药技术、中药生产与加工等专业
11	药事管理与法规(第3版)	周铁文	中药学、中药制药技术、药学等专业
12	无机化学(第4版)	冯务群	中药学、中药制药技术、药学等专业
13	人体解剖生理学(第4版)	刘　斌	中药学、中药制药技术、药学等专业
14	分析化学(第4版)	陈哲洪　鲍　羽	中药学、中药制药技术、药学等专业
15	中药储存与养护技术(第2版)	沈　力	中药学、中药制药技术等专业

续表

教材序号	教材名称	主编	适用专业
1	中医护理(第3版)*	王 文	护理专业
2	内科护理(第3版)	刘 杰 吕云玲	护理专业
3	外科护理(第3版)	江跃华	护理、助产类专业
4	妇产科护理(第3版)	林 萍	护理、助产类专业
5	儿科护理(第3版)	艾学云	护理、助产类专业
6	社区护理(第3版)	张先庚	护理专业
7	急救护理(第3版)	李延玲	护理专业
8	老年护理(第3版)	唐凤平 郝 刚	护理专业
9	精神科护理(第3版)	井霖源	护理、助产专业
10	健康评估(第3版)	刘惠莲 滕艺萍	护理、助产专业
11	眼耳鼻咽喉口腔科护理(第3版)	范 真	护理专业
12	基础护理技术(第3版)	张少羽	护理、助产专业
13	护士人文修养(第3版)	胡爱明	护理专业
14	护理药理学(第3版)*	姜国贤	护理专业
15	护理学导论(第3版)	陈香娟 曾晓英	护理、助产专业
16	传染病护理(第3版)	王美芝	护理专业
17	康复护理(第2版)	黄学英	护理专业
1	针灸治疗(第4版)	刘宝林	针灸推拿专业
2	针法灸法(第4版)*	刘 茜	针灸推拿专业
3	小儿推拿(第4版)	刘世红	针灸推拿专业
4	推拿治疗(第4版)	梅利民	针灸推拿专业
5	推拿手法(第4版)	那继文	针灸推拿专业
6	经络与腧穴(第4版)*	王德敬	针灸推拿专业
1	医学美学(第3版)	周红娟	医学美容技术等专业
2	美容辨证调护技术(第3版)	陈美仁	医学美容技术等专业
3	美容中药方剂学(第3版)*	黄丽平 姜 醒	医学美容技术等专业

续表

教材序号	教材名称	主编	适用专业
4	美容业经营与管理（第3版）	申芳芳	医学美容技术等专业
5	美容心理学（第3版）*	陈　敏　汪启荣	医学美容技术等专业
6	美容外科学概论（第3版）	贾小丽	医学美容技术等专业
7	美容实用技术（第3版）	张丽宏	医学美容技术等专业
8	美容皮肤科学（第3版）	陈丽娟	医学美容技术等专业
9	美容礼仪与人际沟通（第3版）	位汶军　夏　曼	医学美容技术等专业
10	美容解剖学与组织学（第3版）	刘荣志	医学美容技术等专业
11	美容保健技术（第3版）	陈景华	医学美容技术等专业
12	化妆品与调配技术（第3版）	谷建梅	医学美容技术等专业
1	康复评定（第3版）	孙　权　梁　娟	康复治疗技术等专业
2	物理治疗技术（第3版）	林成杰	康复治疗技术等专业
3	作业治疗技术（第3版）	吴淑娥	康复治疗技术等专业
4	言语治疗技术（第3版）	田　莉	康复治疗技术等专业
5	中医养生康复技术（第3版）	王德瑜　邓　沂	康复治疗技术等专业
6	临床康复学（第3版）	邓　倩	康复治疗技术等专业
7	临床医学概要（第3版）	周建军　符逢春	康复治疗技术等专业
8	康复医学导论（第3版）	谭　工	康复治疗技术等专业

* 为"十二五"职业教育国家规划教材

第四届全国中医药高职高专教育教材建设指导委员会

第四届全国中医药高职高专医学美容技术专业教材评审委员会

前　言

　　本教材为国家卫生健康委员会"十三五"规划教材暨全国中医药高职高专教育第四轮第二批规划教材之一,是在教育部 2015 年 10 月新颁布的《普通高等学校高等职业教育(专科)专业目录(2015 年)》指导下,根据本套教材总的编写原则和要求,结合当前高职高专医学美容职业教育教学的特点和美容实用技术教学大纲的要求编写而成。

　　本教材共八章,第一章介绍美容实用技术的内涵和外延;第二章介绍皮肤美容基本知识;第三到八章每一章分别介绍一类美容技术,包含了临床验证具有可靠疗效的成熟技术、普遍应用技术,并收纳了新兴的具有使用前景的新技术。本教材除了设有传统的"学习要点""知识链接""复习思考题"等栏目外,还配有"PPT 课件""扫一扫,知重点""扫一扫,测一测""复习思考题答案要点和模拟试卷""教学大纲"等数字增值内容,将 APP 客户端和纸质教材相融合,使教材内容丰富多彩并多元呈现,突显实用性和科学性,并兼具可读性、拓展性和趣味性。部分技术要点配备演示视频,使教材内容形象、生动,易教易学。

　　编写过程中,我们参阅了大量美容界同行出版的相关论文、论著,并对一些技术加以汲取和借鉴,在此表示衷心感谢! 美容作为一个新兴行业,各项技术充满诱惑和挑战,因此美容教育更需要在科学的指导下理性审视当下美容行业中各种技术及项目,理性看待生活美容的服务本质,坚持"保养是老样子"的长久如一,区别于医美逆转时光的鬼斧神工。唯有界限分明,美容技术才能焕发生机与活力,更好地推动美容行业规范、健康、阔步发展。

　　本书特别对安徽中医药高等专科学校李春雨、四川国际标榜职业学院李娟、江西中医药高等专科学校曾小平,以及黑龙江中医药大学佳木斯学院雷双媛、王来等各大院校老师的大力协助,表示诚挚的谢意!

　　对于教材可能会存在的一些不足或疏漏之处,恳请广大师生在使用中提出宝贵意见,也敬请各位同仁批评指正!

《美容实用技术》编委会

2019 年 3 月

目　录

第一章

- - - - - - -

绪　论

课件
01章PPT

扫一扫
知重点

学习要点

> 美容相关概念的内涵和外延;当前美容实用技术存在的学科状况及地位;美容医学的发展概况。

从古至今,美都是一个永恒的话题和追求。爱美是人的天性,美不仅仅是人类进化的产物,也是生产力发展、社会文明的标志。随着科学技术的飞速发展,以美容经济、美容产业、美容教育为主体的"美容文化"已经成为社会发展的必需。

自20世纪80年代以来,医学领域出现了"美容医学"这个新兴交叉学科,特别是医学与美学的"联姻",推动医学美学学科的建立,赋予了美容医学崭新的形象和内容。经过30余年的实践,美容医学迅速发展起来,有了自己的理论基础、学科群系、概念、研究对象、体系结构、方法、技术、应用等,从而衍生出许多新兴的分支学科,如医学人体美学、美容皮肤科学、美容外科学、美容实用技术、化妆品学、美容心理学、美容保健技术、美容内科学、美容牙科学、美容营销学等。

美容医学的形成和发展,是医学发展到一定时期的产物,是现代科学发展的又一趋势。美容实用技术作为美容医学的一个新兴分支学科,顺应了现代高新技术的应用及时代的社会需求。

一、美容实用技术的概念和对象

随着美容医学的蓬勃发展,许多美容技术如肌肤养护、塑形美体、注射填充、激光、冷冻、文饰等日益显现出其应用的重要性。这些技术有的从属于美容医学的分支学科,如美容皮肤科学、美容外科学、美容牙科等;有的自成一体,如来源于理化的医疗技术、按摩技术、传统的文饰技术等。同时随着人们美容观念的转变,人与社会、人与自然及与自身的相互适应与和谐,给健康赋予了新的内涵,随之而来的养生技术、芳香技术等一些新技术应运而生。如何把这些散在的,实用性、操作性较强的新老美容技术或项目集中统一起来,归类为一个整体,避免长期孤立地仅在某一分支学科中单向发展,使其成为美容医学中的一个应用性技术群,已经势在必行。这不仅有利于专业技术人才的培养,更有利于临床实践研究的提高和学科系统的发展,丰富了美容医学的学科内涵,顺应了当代科学由分化走向整合发展的新要求。

1

经过多年医疗实践,综合了许多学者的观点,我们认为:美容实用技术主要是以医学美学原理为指导,以中西医理论为基础,同时根据人体皮肤容颜的自然变化和形成规律,将分散于各医学母体学科的一些技术和方法融为一体(除美容牙科和美容外科外),研究各种美容操作技术、技巧和手法,维护、修复、改善人体形态美的一门学科,是不同的美容技术作用原理及技法的总和,是美容医学领域中一个实用性很强的应用性技术群。它与美容医学的其他分支学科同时存在,并广泛应用于美容医学实践中,是美容医学整体学科中的重要组成部分。

知识链接

相关概念

1. 医学美容 是指使用药物、手术、手法、医疗仪器以及其他损伤性或侵入性医学手段所进行的美容。

2. 美容医学 是一门以人体形式美理论为指导,采取手术或非手术的医学手段,维护、修复和再塑人体美,以增进人的生命活动美感和生命质量为目的的新兴的医学交叉学科(张其亮)。它是一个学科,包含美容皮肤科学、美容外科学、美容内科学、美容牙科学、物理美容学、美容医学基础理论、中医美容学、美容实用技术、美容保健技术学等分支学科。

3. 医学美学 研究医学领域中的美与审美的一般规律和医学审美创造的医学人文科学。

4. 技术 泛指生产实践经验和自然科学原理而发展成的工艺操作方法和技能。

美容实用技术的实施对象,主要是在健康的基础上,具有求美愿望的人群。美容实用技术实施的目的是达到人的健与美的和谐统一,从而提高人类生命的质量和水平。

由于美容实用技术作为独立的分支学科形成不久,其内涵与外延仍存在一定的不确定性,美容医学界对它的认识还不够深入,尚需要进一步加强学术研究,完善其理论结构。

二、美容实用技术课程的地位和基本任务

(一)课程的地位

美容实用技术是一门应用技术性很强的美容医学分支学科,是医学美容技术专业课程体系中最基本的骨干课之一,是医学美容技术专业学生在校学习期间的必修课程,在医学美容技术专业教学中发挥着重要作用,提供了必要的美容基础知识和基本技能。

(二)课程的基本任务

1. 充分运用目前已经成熟的基础理论和实践技术,充分满足广大社会求美人士的需求。

2. 在医学美学原理和医学理论指导下,充实美容实用技术理论,逐渐丰富、完善这一年轻的技术群体,使之在众多学科中脱颖而出,成为美容医学的一枝奇葩。

3. 充分运用美学、医学及美容医学相关学科的成熟理论,研究考证新兴的美容技术、技法,为其寻找科学理论支撑点,从而发展安全、有效、科学的美容技术。

4. 进一步科学地借鉴美容医学相关学科的知识和技能,结合美容技术临床实践,不断探索、丰富、发展、创新、精益求精,使求美者与实施者之间达到美容心理上的沟通和共识,从而获得最佳的美容效果,同时也为美容医学学科的发展、完善、成熟作出贡献。

5. 注重和提高美容实用技术的科技含量。虽然美容实用技术在我国飞速发展,但有些技术急功近利,缺乏理论根据及科技水平,而且科技含量和实践精度与国际先进水平相比还有一定的差距,因而将美容实用技术的发展与科学技术同步,将是一项长期而艰巨的重要任务。

6. 美容实用技术学科是一个新生事物。人才培养、教材编著是美容实用技术服务事业得以延续和发展的根本因素。充实其理论内容,提高教材水平,培养医学美容专业人才,是一项光荣而艰巨的任务。

三、美容实用技术的应用领域

从近年来我国美容医学学科研究和美容实用技术的应用情况来看,美容实用技术的应用领域大体包含以下几个方面:

1. 肌肤养护技术　包括皮肤专业养护技术和芳香美容技术等。
2. 仪器美容技术　包括皮肤检测、皮肤清洁、皮肤修复、光电美容、美体塑形等仪器美容技术。
3. 非手术美体塑形技术　包括健胸、减肥和塑身技术等。
4. 修饰美容技术　包括化妆技术、毛发造型设计、美甲技术、三文技术等。

四、美容实用技术的发展前景

美容实用技术作为美容医学的分支学科,是在社会需求不断增长的新形势下迅速壮大起来的。虽然把它确立为一个应用性技术群,但如何在现代医学模式转变及医学技术飞速发展的今天,充分满足求美者急剧增长的审美要求,以及美容观念的转变;在美容产品层出不穷,美容材料不断更新,美容项目、美容技法不断翻新的趋势下,如何应对美容行业愈来愈激烈的竞争;如何为新项目、新技术寻找科学依据及理论支撑;如何完善美容技术专业队伍建设,这将是一个长期而艰巨的使命。美容已是人们之必需,由美容资源、美容产业、美容市场等要素构成的美容经济,已成为消费热点之一,美容实用技术的发展前景艰辛而光明。

(张丽宏)

附 医学美容的发展史

(一) 西方整形外科的发展

从医学的历史记载来看,整形外科是战争的产物。两次世界大战造成大量的创伤畸形,伤残将士们要求国家医疗机构为其做修补、整形、再造手术,尽可能恢复原有的体态容貌。经过相当的一段过程,这种手术实践、手术方法一再创新,技术水平也不断提高。因而,一些医疗技术先进的国家中,整形外科从外科学中分化出来,形成独立的医学分支学科。整形外科的医师们,在医学实践中渐渐意识到,应该恢复和改善人体的自然形态,并作为整形外科医学实践活动的出发点和落脚点。同时,对于先天性、感染性的畸形与缺损也有了一定认识。经过临床实践,整形外科得到了充实和发展。

在整形外科实践活动的启发下,有些医师开始思考能否在健康体态与容貌上进行整形和再造

3

技术来获得美感。基于上述想法，有些整形外科医师利用业余时间进行健康手术设计，或者有的医师私下秘密做一些美容整形手术。因为，当时某些国家是不允许的，并且受到医学界的反对。

(二) 西方现代美容整形外科的形成发展

第二次世界大战后，英、美、日、意等国家开始实施发展生产、繁荣经济的建设方针，促使人们的生活水平迅速提高。当人们物质生活条件得到满足之后，对自身容貌和体态的追求越来越高，要求做美容手术的人与日俱增，促使整形外科医师开始向美容整形专业发展，从而使美容整形技术日趋成熟。于是，自20世纪70年代以后，有些国家的美容整形外科开始从整形外科中分离出来，成为独立的"美容整形外科"。直至20世纪80年代，美容整形外科才逐渐得到国际医学界的认可和重视。

1979年，国际美容整形外科协会在纽约成立。此后在美国出版发行了世界首本医学美容杂志——《美容整形外科杂志》。之后，日本美容外科学会出版了世界第二本医学美容杂志——《日本美容外科学会会报》。有些国家则在医学杂志上开辟了美容整形专栏，为美容医学的发展作出了贡献。

对于现代美容整形外科的形成发展，作出重要贡献的国家有法国、美国、英国、意大利、德国、新加坡、日本。此外，中国经络美容和许多中医药美容在国外医学美容事业中也占有显著地位。

1975年3月，在雅典举行的第29届国际美容学会上，东方代表宣读的《经络美容法》论文，获得"狂热"的反响。同时将化妆品、美容学、医学美容学分别设为独立的学科组，虽然具有医学美容的内涵，但尚未受到国际医学界的广泛参与。

(三) 我国现代医学美容学的兴起与发展

20世纪80年代，随着美容外科、皮肤美容、口腔颌面美容等学术活动的开展，以及医学美学基础理论研究的兴起，我国现代医学美容学逐渐发展和兴盛起来。它不仅积累了我国现代医学实践经验，继承和发扬了祖国传统医学美容的精华，而且融合了国外医学美容先进技术。

目前，国外的医学美容仍处在美容技术单项发展、"各自为政"的状态。与国外医学美容相比，我国现代医学美容具有起步晚、发展快和综合发展趋势的三大特点。

随着国民经济的迅速增长，人民生活水平普遍提高，人们追求美的欲望和需求日益高涨。这激发了广大医务工作者的热情，积极投身到医学美容理论与技术的研究之中。自1987年以来，我国医学美容的研究与实践进入了长足发展的时期。在国际上颇具影响力的中华医学会医学美学与美容学分会于1990年11月成立，设有四个学组，六个工作组。

对于我国现代医学美容学的兴起与发展作出突出贡献的专家有：

(1) 美容外科方面较早的有宋儒生、张涤生、朱洪荫、汪良能、王大枚等。

(2) 美容皮肤科方面较早的有王高松、李树莱、张其亮等。

(3) 口腔医学美学方面有孙少宣、张震康、王兴等。

(4) 医学美容学基础理论研究方面，较系统研究的有彭庆星、邱琳枝、丁蕙孙、赵永耀等。

总之，现代医学模式由传统的生物医学模式向生物 - 心理 - 社会医学模式转变，由原来维持人的生存、救死扶伤到极力满足人的全方位的需求，以提高人的生命质量、增进人的生命活力、提高健与美的质量及健与美的高度和谐统一为最终目标。

因此，医学美容工作者要努力适应这一转变，体现"以人为本"，端正服务思想，提高专业技能，尤其是要打好基础，不断充实自己，紧跟时代科技发展，成为合格的美容工作者。医学美容发展之势已势不可挡，并且有着光辉的前景。我们坚信：医学美容的明天将会更加美好。

(雷双媛)

复习思考题

1. 如何理解美容实用技术的概念和对象?
2. 请用自己的话谈谈美容实用技术在当今美容业的地位。

扫一扫
测一测

第二章

皮肤美容基本知识

学习要点

中性皮肤、干性皮肤、油性皮肤、混合性皮肤、敏感性皮肤、衰老性皮肤;皮肤的解剖结构及皮肤美容知识的运用;皮肤测定的方法和不同皮肤类型的辨识;皮肤的生理功能;皮肤的保养原则。

诗人马雅可夫斯基说:"世上没有任何一件衣服能比健康的皮肤更美丽。"美丽而健康的皮肤,是古今爱美人士孜孜不断的追求,也是美容最重要的内容。新陈代谢的自然规律,决定了追求皮肤这件自然外衣的永远美丽是不现实的,青春永驻也只能是人们美好的愿望。现代生物医学及科技高度发达的今天,延缓衰老,推迟皮肤老化逐渐变为现实。要想拥有健康而美丽的容颜,科学、正确地运用养护手段,首先要从皮肤美容的基本知识开始。

第一节　皮肤的解剖构成

皮肤是人体最大的组织器官,覆盖于人体表面,与外界环境密切接触,是人体的第一道防线,具有十分重要的功能,也是美容保健的主要对象。由于皮肤的特殊位置,直接反映了人体内外环境的变化。无论皮肤何种结构出现异常,均会影响到皮肤的健美。

知识链接

健康皮肤特点及影响因素

1. 中国人健康皮肤特点　肤色均匀红润;皮肤含水量充足,水油分泌平衡;肤质细腻有光泽,皮肤光滑有弹性;面部皱纹程度与年龄相当;对外界刺激(包括日光)不敏感;无皮肤病。

2. 影响皮肤健康的因素　遗传、光辐射、吸烟、气候、化妆品、睡眠、生活习惯、精神因素、身体状况、皮肤病等均可影响皮肤健康状态。

皮肤从外向内由表皮、真皮和皮下组织三部分构成,其间分布着血管、神经、肌肉、淋巴管及皮脂腺、汗腺、毛囊、毛发等皮肤附属器官。

一、表皮

表皮由角化的复层鳞状上皮构成，主要是由上皮细胞(角朊细胞)和树突状细胞组成。上皮细胞发生和分化的最终阶段是形成含有角蛋白的角质层细胞，故又称角质形成细胞。树突状细胞数目少，主要为黑色素细胞、朗格汉斯(Langerhans)细胞、梅克尔(Merkel)细胞、未定型细胞。

根据角质形成细胞分化和成熟的不同发展阶段和特点，又将表皮从外向内依次分为角质层、透明层(仅见手掌和足跖)、颗粒层、棘细胞层和基底层。

1. 角质层 位于表皮的最外层，由数层扁平角化的无核细胞组成，无生物活性，相嵌排列组成板层状结构，非常坚韧，同时细胞内充满角蛋白及表皮脂肪物质。角蛋白是角质形成细胞主要的结构蛋白之一，是一种非水溶性的软角蛋白，有很强的吸水性，含水量约在 10%~20%，而当含水量为 10%~20% 时，角质状态亦最佳;脂肪物质犹如每层角化细胞间的粘垫，使每层角化细胞紧密连接，并柔软细胞、防止水分渗入及其他物质侵入。此层厚度因部位而异，其形成和脱落有一定的时间，平均约 14 天，使角质层保持一定的厚度。因此，角质层使皮肤具有抵抗外界摩擦，防护冷、热、酸、碱等刺激，防止水分与电解质的通过，防止病毒和细菌入侵，保持皮肤柔软湿润，防止皲裂的作用。角质层的天然屏障作用对面部皮肤养护和治疗有一定影响，故在做皮肤养护或面部按摩前，需用蒸气浴面或用磨砂等来软化和祛除部分角质，或在药物中加入透皮剂，以利于药物和营养成分的渗透和吸收。

角质层含有 30% 的天然保湿因子(如透明质酸、神经酰胺)，有极强的吸水性，可维持角质层的含水量。若该层含水量保持在 10%~20% 时，皮肤柔软滋润;含水量少于 10% 时，则皮肤干燥、脱屑、易起皱纹;含水量多于 25% 时，则皮肤易潮红、敏感。

2. 透明层 紧贴在角质层的下面，仅见于手掌和足跖等表皮较厚的部位，是角质层的前期，由 2~3 层扁平、无核细胞构成，排列成板层状，含磷脂类物质较多，具有防止水及电解质通过的屏障作用。

3. 颗粒层 位于棘层上方，由棘细胞生发而来，由扁平梭形细胞并列组成，是进一步向角质层细胞分化的细胞。正常皮肤颗粒层的厚度与角质层的厚度成正比，内含透明角质颗粒及拒水的磷脂质，既防止水分流失也防止体外水分及有害物质入侵，又可折射阳光中的紫外线，建立起表皮的又一屏障，但易受高温、盐碱、阳光暴晒等影响而失去功能。

4. 棘细胞层 位于基底层上方，由基底细胞不断增殖分化而来，由 4~8 层带棘的多角形细胞组成，细胞间有空隙，有淋巴流动，以供细胞营养。深层细胞的胞质中有时仍可见黑色素颗粒，至浅层时黑色素大多已分解。靠近基底层的棘细胞仍具有分裂功能，参与伤口愈合过程。

5. 基底层 由一层排列成栅栏状的圆柱细胞或立方形细胞组成，位于表皮底层，与真皮的交界处形成波浪状的基底膜，是由向真皮伸入的表皮脚和向表皮突出的真皮乳头之间互相镶嵌而成，预示皮肤的储水能力和皮肤状态。基底层在年轻时，交界处凹凸不平，储水能力强，皮肤弹性好;随着年龄增长，交界处波浪逐渐变平，储水能力也逐渐变差，皮肤弹性减弱。基底层细胞有很强的分裂增殖能力，表皮各层细胞均由基底层细胞生发而来,又叫生发层。基底层与皮肤美容关系密切。

(1) 基底细胞有较强的分裂和生长能力:基底细胞的分裂生长周期为 12~19 天,能不断产生新生的表皮细胞,部分新生的细胞向上移动进入棘细胞层,再到颗粒层约需 14 天,通过角质层脱落又约需 14 天,即一个细胞由基底层新生到抵达角质层而脱落大概需要 28 天,此称为细胞通过时间或细胞更替时间。若从基底细胞分裂生长来计算则需 40~47 天。因而一定要遵循表皮细胞新陈代谢的周期,合理科学地进行皮肤美容养护,任何违背这一生理规律的"美容治疗"都是不科学的。

知识链接

科学合理祛除角质

美容工作者为顾客祛除角质前,不仅要遵循表皮细胞的新陈代谢周期,也要依据顾客皮肤性质及状况,科学、灵活地处理。如果是干性、中性皮肤,就要遵循表皮细胞的代谢周期,即 28 天左右做一次祛角质,来维持角质层的保护功能;如果是油性皮肤,根据皮肤具体状况,按照新生细胞由棘细胞层生长过渡到角质层,所需 14 天左右时间来计算,可每隔 15 天做一次祛角质,保持皮肤的清爽。

(2) 基底细胞之间夹杂有黑色素细胞:正常情况下,黑色素细胞会产生一定量的黑色素颗粒,当机体受到内外刺激时(如紫外线照射、机体损伤、病变),细胞内的酪氨酸酶被激活,将酪氨酸羟基化成 DOPA(3,4 二羟基苯丙氨酸)即多巴,再使 DOPA 氧化成 DOPA 醌,而聚合分泌大量黑色素颗粒,并通过黑色素细胞的树突,输送给邻近的基底细胞及棘细胞,用来抵抗外界损害,严重时即形成表皮的色素斑。黑斑形成的原理为:酪氨酸(酪氨酸酶、羟化)→多巴(氧化)→多巴醌(聚合)→黑色素(分泌)→黑色素小体,并由黑色素细胞的树状突输送给基底细胞、棘细胞,当局部黑色素较多时,可表现为色斑出现。机体分泌黑色素的实质是为了保护真皮及机体深部组织,免受紫外线的物理性伤害,若无黑色素,皮肤呈半透明状,容易受损伤。黑色素的形成主要同种族、疾病、内分泌、营养状态、外来因素等有关。

知识链接

防晒系数 SPF 与 PA

SPF 又叫日光保护系数。SPF 值是国际上测定防晒产品效能的主要指标。SPF 等于防护后皮肤出现最小红斑的时间与未防护时皮肤出现最小红斑的时间之比。东方人的皮肤未加任何防护在太阳下 20 分钟后即会出现红斑,若 SPF 值为 15,使用其防晒品后,皮肤受保护的时间为 20×15=300 分钟。

PA(Protection Grade of UVA)是 1996 年日本化妆品工业联合会公布的"UVA 防止效果测定法标准",是针对紫外线 UVA 所定的防晒系数。UVA 是造成皮肤变黑、老化的主要因素。防御效果一般被区分为三级,即:PA+ 表示可延缓 2~4 倍晒黑的时间,PA++ 表示可延缓 4~8 倍晒黑的时间,PA+++ 表示可延缓 8 倍以上晒黑的时间。

（3）在面部进行美容治疗时，不可超越基底层，因为外伤、手术，尤其是面部美容磨削手术后，其新生细胞的来源主要靠基底层细胞，若其功能被破坏，创伤就得不到修复，而创口的皮肤便会被真皮层的成纤维细胞形成的结缔组织所代替，从而表现为瘢痕形成。因此，美容手术一定要保护好基底层，尤其切勿损伤表皮突内的干细胞，以免术后留下瘢痕。鉴别治疗是否达到了真皮层，临床上主要以是否有点状出血来判定。

二、真皮

真皮位于表皮和皮下组织之间，比表皮厚 3~4 倍，含有皮肤组织中 60% 的水分。真皮在组织学上属于不规则的致密结缔组织，由纤维（胶原纤维、弹力纤维、网状纤维）、基质（黏多糖和黏蛋白）和细胞（组织细胞、肥大细胞、浆细胞、成纤维细胞等）组成，血管、神经及神经末梢、淋巴管、肌肉、皮肤附属器交织其中。

真皮分为上部的乳头层和下部的网状层，二者之间并无明确界限。

1. 乳头层　真皮乳头与表皮突互相交错，紧密嵌合，让表皮借助真皮纤维使皮肤更具舒展性和平整性。同时乳头层内含丰富的毛细血管神经末梢装置，因而感觉灵敏，伤及此层时可出现点状出血。

2. 网状层　主要由粗大的胶原纤维、较多的弹力纤维和网状纤维组成。纤维相互交织，排列成网，有很强的抗压能力和弹性，并含有丰富的血管、神经、淋巴管、汗腺、皮脂腺、立毛肌等，包埋于基质中，是各种营养物质、水和电解质等代谢物质交换的场所。同时，皮肤的松紧和硬度与此层状态相关。若胶原纤维和弹力纤维变性、断裂，皮肤将呈现松弛状态，并出现皱纹。

真皮的结构特点建立起皮肤对外防护的第二道屏障。真皮层在美容学上有重要意义。一般来说，美容治疗深度未达真皮层时，皮肤可以恢复、不留痕迹。如果深达真皮或真皮以下，就要造成瘢痕，这是美容治疗中必须注意的。应用高频电刀、二氧化碳激光、冷冻、刮除术及磨砂去死皮时，切记不能伤及真皮层。

课堂互动

你知道化学剥脱术吗？

化学剥脱术

三、皮下组织

皮下组织位于真皮下方，主要由脂肪组织和疏松结缔组织构成，又叫皮下脂肪层，有一定的弹性，可缓和外力冲击，保护内部器官，使皮肤具有弹性和抗压性，是皮肤、各种组织、器官的第三道屏障，也是机体的能量源。其厚度因性别、年龄、部位、营养状况等而异，并受内分泌调节，决定人的胖瘦。因而，人体健美、丰满与否，与真皮和皮下组织有关。

四、皮肤附属器

皮肤附属器包括毛发、皮脂腺、汗腺和指（趾）甲，重点介绍两种。

1.　皮脂腺　皮脂腺分布广泛,除手掌、足底、足背外,遍及全身各处皮肤,尤以鼻周、头面部、胸背中线处,即"T"字及"V"字区最多,称皮脂溢出部位。多数皮脂腺导管开口于毛囊上部,腺体位于立毛肌和毛囊夹角之间,当立毛肌收缩时,可促进皮脂腺排泄。

皮脂腺的生长周期一生只发生两次。①新生儿期:此期皮脂腺很发达。胎儿出生时全身包裹一层皮脂,因而婴儿时期要每天洗澡,注意保持皮肤清洁干燥。皮脂腺生后不久即萎缩。②青春期:皮脂腺再次发达,故易患痤疮。

知识链接

黑头粉刺、白头粉刺

雄激素分泌增加,使毛囊壁增厚,毛囊口角化过度及栓塞,使皮脂腺分泌的皮脂不能排出,堆积在毛囊内,形成半固体的脂肪栓即白头粉刺,又称闭合性粉刺;若脂肪栓顶端表面经空气氧化,与外界灰尘污物融合,形成黑色脂肪栓即黑头粉刺,又称开放性粉刺。

皮脂腺的主要功能为分泌和排泄一种半流动的油状物质,即皮脂。皮脂呈弱酸性,均匀分布于皮肤表面,有润泽皮肤、毛发,抑菌杀菌的作用,并能防止皮肤内水分的蒸发。皮脂腺分泌要适中,若分泌过盛,皮肤表现为油腻、粗糙和毛孔粗大,易长痤疮,发生脂溢性皮炎或脱发;若分泌过少,又可导致皮肤干燥、脱屑、缺乏光泽、易老化,头发易断。

皮脂腺的分泌与下列因素相关:①主要受雄激素水平控制,故青春期皮脂腺分泌最为旺盛,患痤疮的概率倍增。②和年龄有关,到了中年后,皮脂腺分泌量减少,这一年龄更应注重皮肤的养护;到了老年,皮脂腺的分泌量更低,故老年人的皮肤偏干燥、皮屑增多。③与温度有关,随着外界温度的升高,皮脂腺分泌增多。皮脂的熔点为30℃左右,皮温每升高1℃,皮脂分泌量上升10%,因而夏天皮肤多油腻,冬天皮肤多干燥。

皮脂膜是皮脂腺分泌的皮脂与汗腺分泌的汗液在皮肤表面混合形成一层薄薄的乳化膜。皮脂膜是皮肤自然形成的分泌物,是最理想的天然护肤品,对皮肤有重要的生理作用,主要表现在:①屏障作用,防止皮肤内外水分的蒸发及渗入,保护皮肤正常的含水量;②润泽皮肤,使皮肤柔软、滑润、富有光泽,防止皮肤干裂;③抑菌杀菌,由于皮脂膜含有游离脂肪酸,呈弱酸性,可阻止某些病原微生物的入侵,起到保护皮肤的作用。但碱性物质与高温是弱酸性皮脂膜的天敌。

知识链接

为什么情绪紧张、工作繁忙易生痘痘?

皮脂腺处于毛囊和立毛肌之间,当立毛肌收缩时,挤压其间的皮脂腺,使其排泄增加,同时立毛肌受交感神经支配,故当情绪紧张、工作繁忙时,立毛肌可以收缩,促进皮脂腺分泌排泄,导致面部油脂往往增多,久而久之,阻塞毛囊口而形成痘痘。

2. 汗腺 遍布全身,以手掌、足底最多,位于真皮与皮下组织之间的管状腺体,由导管经真皮直接开口于皮肤表面,有分泌汗液、散热和调节体温的作用。汗液还能协助肾脏排泄体内废物。

汗腺分小汗腺和顶泌汗腺两种,一种在皮肤表面做酸性分泌,一种在毛囊做碱性分泌。小汗腺曾称外泌汗腺,主要作用是调节体温,排出的汗液 99% 以上为水分,其他为氯化物和尿素等;顶泌汗腺曾称大汗腺,分泌的汗液黏稠,易受细菌感染,常带有明显的臭味,发生在腋窝处称为"腋臭",可用高频电针或局部注射硬化剂进行治疗。

（王 来）

第二节　皮肤的生理功能

人体的皮肤与其他组织和器官一样,参与全身的功能活动,维持机体内外环境的平衡统一。皮肤的生理功能对维护机体健康及皮肤健美有重要意义,主要体现在以下八个方面。

一、屏障功能

屏障功能也称皮肤的保护功能。皮肤的结构特点,筑起了皮肤的三层防线,来抵御外界的各种伤害。

（一）防御机械性刺激

表皮角质层致密柔韧,是机械性损伤的主要防护结构。真皮中的胶原纤维和弹力纤维,皮下脂肪组织的软垫效应,使皮肤能够抵消和缓冲外界的各种摩擦、牵拉、挤压、冲击等机械性刺激。

（二）防御化学性刺激

皮肤表面的角质及角质蛋白有防御弱酸、弱碱及化学物质的渗透能力,同时皮脂膜能在一定程度上防止化学物质的侵蚀,汗液可冲淡化学物的酸碱度,保护皮肤。虽然皮肤对化学物质有防御作用,但它并不是不可逾越的屏障。

（三）防御物理性刺激

1. 防御光线 角质层可反射大部分日光,并滤去部分透入表皮的紫外线;黑色素对紫外线有较好的吸收和反射作用,故与较白的皮肤相比,颜色较深的皮肤对紫外线和日光有较强的耐受性;表皮细胞各层交织排列,可使透入表皮的紫外线发生散射,减轻直接照射造成的损害。表皮的这些结构,保护机体组织器官免受紫外线损伤。经常接受日晒的皮肤颜色变深及日晒后角质层增厚,是皮肤对紫外线照射的一种自然反应。

2. 防御电流 角质层对电流有一定的阻抗性,故皮肤干燥时不易受电击,而皮肤湿润时,电阻减小,较易受电击。

3. 防御热损伤 角质细胞不易传热,受热以后,皮肤血管扩张,血流增加,可加大散热能力。

（四）防御生物性刺激

角质层细胞排列致密,能机械性防御微生物的侵入。皮脂膜可防止皮肤水分过度蒸发,软化角质层,使皮肤润滑,防止微生物侵入皮肤;皮脂中所含的游离脂肪酸还具有抑菌作用。

二、体温调节功能

正常机体在中枢神经系统控制下,体温波动于恒定范围,这与其重要的体温调节功能是分不开的,且机体产生的热量 80% 通过皮肤自行调节进行。皮肤通过辐射、对流、蒸发、传导四种散热方式来调节体温,还通过皮肤浅层毛细血管的舒缩、血流的加快或减慢及汗液、呼吸等来自动调节体温。

三、感觉功能

皮肤内广泛分布着感觉神经和运动神经末梢及特殊感受器,可将体内外刺激通过神经反射,传至大脑皮质中央后回而产生痛觉、触觉、压觉、温觉、冷觉及痒感的单一感觉。皮肤还可以感知潮湿、干燥、坚硬、柔软、粗糙等复合感觉。机体通过感知这些感觉,产生相应反应来减少外界对皮肤的伤害。此外,皮肤还有形体觉、两点辨别觉和定位觉等。

四、分泌和排泄功能

皮肤的分泌和排泄主要通过汗腺、皮脂腺来完成。

(一)汗腺的分泌和排泄

汗腺的分泌受自主神经系统支配,并受视丘下部温度调节中枢控制。汗液主要由小汗腺分泌,平时仅有少数汗腺进行分泌活动,不易察觉,称不显性出汗。当外界气温达到 31~32℃或受到某种刺激时,汗腺分泌活动增加,排液增多。汗液的成分主要是水,还含有尿素、尿酸、肌酐、磷酸盐、乳酸等。

汗腺分泌汗液,调节体温,同时帮助肾脏排泄部分尿素、尿酸,如在肾衰竭时,排汗起一定的辅助治疗作用。汗腺也排泄机体部分代谢废物及铅、酒精等,如目前流行的汗蒸疗法。

(二)皮脂腺的分泌和排泄

皮脂腺分泌不受神经调节,主要受各种激素(如雄激素、孕激素、雌激素、糖皮质激素、垂体激素等)影响。其中,雄激素可使皮脂腺增生、肥大,皮脂分泌增多;大量雌激素会抑制皮脂腺分泌。皮脂腺还受年龄、性别、温度、湿度、饮食的影响。

皮脂腺分泌和排泄的皮脂中含有油脂、软脂、脂肪酸及蛋白质,也含有少量 7- 脱氢胆固醇,其通过紫外线的照射可转变成维生素 D 而吸收入体内。当皮肤表面皮脂达到一定厚度时,皮脂的排泄几乎停顿。

五、吸收功能

皮肤具有吸收外界某些物质的能力,对维护身体健康必不可少,也是现代皮肤科外用药物治疗皮肤病的理论基础。

皮肤吸收外界物质的途径部位:①皮肤角质层,通过角质层细胞膜和角质层细胞间隙进入后,通过其他各层吸收,为皮肤吸收的主要途径,约占皮肤吸收的90%,绝大多数是脂溶性物质,如维生素 A、维生素 D、维生素 E 等,可完全吸收,速度较快;②皮肤附属器,通过毛囊、皮脂腺和汗腺导管吸收少量大分子及不易渗透的水溶性物质;③皮脂膜可吸收少量水剂。当皮肤完整性遭到破坏或发炎时,皮肤的吸收能力大大增强。

知识链接

影响皮肤吸收作用的因素

①皮肤的血管状态,皮肤血管扩张、充血、发红易于吸收。②角质层的厚薄。③皮肤的干湿状态,皮肤湿润可增加某些药物的渗透吸收。④年龄差别,婴幼儿及儿童皮肤角质层薄,吸收能力强。⑤皮肤的完整性,当皮肤受损伤后吸收作用大大增强,大面积烧伤易发生毒血症等症状就是细菌代谢产物被过多吸收的结果。⑥外界环境温度越高,湿度越大,皮肤越易吸收。⑦透入物质的性质和浓度,一般来讲,脂溶性物质比水溶性物质易吸收,对油脂的吸收能力为动物油 > 植物油 > 矿物油;在低浓度时,浓度愈高,皮肤吸收愈多。

六、呼吸功能

皮肤呼吸量极小。对皮肤表面发生的整个皮肤呼吸的比例存在不同评价,氧的吸收约 1%~1.9%,仅为肺的 1/160;二氧化碳排出约为 2.7%,仅仅为肺的 1/220。皮肤的呼吸为皮肤活动提供动力。皮肤活动最旺盛的时间是 22:00 到凌晨 3:00。因而,这一时段保证良好的睡眠对靓丽容颜大有好处。

七、代谢功能

皮肤与机体息息相关,参与整个机体的糖、蛋白质、水和电解质、脂肪、黑色素等的新陈代谢过程,来维持机体内外生理及环境的平衡。

皮肤内的含水量为 62%~71%,占体重的 18%~20%,主要贮存于真皮,仅次于肌肉,为人体的第二水库,可调节全身的水代谢。

皮肤葡萄糖含量为 60%~81%,相当于血糖的 2/3 左右,其中表皮含量多。糖尿病时,皮肤含糖量增加,易受细菌和真菌感染。

八、再生功能

皮肤的再生功能很强,特别是表皮。皮肤细胞每 10 小时分裂繁殖 1 次,从 22:00到凌晨 3:00 最为活跃。因为,只有在机体消除疲劳,处于正常生理功能状态下,副交感神经才兴奋,使皮肤新陈代谢旺盛,血供充足,从而再生能力就活跃。所以,保持充足睡眠是保养皮肤的重要准则。

皮肤再生功能分为生理性再生和补偿性再生。前者指不断对细胞衰老进行补充的细胞再生;后者通常指皮肤受到伤害后,修复损伤的细胞再生。一般来说,补偿性再生的过程和修复时间,因受损的面积和深度而有很大差别。小而浅的损伤,数天就能愈合,且不形成瘢痕;较大而深的损伤,再生过程则较长。

(雷双媛)

第三节　皮肤的分型及特点

虽然每个人皮肤的组织结构都一样,但皮肤的性质却不尽相同。根据皮肤角质层的含水量、pH 的多少、皮脂含量、皮脂腺多少及色素细胞状况,将皮肤分为干性皮肤、中性皮肤、油性皮肤、混合性皮肤、敏感性皮肤和衰老性皮肤。

一、中性皮肤

中性皮肤被公认为是正常、健康理想的皮肤,是皮肤应有的最佳状态,是所有爱美人士梦寐以求的皮肤。因而,肌肤养护是一项长期工程,需持之以恒,力争达到此标准。其特点如下:

1. 皮肤角质层含水量适中(10%~20%)。
2. 皮脂(油分)和汗液(水分)分泌均匀,皮肤不油腻、不干燥。
3. 皮肤柔润、光泽、纹理细腻、毛孔细小、富有弹性。
4. 皮肤厚薄适中,对外界刺激不敏感,不易老化。
5. pH 为 5.0~5.6(男性略低于女性)。
6. 多见于青春期前的少男、少女、婴幼儿,极少能保持到中年。
7. 化妆后不易脱妆。
8. 可随年龄、季节、环境变化而发生改变。

二、干性皮肤

皮肤干燥,或缺油或缺水,易变粗糙,长期不进行养护会变得敏感、多皱纹,是问题性皮肤的根源之一,一定要注重对其养护。其特点如下:

1. 角质层水分含量较低(≤10%)。
2. 皮脂分泌量减少,皮肤表面干燥、粗糙,常伴脱屑,不易长粉刺、痤疮。
3. 皮肤缺乏光泽、暗淡无华、纹理特细腻、毛孔极细、弹性差。
4. 皮肤多较薄,对外界刺激缺乏抵抗力,易生皱纹、斑点和过敏。
5. pH 为 4.5~5.0。
6. 年龄分布最广,可发生在幼年到老年的各个阶段(女性大于男性)。
7. 化妆时,化妆品不易抹匀,妆面不易脱落。

干性皮肤又因缺水或缺油及干燥程度的不同,可细化为干性缺水皮肤、干性缺油皮肤。

知识链接

干性皮肤形成的原因

1. 内因　缺乏维生素 A;雌性激素作用较强;先天性皮脂活动力弱,导致滋润不足;后天性皮脂腺和汗腺减少,皮肤血液循环不良及营养不良;长期疲劳等。

2. 外因　烈日暴晒、寒风吹袭、长期处于冷暖空调中、皮肤不洁、乱用化妆品以及洗脸次数过多等。

三、油性皮肤

油性皮肤的主要问题是皮脂分泌太多,超出正常皮肤的分泌量,容易受到污垢、细菌侵袭,并滋生繁殖而感染。油性皮肤多由遗传因素所决定。其特点有:

1. 角质层水分含量适中或较多。

2. 皮脂分泌旺盛,表面油腻、光亮、易沾污垢、易长痤疮。

3. 皮肤润泽、肤色较深、毛孔粗大、纹理较粗。

4. 皮肤多粗厚,色素斑少,头皮屑多,不易老化,不易产生皱纹。

5. pH 为 5.6~6.6。

6. 年龄主要分布在青年(青春期至 25 岁)至中年,男性多于女性。

7. 皮肤亲和力差,化妆后易掉妆。

8. 夏季皮肤油脂分泌较为旺盛。

油性皮肤根据皮脂分泌多少、毛孔堵塞情况的不同,产生的症状轻重不同,可分为偏油性皮肤、典型油性皮肤、超油性皮肤(暗疮皮肤)、缺水性油性皮肤。

四、混合性皮肤

混合性皮肤大多油性区域与干性区域分界明显,兼具油性和干性肤质的双重特征,有些地方偏油,有些地方偏干。因而,美容工作者在这类皮肤养护上要依据顾客具体肤质分区养护,合理选配不同部位的护肤品。混合性皮肤的特点:

1. 介于干性和油性皮肤之间,兼有干性和油性皮肤的混合特性。

2. 以"T"型区域(前额、鼻和下颏)或三角区呈现油性,毛孔粗大,常伴有白头;其余部位呈现干性,肤质较细、毛孔细小、明显干燥、脱屑或有皱纹。

3. 分布于青少年至中老年各阶段,在人群比例中最多,年龄多见于 25~35 岁,南方偏多。

4. 既可长粉刺,又可出现色斑、皱纹或其他瑕疵。

5. 夏季偏油,冬季偏干,特别是两颊偏干。

根据油性区域与干性区域分布部位及呈现哪型皮肤特点的不同,又可分为整体混合性皮肤、混合偏干性皮肤、混合偏油性皮肤、典型混合性皮肤。

五、敏感性皮肤

敏感性皮肤多由干性皮肤发展而来,主要是皮肤对内外不利因素反应过于强烈,导致皮肤出现红肿、发痒、脱皮等异常现象。敏感性皮肤是一种处在高度警戒状态、不安定的皮肤。其特点如下:

1. 角质层水分含量少,皮脂分泌量低。

2. 皮肤多较嫩薄,纹理细,毛细血管浮显,易潮红。

3. 皮肤耐受力差,受到外界刺激时,易出现红、肿、热、痒、痛、皮疹、水疱等过敏症状。

4. 对外界的多种刺激如阳光、灰尘、花粉、药物、油漆、动物皮毛、海产品等较易敏感,一旦遇上过敏原容易导致过敏。

5. 伴随着地球环境等因素的改变,敏感性皮肤的人越来越多,年龄贯穿婴幼儿至成年人各个阶段。

6. 春秋季较易诱发。

知识链接

破坏皮脂膜的主要因素

皮肤的脆弱敏感是由于皮脂膜遭到了破坏,也就是天然防护系统出了问题,使皮肤失去了防御外来刺激的能力。常见因素有:①长期处在阳光和污浊的空气中;②年龄增长,使皮脂腺分泌功能减退;③生理因素、内分泌失调;④劣质护肤品的刺激和使用碱性肥皂;⑤护理方法不当,过度摩擦;⑥药物、食物过敏或敏感体质。

六、衰老性皮肤

皮肤的衰老是自然界的定律。若机体不到年龄便出现皮肤自然衰退现象,称为早衰性皮肤。我们能做的仅仅是延缓皮肤衰老的过程,通过肌肤养护手段加以改善,延缓衰老的进程。衰老性皮肤的特点如下:

1. 角质层水分含量较低($\leq 10\%$)。

2. 皮脂分泌量低,汗腺功能衰退,汗液排出减少,皮肤干燥、皮屑增多、发痒或出现浮肿。

3. 皮肤暗淡无光、发灰发黄,色素失调,色斑产生,皱襞加深,出现明显皱纹,弹性降低,皮肤松弛、下垂。

4. 皮肤变薄变硬,角质层增厚、萎缩,适应力、抵抗力、再生修复力均下降,易感染或过敏,伤口不易愈合。

5. 与年龄关系密切,多见于中老年人及多愁善感的妇女。

知识链接

衰老性皮肤的常见成因

西医:①环境因素:长期户外活动、紫外线照射等原因;②保养不当:用过热的水洁面、化妆品选用不当等;③生活习惯:生活不稳定、长期睡眠不足、生活无规律、情绪紧张、容易发怒、皱眉、挤眉弄眼、表情丰富、长期饮酒、吸烟等;④不适当的快速减肥或缺乏体育锻炼;⑤健康、营养状况:长期营养不良、慢性疾病等。

中医:①肾精耗损;②脾胃虚弱;③饮食失节;④劳逸损伤;⑤情志不畅。

皮肤类型并不都是单一存在的,现实生活中,往往会出现复杂的皮肤类型,如敏感+干性+油性+混合性皮肤并存的情况,色斑、痤疮可以长在任何一种皮肤类型上。对于这种错综复杂的皮肤问题,应给予详细而准确的判断和诊断,再确定处理方案。处理原则一般为:先处理敏感问题,其次处理炎症,最后处理其他问题。

知识链接

国际常用皮肤分类标准

国际美容师皮肤分类标准是以皮脂分泌水平(sebum level)作为唯一标准对皮肤类型(skin type)进行判断。即油脂分泌过多的皮肤为油性皮肤(oily skin),油脂分泌过少为干性皮肤(dry skin),油脂分泌平衡为中性皮肤(normal skin),两种及两种以上皮肤类型同时出现即为混合性皮肤(combination skin)。通常情况下,在分析面部皮肤类型时,需要将面部分成前额、鼻部、面颊和下颌四个区域分别进行判定,最终结合四个区域的判定结果再对皮肤做出类型判断。

国际上除了分析判断皮肤类型外,还需要分析皮肤状况(skin condition)。皮肤状况是皮肤在某种条件下出现的某些问题,这些问题恰巧是美容养护可改善的常见问题,并且这些问题可见于任何皮肤类型。常见的皮肤状况有皮肤滋润度(用以判断皮肤含水情况)、皮肤敏感性、皮肤弹性、皮肤纹路等。通常情况下,皮肤养护计划的制订要依据分析结果进行设计,确立养护目标和养护方法,选择适宜的产品、仪器和手法进行养护。

皮肤类型也不是一成不变的。一般认为,皮肤的生长成熟期在 25 岁,但青春期和更年期是皮肤变化最明显的两个时期。除自然的生理变化规律外,许多人为因素(如工作环境、饮食、气候、睡眠、情绪等)也会使皮肤类型发生变化。如过食油炸、热性食品,或过用油腻性护肤品,可使干性皮肤逐渐转为混合性皮肤,甚至是油性皮肤、暗疮皮肤;养护不当或误食药物,又可使皮肤转变为干性或敏感性等。

每一个人都有自己的皮肤类型,随着年龄、季节和生理状况而发生变化。时时了解自己的皮肤类型,并加以细心呵护,对保护和美化皮肤是极为重要的。

第四节 皮肤的测定方法

一、目测指触法

在充足光线下,通过视觉观察和指腹的触感,来观察皮肤的细腻度、弹性及损容性症状等信息,并依据不同性质皮肤的特点,初步判断皮肤类型。在此过程中,常会结合皮肤放大灯使用。

皮肤放大灯能提供充足的光线,同时在放大镜下可详细观察皮肤的微小瑕疵,如毛孔大小、纹理粗细、痤疮等情况,帮助美容师收集详细的皮肤信息,以此作为判断皮肤类型的依据。

二、仪器检测法

1. 专业皮肤检测分析仪(魔镜) 专业皮肤检测分析仪是高新技术美容检测设备,利用专用皮肤电子显微镜及电子数字水分计,将图像及相关参数输入电脑,然后进行分析,准确而量化地诊断出皮肤的水分含量、油脂含量、皮脂膜的酸碱值、弹性强弱程度及皮肤的色素含量等,为皮肤提供一个全新的测试,以便更准确、科学地判断皮肤的状况。

2. 皮肤显微成像检测仪 该仪器通过彩色荧幕,直接观察局部皮肤基底层的细微情况,微观放大,及时成像,使顾客可以亲眼目睹自身皮肤受损情况,是目前最常用的一种检测手段。

3. 美容透视灯观察法　美容透视灯又称滤过紫外线灯,是由普通紫外线通过含镍的玻璃滤光器制成。根据不同的物质在深紫色光线照射下,会发出不同颜色的光,来判断皮肤情况。

4. 皮肤测试仪　皮肤测试仪主要由紫外线光管和放大镜两个部分组成。不同性质的皮肤在吸收紫光后,会反映出不同的颜色,再通过放大镜扩放,就能清晰鉴别出皮肤的不同性质。本法是目前判断皮肤性质较准确的一种方法。

5. 皮肤水分测试仪　皮肤水分测试仪是采用生物电阻抗分析技术,通过微型计算机高精度测量计算皮肤水分状况的仪器。该仪器可对皮肤含水情况进行量化评价。

拓展阅读

第五节　皮肤的保养原则

人的肌肤是人体健康的晴雨表,是机体不可分割的一部分。机体内部组织器官发生病变及外界环境的各种刺激,往往通过肌肤直接反映出来,因此对皮肤要加以呵护,明确保养原则。

1. 预防为主,防治结合　皮肤保养的首要原则是预防为主,其次才是防治结合。早在《黄帝内经》中就有"治未病"的预防思想。人体是一个整体,"皮肤是内脏的一面镜子",内脏功能紊乱或衰退都可由肌肤再现,因此美化皮肤的根本是要内外兼具。随着年龄的增长,皮肤生理功能逐渐衰退、新陈代谢缓慢,皱纹随之产生,出现衰老征象。因此,应经常对皮肤施以保养,运用科学合理、行之有效的护肤方法,防患于未然。

要保持皮肤健美,必须有健康的身体作保证。身体有病时,应积极治疗,以消除不利于皮肤健美的内在因素。同时,对于皮肤外用药,一定要在明确诊断后再使用,避免盲目使用或滥用。

知识链接

不同种族人的皮肤特点及易出现的问题

1. 白种人　由于浅色皮肤的黑色素水平较低,因此,白种人的皮肤相对而言更容易晒伤,从而导致过早老化。

2. 黑种人　黑种人的皮肤汗腺和皮脂腺都比较发达,因此,常被误以为黑种人的皮肤都是油性。其实,黑色皮肤酸性较强,更容易脱水和干燥。黑色皮肤最常见的问题还包括表面角质层增厚,容易形成瘢痕。因此,在为黑种人进行深层皮肤养护时应格外小心。虽然黑色皮肤与白色皮肤所含有的黑色素细胞数量相等,但是在黑色皮肤内,色素体自身分泌的黑色素比白色皮肤多得多,这给黑色皮肤提供了更好的保护,不易被紫外线灼伤而导致过早老化,但仍然会以大斑点的形式表现出色素沉着。另外,黑色皮肤也会发炎且出现红斑,只不过表现为蓝色或紫色。

3. 黄种人　相对于白种人来说,亚洲人的皮肤因其弹性蛋白特性和结缔组织的紧缩,要很晚才会表现出老化迹象。但黄色皮肤却是最容易产生敏感的皮肤,尤其是容易因使用 α-羟基酸(AHA)和 β-羟基酸(BHA)后引发炎症。而使用高浓度的 AHA 和 BHA 等果酸类及其他刺激性物质,黄色皮肤往往容易出现色素沉着。另外,黄种人皮肤在受到损伤后,也比较容易出现瘢痕。

2. 充足睡眠 充足的睡眠是防止过度疲劳造成皮肤早衰的保养原则之一。俗语讲"睡美人",表明睡眠在皮肤保养中的重要作用。因为在睡眠过程中,毛细血管循环增多,加快了皮肤的新陈代谢,皮肤因一天的疲劳带来的细小皱纹、颜面憔悴,都会在睡眠中得以恢复。所以,要保持充足睡眠,重视调整睡眠质量。

3. 适当运动 适当的运动能促进血液循环,加快新陈代谢,不仅是皮肤容颜,也是机体组织器官不老的法宝。

4. 情志调养 保持精神愉快,做到起居有规律,劳逸相结合,心情舒畅,生活乐观,遇事不急躁,是皮肤保养的滋润剂,也是情志调养的精髓。

5. 合理膳食 注意营养成分的合理搭配,定时进食,食量适度,膳食多样化而不偏嗜、偏食,不食烟酒及辛辣、油炸、油腻等对皮肤有刺激的食物。

6. 三项及时 是指营养及时、清洁及时、排泄及时。首先,皮肤是机体的第一道防线,应及时给皮肤补充水分和养分,来维持皮肤正常的生理功能,保障细胞的生命活力永存;其次,皮肤表面有许多灰尘、病菌、角化细胞、汗液、油脂、代谢废物等,应及时清洁,避免侵害皮肤;再次,体内毒素、有害菌和宿便是引起损美性疾病的原因之一,因此要防止便秘,养成良好及时的排便习惯。

(李 娟)

复习思考题

1. 如何理解基底层与皮肤美容的关系?

2. 如何理解角质层在皮肤屏障功能中发挥的作用?

3. 为顾客进行皮肤分析时,确定皮肤的类型是皮肤分析的重要环节。因此,在判断顾客皮肤类型时,应如何综合运用皮肤类型特点及皮肤检测方法?

扫一扫
测一测

第三章

皮肤养护技术

学习要点

　　清洁、深层清洁、美容按摩；皮肤养护的护理程序；脱屑、面部按摩和面部刮痧的操作方法及注意事项；调制和涂敷面膜的方法；仪器的分类、工作原理和主要作用。

　　皮肤是人体的保护神，能够直接反映出一个人的年龄、健康等信息。不老的容颜是每个爱美人士的梦想，女人尤其如此。随着现代高新科技的发展和运用，化妆品产业的迅猛崛起，现代医学美容与传统医学美容充分结合，以及爱美人士对健康的关注和审美品位的提高，越来越多的人关注皮肤的日常养护和健康养生。因而，科学、合理、专业的皮肤养护技术越发彰显出重要性来。

　　皮肤养护技术是指根据皮肤的类型和存在的问题选择适当的养护手段，对皮肤进行正确的调理，使皮肤保持和恢复健康美的一种科学方法。

　　通过对皮肤的定期养护来达到以下目的：①防止和祛除面部痤疮、色斑等各类皮肤问题，使皮肤柔嫩白皙、健康洁净；②增加皮肤弹性及光泽，使人增强自信，精神焕发；③强健肌肤，增强皮肤活力，延缓衰老。

　　皮肤养护服务的标准是安全、有效、优质、科学：①安全服务指皮肤养护过程中的用电安全、使用仪器设备安全和卫生消毒安全；②有效服务可保证皮肤养护的各项操作顺利进行，且在操作中设备运转正常；③优质服务是指将皮肤养护前的准备工作做好、做到位，可随时准备为各种性质皮肤的顾客提供必要而优质的服务；④科学服务指牢固掌握医学、美学理论知识，为顾客提供科学理论支撑下的美容养护技术，以达到正确、合理、科学的服务。

第一节　皮肤养护的程序

一、准备

　　有序的工作是完美服务的基本保证。皮肤养护的第一步就从准备工作开始。皮肤养护的准备工作包括环境、仪器设备、美容用品和美容师自身的准备。

(一) 环境的准备

环境的准备指为顾客提供轻松、舒适、优雅、安全的美容环境。

1. 按照卫生管理要求,做好美容机构内部和周围的环境卫生,保持室内通风,空气清新。

2. 室温适宜,满足不同养护的需求。

3. 选择舒缓轻柔的旋律,让顾客身心放松。

(二) 仪器设备的准备

要做到"净、齐、通、良、消"五个方面。

1. 净 用干布将设备、仪器擦拭干净,并保持其干燥,以备随时使用。

2. 齐 严格检查仪器设备的配件、附属用品等,保证其配齐、就位。

3. 通 检查电源有无漏电,是否安全,确保设备能随时接通。

4. 良 检查仪器性能,做好调试工作,保证接通电源后,仪器设备能处于良好的工作状态,避免故障或事故发生。

5. 消 仪器在使用过程中,与皮肤直接接触的部分,如各种探头、调膜棒等,要进行严格的消毒。

(三) 美容用品的准备

1. 清洁、消毒 在养护时使用的各种用品(包括各种容器、面扑、调膜棒、粉刺针等),与顾客直接接触的毛巾、美容床单、美容衣等物品,都要进行清洗,并严格消毒,保证一位顾客一套。

2. 铺置单、巾 将消毒后的美容床单铺于美容床上,床头放置三条消毒毛巾,调整好美容床的位置、角度。

3. 摆放用品 将皮肤养护需要的各种用品整齐、有序地摆放在工作台上,便于随时取用。

(四) 美容师自身的准备

美容师必须建立干净、整洁及热情的服务观念,为顾客提供科学、合理、有序、优质的服务。

1. 个人卫生与着装

(1) 美容师应按要求确保个人卫生,如修剪指甲、不戴首饰、口腔无异味等。

(2) 穿工作装,戴口罩,戴名牌,化淡妆。

2. 引导顾客

(1) 与顾客沟通:热情、微笑接待顾客,通过沟通及时了解顾客的需要,指导其合理选择养护项目。

(2) 帮助顾客填写完整的养护卡,并妥善保管。

(3) 请顾客更换美容衣,摘除项链、戒指等饰品,贵重物品由顾客亲自保管。

(4) 请顾客仰卧于美容床上,为其盖好被子。

(5) 包头巾:在进行面部养护时,用包头巾将顾客的头发包起,充分暴露整个面部。

方法一:①双手拿起与后发际平齐的毛巾一侧,向下折约3cm(图3-1);②右手沿顾客左额头发际将头发捋向脑后,左手持毛巾左端顺势搭在额头发际处;③右手持毛巾右端压在左端上,并塞入毛巾左侧折边内(图3-2);④双手扣住毛巾边缘,将毛巾边

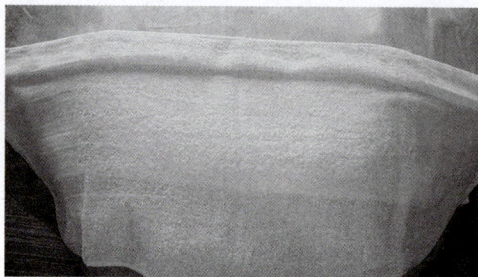

图 3-1　包头的方法一(1)

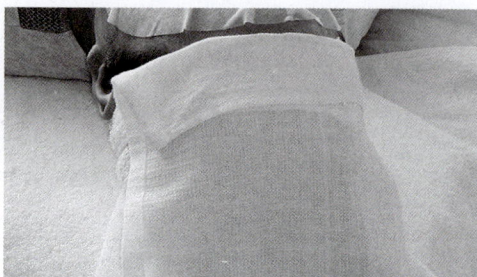

图 3-2　包头的方法一(2)

缘轻轻拉至发际处,最大限度暴露面部皮肤(图 3-3)。

方法二:①双手持毛巾斜(约 45°)搭在床头(以右侧远离自己为例)(图 3-4);②右手持毛巾右侧反折回床头,使折后的边缘处呈一横线(图 3-5);③左手沿顾客额头发际将头发捋向脑后,右手提起毛巾折后边缘(横线)的右侧搭在额头发际处;④左手持毛巾折后边缘的左端压在右端上,并塞入右侧折边内;⑤双手扣住毛巾边缘,将毛巾边缘轻轻拉至发际处,最大限度暴露面部皮肤(图 3-6)。

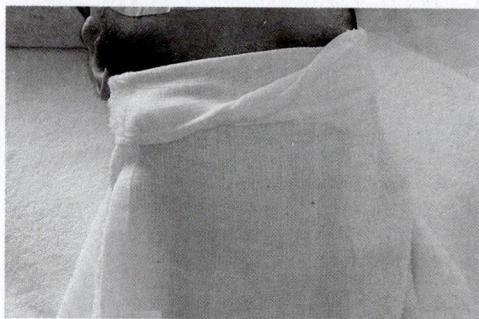

图 3-3　包头的方法一(3)

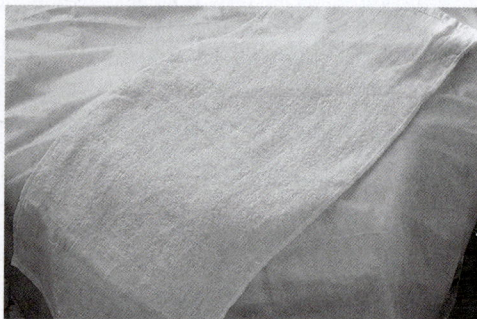

图 3-4　包头的方法二(1)

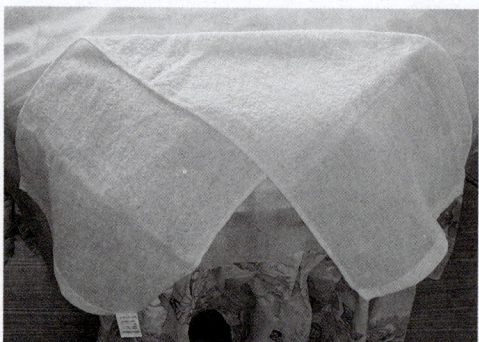

图 3-5　包头的方法二(2)

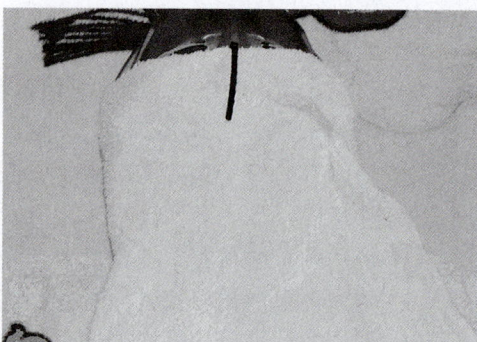

图 3-6　包头的方法二(3)

注意事项:包头巾要松紧适中,过紧会感觉头部不适,过松则头发容易散落。在操作过程中包头巾松落时,要及时重新包好,避免污染顾客头发。重新包头后,美容师的双手要再次消毒后才能进行后续操作。

(6) 搭胸巾：将毛巾的一端斜搭在颈前，另一端反折回另一侧颈前，将顾客的衣领全部包裹在毛巾里，最大限度地暴露颈部（图3-7）。适用于V字领、圆领的美容衣。

对于一字领的美容衣，可以将毛巾横向搭在胸前，毛巾近侧的横边折入美容衣的衣领中即可。

(7) 双手消毒：美容师在为每一位顾客进行皮肤养护前，都应当先清洗双手，再喷涂75%酒精或使用免洗消毒啫喱对自己的双手进行消毒。

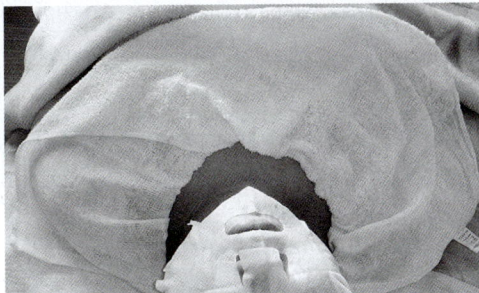

图3-7 斜搭法

（五）准备工作的注意事项

1. 使用消毒剂时应注意先将待消毒的物品清洗干净。
2. 消毒剂应按时更换，贮藏时必须贴好标签，不能和其他物品混放。
3. 各项准备工作都必须认真对待，严格执行，不可敷衍了事，避免造成不必要的损失和纠纷。

二、清洁

祛除皮肤表面的油脂污垢，对于化妆的顾客，在清洁之前需要进行卸妆。清洁面部皮肤有人工徒手清洁和仪器清洁两种方法。在实际操作过程中，应根据顾客的皮肤状况进行选择。如油性皮肤可借助电动磨刷扫进行清洁，而干性皮肤和暗疮皮肤则应禁止使用磨刷扫。

三、皮肤分析及方案制订

通过目测指触、微电脑检测等方法，结合不同皮肤类型的特点确定皮肤性质，制订出适合顾客的最佳养护方案，填写养护日志。

四、脱屑

脱屑即深层清洁，主要目的是祛除皮肤表面衰老、死亡的角化细胞，防止毛孔堵塞，预防黑头粉刺等皮肤问题的发生。脱屑时常用奥桑喷雾仪配合脱屑产品一起进行，在国外，还会使用贾法尼电疗仪器的去垢法对油性皮肤进行仪器深层清洁（若选择使用贾法尼电疗仪去垢法进行深层清洁，则不再使用喷雾仪和深层清洁产品）。微温的蒸气蒸面，可以促进血液循环，改善新陈代谢，软化皮肤，扩张毛孔，令死细胞和污物易于清除。

奥桑喷雾仪蒸面需根据皮肤性质调整蒸面时间和距离；热毛巾敷面的关键是毛巾的温度，其功效和作用与奥桑喷雾仪基本相同。由于不受场地、设备限制，简单易行，热毛巾敷面愈来愈常用。热敷时，应准备两条已经彻底消毒的干净毛巾，最好是较厚的、不易散热的，大小能覆盖整个面部。热敷的步骤：①将毛巾竖着对折两次，在热水中浸透后拧干；②用毛巾中部盖住唇部、下颌，两端向上、向内对折，露出鼻孔，盖住双颊、眼部及额头；③温度降低后，换另一条。两条交替，热敷约5分钟。

选择脱屑产品操作时,应根据皮肤类型,控制脱屑的时间和力度。

1. 干性皮肤　可使用去死皮膏或脱屑水轻微脱屑,不宜使用磨砂膏进行脱屑。宜将脱屑放在蒸面前进行。

2. 油性皮肤　可使用磨砂膏进行脱屑。

3. 中性皮肤　几种脱屑方法都适合。

4. 暗疮、发炎皮肤　禁止脱屑。

5. 敏感性皮肤　可选择含酵素去死皮素进行温和脱屑,但敏感程度较重者绝对不能脱屑。

知识链接

含酵素去死皮素的使用方法

含酵素去死皮素含蔬果植物酵素,具有温和去角质的作用,所以常用于敏感皮肤的使用。使用时只需将去死皮素均匀涂抹于面部,同时配合热喷仪蒸面(酵素需在热力作用下发挥更好功效),在此过程中美容师的手不能再触摸顾客皮肤。一般蒸面时间设定为5分钟,5分钟后将去死皮素清洗掉即完成脱屑操作。

五、按摩

按摩是皮肤养护中重要的一个环节。顾客在接受按摩的过程中,不仅可以促进肌肤的正常功能,还能放松神经,延缓衰老。根据皮肤性质选择按摩手法,调整按摩的力度。一般情况下,按摩时间以15~20分钟为宜,最长不要超过25分钟;敏感皮肤者,按摩时间通常不超过5分钟为宜。

六、仪器养护

皮肤养护过程中,常用适当的美容仪器来弥补徒手养护的不足,养护时间及操作由所选仪器而定。专业美容护理中,最常用的仪器是超声波美容仪,因采用超声波美容仪可以帮助产品更好地吸收;同时,也有油性皮肤常选高频电疗仪,帮助提高皮温,促进皮脂管道疏通;或使用能将电解后的有效成分导入皮肤的贾法尼电疗仪。

七、面膜养护

面膜养护是目前国际流行的最直接和有效的一种独特的护肤美肤方法。面膜的种类很多,应根据顾客的皮肤性质加以选择,停留时间一般为15~20分钟。

八、爽肤润肤

1. 爽肤　面膜完成后,皮肤的微血管和毛孔通常处于开放状态,此时应轻轻拍上一些化妆水,收缩毛孔,调整pH;亦可借助冷喷仪,将爽肤水等液体护肤品喷洒在皮肤上。

2. 润肤　爽肤之后,还应根据皮肤性质,选用一些乳液或膏霜等护肤品,来进一步保持皮肤水分和油分的均衡,令肌肤光滑、滋润。

知识链接

美容时间

　　美容时间也称美容带,是皮肤新陈代谢最旺盛的时段,一般指 22:00 至凌晨 2:00—3:00,此时皮肤最需要营养,因此睡前应涂抹晚霜。此段时间的睡眠也被称为美容觉。

九、整理

　　1. 结束养护工作

　　(1) 为顾客除去包头巾和胸巾。除胸巾时,注意同时提毛巾的四个角,将污物抖至垃圾桶内,避免落到顾客的颈、面部。

　　(2) 撤去盖在顾客身上的被子。

　　(3) 帮顾客整理好服饰。如有要求,为其修眉、化淡妆。

　　(4) 认真征求顾客意见,请其填写养护意见,如发现不妥之处,诚恳道歉并予以妥善解决。

　　2. 整理用品、器具及周围环境

　　(1) 拧紧护肤品的瓶盖,使其密闭保存。

　　(2) 切断仪器电源,并简单养护。

　　(3) 洗净擦干工具、器皿,并及时彻底消毒。

　　(4) 整理美容床及周围环境。

　　(5) 换上干净的单、巾,做好随时为下一位顾客服务的准备。

　　上述步骤:准备→清洁→皮肤分析及方案制订→脱屑→按摩→仪器养护→面膜养护→爽肤润肤→整理,是进行皮肤养护时最常用、最基本的步骤。实际操作中,还应根据顾客的皮肤性质及具体要求,灵活变动,选用适当的操作进行养护,以达到更好的效果。

第二节　面部清洁

　　面部清洁一般指卸妆、洁肤和脱屑,是皮肤养护的基础,也是各种面部皮肤养护手段必不可少的第一步。做好皮肤清洁工作也是让后续的护肤程序发挥效果,帮助各类护肤品被充分吸收的前提。

一、面部清洁的意义

　　生活环境中漂浮的各种污物、粉尘、细菌等物质会直接附着在面部;机体自身不断分泌的油脂、汗液及代谢的细胞等产物也会留在皮肤表面,如果这些因素得不到及时清理,就会阻塞毛孔,影响肌肤的功能,甚至引发感染。所以,洁肤是非常重要的皮肤养护手段,通过洁肤,能有效地祛除皮肤表面的污垢、分泌物,保持毛孔和腺体的通畅,使皮肤得到休息,充分发挥其生理功能,为皮肤养护做好准备。

二、面部清洁的方法与要求

（一）卸妆

彩妆品中的粉底、色素大多含有油性,不易脱落,附着于皮肤表面,更难以清洁,必须使用专业的卸妆液来清洗。卸妆时按眼部、眉部、唇部、颊部的顺序来进行,逐一卸掉睫毛膏、眼线、眼影、眉色、口红、粉底和腮红。

卸妆要用到的产品主要是卸妆油(乳),需用到的用品主要是纸巾(洁面海绵)、棉片、棉棒等。

1. 卸妆用具的使用

（1）纸巾

使用方法:①将纸巾三折,为原宽度的 1/3;②掌心向内,用示指与中指夹住纸巾下端约 1/3 处(或再短些,视纸巾长度而定)(图 3-8,图 3-9);③将纸巾上端向下,绕过示指、中指、环指及小指后将纸巾向上,用中指将纸巾上端固定(图 3-10,图 3-11)。

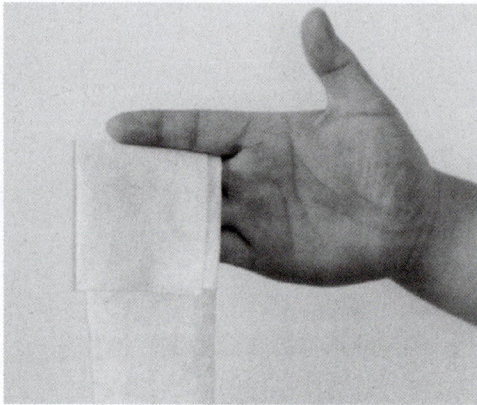

图 3-8　纸巾的使用(1)

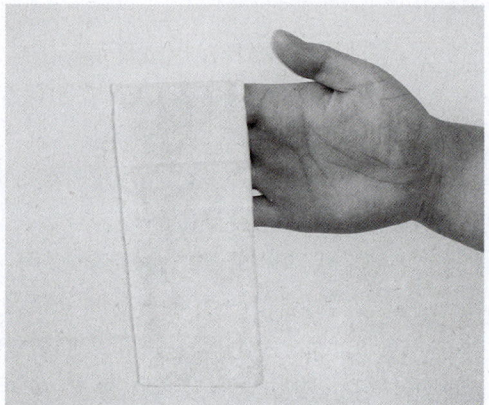

图 3-9　纸巾的使用(2)

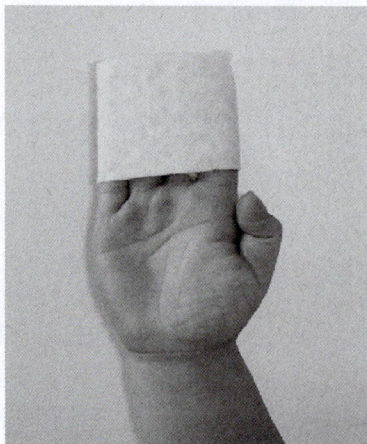

图 3-10　纸巾的使用(3)

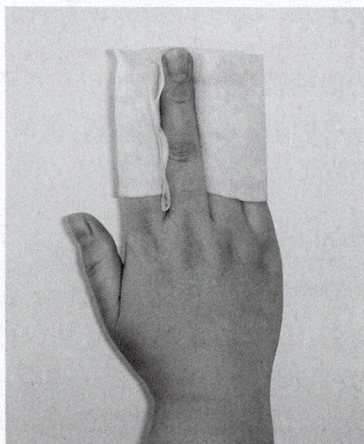

图 3-11　纸巾的使用(4)

注意事项:纸巾的缠绕要迅速、牢固、整齐、松紧适度,全过程约3秒完成。

(2) 洁面海绵

使用方法:将海绵浸湿、拧干后,用拇指和示指、环指和小指分别将海绵两端固定,海绵中心部分包住示指、中指和环指指腹;或用拇指和示指固定海绵一端,其余三指半握拳状。

注意事项:①切忌将手上的水滴随意乱甩,可两手交替将水滴用海绵轻轻拭去;②海绵两面可交替使用;③擦拭到面部较窄的部位时,可将海绵折起使用;④海绵使用后应该立即清洗、消毒。

(3) 棉片

使用方法:棉片的使用方法与洁面海绵基本一致。此外,还可铺于睫毛下方,进行睫毛卸妆。

注意事项:①使用的棉片必须符合卫生标准;②棉片为一次性用品,不可重复使用。

2. 卸妆的步骤、方法

(1) 卸除睫毛膏:将小块棉片置于下眼睑睫毛根部,让顾客闭眼,用蘸有卸妆油的棉棒,沿睫毛生长方向滚动擦洗。

(2) 卸除眼线液:更换棉棒。将上眼皮上提,充分暴露上眼线,持蘸有卸妆油的棉棒,由内眼角至外眼角滚动擦洗。在清洗下眼线时,轻拉下眼皮,以方便卸除并避免卸妆液进入眼睛。

(3) 卸除眉毛、眼影:持蘸有卸妆油的棉片,顺着眉毛的生长方向,由中间向两边拉抹,清洗眉毛和眼部。

(4) 卸除唇膏:一手轻按住顾客的口角,另一手持蘸有卸妆油的棉片从口角一侧拉抹至另一侧,清除上下唇的唇膏。

(5) 卸除底妆和腮红:持蘸有卸妆油的棉片置于面颊部,指尖朝向下颌方向,从鼻唇部向颊部拉抹。

3. 卸妆的要求与注意事项

(1) 卸妆要彻底,不能有遗漏的部位。

(2) 卸妆时要顺着肌肤的纹理方向,手法要轻柔。

(3) 注意不要将卸妆产品流入顾客的口、眼、鼻中。

(二) 洁肤

洁肤即一般所说的清洁或洁面。

1. 洁肤品的选择与使用　常用的洁肤品有洁面皂、洗面奶(洁面泡沫)等。

(1) 洁面皂:碱性较大,清洁效果显著,但对皮肤刺激性较大。适用于油性皮肤。使用方法:①清水湿润面部;②洁面皂蘸水、涂于手掌并揉起泡沫,将泡沫在脸上抹开;③清洗面部。

(2) 洗面奶(洁面泡沫):性质温和,清洁效果良好,是美容机构常用的洁肤品。适用于各种类型的皮肤。使用方法:①用清水润湿面部(包括颈部);②分六点(额头、双颊、鼻尖、下颏和颈部)放置洗面奶;③用指腹从下往上打圈清洁皮肤;④用清水洗净。

2. 洁肤的步骤、方法　清洁面部皮肤的顺序一般是由内向外,由下到上,即从下颌至额部,依次为下颌、两颊、口周、鼻部、眼部、额部、颈部和耳部。

（1）放置洁肤品：取适量洁肤品分六点放置于面部和颈部，即额部、鼻部、两颊、下颌部和颈部，并用指腹均匀涂抹开（图 3-12）。

（2）洗下颌：双手横位，五指并拢。用掌心及五指包住下巴，五指相对用力，两手分别由内向外拉抹至耳根，双手交替操作。如此重复 2~3 次（图 3-13）。

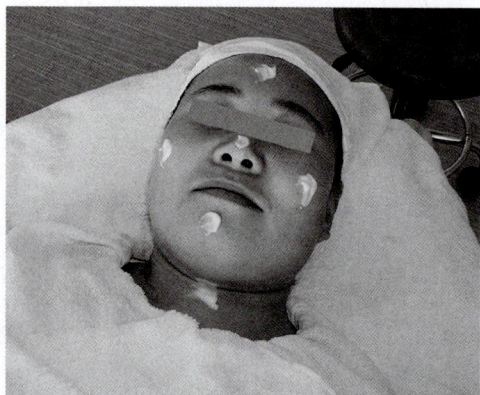

图 3-12　放置洁肤品

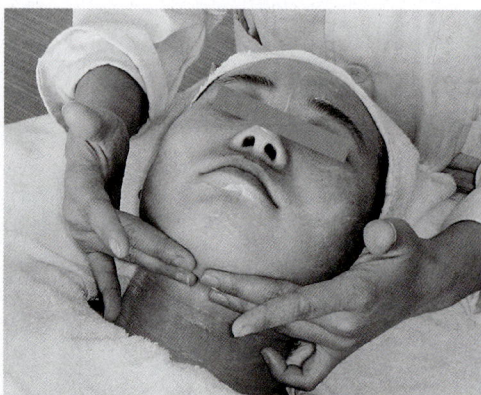

图 3-13　洗下颌

（3）洗面颊：中指、环指并拢，用指腹沿面颊三道线向外向上打小圈，如此重复 2~3 次（图 3-14）。三道线为迎香穴至耳门穴、地仓穴至听宫穴、承浆穴至听会穴。

（4）洗口周：双手横位，中指伸直，用中指指腹由下颌部同时向两侧口角处拉抹；中指抬起，两指尖相对放于人中沟中，由内向外沿上唇部拉抹至口角。如此重复 2~3 次（图 3-15，图 3-16）。

（5）洗鼻部：主要分为洗鼻梁、洗鼻侧及鼻翼。

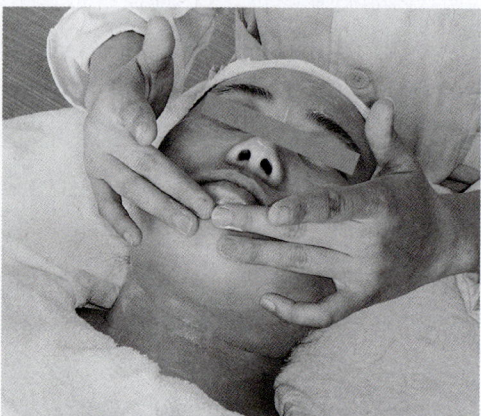

图 3-14　洗面颊

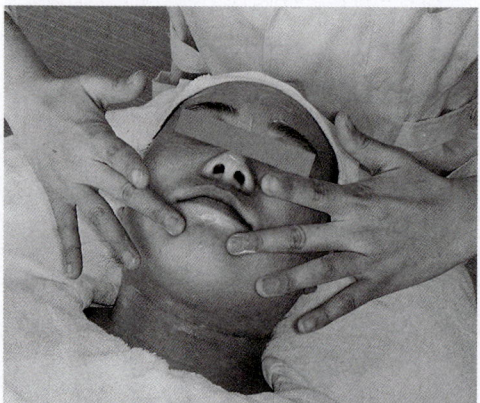

图 3-15　洗口周（1）

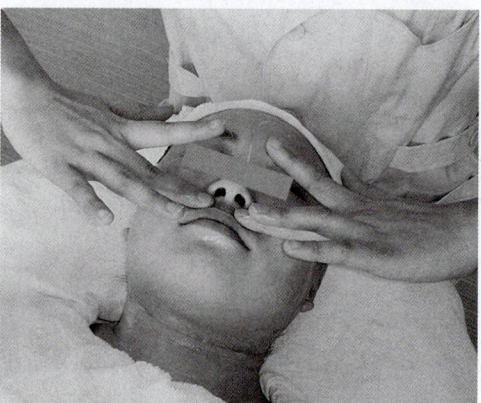

图 3-16　洗口周（2）

洗鼻梁：两拇指交叉，左手中指搭于右手中指之上，由鼻根部沿鼻梁至鼻尖推抹，再由鼻尖轻滑回鼻根部，如此重复2~3次（图3-17）。

洗鼻侧及鼻翼：两拇指交叉将两手架于鼻部直上，两中指指腹由鼻根两侧推抹至口角两侧，再按原路线拉抹回鼻根，如此重复2~3次；两中指在口角处上提至鼻翼，在鼻翼部向外向下打小圈清洗，如此重复2~3次（图3-18，图3-19）。

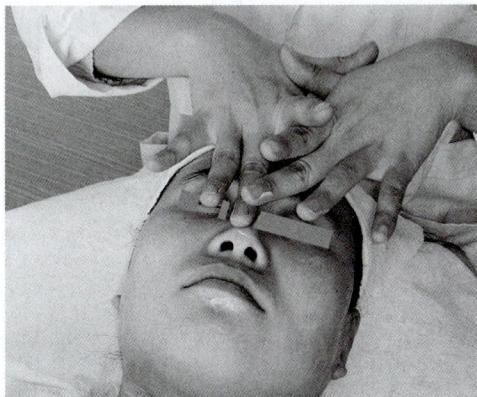

图3-17　洗鼻梁

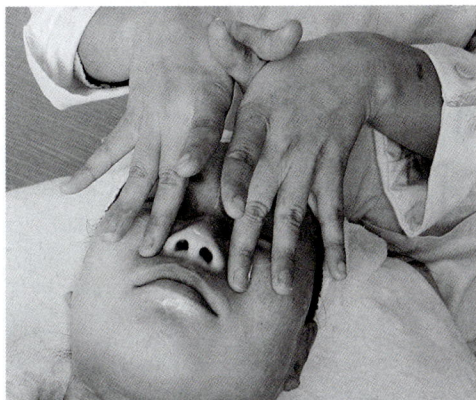

图3-18　洗鼻侧

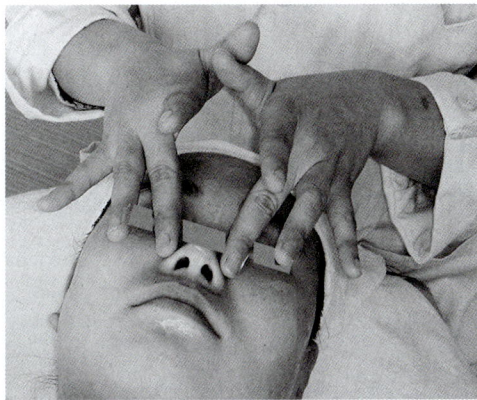

图3-19　洗鼻翼

（6）洗眼部：双手中指、环指指腹由太阳穴沿下眼眶经内眼角滑至上眼皮，再顺势经太阳穴滑至上眼眶，再滑回下眼眶，如此重复2~3次；张开手掌，拇指轻搭于额部，用示指、中指、环指指腹由内眼角沿眼下部扫散至太阳穴，并向上向内轻拂过上眼皮部，再沿内眼角至眼下部，如此重复2~3次。（图3-20~图3-22）

（7）洗额部：双手中指、环指指腹着力，由额部正中线向两侧打圈，打圈方向为向内向上。操作共分三道线，临眉一道线（眉心至太阳穴）、额中一道线（额中部至太阳穴）、临发际一道线（临发际额部正中点至太阳穴），如此重复2~3次。（图3-23，图3-24）

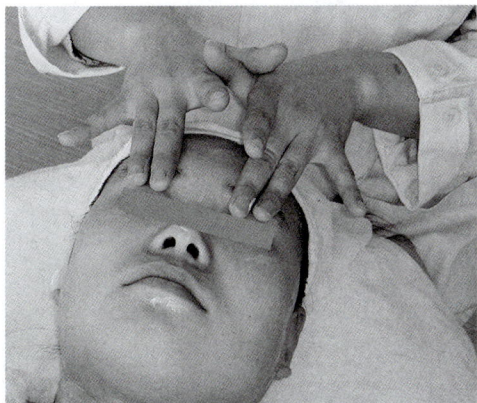

图3-20　洗眼部(1)

（8）洗颈部：双手横位，五指并拢。双手交替从颈部拉抹至下颏。如此重复2~3次。（图3-25）

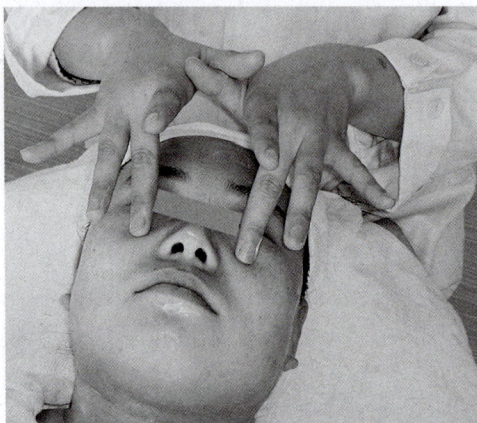

图 3-21　洗眼部(2)

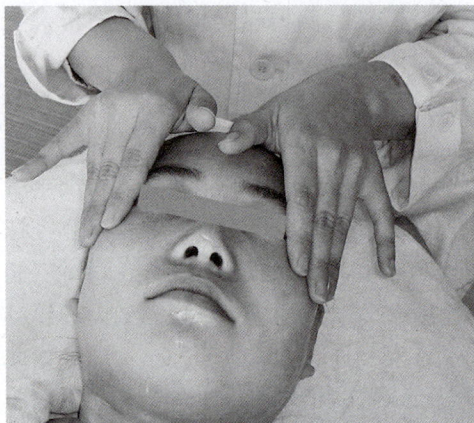

图 3-22　洗眼部(3)

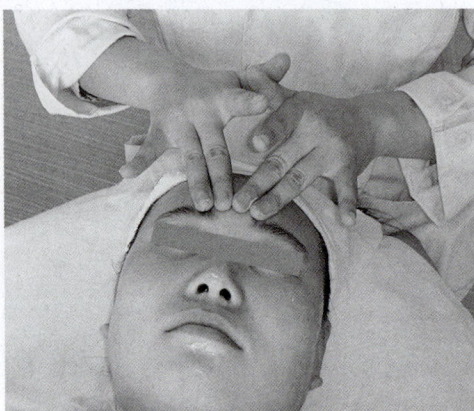

图 3-23　洗额部(1)

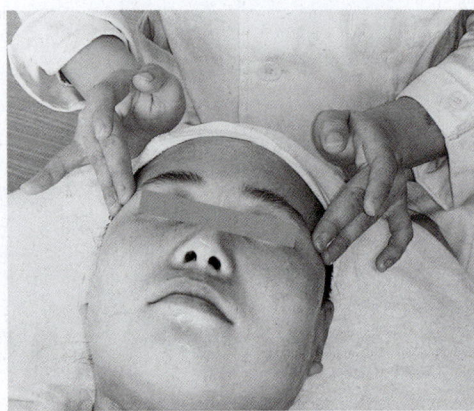

图 3-24　洗额部(2)

(9) 洗耳部:双手顺势沿面部两侧滑至耳部,拇指指腹与示指指腹相对,沿外耳廓轻揉至耳垂。如此重复 2~3 次。此步骤应征得顾客同意才能进行。(图 3-26)

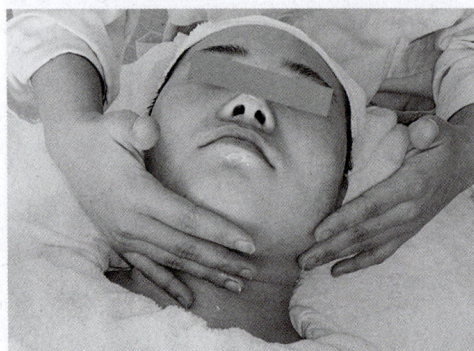

图 3-25　洗颈部

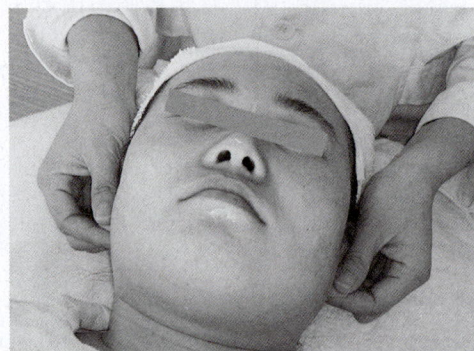

图 3-26　洗耳部

（10）点按神庭穴：双手顺势沿耳部滑至神庭穴，双手中指点按神庭穴约3秒。（图3-27）

3. 洁肤的要求与注意事项

（1）水的选择：①选用含矿物质少的软水（日常用自来水、纯净水、蒸馏水等），对皮肤无刺激。硬水（如井水、泉水、矿泉水等）含矿物质多，易产生反应，轻易不用。②选用34~37℃的温水。水温过低，会引起毛孔收缩，污物不宜清除，易导致毛孔堵塞；水温过高，毛孔张开，过度洗去皮脂，易导致皮肤干燥、粗糙。

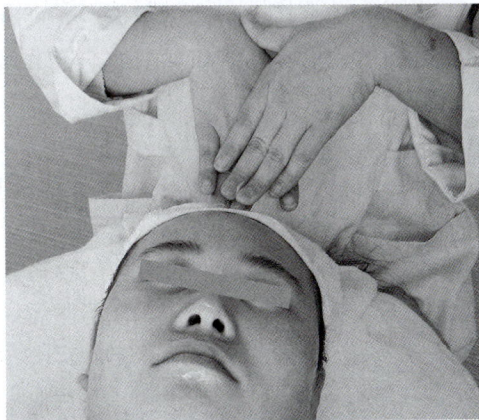

图3-27　点按神庭穴

（2）洁肤品应借助工具取用，勿直接用手挖取。

（3）手法要灵活、连贯，充分发挥腕关节、指间关节的灵活度，尽量用指腹接触顾客皮肤，避免指尖、指甲接触。

（4）洁面后彻底清洗面部洁肤品，以免残留在皮肤上造成伤害。

（5）整个洁面过程（不含卸妆）以3分钟左右为宜。

（三）脱屑

脱屑也称深层清洁、去角质或去死皮，指借助人工的方法，祛除堆积在皮肤表层的死细胞，是常见的皮肤养护手段之一。皮肤的自然脱屑，是由皮肤自身正常的新陈代谢过程来完成的，即表皮细胞经一定时间由基底层逐渐生长到达皮肤表面后，变为角化死细胞而自行脱落。

1. 脱屑的分类　根据脱屑的方式，可以分为物理性脱屑和化学性脱屑。

（1）物理性脱屑：是不通过任何化学手段，只使用物理的方法使表皮角质层的死细胞发生移位、脱落的方法。例如磨砂膏中的磨砂粒、粉碎的果核、果皮等，利用小颗粒与皮肤的物理摩擦，使表皮角化的死细胞脱落。该方法刺激性较大，一般只适用于油性皮肤。

（2）化学性脱屑：是将含有化学成分的去死皮膏（水）涂抹于皮肤表面，使其将附着于皮肤角质层的死细胞软化、脱落的方法。该方法脱屑适用于各类型皮肤。

2. 脱屑的作用

（1）清除污垢：可以彻底清除毛囊内的顽固污垢，祛除老化细胞，充分发挥皮肤的生理功能。

（2）防堵塞：清除过剩油脂及黑头，防止毛孔堵塞，预防粉刺生成。

（3）有利于营养吸收：预防面部角质层增厚，加速新陈代谢，有利于皮肤营养吸收，令肌肤光洁、平滑。

3. 脱屑的方法

（1）磨砂膏的使用方法：①彻底洁面后，使用蒸汽蒸面，使毛孔彻底打开，角质软化后，取适量磨砂膏，分别涂抹于额部、鼻部、两颊和下颔，用指腹均匀抹开；②中指、环指指腹蘸取少量清水润湿磨砂膏，分别在额部、鼻部、两颊、口周、下颔处向内向上打小圈搓揉；③将磨砂膏清洗干净。

(2) 去死皮膏(水)的使用方法:①同磨砂膏使用方法第①步;②停留片刻,待产品与表皮充分接触,在面部周围垫上纸巾,防止皮屑污染顾客的衣服;③左手示指、中指指腹绷紧皮肤,右手中指、环指指腹顺皮纹方向由中间向两边,由下向上拉抹;④将去死皮膏(水)彻底清洗干净。

(3) 奥桑喷雾仪的使用:奥桑喷雾仪又称热喷仪。奥桑是英文臭氧的音译。奥桑喷雾仪在使用时需先预热,喷雾均匀喷出后再移至顾客面部;通常情况下,喷雾嘴对准额头正中,使气雾从上向下均匀喷散到顾客面部。喷雾时,还需用湿棉片盖住顾客双眼以防止眼部皮肤过度失水,若遇面颊部毛细血管表浅也可覆盖湿棉片、调远喷嘴位置以及适当减少喷雾时间。奥桑开关只有当面部有痤疮时才能打开。开启奥桑开关后,可见气雾明显变浓变白。奥桑喷雾仪并无补水功效,长时间喷雾反而会使皮肤在热力作用下加速水分蒸发,造成皮肤失水。(表3-1)

表3-1　不同类型皮肤的热喷蒸面时间和距离

皮肤类型	普通喷雾时间(min)	奥桑喷雾时间(min)	距离(cm)
油性皮肤	10	3~5	20~30
干性皮肤	5~8	2~3	30~35
中性皮肤	8	3	25~30

知识链接

贾法尼电疗仪去垢法

贾法尼电疗仪(Galvanic machine)可用于身体或面部护理。贾法尼电疗护理运用的是低电压的直流电(贾法尼电流)。这种直流电,只朝向一个方向流动并且还有正负极之分。拥有负电荷的电极被称做阴极(负极),而拥有正电极的电极被称做阳极(正极)。其工作原理基于同性相斥、异性相吸的理论。在直流电作用下,离子做定向移动。阳离子由阳极流向阴极,阴离子由阴极流向阳极。

去垢处理运用的是直流电在盐溶液或其他具体产品中所产生化学反应或电解反应的原理。这项护理需要将直流电通过两个电极作用于顾客皮肤表面:负极必须是活性电极(放置于面部)而正极则必须为非活性电极(顾客手握电极)。同时,还需要用到盐溶液作为电解液(将2匙盐倒入1升水中混合)。市面上还有厂商生产的相关产品也可达到同样的效果,但价格更为昂贵。

负极下方所产生的碱性氢氧化钠不仅能起到软化皮脂、溶解皮肤表层角质细胞的作用,还能够打开毛孔、疏通毛囊。因此,通常被用于深层清洁操作中。

4. 注意事项与禁忌

(1) 产品的选择应考虑顾客的皮肤类型,目前去死皮膏(水)使用较广泛。

(2) 操作手法轻柔,不可过度拉扯皮肤。

(3) 眼周肌肤嫩薄不可脱屑;"T"字区操作时间可稍长。

(4) 问题性皮肤不可脱屑。如皮肤炎症、外伤、严重痤疮、毛细血管扩张,及敏感性皮肤,均不可盲目脱屑。

(5) 脱屑的间隔时间可根据季节、气候、皮肤状态而定,一般油性皮肤每月1~2次,干性、中性皮肤每月 1 次。

（6）避免外出前脱屑，以免晒伤皮肤。

第三节　按 摩 技 术

一、面部按摩技术

（一）美容按摩的概念

美容按摩是采用各种轻柔有节律的摩擦、振动、按压等手法，对身体某一局部或穴位造成一种良性机械刺激，通过皮肤感受器，借助神经的应激反应，引起大脑皮质对全身功能的调整，加快血液循环，促进新陈代谢，使人体各系统处于良性状态，从而达到护肤、健肤、嫩肤等目的的一种美容技法。

（二）按摩的作用

1. 升高皮肤温度

（1）促进血液循环：局部温度升高，使血液循环加快。一方面，毛细血管开放运送充足的养分，同时运出废物，使皮肤变得光洁；另一方面，血流量增加，能够提高皮肤对氧的利用率，使皮肤红润光泽。同时，静脉血回流加速，可消除黑眼圈及眼部水肿。

（2）促进腺体分泌：皮肤温度升高，可使皮脂腺、汗腺的分泌增加，促进皮脂膜的形成，从而阻止皮肤表面水分过度蒸发，防止皮肤干燥，保证皮肤的光滑润泽。

（3）增强皮肤吸收能力：血液循环加快，毛孔开放，大大提高了皮肤对各种护肤品和外用药品的吸收能力。

2. 点按穴位，调节气血平衡　通过穴位刺激，可以疏通经络，平衡阴阳，行气活血，使皮下神经松弛，肌肉放松，减轻肌肉的疼痛和紧张感，消除疲劳。

3. 强健皮下肌层　按摩的力度达到皮下肌层，使肌肉组织随之运动起来，使肌肉组织密实而有弹性，防止肌肉松弛。

（三）按摩的原则与要求

1. 按摩的原则　除需要遵循身体保健按摩的一般原则之外，美容按摩还应遵循如下原则：

（1）按摩走向从下向上、从里向外、从中间向两边：随着年龄增长，人体生理功能逐渐减退，肌肤变得松弛。松弛的皮肤在重力作用下发生下垂，从而呈现出衰老状态。因此，按摩时应从下而上提拉皮肤，减轻松弛下垂，延缓衰老。同时，按摩时还应尽量将面部皱纹向两边推展。

（2）按摩方向与肌肉走向一致，与皮肤皱纹方向垂直：按摩时应顺着肌肉的走向，强健肌肉的张力和韧性，增强皮肤弹性；垂直皱纹方向，使其舒展，减缓肌肤衰老状态。

（3）按摩时应尽量减少肌肤的位移：当位移较大时，肌肉运动方向另一侧的肌纤维必将绷紧，而过度持续的张力会使肌肤松弛，加速其衰老。因此，在操作过程中，应尽量减少局部肌肤的位移，做到力达深层，而表皮基本不动。使用足量的按摩介质是防止肌肤位移的有效方法之一。

（4）设计按摩套路时，一般要遵循安抚 - 刺激 - 安抚的原则：一套完整的按摩手法通常以安抚类手法开始,按摩中段设计刺激类手法强化功效,最终以安抚手法结束。

2. 按摩的要求　和保健按摩相似,也要求持久、有力、柔和、得气等,但强度和频率又有所不同。

(1) 持久:指每个手法都要重复几遍,维持一定的时间。一般要求 3~5 遍即可,手法由轻到重,再到轻。

(2) 有力:指进行手法操作(尤其是点穴)时,要施加一定的力度。力度要透达真皮层,甚至皮下肌层,要有渗透性。

(3) 均匀:指手法动作的节奏感和用力的平稳性。一般要求先慢后快再慢,先轻后重再轻。

(4) 柔和:指手法变换、衔接的顺畅连贯性。力求做到"轻而不浮,重而不滞"。

(5) 得气:指点穴时,穴位处应有酸、麻、重、胀等感觉,说明经气已通,气至而有效。

(6) 动作熟练准确、优美:手指、掌、腕部动作须灵活,能够配合不同部位的肌肉状态变换手法,协调以适应各部位按摩需要,并给人一种美感。

(7) 按摩的时间:以 15~20 分钟为宜,一般不超过 25 分钟。整个按摩过程要连贯、无停顿。

(8) 按摩的环境:要求温暖舒适、通风良好、空气清新、光线充足,有清雅舒缓的音乐为背景。

(四) 按摩的注意事项与禁忌

1. 注意事项

(1) 根据顾客皮肤特点灵活选择按摩介质、按摩手法、按摩时间。

(2) 面部按摩时间为 15~20 分钟,按摩时间不可太长。长时间按摩容易导致皮肤疲劳甚至擦伤,影响按摩的效果,长期如此还会促使皮肤老化,使皮肤抵抗力下降。

(3) 敏感皮肤在非严重期可以进行面部按摩,但按摩宜使用安抚、舒缓、轻力度手法;选择刺激性低的按摩介质,如敏感皮肤专用按摩膏或者质地轻柔的纯植物油,如霍霍巴油、甜杏仁油等。敏感性皮肤按摩的时间应该控制在 5 分钟以内。

(4) 面部有比较严重的暗疮或者皮肤过敏的情况不可进行面部按摩,避免情况恶化。

2. 禁忌　顾客有以下情况时,不能做按摩。

(1) 皮肤严重过敏。

(2) 皮肤传染病(扁平疣、黄水疮等)和特殊脉管状态(毛细血管扩张、破裂等)。

(3) 严重痤疮、外伤或皮肤急性炎症。

(4) 严重疾病的发作期、骨关节肿胀、腺体肿胀等。

(5) 精神病顾客、孕妇(7 个月以上)。

(6) 过饥或过饱状态。

(五) 按摩常用穴位及美容相关作用

见本章"附4　头面部按摩常用穴位"。

(六) 面部按摩手法

1. 开穴

(1) 原理:开穴就是在美容按摩之前先点按相关穴位。中医经络学说认为,人体是由经络连接脏腑官窍、四肢百骸而形成的有机整体,穴位是内部脏腑精气在体表灌注、停留的反射点。因此,通过开穴能使经络畅通,促进气血的正常运行,就如同打开了美丽的"开关",再加以针对性的养护疗程,进行美容按摩,就能达到事半功倍的效果。

开穴过程中有轻微疼痛是正常反应,但是如果某按压点有刺痛感,往往说明该痛点所在的经络有堵塞现象,提示所对应的脏腑需要进行保养。

(2) 操作方法、技巧:用双手中指指腹,从下到上、从中间向两边依次点按面部穴位。力度应先轻后重再轻,即指腹轻放于穴位上,然后施力于穴位,保持 3~5 秒后,双手轻轻抬起。以穴位出现轻微酸胀感为佳。

所点主要穴位依次为承浆、大迎、颊车、地仓、颧髎、下关、听会、迎香、四白、上关、听宫、耳门、承泣、瞳子髎、太阳、睛明、攒竹、鱼腰、丝竹空和阳白。

2. 按摩技法

(1) 掌抚额头:双手自然展开,以手掌为接触面,沿临眉到发际的方向拉抹额头,左右手交替,从额头一侧做至另一侧。(图 3-28)

(2) 展额部皱纹:左手示指、中指并在一起,平放在额头右侧的皮肤上,紧贴额头皮肤分开,撑开局部皮肤,使皱纹展平;右手美容指在展开的局部缓慢画小圈,每个部位画一圈半;然后抬起右手,合并左手示指、中指,向前移动,再撑开、画圈,直至左侧额头。重复 2~3 遍。(图 3-29)

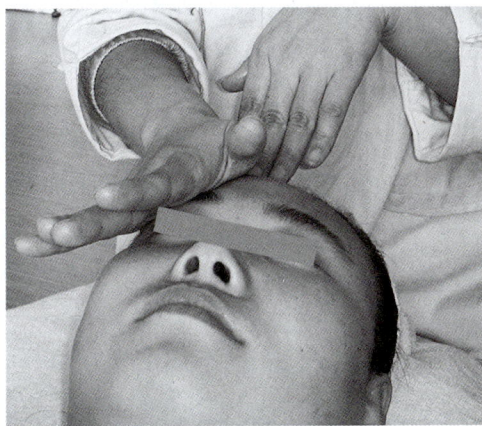

图 3-28　掌抚额头

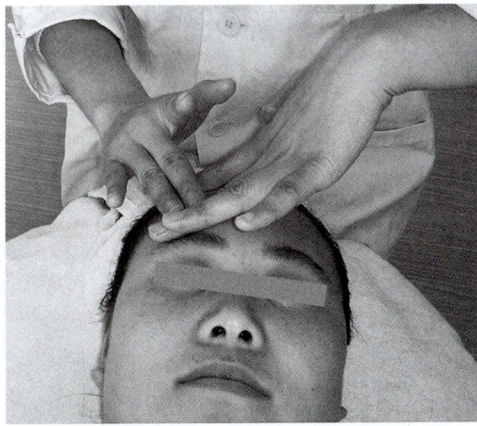

图 3-29　展额部皱纹

(3) 轻抹前额:双手五指打开,以小鱼际为接触面,自前额发际线起,向临眉方向抹半圆,再抹回发际线。该手法仅在额头正中部位轻抹,不向侧面移动。双手交替,重复 2~3 遍。(图 3-30,图 3-31)

(4) 掌根推头部:双手掌根置于顾客头部,左、右手美容指一前一后轻放在额头,双侧掌根向同一个方向(斜下方)用力按压,在前的美容指尽量放在穴位上,就势点按穴位。变换手位,原在后的美容指转到前部,搭放在穴位上,再次按压。重复一遍。(图 3-32,图 3-33)

(5) 拍打印堂:抬起上臂,使与身体约成 45°,双手美容指并齐,其余几指展开,用

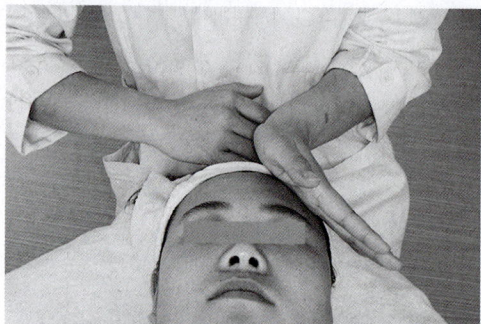

图 3-30 轻抹前额(1)

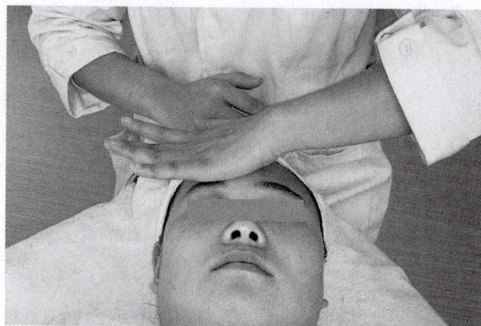

图 3-31 轻抹前额(2)

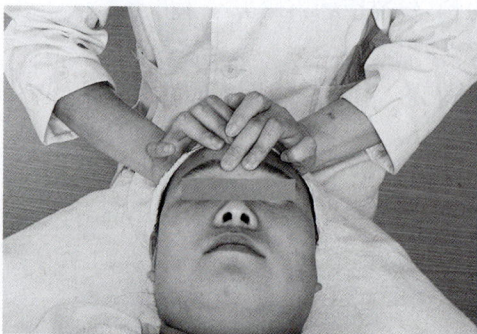

图 3-32 掌根推头部(1)

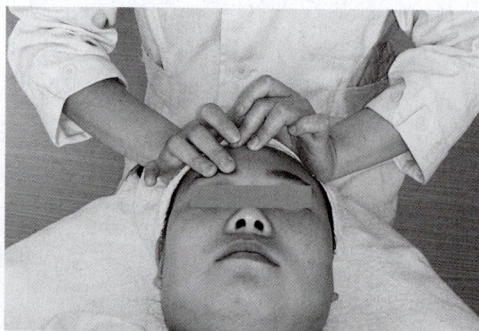

图 3-33 掌根推头部(2)

美容指第一、二指间关节交替拍打印堂、鱼腰、太阳。从印堂开始,按照中→右→中→左→中的顺序,回至印堂结束。印堂和太阳处分别拍打 20 下左右,鱼腰处 3~5 下过渡即可。注意,双手美容指的落点要在同一位置,拍打的同时有向上提抹的感觉。(图3-34,图3-35)

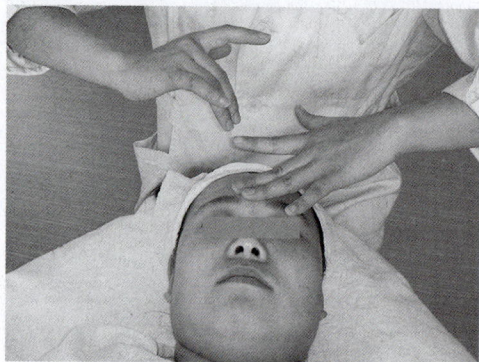

图 3-34 拍打印堂(1)

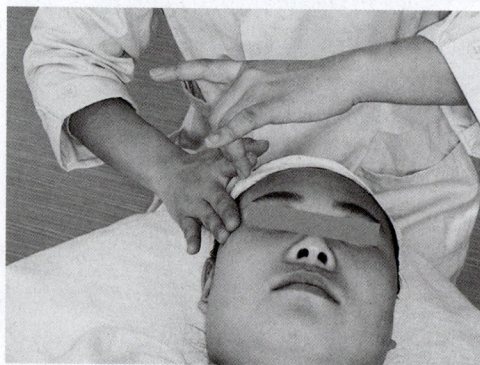

图 3-35 拍打印堂(2)

(6) 叩眼眶:用双手美容指指腹,从印堂开始,沿眉弓、外眼角、下眼眶、内眼角做叩法。重复 3~5 遍。(图3-36,图3-37)

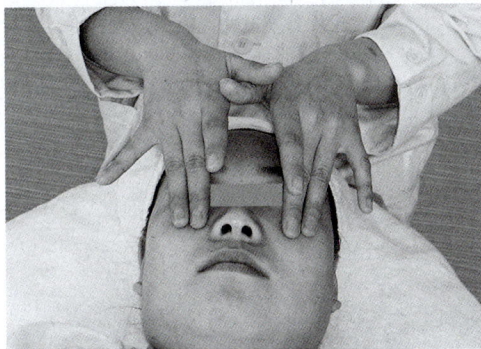

图 3-36　叩眼眶(1)

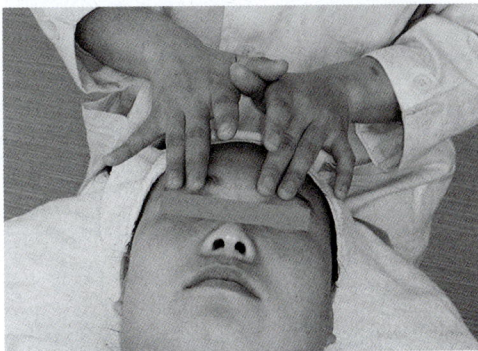

图 3-37　叩眼眶(2)

(7) 安抚眼部:以左眼为例,左右手指绷直,示指、中指分开呈剪刀状,以内眼角为起点,中指、环指分别向左拉抹上、下眼睑至外眼角处,两手指并拢并向上向外提拉。左右手交替进行。注意两侧眼睛要做相同的遍数。(图 3-38)

(8) 点按眼周穴位:依次点按睛明、攒竹、鱼腰、丝竹空、瞳子髎和承泣,注意点按睛明时要向上提压。

(9) 浴目:搓热双手,拇指交叉,保持虚掌,掌心正对眼球,捂双眼。用掌根稍用力向下按压。重复 2~3 遍。(图 3-39)

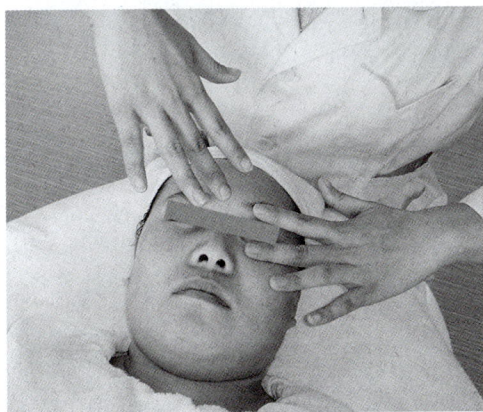

图 3-38　剪刀式安抚

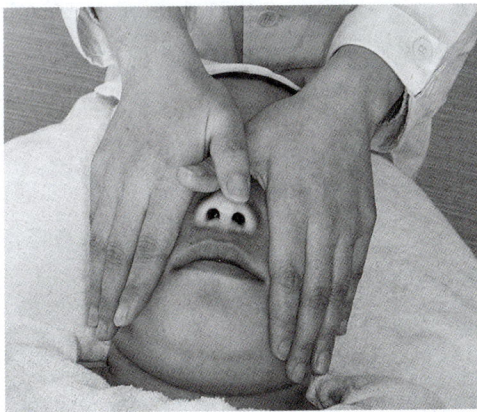

图 3-39　浴目

(10) 鼻部安抚:点按迎香、睛明,再做鼻部拉抹(同洗鼻部)。

(11) 唇部安抚:同洗唇部手法进行拉抹,点按地仓,再拉抹一遍,点按承浆和人中。重复一遍。

(12) 点穴:依次点按大迎、颊车、巨髎、下关、上关和太阳。

(13) 轮指:五指分开,拇指外展,其余四指依照示指、中指、环指、小指的顺序依次弹拨下颌至面颊。先左右手交替做一侧 2~3 遍;再做对侧 2~3 遍;然后两侧同时做 2~3 遍。注意,轮指的过程中,美容师不要碰触顾客的耳朵和下颏。(图 3-40,图 3-41)

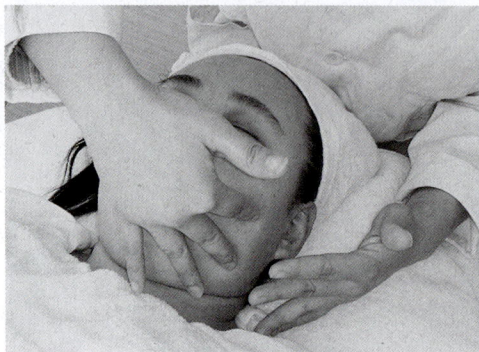

图 3-40　轮指(1)

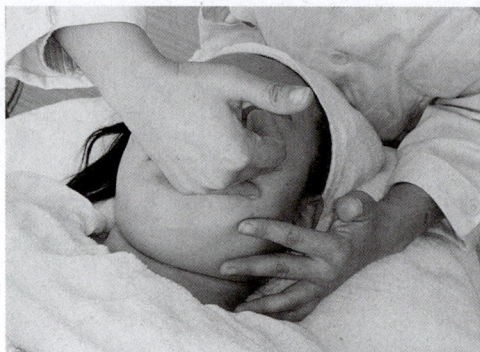

图 3-41　轮指(2)

（14）压拉皮肤：双手五指交叉，直立于面部上方，自鼻梁两侧同时向下轻拉，以同样的手法按照中→上→中→下的顺序压拉整个面部。（图 3-42，图 3-43）

图 3-42　压拉皮肤(1)

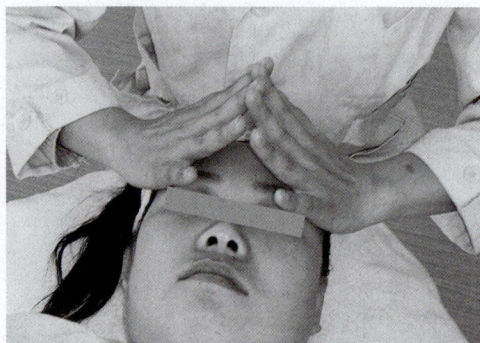

图 3-43　压拉皮肤(2)

（15）展颈部皱纹：美容师双手美容指同时从下颌拉抹至同侧耳根；掌根朝上，沿胸锁乳突肌下至同侧颈根；掌根水平，小鱼际沿锁骨推回正中线，双手一起回到下颌。（图 3-44）

（16）拉抹颈部：以双手四指为接触面，自锁骨拉抹至下颌。双手交替，自颈部一侧做向另一侧。（图 3-45）

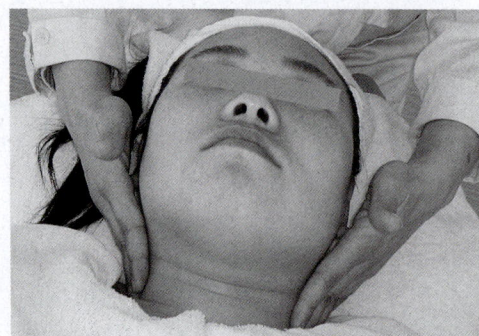

图 3-44　展颈部皱纹

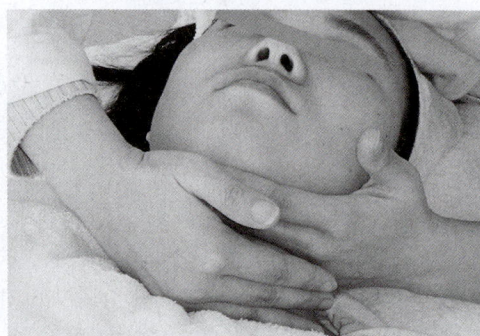

图 3-45　拉抹颈部

（17）耳部按摩：拇指指腹在耳前推抹，点按耳前穴位听会、听宫和耳门；然后四指自然置于耳廓下方，拇指在耳廓内部，与其余几指相配合，向外向上展平耳廓；然后拇指和示指捏住耳垂，逐渐用力捻至轻微发痛，再逐渐松开。（图3-46）

（18）揉风府抬风池，拔萝卜：双手环指重叠，置于风府穴的位置，揉3~5圈，然后向上顶，使头部稍向上抬；尔后双手美容指做同样动作，揉抬风池；然后，中指在风池保持不变，拇指移至太阳，示指自然搭放在颌骨下的颈部，拇指和中指用力，向头顶的方向拔伸颈部。（图3-47）

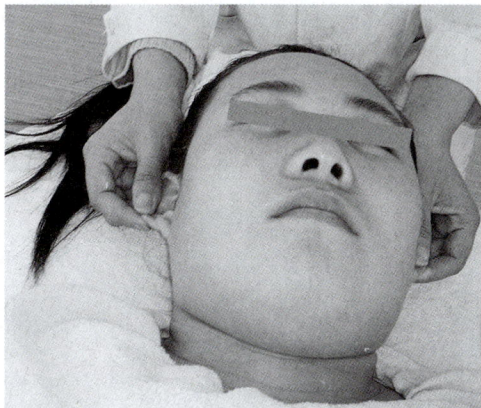
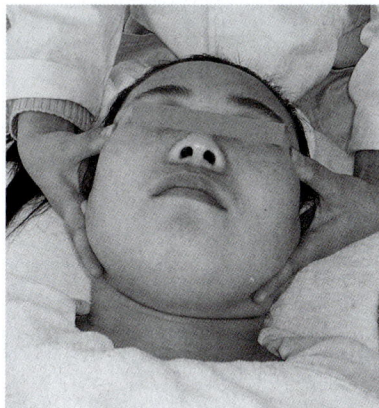

图3-46　展耳廓　　　　　　　　　　图3-47　拔萝卜

（19）调整面部轮廓：美容师右手五指自然弯曲，自顾客左侧耳根包绕下颌，拉抹至右侧耳根，手指打开，手掌继续拉抹至太阳，调整手位用掌根推抹至额头正中固定；左手以同样手法自顾客右侧耳根起，拉抹、推至额头正中；左右手交叠，左手在下，右手在上，一半额头一半发际，掌指关节对准正中线，用力下压。然后在上的右手指尖沿耳前自然下滑，调整手位自耳根包绕下颌，拉抹回原位，置于左手下，按压。左右手交替，重复2~3遍。（图3-48，图3-49）

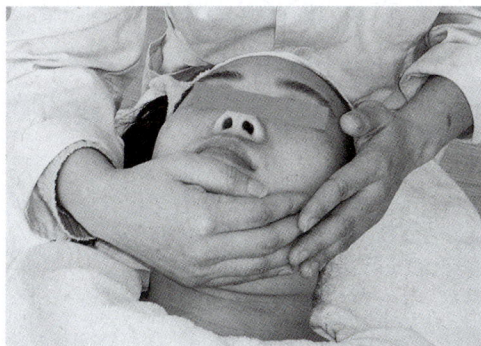
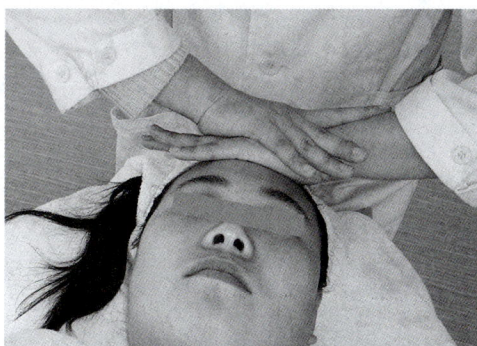

图3-48　调整面部轮廓（1）　　　　图3-49　调整面部轮廓（2）

（20）拍打前额：双手五指自然展开，以小鱼际为接触面，在额头正中（一半额头一半发际）位置拍打。注意翻腕。（图3-50）

（21）梳理动作：主要在头部进行。

1）沿督脉密集点按：用左右手拇指指腹，自印堂起，沿督脉交替点按至百会。注意：点按印堂至神庭时手指不能碰触顾客面颊。（图 3-51）

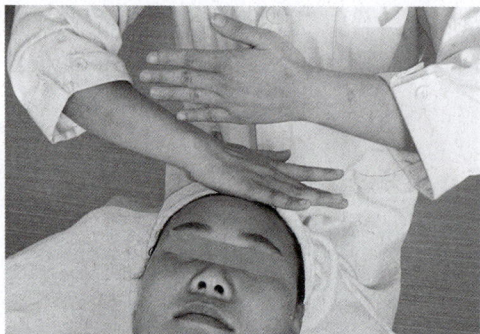

图 3-50　拍打前额

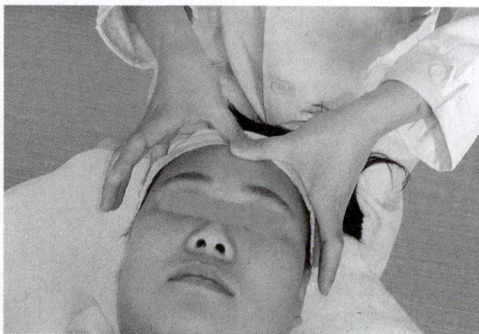

图 3-51　沿督脉密集点按

2）搔头皮、按头部：双手五指自然分开，指腹紧贴头皮，搔抓 3~5 次；五指均匀用力，变换部位，按压整个头部。（图 3-52，图 3-53）

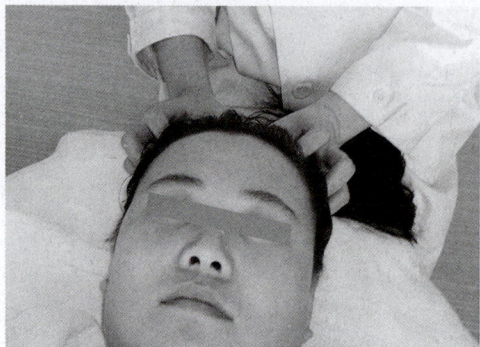

图 3-52　搔头皮

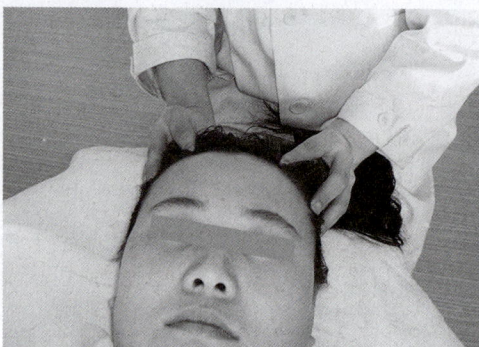

图 3-53　按头部

3）梳理、扯拉头发：双手五指打开，指尖向上插入头发，梳理 3~5 次；然后，双手指尖相对四指夹住一大缕头发，一手在前一手在后，轻轻向后扯拉。（图 3-54）

4）叩头部：双手合掌，拇指、环指和小指分别交叉，用中指和示指以其指腹为接触面，轻轻叩击整个头部。（图 3-55，图 3-56）

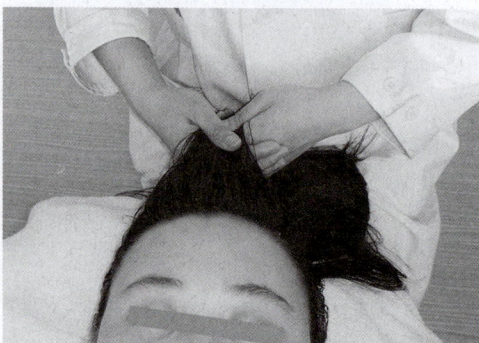

图 3-54　扯拉头发

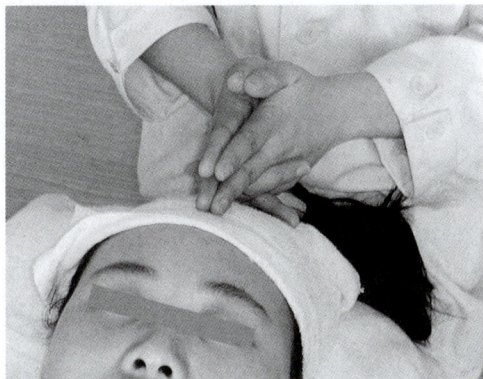

图 3-55 叩头部(1)

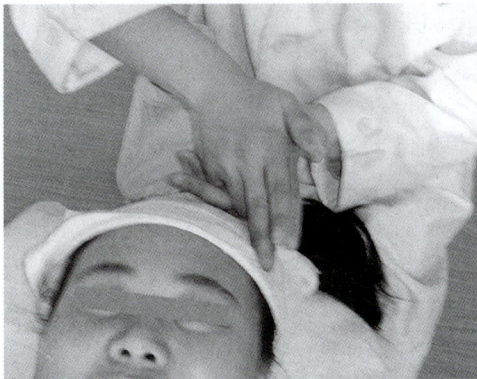

图 3-56 叩头部(2)

二、头肩颈部按摩技术

(一) 头部按摩技术

头部按摩可以促进头部血液循环,起到缓解疲劳、清脑提神等作用。颈部是最容易显现年龄的部位,肩背部是女性穿礼服时暴露的部位,都应该和面部皮肤一样注意保养。

1. 头部按摩的作用　头部的局部按摩可预防和缓解失眠、头痛、精神不振、眩晕头昏、失眠多梦、耳鸣、神经衰弱、脱发白发、面色晦暗等。总的来说,坚持对头部进行按摩,可使督脉、膀胱经等循行于头部的经络气血通畅,活跃大脑的血液循环,增加大脑的供血量,促进神经系统的兴奋,起到清脑提神、强身健体、乌秀发、改善面色等作用。

2. 头部按摩方法

(1) 安抚头部:双手掌置于头部前方,沿颞部、枕部向头顶做环绕式按摩。

(2) 双手置于枕后,中指及环指向上按压哑门、风府,并止于风池。

(3) 拇指分别沿神庭、两侧头维向后纵行指压(各六点),止于后四神聪。

(4) 拇指分别沿神庭、上星、百会横向按压,分别止于耳前、耳中、耳后。

(5) 五指指腹定点抓揉头皮。

(6) 五指指腹按压头皮。

(7) 用双手掌根从头中央往左右两侧按压。

(8) 轻轻握住双手或合掌叩击整个头部。

(9) 用五指指腹有节律地轻轻叩击整个头部。

(10) 用五指指腹做梳头式动作并抓拉头发。

3. 头部按摩的要求

(1) 头部按摩时,各种手法动作要平稳有节奏,施力要适度,频率要合理,不可忽轻忽重,忽快忽慢。

(2) 按摩时,点穴要准确,动作要轻,防止拉伤头发。

(3) 按摩时,整个过程要注意力集中,全身心放松,按摩手法要由轻→重→轻,由慢→快→慢,由浅→深,由表→里,循序渐进。各种手法变换和衔接要自然而连贯。

(4) 整套按摩时间在 15~20 分钟。

4. 头部按摩的注意事项

(1) 按摩的时候只要将需要按摩的部位,如颈部、肩部露出即可,无需暴露整个背部或全身,以免引发感冒症状。

(2) 进行按摩时,顾客应该放松,不要紧张,全身放松时按摩效果会更好一些。

(3) 美容师的指甲不能太长,以免划伤顾客的皮肤。

(4) 进行头部按摩时,美容师取穴要准确,力度也要恰到好处,既柔和均匀又有持久力。随时观察顾客神态,以顾客不会感到疼痛为度。

(二) 颈肩部的按摩技术

颈部的组织结构比较薄弱,油脂分泌较少,容易干燥;颈部活动频繁,容易导致肌肉的松弛和细纹的出现。一般从 20~25 岁开始就应当加强颈部的养护。肩关节的运动幅度大而稳固性差,肩关节周围的肌肉、韧带对其稳固性起重要作用。暴力牵拉或突然的强力劳作易使肩关节及其周围组织损伤。

1. 颈肩部皮肤衰老的因素

(1) 枕头过高:会使颈部压力过大,容易破坏颈椎正常的生理前屈角度。

(2) 整天伏案工作:让细细的脖颈支撑头颅的重量,容易造成颈部疲劳。

(3) 夹着电话听筒"煲电话粥":长时间的同一姿势易使颈部肌肉疲劳,导致皱纹出现。

(4) 过度喷洒香水,化学品对颈部造成"伤害"。

(5) 疏于防护:在恶劣的天气不喜欢戴围巾;烈日下不采取防晒措施;平时不注意养护等。

2. 影响肩部美观的因素

(1) 粉刺、毛周角化等皮肤问题。

(2) 长时间单侧挎包、站姿不当、单手运动等,易造成两侧不对称。

(3) 疏于防护,露肩时不注意防晒,不涂抹护肤品等。

3. 颈肩部按摩手法

(1) 左右拉抹下颌:顾客仰卧位。美容师用手掌和四指,包绕下颌骨从对侧耳根拉抹至同侧耳根。左右手交替。

(2) 舒展颈部皱纹:顾客仰卧位。美容师双手美容指同时从下颌拉抹至同侧耳根;掌根朝上,沿胸锁乳突肌下至同侧颈根;掌根水平,小鱼际沿锁骨推回正中线,双手一起回到下颌。

(3) 提拉颈部:顾客仰卧位。美容师用手指和小鱼际,由颈根部往上拉抹,左右手交替,从一侧到另一侧。做此动作时,头应稍向后仰起,保持颈部皮肤绷紧。

(4) 沿颈椎点按:顾客仰卧位。美容师用双手中指交替点按颈椎棘突下,由大椎至风府,旋揉风府。

(5) 揉按、拿捏项部:顾客仰卧位。美容师双手美容指分别置于顾客项部,用指腹揉按。然后让顾客头部侧向一边,单手拿捏项部。

(6) 点按肩部穴位:肩井、肩髃、肩髎、肩外俞。

(7) 拿揉肩部:顾客仰卧位。美容师双手四指在下,拇指在上,拿揉肩部。从正中到肩峰,再回到正中。

4. 注意事项

(1) 颈肩部养护前均应清洁皮肤。

(2) 养护颈部皮肤时,按摩或清洁后均要涂上护颈霜或营养霜,并可做倒膜;以每月 1~2 次,专门养护为宜。

(3) 颈部养护手法以提拉为主,操作时尽量使顾客颈部舒展。

(4) 顾客有颈、肩部疾病时,依据病情,手法可适当加重或放轻,或者不做养护。

三、面部刮痧技术

(一) 刮痧的概念

刮痧是在中医理论指导下,利用边缘光滑的刮板在皮肤表层特定部位(腧穴、经络及病变部位)进行刮拭,使皮肤局部出现发热、鲜红、暗红、紫红及青黑色斑点或斑片,以疏通经络、调畅气血、调理脏腑的一种简便易行的外治方法。面部刮痧是刮痧疗法的一个重要组成部分,操作部位在面部皮肤,刮拭力度宜轻,刮至皮肤轻微发热或潮红即可,以不出痧为度。

(二) 面部刮痧的美容作用

面部刮痧作用于面部的经络和腧穴,可以有效疏通面部经络,调畅局部气血,改善微循环状态,促进新陈代谢,起到调整肤色、舒缓皱纹、淡化色斑、保健美肤的作用。

(三) 面部刮痧的注意事项

1. 面部刮痧前应先清洁面部。

2. 刮痧时必须使用介质,保证足够的润滑度,不能干刮。介质可选用精油、精华素或美容刮痧油等。

3. 刮痧速度易缓慢柔和,刮痧时间和按压力度要因人而异。

4. 面部刮痧手法宜轻柔,刮至皮肤轻微发热或潮红即可,以不出痧为度。

5. 局部炎症或破损区域不宜刮拭,红血丝部位禁刮。

(四) 面部刮痧手法

1. 刮额部

(1) 用刮痧板鱼头部按揉前额部(图 3-57),竖板以平刮法从额头中部向两侧刮拭(图 3-58)至太阳穴,用鱼头平面按揉太阳穴(图 3-59)。重复 5~6 遍。

(2) 用鱼头平面按揉印堂穴(图 3-60),竖板以平刮法从额头中部向两侧刮拭经阳

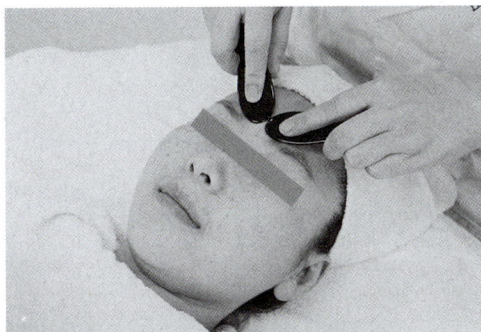

图 3-57 刮额部(1)

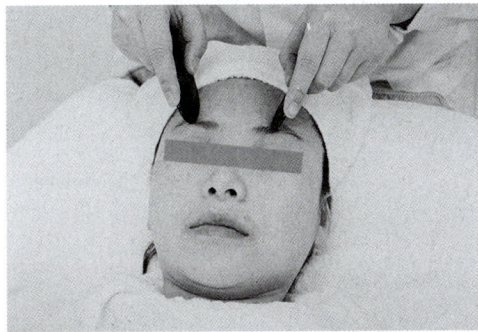

图 3-58 刮额部(2)

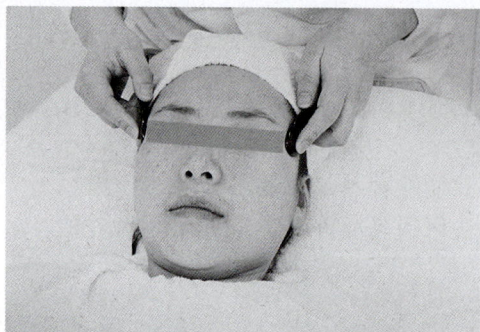

图 3-59　刮额部(3)

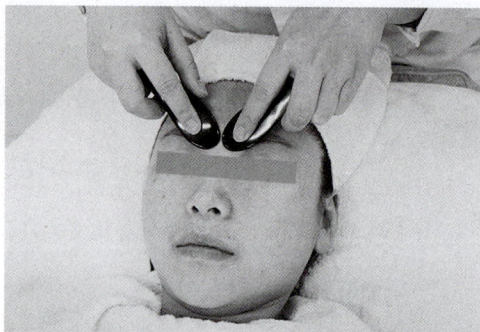

图 3-60　刮额部(4)

白穴(图 3-61)、丝竹空穴(图 3-62)至太阳穴,用鱼头平面按揉太阳穴(图 3-63)。重复 5~6 遍。

　　2. 刮眼部

　　(1) 用鱼头点按睛明穴(图 3-64),然后经攒竹穴(图 3-65)、鱼腰穴(图 3-66)至瞳子髎穴(图 3-67),用鱼头平面按揉瞳子髎穴(图 3-68)。重复 5~6 遍。

　　(2) 用鱼头点按睛明穴(图 3-69),然后经承泣穴(图 3-70)向外刮至瞳子髎穴(图 3-71),用鱼头平面按揉瞳子髎穴。重复 5~6 遍。

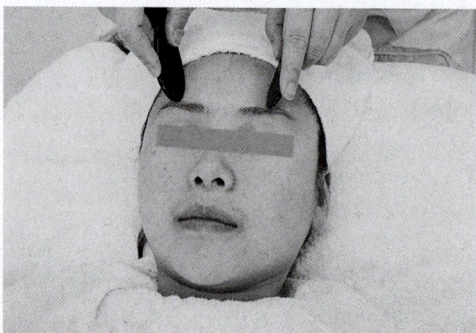

图 3-61　刮额部(5)

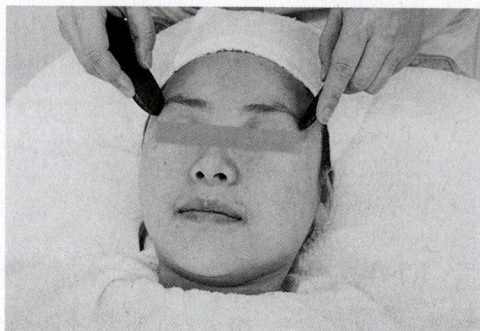

图 3-62　刮额部(6)

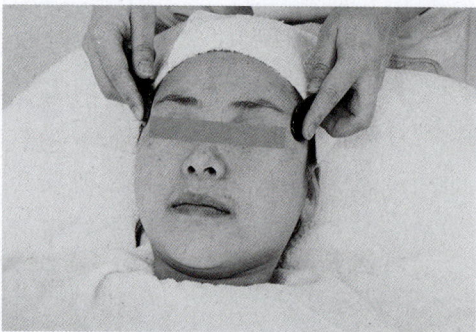

图 3-63　刮额部(7)

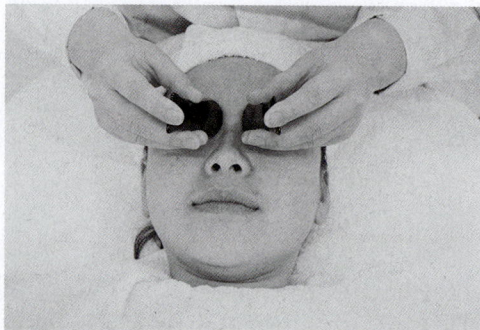

图 3-64　刮眼部(1)

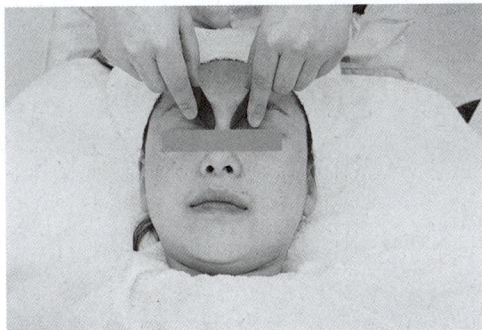

图 3-65　刮眼部(2)

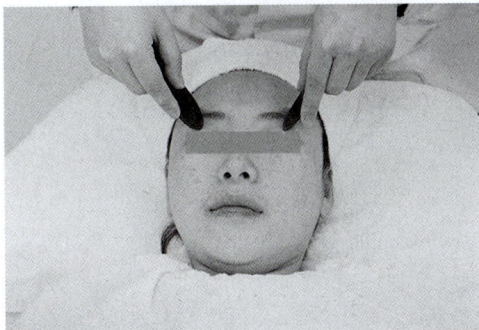

图 3-66　刮眼部(3)

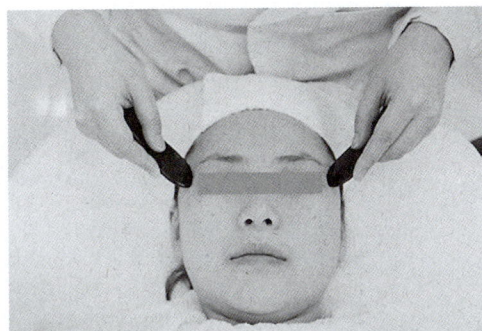

图 3-67　刮眼部(4)

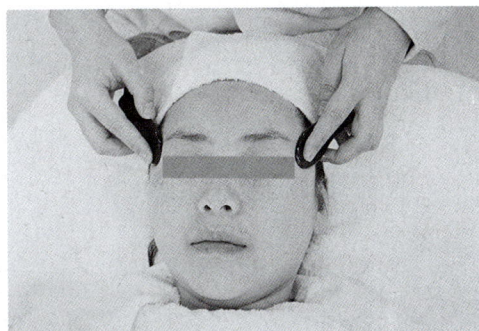

图 3-68　刮眼部(5)

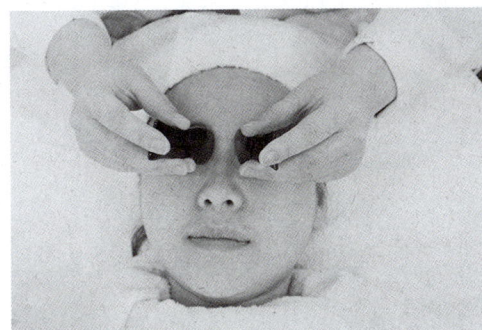

图 3-69　刮眼部(6)

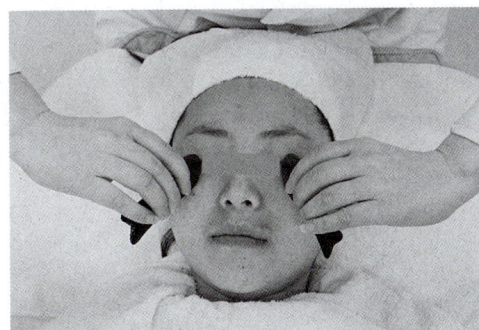

图 3-70　刮眼部(7)

3. 刮面颊

(1) 用鱼头点按上迎香穴(图 3-72)，用鱼身以平刮法经四白穴(图 3-73)刮至太阳穴(图 3-74)，用鱼头平面按揉太阳穴。重复 5~6 遍。

(2) 用鱼头点按迎香穴(图 3-75)，用鱼身以平刮法经颧髎穴(图 3-76)刮至听宫穴(图 3-77)，用鱼头平面按揉听宫穴(图 3-78)。重复 5~6 遍。

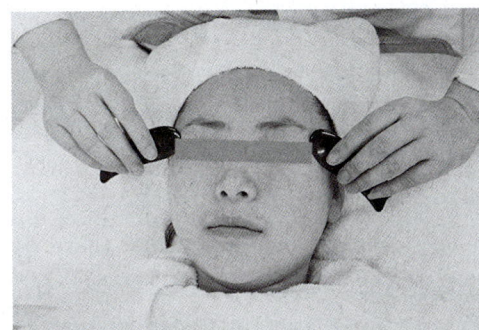

图 3-71　刮眼部(8)

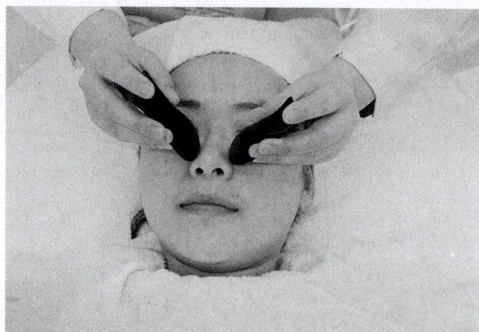

图 3-72　刮面颊(1)

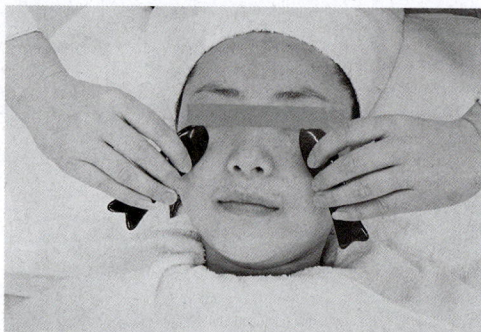

图 3-73　刮面颊(2)

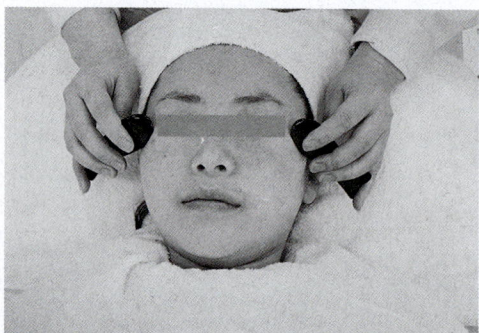

图 3-74　刮面颊(3)

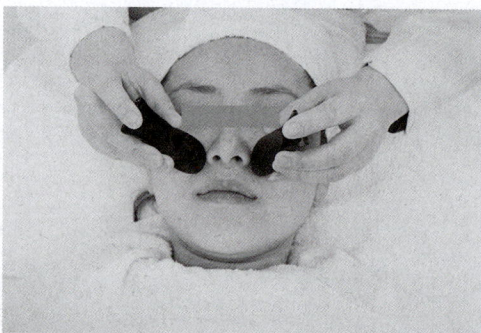

图 3-75　刮面颊(4)

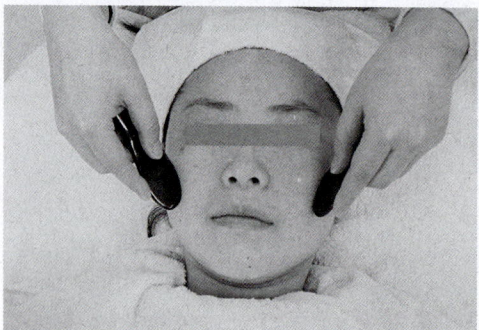

图 3-76　刮面颊(5)

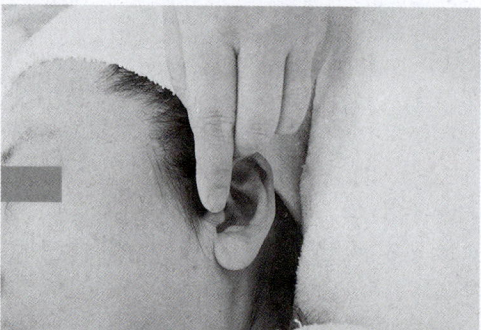

图 3-77　刮面颊(6)

4. 刮口周

（1）用鱼头点按人中穴（图 3-79），用鱼身以平刮法沿两侧上唇（图 3-80）刮至地仓穴，用鱼头平面按揉地仓穴（图 3-81）。重复 5~6 遍。

（2）用鱼头点按承浆穴（图 3-82），用鱼身以平刮法沿两侧下唇经地仓穴（图 3-83）、颊车（图 3-84）至下关穴，用鱼头平面按揉下关穴（图 3-85）。重复 5~6 遍。

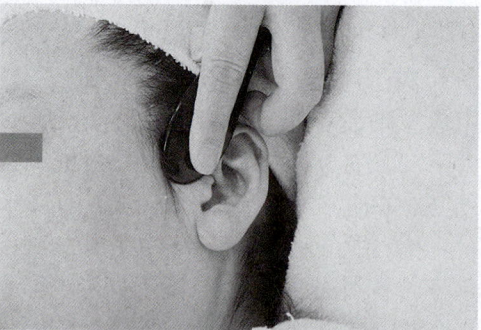

图 3-78　刮面颊(7)

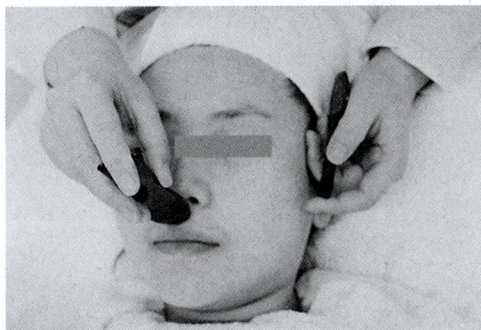
图 3-79　刮口周(1)

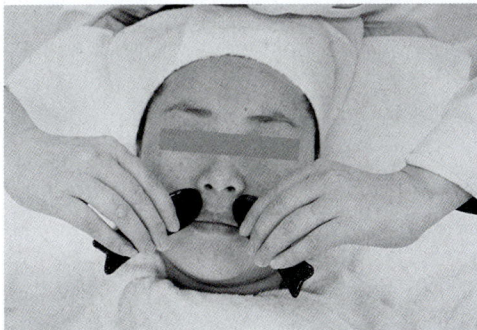
图 3-80　刮口周(2)

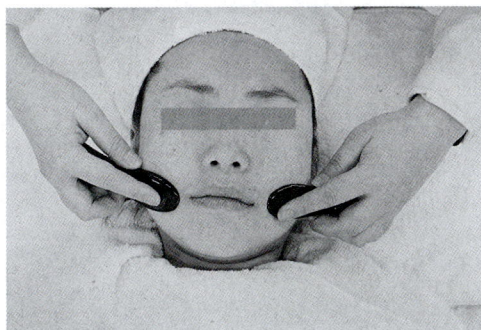
图 3-81　刮口周(3)

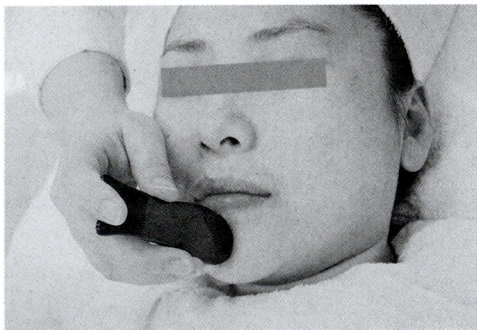
图 3-82　刮口周(4)

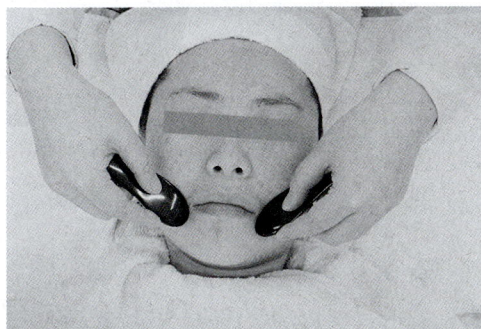
图 3-83　刮口周(5)

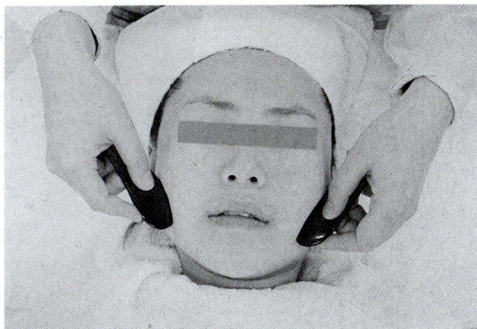
图 3-84　刮口周(6)

5. 刮鼻部

(1) 用鱼尾双手并排从印堂穴(图 3-86)经鼻根(图 3-87)、鼻梁(图 3-88)至鼻尖(图 3-89)。重复 5~6 遍。

(2) 用鱼头从睛明穴(图 3-90)沿鼻侧刮至鼻翼两侧(图 3-91)。重复 5~6 遍。

6. 刮下颌　用鱼尾以平刮法从下颌中央(图 3-92)沿两侧(图 3-93)向外刮至下颌角(图 3-94)。重复 5~6 遍。

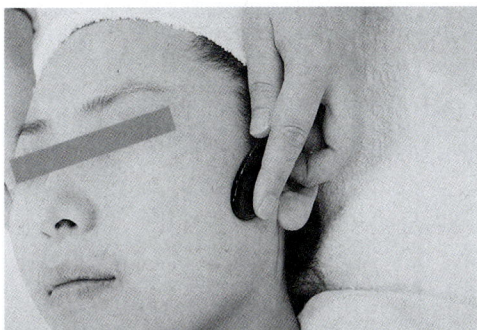
图 3-85　刮口周(7)

47

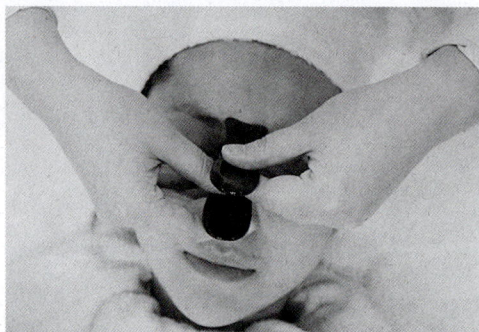

图 3-86　刮鼻部(1)

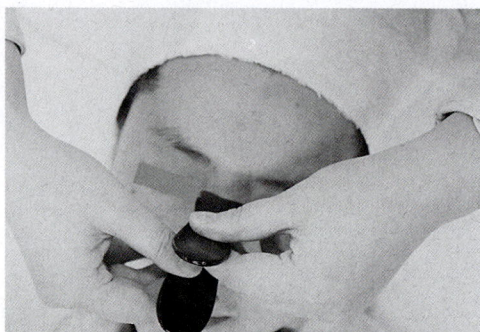

图 3-87　刮鼻部(2)

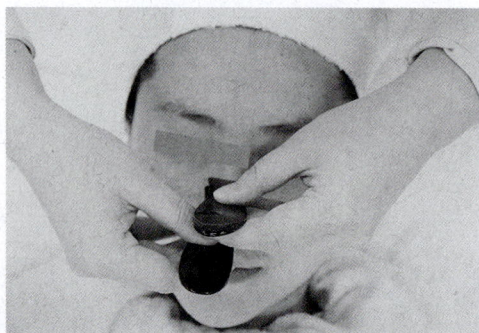

图 3-88　刮鼻部(3)

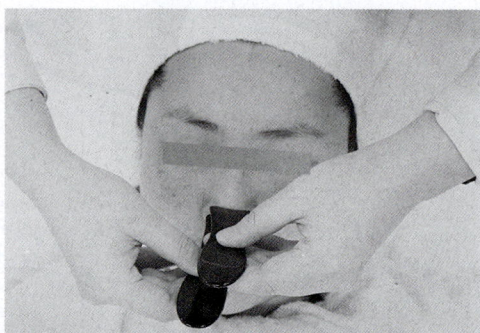

图 3-89　刮鼻部(4)

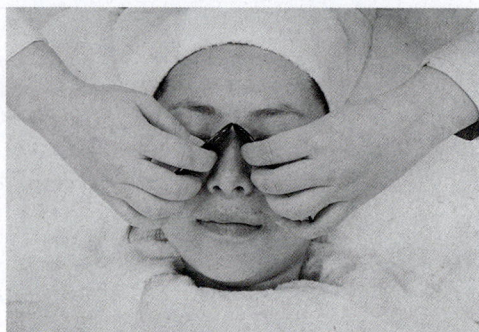

图 3-90　刮鼻部(5)

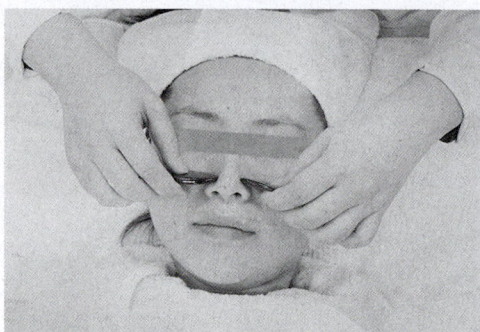

图 3-91　刮鼻部(6)

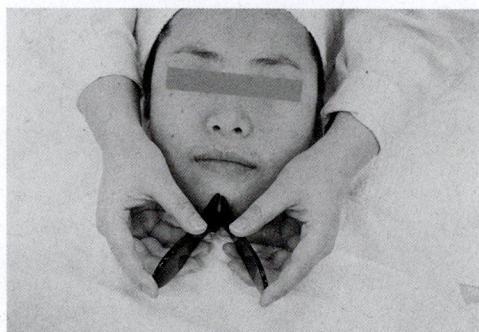

图 3-92　刮下颌(1)

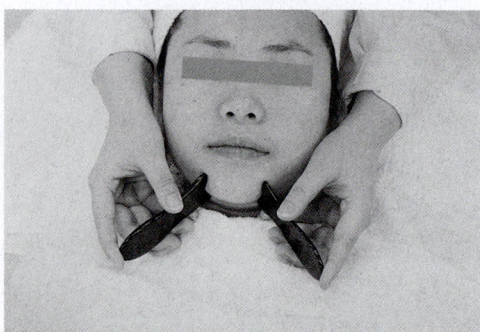

图 3-93　刮下颌(2)

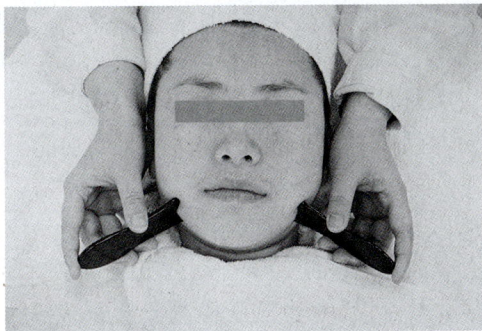

图 3-94 刮下颌(3)

（李 娟 邓丽阳）

第四节 仪器养护

凡利用光、电、声、热、磁等能量形式，采用非侵入式、非破坏式方法，备有剂量参数及安全标准，用于预防、维持、改善顾客的局部皮肤、肌肉、皮下脂肪、淋巴流动、微循环状况及某些生理系统的健康状况或外表美观的仪器(设备)，称为美容仪器。在面部皮肤的养护中，经常需要使用各种功能的美容仪器。只有充分了解仪器的原理、功效、操作等知识，根据皮肤性质及状况的不同，选用适宜的仪器，才能达到预期效果。

一、仪器的原理与分类

(一)仪器原理

1. 光学原理　应用于光疗仪器。目前，用于光疗的主要有激光、光量子、E 光和动力光，其中以激光最多而且也最先使用，E 光效果最好。激光美容，即利用激光束和人体组织接触并被吸收后，大量的光转化为强烈的热能，而这种热能使组织细胞干燥脱水，导致病变部位坏死、脱落，从而达到美容的目的。

2. 电磁原理　应用于电疗仪器。电疗是利用不同类型电流和电磁场治疗疾病的方法。主要有直流电疗法、直流电药物离子导入疗法、低频脉冲电疗法、中频脉冲电疗法、高频电疗法、静电疗法。通过利用电子、电流物理渗透导入作用，把相关美容产品、药物导入皮肤内，达到营养滋润肌肤的目的；采用微电流脉冲调制技术，对人体皮肤、经络、穴位实施作用以达到紧肤、去皱等美容目的。

3. 声学原理　应用于超声波美容仪器。超声波美容仪器以其治疗范围广、见效快、治愈率高、操作简便而得到普及和推广，已成为众多美容仪中最实用、最受欢迎的设备之一。超声波作用于人体皮肤时会加强血液循环、促进新陈代谢、改善皮肤的渗透性，同时能促进药物、各种营养及活性物质经皮肤或黏膜透入，从而达到养护皮肤的目的。

4. 热学原理　应用于利用温热或冷冻作用进行美容的技术。温热作用可促进血液与淋巴循环，提高新陈代谢，使细胞吞噬功能增强，提高机体防御能力，从而达到美容目的；冷冻美容治疗技术是利用制冷剂(通过冷冻仪器)作用于病变组织使之坏死脱落，而达到美容治疗的目的。

49

5. 机械原理　采用机械震动,带动皮肤细胞随之震动,不仅能将毛孔内的垃圾导出,而且能改变细胞的容积,从而改善血液和淋巴的循环,达到刺激细胞再生的能力,提高皮肤的新陈代谢,使人体肌肤收紧,皮肤富有光泽和弹性。机械震动原理导致的温热作用,还有将美容营养品快速导入肌肤,促进吸收的功能。

(二) 仪器分类

根据不同的标准,可以有不同的分类。目前,最常见的是依据功效进行分类。

1. 皮肤检测美容仪　常用的皮肤检测美容仪有美容放大镜,美容透视灯,皮肤检测仪,皮肤、毛发显微成像检测仪,专业皮肤检测分析系统等。皮肤检测美容仪经历了四代的更替,技术日渐成熟。

2. 皮肤清洁美容仪　常用的有喷雾仪、真空吸喷仪、吸黑头仪器、离子导出仪等。皮肤清洁类仪器,是利用肌肤电离子交换、超声波高频振动、真空吸力等原理,除去部分皮肤表面的老化角质、不易洗去的污垢、皮脂、汗液和化妆品等,促进皮肤血液循环,使皮肤光滑、柔软,并达到深层清洁的目的。

知识链接

超微小气泡皮肤清洁仪

本仪器属深度清洁设备。深层清洁皮肤的同时,也能完成对治疗部位的营养供给。

治疗原理:通过形成真空回路,将超细微小气泡和营养液充分结合,通过特殊设计的螺旋形吸头直接作用于皮肤,且能够保持超细微小气泡长时间接触皮肤,促进剥离作用。超微小气泡与吸附作用相结合,在安全没有疼痛的状态下,深层洁面,祛除老化角质细胞,祛除皮脂,彻底清除毛囊漏斗部的各种杂质、螨虫及油脂残留物,同时使毛囊漏斗部充满营养物质,为皮肤提供持久的营养,使皮肤湿润、细腻有光泽。

3. 皮肤修复美容仪　常用的皮肤修复美容仪有超声波美容仪、高频电疗仪、射频美容仪、激光医学美容仪、光子美容治疗仪、红蓝光治疗仪和超声刀美容仪等。

二、常用的美容仪器

(一) 射频美容仪

射频(radio frequency,RF)美容技术是一种非手术、准医学的全新美容方法,可以拉紧皮下深层组织和收紧皮肤,达到使下垂或松弛的面部重新提升的效果。

1. 工作原理　射频美容仪利用每秒600万次的高速射频技术作用于皮肤,使皮肤内的电荷粒子在同样的频率上变换方向,随着射频高速运动后产生热能,当真皮层胶原蛋白在60~70℃的温度时,会立即收缩,让松弛的肌肤马上得到向上拉提、紧实的拉皮效果,促使皮肤快速恢复到年轻健康的状态;同时,皮肤组织在吸收大量热能后,使真皮层的厚度和密度增加,皱纹得以抚平,达到消除皱纹、收紧皮肤、延缓皮肤衰老的美容效果。(图3-95)

2. 作用

(1) 收紧皮肤,提升面部。

(2) 改善肌肤的新陈代谢。

(3) 祛除皱纹,修复妊娠纹。

(二) 光子美容治疗仪

光子美容治疗仪应用的强脉冲光(intensive pulsed light,IPL),属于普通光而不是激光,但同样遵循激光的治疗理论基础,即选择性光热作用原理。

1. 工作原理　光子是指以一种强度很高的光源(如氙灯等),经过聚焦和初步滤光后形成一束连续波长为 400~1 200nm 的强光,再在其治疗头放置一种特制的滤光片,将无治疗作用的光或低于某个波长的光滤掉,最后发出特定波段的光,而该波段的光适合于某些皮肤美容性病变的治疗。使用的滤光片主要有 480nm、515nm、530nm、550nm、640nm、695nm、755nm 等。常见的功能有祛斑、嫩肤、脱毛、祛红血丝等,效果较好的是嫩肤、祛表皮斑和脱毛。(图 3-96)

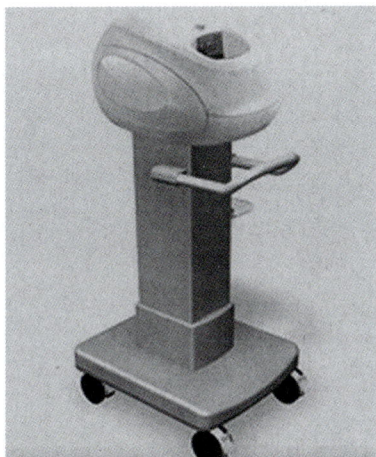

图 3-95　立式射频美容仪

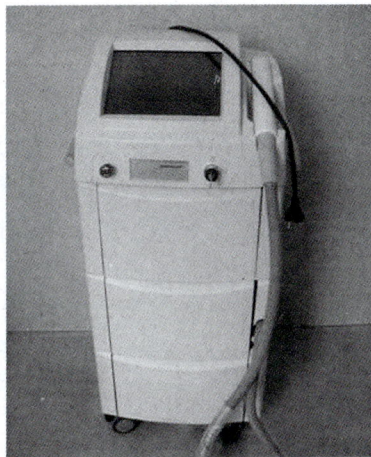

图 3-96　光子嫩肤仪

2. 作用

(1) 通过分解皮下色素而淡化雀斑、黄褐斑、日晒斑以及痤疮印。

(2) 闭合面部扩张的毛细血管,改善皮肤发红以及毛孔粗大、细小皱纹、黑眼圈、晦暗皮肤和酒渣鼻引起的红鼻头等情况。

(3) 破坏毛干和毛囊,阻碍和终止毛发的生长,且不损害周围正常的皮肤组织,从而除去多余的毛发。

(三) 激光美容仪

1. 激光器的构成　激光器是指受激光辐射放大而形成的光发生器(图 3-97)。它包括以下部分:

(1) 工作物质:可以是固体,如铬离子熔于氧化铝晶体(固体红宝石);也可以是液体如罗丹明染料,或气体如二氧化碳。这些物质能使粒子反转,简称反转系统。

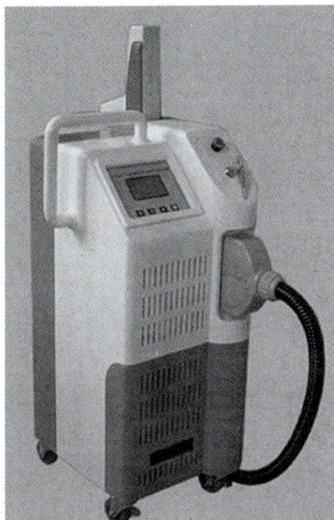

图 3-97　激光美容仪

射频美容仪操作方法

射频美容仪注意事项

光子嫩肤仪操作方法

光子嫩肤仪注意事项

51

（2）激励源（泵浦源）：可以是用于固体激光的光泵浦，进行强光激励，如氙灯；或用于激励气体的放电源。泵浦源能使工作物质引起粒子数布尔反转，或在半导体注入电流等，简称激励系统。

（3）共振腔：于工作物质的两端加上两块互相平行的反光镜，其中一块为全反射镜，另一块就是半反射镜，在两个反射镜之间，就形成了光学共振腔。

2. 激光器工作原理 激光器的工作方式就是由泵浦源（激励系统）给激光材料（工作物质）输入能量，让工作物质受激辐射后产生光束，在光学共振腔中反射。从一定的泵功率开始，由激活的激光材料产生自激的无阻力的固有振荡，形成谱线很近的一系列的模。在两个反射镜之间，形成光波柱，其中有一个半透明的反射镜，而激光就是从这个半透明的反射镜中输出相关的、高能量的激光束。

利用激光束和人体组织接触并被吸收后，大量的光转化为强烈的热能，这种热能使组织细胞干燥脱水，导致病变部位脱落、坏死，从而达到美容目的。

3. 激光的物理特性

（1）单色性：是指激光发射的光为单一波长或一个窄带波长的光。

（2）相干性：是指激光发射的光在行进时方向、时间、空间都保持一致，即光束聚焦很强，不易发散，可以被聚焦成类似波长本身一样窄的光斑大小。

（3）平行性：是指激光发射的光在长距离发射时可保持平行特性，不发生弥散或弥散极少，没有明显的能量损失。

（4）高能量：由于激光波长单一，相干性好，所以激光几乎能聚焦成一点，并具有非常高的能量。

4. 激光治疗基础知识

（1）皮肤的吸光基团：皮肤的吸光基团包括水、血红蛋白、黑色素、文身色素。当激光照射皮肤时，这些色素基团就吸收光，光能转化为热能。

（2）激光选择性光热作用：激光可选择性加热皮肤靶组织（吸光基团）。激光束照射靶组织并被吸收后，大量的光转化为强烈的热能，这种热能使组织细胞变性坏死，导致病变部位吸收、脱落，从而达到美容目的。加热温度必须保持大部分皮肤温度低于 $60\sim70\,^\circ\mathrm{C}$，否则胶原变性明显，可能形成瘢痕。

（3）穿透深度与波长相关：在 $280\sim1\,300\mathrm{nm}$ 范围，波长越长穿透越深；低于 $280\mathrm{nm}$，被蛋白质、尿酸和 DNA 吸收，穿透浅；高于 $1\,300\mathrm{nm}$，被水吸收，穿透力减弱。

（4）相关术语

热驰豫时间——加热组织通过弥散减少一半热量所需的时间。

波长——特定的，单一波长或倍频。

能量密度——单位面积上照射的能量的数量，可调节。

能量强度——单位面积上传输的功率，可调节。

光斑直径——直径越小，穿透越浅；直径越大，穿透越深。可调节。

脉冲宽度——激光照射时间，可调节。

5. 皮肤冷却

（1）冷却介质：气体、液体、固体。

（2）前冷却：治疗前的皮肤冷却。如冷喷、冷敷、冰敷、冷凝胶，以保护皮肤。

（3）平行冷却：治疗中的皮肤冷却。如冷凝胶、激光冷却系统、冷却蓝宝石。在皮肤上使用冷却蓝宝石可以安全传送非常大的能量密度。

（4）后冷却：治疗后的皮肤冷却。如冷喷、冷敷、冰敷，可减少疼痛和红斑。

6. 激光的临床应用　激光在医学美容中主要应用于剥脱性皮肤重建（激光换肤术）、血管病变治疗、色素病变治疗和文身祛除、脱毛、非剥脱性嫩肤、局灶性光热作用等。

（1）剥脱性皮肤重建（激光换肤术）

治疗病变：光老化、瘢痕、汗管瘤、表皮痣、脂溢性角化等浅表性病变。

常用激光：远红外波段短脉冲的 CO_2（10 600nm）或掺铒钇铝石榴石（Er：YAG）（2 940nm）。

原理：波长为 10 600nm、2 940nm，均可被水吸收，致高温瞬间汽化导致热损伤，表皮受损剥脱，真皮胶原纤维受热收缩和重塑。

常见并发症：出血、瘢痕、色素沉着。

（2）血管病变治疗

治疗最佳波长：靠近 542nm 及 577nm 的波长，此为血红蛋白吸收峰值。

作用：毛细血管扩张、血管瘤、鲜红斑痣等血管病变。

原理：氧合血红蛋白吸收光，导致热损伤凝固，阻断血流及小血管热损伤闭合。

常用激光：①钕：钇铝石榴石（Nd：YAG）（585~600nm）；②585nm 闪光灯泵浦脉冲染料激光，是目前血管病变的标准治疗，副作用为紫癜；③铜蒸气或溴化亚铜激光（578nm），副作用为水肿、痂皮形成；④磷酸肽钾盐激光（532nm），副作用为痂皮形成、水肿。

（3）色素病变治疗和文身祛除：黑色素可吸收紫外线到近红外线波长的光，故可用于治疗黑素的激光选择面很广，治疗波长的选择部分是避免其他色素基团吸收峰值，最佳脉宽是 70~250ns，因此，Q 开关激光非常适合针对黑素小体的治疗，当达到黑素颗粒破碎的能量阈值后，色素细胞即死亡。

常用激光：

Q 开关红宝石激光（694nm）：脉宽为 20~40ns 时，可治疗除红、黄亮色调的绝大多数颜色。炎症后色素沉着和黄褐斑对激光反应差。

Q 开关 Nd：YAG 激光（1 064nm）：治疗真皮黑素细胞增多症，如太田痣，对红、黄色有效，对绿色无效。

部分文身在激光治疗后会出现过敏反应，出现瘙痒、皮疹等。

（4）脱毛：需要破坏外毛根鞘隆突部的毛囊干细胞和 / 或毛囊基底部的真皮乳头，这些非色素靶目标远离有色毛干的黑素细胞团，为了损伤非色素靶目标，热量需由含色素部位向周围弥散，故要用高能量，长脉宽的激光。

常用激光：

半导体激光（810nm）：目前脱毛效果最好，应用最广。少数治疗后出现色素沉着，一般 3~6 个月消退。

紫翠绿宝石激光（755nm）：不良反应为散在的结痂和毛囊炎，对较粗壮而黑的毛发效果优于较细和浅色的毛发，对金色和白色毛发均无效。

激光对生长期毛发有效，对退行期、静止期的毛发无明显效果，只有等这些毛发转入生长期后激光才起作用，故激光脱毛需要多次治疗效果才明显。

激光美容仪
操作方法

并发症:损伤表皮。

(5) 非剥脱性嫩肤:作用于真皮的轻微热效应,刺激真皮创伤愈合反应,消退皮肤不规则色素沉着。非剥脱性嫩肤效果是逐渐显现的。

(6) 局灶性光热作用:即局灶性换肤,指激光照射形成微小的热损伤灶,刺激表皮和真皮更新。

7. 禁忌证

激光美容仪
注意事项

(1) 相对禁忌证:曾做过化学剥脱、物理磨削、其他换肤术、皮肤放疗,以及吸烟、糖尿病、增生性瘢痕史、色素异常、不稳定个体等,激光治疗操作时要慎重。

(2) 绝对禁忌证:自身免疫性疾病、瘢痕体质、孕妇、操作部位有炎症、最近 1 年内使用维 A 酸药物、不愿意术后 6 个月内进行防晒及接受磨削术风险等。

(四) 红蓝光治疗仪

1. 工作原理　红蓝光治疗仪运用了光动力疗法的原理。光动力反应的基本机制:生物组织中的内源性或外源性光敏性物质受到相应波长光(可见光、近红外线光或紫外线光)照射时,吸收光子能量,由基态变成激发态,产生大量活性氧,其中最主要的是单线态氧,而活性氧能与多种生物大分子相互作用,产生细胞毒性作用,导致细胞受损甚至死亡,从而产生治疗作用。

蓝光治疗仪的治疗机制:痤疮丙酸杆菌可产生卟啉。卟啉主要吸收 415nm 波长的可见光。蓝光的波长正好在这一波段,照射后产生光动力学反应,导致痤疮杆菌死亡,减缓或治愈痤疮。

红光治疗仪对卟啉的光动力效应弱,但能更深地穿透组织。在红光照射下,巨噬细胞会释放一系列细胞因子,刺激纤维母细胞增殖和生长因子合成,使细胞的新陈代谢加强,促使细胞新生,同时也增加了白细胞的吞噬作用,提高了机体免疫功能,因而使炎症愈合、组织修复更快。

光动力治疗仪除了红光头、蓝光头,还有黄光头、绿光头等。

2. 各光的临床应用

(1) 红光:波长为 635nm 的红光具有纯度高、光源强、能量密度均匀的特点,在皮肤护理、保健治疗中效果显著,被称为生物活性光。红光能让细胞的活性提高,促进细胞的新陈代谢,使皮肤大量分泌胶原蛋白与纤维组织来自身填充。红光可加速血液循环,增加肌肤弹性,改善皮肤萎黄、暗哑的状况,从而达到抗衰老、抗氧化、修复的功效,有着传统护肤无法达到的效果。

主要功效:美白淡斑、嫩肤祛皱、修复受损皮肤、抚平细小皱纹、缩小毛孔、增生胶原蛋白。

红蓝光治疗仪
注意事项与
操作方法

(2) 蓝光:波长为 415nm 的蓝光具有快速抑制炎症的功效。在痤疮形成过程中,主要是丙酸杆菌在起作用。蓝光可以在对皮肤组织毫无损伤的情况下,高效破坏这种细菌,最大限度减少痤疮的形成,并且在很短时间内使炎症期的痤疮明显减少,直至愈合。

(3) 紫光:紫光是红光和绿光的双频光,结合了两种光的功效,尤其在治疗痤疮和祛痤疮印痕方面有着特别好的效果和修复作用。

(4) 黄光:波长为 590nm 的黄光,对于敏感性皮肤及处于过敏期的皮肤有良好的缓解和治疗作用。

（5）绿光：波长为560nm。绿光的光色自然而柔和，有中和、安定神经的功效，可改善焦虑或抑郁；调节皮肤腺体功能，有效疏通淋巴及去水肿，改善油性皮肤、暗疮等。

（五）超声刀美容仪

超声刀美容仪是用于提升下垂组织和改善皱纹的聚焦超声治疗设备，俗称"美容超声刀"（图3-98）。

1. 工作原理　超声刀探头发出高频能量波，利用超声波的穿透力，深入皮下进行修复，在皮下1.5~4.5mm的深度，通过射频电场形成聚焦面，强烈撞击真皮组织，在真皮组织上产生能量聚集效果，使皮下温度大幅度提升，在真皮纤维层产生有效热损伤，引发肌体修复再生细胞功能。

同时，超声波对细胞有按摩作用，可以让皮下细胞通过细胞膜的变化重新排列，改善血液循环，使得缺乏养分和水分的皮肤得到滋养，改善皮肤松弛下垂问题，抚平面部凹陷的皱纹。

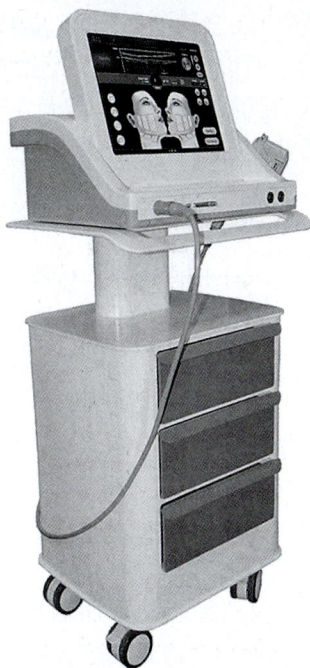

图3-98　超声刀美容仪

超声刀美容仪
操作方法

超声刀美容仪
注意事项

2. 作用

（1）瞬间抚平皱纹：消除额纹、眼纹、法令纹、口角纹，淡化颈纹。

（2）提升下垂组织：收紧眼袋、双下巴、松弛的脸颊、下垂的眼角，提升眼眉。

（3）重塑年轻轮廓：提拉松弛部位，祛除面部多余脂肪，柔顺线条，重塑立体紧致V脸。

（4）恢复肌肤弹性：刺激胶原蛋白重组和新生，使肌肤细致光泽、有弹性。

（5）强效减肥塑形：祛除多余脂肪，柔顺线条，紧致皮肤，快速解决产后皮肤松弛、蝴蝶袖、松垮背部、松垮腰腹部等身体轮廓问题。

（杜桂凤）

第五节　面膜养护

面膜养护源于药物外治法，是常用的皮肤养护技术。随着高科技的发展和美容医学的兴起，面膜养护已成为不可缺少的美容养护技术之一。

一、面膜的概况

面膜是指由各种溶性材料、赋形剂、营养物质和药物制作而成，涂敷于面部，起清洁和营养作用的一类美容产品。面膜所含成分不同，作用一般也不一样。实际运用时，需要根据个人皮肤类型或皮肤状况进行选择。

面膜敷在脸上，与皮肤产生亲和力，随着逐渐干燥，局部皮肤温度升高，血液循环加快，一方面使新陈代谢加快，自我修复能力增强；另一方面使皮肤绷紧而张力加强，皮肤分泌的皮脂和汗液留在膜内，被角质层反吸收，使皮肤柔润舒展，细小皱纹消失，毛孔张开；而张开的毛孔使得面膜中的营养成分易于被吸收；同时，由于面膜的吸附作用,当清除面膜时,皮肤上的老化角质、毛孔内的污垢被同时带出,使皮肤深层清洁。所以,一般来说,面膜既有清洁作用,又有营养作用。坚持使用,可以改善皮肤干燥、粗糙、皱纹、毛孔粗大、暗疮、炎症、黯淡无泽等状态,使皮肤重新呈现柔嫩细腻、光滑清爽、洁白红润的健康光泽。

二、面膜的分类及特点

(一) 按面膜材料分类

根据面膜的材料不同,可分为倒膜、黏土面膜、薄膜面膜、蜡膜、中草药面膜(药膜)、果蔬面膜和矿泥面膜等。

1. 倒膜　即硬膜。原料为石膏粉。用水调和后很快凝固,敷于皮肤上自行凝固成坚硬的膜体,使膜体温度持续渗透。由于添加剂的成分不同,有热倒膜和冷倒膜两种。

(1) 热倒膜:对皮肤进行热渗透,使皮肤血液循环加快,毛细血管和毛孔张开,促进皮肤对营养物质或药物的吸收。适用于干性、中性、衰老性和色斑性皮肤。

(2) 冷倒膜:添加了具特殊冻胶效果的天然橡胶,可以产生强力的渗透压,使营养物质容易渗透到皮肤底层。其制冷作用,可收缩粗大毛孔,使皮脂分泌下降。适合于油性、暗疮、敏感性、微血管扩张的皮肤使用。

2. 黏土面膜　原料为高岭土、滑石粉、氧化锌等。有较好的吸收性,能除去皮脂和汗液,又称为净化面膜。适用于正常皮肤及油性皮肤。

3. 剥离型面膜　原料为水溶性的高聚物(如甲基纤维素)。涂敷在皮肤上,水分蒸发后形成一层薄膜,揭去薄膜使黏附其上的污垢也一同被除去。同时,干燥时的收缩作用使皮肤绷紧,细小皱纹也被除去。

4. 蜡膜　原料主要是石蜡和油剂。使用前需先将材料加热至42~45℃,成为液态,冷却至30℃左右,刷在面、颈、手、足等部位,冷却固化一定时间后再除去。可有效补充油分和水分,适用于干性皮肤,不适用于敏感性、油性皮肤。

5. 中草药面膜(药膜)　原料主要为中草药,可以是直接粉碎的中药粉,或者有效成分的提取物做成面膜贴。根据中药的功效不同有不同作用,如益母草面膜可使皮肤红润,肉桂面膜可改善皮脂分泌。另外,为达到或强化某种治疗作用,也可以直接或配合使用一些西药,这种含有特定治疗效果的面膜称为药膜。

6. 果蔬面膜　原料取自各种天然果蔬。制作简便,纯天然,种类多,适合不同皮肤。需有耐心,长期坚持,方可见效。

7. 矿泥面膜　原料主要是矿物泥、火山泥、海泥。含有大量矿物质,纯天然,能使皮肤恢复柔软和光滑。具有良好的消炎、美白作用,是夏日暴晒后最佳的护肤选择。适用于暗疮皮肤。

(二) 按面膜的性质分类

根据面膜的性质不同,可分为普通面膜、美容面膜和美容倒膜。

1. 普通面膜　种类繁多,按形状不同,可分为膏状面膜、啫喱面膜和粉末状面膜。

(1) 膏状面膜:呈牙膏状,直接涂于面部,干后用清水清洗即可。使用、携带方便,收敛性强。

(2) 啫喱面膜:透明黏稠,呈果冻状,使用时直接涂敷,根据干后的状态不同,分为可干啫喱面膜和保湿啫喱面膜两类。

可干啫喱面膜:干后凝结成整体,可整张撕下,又称撕拉式面膜。对污垢和老化角质的黏附力较强,清洁力佳,可用于油性、老化角质堆积较厚的皮肤。

保湿啫喱面膜:膜体保持在潮湿状态下发挥作用,不凝结。保湿效果好,可用于眼部养护。

(3) 粉末状面膜:膜体呈粉末状,使用时需要用水调和,如中草药面膜。

2. 美容面膜　又称软膜。主要基质为淀粉、黏土等,可加入多种营养物质,发挥营养、增白、防皱、延衰的功效。

特点:①用水调和后,涂在皮肤上,形成质地细软的薄膜;②性质温和,对皮肤无压迫感;③皮肤自身的分泌物被膜体阻隔在膜内,反渗于角质层,从而给皮肤补充足够的水分,使皮肤明显舒展,细小皱纹消失。

3. 美容倒膜　即"倒膜"。

(三) 按面膜的功能分类

根据面膜的功能不同,可分为清洁面膜、保湿面膜、调节面膜、减脂面膜、紧肤面膜和美白面膜等。

(四) 按面膜的性状分类

可分为涂膜型面膜和中药纱布袋压膜。

1. 涂膜型面膜　由成膜材料(如聚乙烯醇和明胶等)加入某些营养物质或治疗药物等制作而成的胶状或糊状面膜。

2. 中药纱布袋压膜　将不同功效的中药经过研制后装入布袋内加以蒸煮,使其达到一定温度后敷压于面部。此压膜法对痤疮、黄褐斑、皮肤粗糙和老化有较好的治疗效果。

如上所述,面膜都具有营养、清洁、紧肤的功效,为强化某种作用可加入一些具体成分,以达到不同的治疗、护肤目的。

三、面膜的使用方法

(一) 软膜的使用方法

使用软膜的过程,一般可以分为四个步骤——准备、调膜、敷膜和清洗。

1. 准备

(1) 备好皮肤养护的常用工具,如洁面盆、包头毛巾、颈巾、面扑等。

(2) 备好调制膜粉的容器、调膜棒、毛刷、纸巾;根据皮肤类型选择软膜粉、爽肤水和营养霜。

(3) 彻底清洁预敷膜部位的皮肤。

(4) 将包头巾四周用纸巾包严。

2. 调膜　在消毒后的干燥容器内放入适量膜粉,加蒸馏水或流质,用调膜棒沿一个方向迅速搅拌,将其调成均匀的糊状,不同产品的调膜时间也不相同,一般在30秒以内。

3. 敷膜　用消毒后的软毛刷将调好的糊状面膜均匀涂于面部。

(1) 敷膜的顺序及部位

顺序:前额→双颊→鼻→下颌和下颏→口周(口鼻之间)。

部位:要求覆盖下颌之上、发际线之下的整个面部(眼部和唇部除外)。

(2) 敷膜的走向:从中间向两边、从下往上涂抹。

(3) 敷膜的时间

涂敷时间:不同产品的涂覆时间一般也不同,但大多产品整个涂敷过程应在1~2分钟内完成。时间太长,会导致糊状膜体在容器内变干,涂敷不上或很快干结,达不到有效养护皮肤的目的。

面膜在面部保留的时间:产品不同,停留的时间也不同,一般15~20分钟。

4. 清洗

(1) 启膜:凝结性的面膜,可从下颏、下颌的膜边,慢慢向上掀起,轻轻撕下;非凝结性的面膜,需先用面扑蘸水浸湿,使其软化后再轻轻抹去。

(2) 用清水彻底洗干净。

(3) 拍爽肤水,涂营养霜。

(二) 倒模的使用方法

使用倒模的过程,一般可以分为五个步骤——准备、调膜、敷膜、启膜和清洗。

1. 准备

(1) 用具的准备:包括皮肤养护的常用工具、调膜的容器、调膜棒、纸巾、湿棉片和纱布。

(2) 用品的准备:根据皮肤类型,选择适合的硬膜粉、营养底霜、爽肤水和润肤霜。

(3) 包头巾、颈巾,彻底清洁预敷膜部位皮肤。

(4) 用纸巾将包头毛巾、颈巾四周包严。

(5) 通过询问顾客的身体状况(是否有感冒、咳嗽等呼吸道疾病,胸闷等心脏问题,恐黑症等)来确定倒模时是否盖口和眼。

(6) 涂抹营养底霜。

(7) 潮湿的薄棉片或两层纱布盖眼、眉毛、口和鬓角裸露的所有毛发(顾客有不适时,留出眼或口)。

2. 调膜 在消毒后的干燥容器内放入200~300g膜粉,加适量蒸馏水(冬天用热倒膜时,需用温水),用调膜棒沿一个方向迅速搅拌,将其调成均匀的糊状。从倒入蒸馏水时计,调膜一般应控制在1分钟内完成。

3. 敷膜 用调膜棒迅速均匀地涂于面部。

(1) 顺序及部位:同软膜,注意必要时露出眼和口。

(2) 敷膜的走向:同软膜。

(3) 敷膜的时间:同软膜。

(4) 涂完膜后,应立即将盛膜粉的容器和调膜棒清洗干净。

4. 启膜

(1) 用手接触膜面,确定面膜干透后,请顾客做微笑动作,以便使皮肤与膜面脱离。

(2) 美容师双手拇指扶住额部膜的上沿,轻轻向上托起,将膜与额部皮肤分开。

(3) 拇指保持不动,再用双手示指托住面膜两侧,四指同时用力,将面膜向上轻轻托起,使膜与面部皮肤完全分开。

(4) 双手十指同时均匀用力,托住面膜,移离面部1cm左右,停留3~5秒,待顾客的眼睛适应光线后,再取下面膜,放入垃圾桶。

5. 清洗 用清水彻底洗干净,拍爽肤水,涂营养霜。

(三)普通面膜的使用方法

除调膜外,基本与软膜一致。

四、面膜养护技术的操作

(一)敷膜的操作要求

1. 敷膜部位要清楚、正确。

2. 敷膜动作需迅速、熟练,涂抹方向、顺序正确。

3. 膜体厚薄适度、均匀,膜面光滑;倒膜应能整膜取下。

4. 整个敷膜过程干净、利落,全部结束后,周围不遗留膜粉渣滓。

(二)面膜养护技术的注意事项

1. 结合顾客的皮肤性质和皮肤状况,正确选用面膜、爽肤水、营养霜,以及做倒膜时的营养底霜。

2. 为达到更好的效果,涂敷软膜前也可以先涂抹一层底霜。除去外层软膜后,底霜可以继续保留 3~5 分钟。

3. 调膜时要顺着一个方向搅拌,否则容易产生小疙瘩、小气泡,且不易搅匀。

4. 涂敷面膜时,勿使面膜材料进入眼、鼻孔和口内。

5. 调热倒膜时,水温不能太高,以免烫伤皮肤。

6. 调膜与涂敷面膜的时间,应根据不同产品的实际情况来决定。

7. 面膜在面部保留的时间要适度。水分含量高的可以多保留一会,但要遵从产品说明的时间,以免面膜干后,反将角质层的水分吸出,使皮肤更干燥;停留时间太短则起不到有效的护肤作用。

8. 做倒模之前要询问顾客的身体状况,确定是否需要露出眼和口;但鼻孔必须露出。

9. 除去面膜时,操作宜轻柔,以免损伤皮肤。

10. 面膜养护不可过频,成年人一般一周 2~3 次即可(在干燥季节,单纯的保湿面膜可以天天做)。太频繁会使皮肤营养过剩,自我修复能力变弱;而撕拉式面膜由于和皮肤接触充分,黏合力强,使用不当可能造成皮肤松弛和毛孔粗大,故不可过频。

11. 面膜养护后,一定要擦爽肤水和护肤霜进行锁水,并保持一段时间后再上妆。

(三)面膜养护技术的禁忌

1. 严重过敏性皮肤病患者慎用。

2. 局部有创伤、烫伤、发炎感染等暴露性皮肤症状者慎用。

3. 严重的心脏病、呼吸道感染、高血压等患者,在发病期间应慎用或禁用倒模。

(邓丽阳)

第六节 不同性质皮肤的分析与养护

一般来说,不论何种性质的皮肤,其专业养护的程序都差不多,只是针对皮肤存在的不同问题,选择使用的护肤品不同,操作技法、时间有所不同。

一、中性皮肤的分析与养护

(一) 皮肤分析

1. 肉眼观察　皮肤既不干燥也不油腻,面色红润,皮肤光滑细嫩,富有弹性。
2. 美容放大镜观察　皮肤纹理不粗不细,毛孔较小。
3. 美容透视灯观察　皮肤大部分为淡灰色,小面积有橙黄色荧光块。
4. 光纤显微检测仪观察　表皮部位纹路清晰,没有松弛、老化迹象。纹路间隔整齐、紧实;在真皮部位没有脂肪颗粒阻塞的现象,亦无褐色斑点。

(二) 养护分析

中性皮肤是最健康、最理想的皮肤类型,采用一般程序养护即可,目的是尽可能维持皮脂膜的健全,使皮肤长期具有充足的水分和油分,并保持水油平衡。

(三) 养护建议

1. 专业养护　成年人中性皮肤者,建议每周做一次专业养护,1个月左右做一次深层洁肤;青少年可以仅做日常养护,不必刻意进行专业养护。
2. 日常养护　建议把防晒作为每天护肤的一部分。少年儿童可以仅按清洁→爽肤润肤→防晒进行养护;青年以上可坚持使用面膜,频率以每周 1~2 次为宜。
3. 生活建议　均衡饮食,保证营养;保持充足的睡眠,尤其是睡好美容觉;适当进行体育锻炼;保持心情舒畅等。

二、干性皮肤的分析与养护

(一) 皮肤分析

1. 干性缺水皮肤

(1) 肉眼观察:皮肤较薄,干燥,不润泽,可见细小皮屑,皱纹较明显,皮肤松弛、缺乏弹性,肤色一般较白皙。

(2) 美容放大镜观察:表皮纹路较细,皮肤毛细血管和皱纹较明显。

(3) 美容透视灯观察:大部分皮肤为青紫色。

(4) 光纤显微检测仪观察:表皮纹路明显,皮沟浅,皮肤较细致,无湿润感。皮肤内普遍有咖啡色圆圆的斑点,但不像油性肤质出现一粒粒的橘红色颗粒。

2. 干性缺油皮肤

(1) 肉眼观察:皮脂分泌量少,皮肤较干,缺乏光泽。

(2) 美容放大镜观察:表皮纹路细致,毛孔细小不明显,常见细小皮屑。

(3) 美容透视灯观察:皮肤呈淡紫色,有少许或没有橙黄色荧光块。

(4) 光纤显微检测仪观察:表皮纹路较深,与干性缺水比较,略有湿润感。

(二) 养护分析

干性皮肤自身皮脂腺分泌不旺盛,不能很好地形成乳化膜,无法阻隔干燥空气对皮肤水分的蒸发,因而比较干燥、易有细小皱纹和色素斑、对外界刺激易过敏。所以,养护重点是补足水分、补充并留住有限的油脂,防止皮肤因失水而干燥,甚至出现皱纹。

(三) 养护建议

1. 专业养护　建议每周做一次专业美容养护;每月做一次深层洁肤(选用较柔和

的去死皮膏);可在蒸面的同时进行水疗;多选用营养型软膜,一般不使用倒膜;眼部、额部和颈部应重点保养。

知识链接

面部水疗

面部水疗是简便、有效的面部补水方式之一。

操作方法:洁面后,用奥桑喷雾仪或热毛巾蒸面打开毛孔,同时取纱布或面膜纸,用专供水疗使用的SPA平衡水(可用爽肤水与乳液的混合液来替代)浸湿,稍微拧干后,盖住整个面部,并用美容指蘸取剩余的SPA平衡水,在整个面部轻轻拍打,直至完全吸收。

---

2. 日常养护　应选用温和的洗面奶,以防碱性过大损伤皮肤自身的乳化膜;夏季可使用爽肤水,涂各种滋润营养的乳液,秋冬季节应选用营养型的爽肤水和油脂含量较高的霜类护肤品;坚持使用滋润型晚霜;坚持使用保湿类或睡眠类面膜,不要使用矿泥类、柑橘类、收缩毛孔类、去油脂类等产品;注意日常防晒养护,宜选用霜状的防晒用品。

3. 生活建议　除了同中性皮肤外,饮食上宜吃一些含脂肪稍高、维生素E丰富的食品,如牛奶、鸡蛋、猪肝、黄油及新鲜水果等;可以常饮蜂蜜水滋养皮肤。在秋冬干燥的季节,要格外注意多喝水,防止皮肤干燥脱屑。

三、油性(暗疮)皮肤的分析与养护

(一) 皮肤分析

1. 肉眼观察　皮脂分泌量多而使皮肤呈现出油腻光亮感。
2. 美容放大镜观察　毛孔较大,皮肤纹理较粗。
3. 美容透视灯观察　皮肤上有大片橙黄色荧光块。
4. 光纤显微检测仪观察　表皮过油,纹路不清晰,有油光;真皮油亮,湿润;毛孔若阻塞严重,表皮看不见纹路,真皮可见大小颗粒,粗糙,多杂质,颜色粗黄。

(二) 养护分析

油性皮肤皮脂分泌旺盛,毛孔粗大,皮肤较油腻,易附着灰尘,多伴有粉刺、暗疮。因而,应以保持皮肤清洁、调节皮脂分泌为养护重点。伴有暗疮、粉刺者,视情况给予排痘处理;伴有炎症时,避开炎症部位进行按摩或不按摩,仅做祛痘、消炎面膜处理。

(三) 养护方案

1. 专业养护　以达到清洁、控油、畅通毛孔、祛痘、消炎杀菌等为目的。暗疮皮肤宜选择专业产品,坚持排痘等专业养护,视暗疮轻重程度设计美容养护疗程,每周1~3次;油性皮肤者宜选用控油、消炎、抑痘、收缩毛孔类产品,每周1~2次。

(1) 消毒:用75%酒精棉球消毒。取酒精时远离顾客头部,避免碰到顾客的皮肤和眼,对需使用的工具、器皿及产品的封口处进行消毒,粉刺针最好提前浸泡半小时消毒。

(2) 卸妆:用棉片或棉棒蘸取卸妆液进行卸妆,动作宜小而轻,勿将产品弄进顾客眼内,棉片、棉棒一次性使用。

（3）清洁：选择清洁用品洁面，注意发炎部位动作应轻柔，不能过多摩擦；用过的清洁棉片应丢弃，以免传染。

（4）爽肤：用棉片蘸取双重保湿水，轻轻擦拭，避开痤疮部位。

（5）观察皮肤：肉眼观察或通过皮肤检测仪器仔细观察皮肤问题所在。

（6）蒸面：用棉片盖住眼，喷雾仪蒸面约8分钟或冷喷仪冷喷20分钟左右，距离约25cm。皮肤有严重问题时不能蒸面。

（7）去角质：用去角质霜。痤疮部位不做，严重者不做。

（8）按摩：选用暗疮膏徒手按摩，时间5~10分钟。一般应避免在痤疮创面上按摩。痤疮较多时不做按摩。

（9）清粉刺：先用酒精对局部皮肤消毒，然后选择适当方式清除，再进行局部消毒并涂抹消炎膏。

（10）仪器：清除痤疮后，用火花式高频电疗仪对创面进行消炎杀菌，以防感染，每个创面约10秒。

（11）面膜：消粉刺软膜或痤疮面膜、冷膜。痤疮部位也可用甲硝唑涂敷打底后涂冷膜，或痤疮面膜打底后涂冷膜。

（12）爽肤润肤：用痤疮消炎水敷面，暂时可收敛毛孔，平衡油脂；痤疮部位涂痤疮膏，其他部位涂乳液。

2. 家庭养护

（1）日间养护：油性洁面凝胶→爽肤水→眼霜→乳液→防晒霜，有痤疮部位涂暗疮膏。

（2）晚间养护：卸妆液＋油性洁面凝胶→爽肤水→眼霜→暗疮部位涂暗疮膏。此外，每周可做2次消炎面膜或水油平衡面膜，也可加眼膜。

（3）生活建议：宜食用含维生素C丰富的水果、蔬菜等食物，少吃烧烤、油炸、生冷等油腻刺激性食物和甜食。余同中性皮肤。

四、衰老性皮肤的分析与养护

（一）皮肤衰老的进程

皮肤衰老是随着机体衰老发生的不可抑止的自然过程。但是，由于个人的生活环境、生活方式、肌肤养护方法和遗传等因素的不同，使得每个人的衰老进程有很大差异。一般来说，皮肤衰老显示的方式是慢慢进行的，可能会表现为外眼角出现鱼尾纹，皮肤处于干燥状态，眼部及唇周皱纹、皮肤丧失柔软度和张力，变为粗硬状态，全脸显现粗深皱纹，皮肤松弛明显，看得见"双下巴"等。皮肤衰老的典型表现是松弛和皱纹。

面部出现的皱纹按其能否消退可分为假性皱纹和定性皱纹两类。

假性皱纹大都由于暂时缺水或缺油引起的，皮肤的组织结构和腺体功能正常。一般可以通过皮肤弹性的自我调节，或非手术性养护在一段时间内自行消退。

定性皱纹即真性皱纹，是胶原纤维和弹力纤维等组织结构性能下降引起的，非手术方法不能祛除，具有稳定性。

假性皱纹是形成定性皱纹的前期，而定性皱纹是假性皱纹发展的结果。若减少假性皱纹存在的机会，则减少了定性皱纹形成的可能。我们采用的养护方式、调养方法和使用祛皱活肤类护肤品主要是祛除假性皱纹,延缓皮肤的衰老进程。

(二)皮肤分析

1. 肉眼观察　类似干性皮肤,弹性减弱,无光泽,皮下组织减少,变薄,皮肤松弛,下垂,皱纹增多,色素也增多。

2. 美容透视灯观察　皮肤呈紫色,有悬浮白色。

3. 光纤显微检测仪观察　表皮没有纹路,表示肌肤萎缩紧绷;真皮纹路宽大,有的微血管扩张,表示肌肤松弛,皮肤上没有橘红色的颗粒,但是有浅咖啡或深咖啡色的斑点。

(三)养护分析

衰老性皮肤与年龄关系密切,多见于中老年人及多愁善感的女性。除进行专业养护,补足水分和油分、增强皮肤营养和弹性外,还应注意保持心情舒畅、增强体质、适度运动,促进皮肤自身的生理功能,延缓老化。眼部、颈部和手部尤其要注意特殊养护。

(四)养护方案

1. 专业养护　建议每月进行 1~2 次深层洁肤,祛除老化的角质;每周做 1 次专业养护,刺激皮脂腺分泌,保持皮肤滋润;紧实面部肌肉,保持皮肤弹性;补充水分、油分、高效营养物质、生长因子等,增强皮肤的营养,加快血液循环,促进新陈代谢,激发活力,延缓衰老。

(1) 消毒:用 75% 酒精棉球消毒。取酒精时远离顾客头部,避免碰到顾客的皮肤和眼,对需使用的工具、器皿及产品的封口处进行消毒。

(2) 卸妆:用棉片或棉棒蘸取卸妆液进行卸妆,动作宜小而轻,勿将产品弄进顾客眼内,棉片、棉棒一次性使用。

(3) 清洁:选择保湿润肤洁面乳洁面,眼睛不需再清洁,动作宜轻柔快速,时间约 1分钟,T 形区部位时间稍长。

(4) 爽肤:用棉片蘸取双重保湿水,轻轻擦拭 2~3 次,同时可以平衡 pH。

(5) 观察皮肤:肉眼观察或通过皮肤检测仪器仔细观察皮肤问题所在。

(6) 蒸面:用棉片盖住眼,喷雾仪蒸面约 3 分钟,距离约 35cm,不开臭氧灯。

(7) 去角质:用去角质凝胶,每月最多 1 次,动作宜轻柔,避免牵扯。

(8) 仪器:用超声波美容仪或阴阳电离子导入仪,全脸导入活细胞精华素、保湿精华素,时间 5~8 分钟,每月 2~4 次。

(9) 按摩:选用滋润按摩膏、活性精华素徒手按摩或用仪器按摩,手法以安抚为主,时间 15~20 分钟。

(10) 面膜:可选生化活性面膜、高效滋润面膜、抗皱面膜等,也可用高效滋润面膜打底,再敷热膜 15~20 分钟,包括施用眼膜、颈膜、唇膜。

(11) 爽肤润肤:用双重爽肤水敷面;选择活力再生霜、眼霜涂于面部。

2. 家庭养护

(1) 日间养护:保湿嫩肤洁面乳→双重保湿水→眼霜→活力再生霜 + 防晒霜,可采用轻轻拍打等方法增加皮肤弹性。

(2) 晚间养护:卸妆液 + 保湿嫩肤洁面乳→眼霜→双重保湿水→营养晚霜。此外,可每周进行自我按摩 + 除皱精华素(捏按)+ 高效滋润面膜 + 眼膜(每周 2~3 次)。

（3）生活建议：养成均衡的饮食习惯，多吃含脂肪酸、维生素 E 等丰富的食物，可以适当服用含小麦胚芽油、葡萄籽油等抗氧化、延缓衰老类的保健品；保障睡眠质量，保持充足的睡眠；劳逸结合，保持乐观良好的心境，处于围绝经期的，积极调整其带来的不良情绪；适当运动，增强体质；中老年妇女应戒烟限酒；防止不合理的快速减肥。

五、色斑性皮肤的分析与养护

（一）常见的几种色素斑

1. 雀斑　与常染色体异常有关。皮疹为棕褐色或淡黑色芝麻大小、圆形或卵圆形斑点，表面光滑，不高出皮肤，无自觉症状。以面部等暴露部位最多见，也可发于肩背部。日晒后颜色加深，秋冬季变淡。常自 5~7 岁开始出现，青春期更明显。

2. 黄褐斑　又称蝴蝶斑、妊娠斑、肝斑等。为淡褐色或淡黑色开放状不规则的斑片，不高出皮肤，无自觉症状。多见于女性面部，以颧颊额部多见，多对称分布。病程缓慢。

3. 老年斑　即脂溢性角化病，是常见于老年人面部、手背等处的一种良性皮肤肿瘤。数毫米至数厘米大小淡褐色或黑褐色隆起性斑块。表面粗糙，呈乳头状，整个皮疹好像贴在皮肤上似的。

4. 色素痣　又称痦子，是由痣细胞形成的新生物，很常见。

（二）皮肤分析

1. 肉眼观察　中性、油性、干性、混合性皮肤都可能出现色斑，即在皮肤上出现黄褐色或咖啡色，大小形状不一的色素沉着。

2. 美容透视灯观察　皮肤呈现棕色，有少量荧光块。灰褐色的表皮型黄褐斑，在透视灯下色泽会加深；蓝灰色的真皮型黄褐斑则色泽不变；深褐色的混合型黄褐斑则斑点加深。

3. 光纤显微检测法观察　表皮的颜色呈咖啡色，深浅不一；真皮则整片或点状黄色，有的呈血管扩张般的红褐色。

（三）养护分析

色斑性皮肤是损美性皮肤的一种。由于干性皮肤和衰老性皮肤较容易出现色斑，所以色斑性皮肤进行养护时的首要任务就是补水，因皮肤水分充足，皮脂膜完好，能有效抵制紫外线照射等外界刺激，阻碍色素形成；其次，要选用淡斑类产品；再次，要详细询问顾客的遗传史、职业、饮食习惯等，进行专业养护的同时，叮嘱顾客注意防晒、多食用能够抑制色素形成的食物或保健品、保持心情舒畅等。

（四）养护方案

1. 专业养护　宜选择专业淡斑美白的功能性护肤品定期进行养护，频率和产品有关，一般 5~7 天 1 次；不能使用奥桑蒸汽进行蒸面；宜选用促进血液循环的活肤面膜。目的是促进新陈代谢，加速血液循环；补充美白祛斑产品，抑制黑色素的形成，帮助色斑淡化；保持皮肤充足的油分和水分，有利于皮肤的改善。

（1）消毒：用 75% 酒精棉球消毒。取酒精时远离顾客头部，避免碰到顾客的皮肤和眼，对需使用的工具、器皿及产品的封口处进行消毒。

（2）卸妆：用棉片或棉棒蘸取卸妆液进行卸妆，动作宜小而轻，勿将产品弄进顾客眼内，棉片、棉棒一次性使用。

（3）清洁:选择美白保湿洁面乳洁面,眼睛不需再清洁,动作宜轻柔快速,T形区部位时间稍长。

（4）爽肤:用棉片蘸取双重保湿水,轻轻擦拭2遍。

（5）观察皮肤:肉眼观察或通过皮肤检测仪器仔细观察皮肤问题所在。

（6）蒸面:用棉片盖住眼,喷雾仪蒸面8分钟,距离35cm,不开臭氧灯。

（7）去角质:用去角质霜,每月1次。

（8）仪器:用超声波美容仪,采用低挡位导入美白祛斑精华素,时间不超过10分钟,色斑部位时间约2分钟。

（9）按摩:选用滋润按摩膏＋美白精华素徒手按摩。安抚法可促进皮脂腺分泌,叩抚震颤法可激活维生素C。重点是色斑部位,时间15~20分钟。

（10）面膜:先敷祛斑面膜,再敷热膜15~20分钟。

（11）爽肤润肤:用美白水敷面;选择祛斑霜、美白霜涂于面部,加强防晒,可使用有防晒作用的美白霜。

2. 家庭养护

（1）日间养护:使用含有活化肌肤及促进血液循环的护肤品;注意防晒,外出前尽量涂抹隔离和防晒霜。可按照"美白洁面乳→美白保湿水→眼霜→美白精华素→美白霜(防晒霜)"的步骤进行养护。

（2）晚间养护:卸妆液＋美白洁面乳→美白保湿水→晚霜＋眼霜(祛斑霜)。此外,建议每周进行面膜养护,可参照下列程序进行:自我按摩＋美白祛斑精华素＋美白面膜＋眼膜＋颈膜(每周2次)。

（3）生活建议:应多食含有维生素C较丰富的食品(猕猴桃、草莓等);出门前不要食用感光性果蔬(柠檬、萝卜等)或使用具有感光性的护肤品;尽量减少电脑等的辐射,用完电脑后马上洗脸并涂抹护肤品;与生理周期有关的色斑,应有效调理内分泌。

六、敏感性皮肤的分析与养护

（一）皮肤分析

1. 肉眼观察　类似干性皮肤或中性皮肤,皮肤毛孔紧闭细致,表面干燥缺水、粗糙、有皮屑,皮肤薄,隐约可见毛细血管和不均匀潮红。

2. 美容透视灯观察　可观察到紫色斑片。

3. 光纤显微检测法观察　表皮呈发炎红肿,角质层较薄,毛细血管表浅;真皮部位则呈一片红红的现象。

（二）养护分析

敏感性皮肤抵抗力弱,受到外界物理性、化学性因素和紫外线与粉尘等刺激会产生明显的过敏反应。养护时应选用较温和的产品,以补水保湿为主,尽量减少刺激;增厚角质层、维护皮脂膜的完整,增强皮肤的抵抗能力。

（三）养护建议

1. 专业养护　总体原则是避免刺激,安抚、镇定皮肤。通过养护增强皮肤抵抗力,消除皮肤的敏感状态。宜选择专门针对敏感性皮肤的脱敏、修复类美容产品,不可使用磨砂膏等刺激性较大的产品;各种养护的操作时间均相对较短,手法宜轻,只选用拉抹类手法轻柔按摩或仅开穴,不进行按摩,尽可能减少刺激。敏感程度较高者,一定不可做按摩及热喷。

(1) 消毒：用 75% 酒精棉球消毒。取酒精时远离顾客头部，避免碰到顾客的皮肤和眼，对需使用的工具、器皿及产品的封口处进行消毒。

(2) 卸妆：用棉片或棉棒蘸取卸妆液进行卸妆，动作宜小而轻，勿将产品弄进顾客眼内，棉片、棉棒一次性使用。

(3) 清洁：选择洁面乳或只用温水洁面，敏感部位需用棉片轻轻擦拭，避免过热过冷的水，并清洁干净。

(4) 爽肤：用棉片蘸取保湿水，再次清洁 2~3 次，同时，可以平衡 pH。

(5) 观察皮肤：肉眼观察或通过皮肤检测仪器仔细观察皮肤问题所在。

(6) 蒸面：已过敏的皮肤禁用热喷雾，可用冷喷镇静冷敷。时间不超过 5 分钟，冷喷距离保持 35cm 以上。

(7) 按摩：按摩膏徒手按摩，侧重穴位点压或淋巴引流手法，时间一般不超过 5 分钟，皮肤过敏严重者不做按摩，易过敏皮肤按摩时动作要轻柔，不可用力，避免大面积揉按；毛细血管扩张部分不做，可采用点弹手法按摩，即以手指指端部分，沿眼、颊、鼻周、唇周做轻敲动作。

(8) 面膜：舒敏面膜，轻者可厚涂敏感皮肤专用底霜 + 纱布 + 冷膜(对冷膜成分不敏感者才行)，也可将冰纱布盖在脸上，将防敏面膜涂于纱布上，20 分钟后取下，起到舒敏、镇静、收缩血管的作用。

(9) 润肤：涂敏感皮肤适用的膏霜，没有过敏症状时也可用保湿霜和防晒霜。

2. 家庭养护 长期使用温和、无刺激性，又能达到预期效果的同一品牌护肤品，换护肤品要慎重；同时，所选用的所有美容产品必须是敏感皮肤适用的。

(1) 日间养护：温水 + 保湿水→保湿霜、防晒霜。

(2) 晚间养护：卸妆液 + 洗面奶→乳液或膏霜；此外，可每周使用敏感皮肤适用的面膜或精华素，增加皮肤抵抗力。

(3) 生活建议：保持居室空气的温度和湿度，防止皮肤的角质层变干；恶劣天气时注意防护，同时，逐渐锻炼皮肤的适应性；积极锻炼身体，增强机体抵抗力。

知识链接

肤值的计算与应用

1. 原理 人的皮肤性质会随着生活环境、气候、年龄、身心状态的改变而变化，所以，即使是判断同一个人的皮肤类型，也应综合考虑多方面因素，以做到正确掌握，进而采用合适的护肤方法。肤值计算法就是综合考虑多种因素来判断皮肤性质的。

2. 肤值计算表

肤值	年龄	皮肤性质	季节
0	20 岁以下	油性	夏季
1	21~30 岁	中性	春、秋季节
2	30 岁以上	干性	冬季

3. 计算公式　合计值 = 年龄肤值 + 皮肤性质肤值 + 季节肤值

①合计值为 0~1 者：采取油性皮肤的保养方法；②合计值为 2~3 者：采取中性皮肤的保养方法；③合计值为 4~6 者：采取干性皮肤的保养方法。

(包依飞)

第七节　眼部养护

一、眼部皮肤的结构

眼睑，俗称眼皮。眼睑的主要功能是保护眼球，通过瞬目运动使泪液润湿眼球表面，从而保持角膜光泽、清除结膜囊灰尘及细菌、帮助泪液的分布和导流。

眼睑分为上眼睑、下眼睑，由外至内分 6 层：皮肤、皮下组织、肌层、肌下组织、睑板、睑结膜。

二、眼袋和黑眼圈

眼袋和黑眼圈是眼部常见的皮肤问题，也是眼部养护的重点。

(一) 眼袋

眼袋是由于眶内脂肪堆积或下睑支持结构薄弱，使原本的平衡改变时，眶内脂肪向前膨出而形成的袋状眼睑畸形，常见于下睑，是最容易显示眼部老态的一种老化现象。多见于 40 岁以上中老年人，男女均可发生，常伴有下睑皮肤松弛。部分年轻人也可发生，多与家族遗传有关，一般下睑皮肤松弛并不明显。

眼袋的主要形成原因：

1. 机体衰老　眼部皮肤及眼轮匝肌张力下降、眶隔弹性丧失、支持力减弱，导致眶内脂肪膨出；眼睑支持力下降等现象的出现，导致下眼睑脂肪堆积，形成眼袋。

2. 遗传　有家族遗传史者，在青少年时期就可出现，并随年龄增长愈加明显。

3. 长期失眠、熬夜、过度疲劳、用眼过度。

4. 睡觉前喝大量的水、哭泣等。

5. 长期缺乏养护、保养或肾脏疾病。

(二) 黑眼圈

黑眼圈是较常见的一种眼部问题，表现为眼周皮肤深浅不同的色素沉着，通常为青蓝色或深褐色的阴影。黑眼圈常给人一种神情憔悴、双目无神、精神疲倦的感觉，影响美观。

黑眼圈的形成原因有先天性和后天性两种。先天性黑眼圈与遗传有关，祛除较困难，只有通过养护才可使黑色素稳定，颜色不再加深。

后天性黑眼圈的主要发生原因有：

1. 眼部血液循环不良　如过度疲劳、睡眠不足等。眼睑由于得不到休息，长时间处于紧张收缩状态，使该部位的血流量长时间增加，引起眼部皮下组织血管充盈，局部瘀血，形成黑眼圈。

2. 肾气亏虚　中医认为,肾气亏损,使两眼缺少肾精的滋润。黑色为肾之主色,肾气不足使黑色浮于上,因此眼圈发黑。如肾病、房事过劳等。

3. 体虚多病,各种慢性消耗性疾病　由于眼周围皮下组织薄弱,皮肤易发生色素沉着,从而出现黑眼圈。如肝病、结核病、哮喘及微循环障碍等。

4. 月经不调及怀孕的女性　这两个时期女性体内的荷尔蒙变化很大,最容易出现色素沉淀。如功能性子宫出血、原发性痛经、月经提前、月经错后、经期过长、经量过多、怀孕末期常易出现黑眼圈。

5. 使用劣质化妆品、卸妆不彻底及过度紫外线照射等。

三、眼部养护技术

(一) 眼部养护

1. 开穴　双手掌根轻搭在额头上,中指指腹依次点压眼周穴位睛明、攒竹、鱼腰、丝竹空、瞳子髎、太阳、承泣、四白、阳白、印堂。

2. 眼部按摩　眼部按摩以提升、去皱和安抚手法为主,时间一般为 10~15 分钟。

(1) 打圈按摩:以左眼按摩为例,左手中指与示指指腹轻提住眼角皮肤,右手中指与示指蘸取少量眼部精油或精华素,由内眼角沿下眼睑向外眼角打小圈按摩,小圈方向向上向外。(图 3-99)

(2) 剪刀手提升:以左眼为例,左右手指绷直,中指、示指分开呈剪刀状,以内眼角为起点,中指、示指分别向左拉抹上、下眼睑至外眼角处,两手指并拢并向上向外提拉。左右手交替进行。(图 3-100)

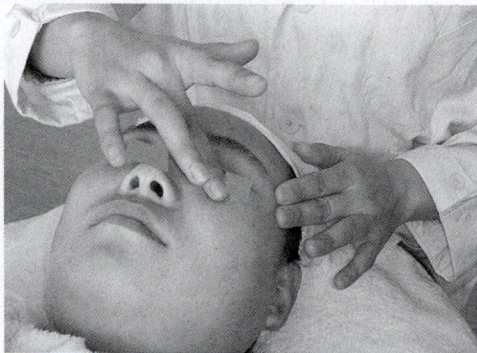

图 3-99　按摩打圈

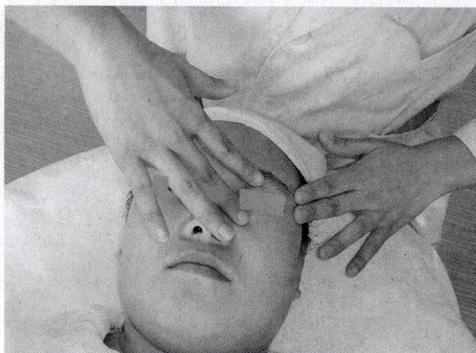

图 3-100　剪刀手提升

(3) 眼部安抚

1) 张开手掌,两拇指交叉,将两手架起位于额头上部,用示指、中指、环指指腹由内眼角沿眼下部扫散至太阳穴,并向上向内轻拂过上眼皮部,再沿内眼角至眼下部,如此重复 2~3 次。(图 3-101)

2) 双手快速摩擦生热,手指并拢呈虚掌,掌根轻搭在眉弓处,虚掌扣住整个眼部,保持 3~5 秒,如此重复 2~3 次。利用手的热度改善眼部血液循环,解除眼部疲劳。操作时手指不可压迫鼻部和唇部。(图 3-102)

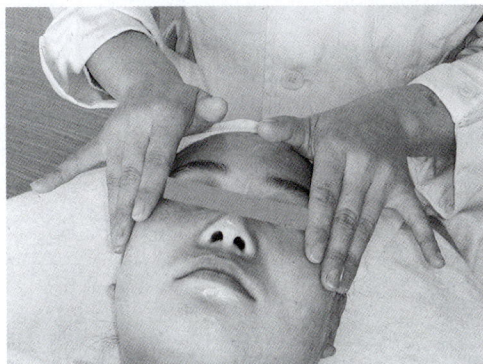

图 3-101　眼部安抚(1)

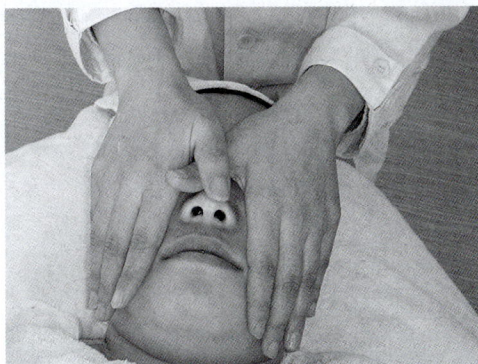

图 3-102　眼部安抚(2)

3. 眼部排毒

(1) 在眼部涂抹少量精油。

(2) 剪刀手眼睑排毒:操作手法与眼部按摩剪刀手安抚基本相同,但至外眼角处一手应保持住,当另一手点按眼部穴位(睛明、攒竹、鱼腰、丝竹空、瞳子髎和承泣)后,从下眼睑画圈按摩回来时,方可交替。交替时不可回手,保持皮肤不放松。(图 3-103)

(3) 两手交替操作 5 次左右时,推至外眼角处一手沿颌下淋巴结、耳后淋巴结、颈部淋巴结、锁骨上窝淋巴结推至腋窝淋巴结。(图 3-104~ 图 3-106)

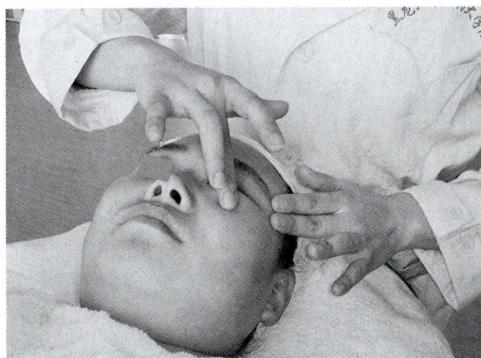

图 3-103　剪刀手眼睑排毒

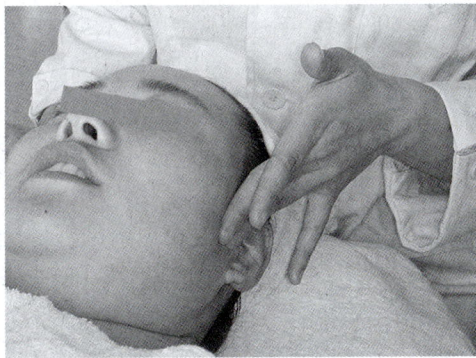

图 3-104　眼部排毒循行路线(1)

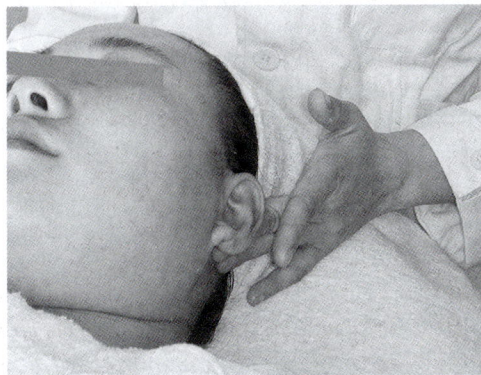

图 3-105　眼部排毒循行路线(2)

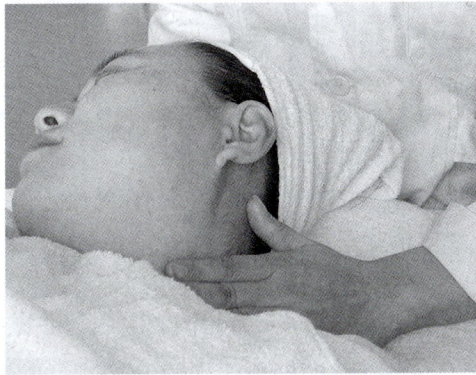

图 3-106　眼部排毒循行路线(3)

（4）每侧眼睛操作 5~8 次。

4. 仪器操作 使用电子仪器（超声波美容仪、电子按摩仪、微电流美容仪等）对眼部皮肤进行操作，时间约 15 分钟。

5. 敷眼膜（图 3-107）。

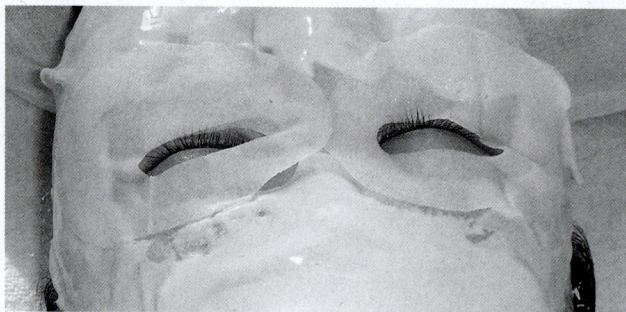

图 3-107 敷眼膜

（二）眼部保养的注意事项

1. 按摩要轻柔，切勿过分扯拉眼部皮肤，防止出现皮肤松弛、皱纹。
2. 同一手法，左眼与右眼操作次数要相同。
3. 眼部排毒时，手指不可放松，应按顺序直至一次排毒路线走完。
4. 排毒时，手法不应过重，不可过分刺激淋巴结。
5. 有过敏、湿疹、创伤等皮肤问题时禁止进行排毒。
6. 有发热、肝肾功能不全、恶性肿瘤等疾病患者禁止进行排毒。

四、眼部的日常养护

目前，人们在生活和工作中过多接触电子产品，除了睡眠时间，日常眼部保养有所忽视，会引起很多眼部问题，如眼部充血、近视等。眼部保养不好也会呈现整个面部的衰老状态，所以，日常生活中也要注重眼部的保养。常见的保养方式有以下几种：

1. 适度饮水 可以保持皮肤水分的充足，减轻细纹、眼袋、黑眼圈及眼睛浮肿的现象。

2. 保持充足睡眠 可以舒缓眼部疲劳。

3. 经常眨眼或远眺 可以让眼睛得到充分休息和舒缓眼部压力。

4. 营养均衡 可适当多食用富含胶原蛋白和维生素 A（原）的食物，如牛奶、核桃、胡萝卜、鸡蛋、鱼、动物肝脏等。

5. 做眼保健操 通过自我按摩眼部周围的穴位和皮肤肌肉，增加眼窝内的血液循环，消除眼球内的过度充血。

6. 热毛巾敷眼 热敷可以促进眼部血液循环，改善眼部不适症状；对恢复睑板腺功能有一定帮助，可改善因睑板腺功能障碍导致的干眼症状。

7. 眼膜保养 可用眼贴膜来改善眼部问题。

8. 不用力拉扯眼部肌肤 出现眼部疲劳现象时不要狠揉眼部；女性护理和化妆

卸妆过程中动作要轻柔,以减轻眼部肌纤维的损伤。

(邓丽阳)

附1　养护卡的制作

为了能更详尽地把握顾客的皮肤状态,有针对性地采取养护措施,全面分析养护效果,美容机构都会为顾客建立档案,也就是我们所说的美容养护卡。

不同美容机构的养护卡并不完全相同,但主要内容和功能大致相当,包括以下几个部分。

一、基本信息栏

基本信息栏位于美容养护卡的首页。除建立养护卡时的日期外,还应包含顾客的所有基本信息,如姓名、性别、年龄、生日、婚姻状况、饮食习惯、睡眠状况、喜好、职业、联系方式等内容。

注意:基本信息有利于了解顾客的生活规律,要采集全面,但尽可能不涉及顾客隐私。留档保存过程中也要做好保密工作。

二、既往护肤情况

初步了解顾客既往皮肤养护情况及美容护肤习惯,便于结合其工作环境及生活方式,有针对性地制订养护方案,提供切实可行的日常养护建议。具体内容包括顾客既往所用产品、采用何种护肤方式(个人生活护肤,还是专业美容机构定期护肤),以及对个人皮肤的自我评价等内容。

三、健康状况

健康状况包括顾客的体重是否正常,有无患病史,是否服药,是否戴有"心脏起搏器"等。

四、皮肤类型判定

皮肤类型判定包括对顾客皮肤进行鉴别、判断的过程,以及对结果的分析和所下的结论。

1. 过程　一般包括所采用的测定方法、得到的数据和观察结果等项目。注意:该栏下所记录的数据和结果必须是客观真实的,不掺入主观分析。

2. 分析　结合顾客的既往护肤情况,对结果做简单的分析,为结论和方案提供科学依据。

3. 结论　直接写出分析得出的主要结论,一般是具体的皮肤类型。

五、制订养护方案

针对顾客的皮肤类型和所存在的问题,制订合理的养护方案,包括养护疗程和主要解决的皮肤问题、养护部位、所采用的产品和预期目标。

1. 养护疗程和主要解决的皮肤问题　疗程就是调理某主要皮肤问题的过程。一般每个疗程都有一定的针对性,一个疗程结束时,皮肤状态应有所变化。

2. 养护部位　记录顾客选择的主要养护部位,便于选择产品和手法。

3. 所用产品　记录为顾客选用的主要产品,为预期目标的确立奠定基础。

4. 预期目标　预期目标是一个疗程结束时确定是否调整养护方案的主要参考,要切合实际,不能夸大或含糊不清。

六、日常生活建议

根据顾客的皮肤状态和工作、生活特点,提出日常肌肤养护的基本要求,建议其养成有利于保养皮肤的健康生活方式,如早睡早起、规律饮食、适当锻炼等。

七、皮肤养护日志

任何一种皮肤类型的养护都不可能一次就有满意的效果,一般都要持续一段时间,循序渐进地进行调理,并在日常生活中注意保持。每次进行养护时,美容师都应认真记录当次的情况,即填写养护日志。养护日志应包括如下内容:

1. 日期　除记录日期外,还应标明是第几疗程的第几次。

2. 养护前观察　主要记录养护前顾客的皮肤状态,欲解决的主要问题,若有条件可在征得顾客同意后保存拍摄的照片或仪器检测数据。

3. 养护程序　本次养护所采取的主要养护程序。对原方案进行调整的,在建议中标明调整理由。

4. 养护后的状况　简单描述养护刚结束时的皮肤状况。主要是和养护前的状况相对比(最好借助照片或仪器)。

5. 建议　可以是对顾客饮食、睡眠等生活方式的建议,也可以是对养护方案或产品的变动意见。

6. 顾客满意度和意见　和顾客及时沟通,询问其主观体验,便于有效调整方案,以取得更好的效果。若顾客有不满,应诚恳道歉、解释,积极查找原因并予以改进。

八、制作皮肤养护卡

皮肤养护卡

编号_____　　　　　　　　　　　　_____年_____月_____日

姓名		性别		年龄		生日			
婚否		体重		工作单位与职业					
饮食习惯				运动习惯					
睡眠状况				就寝与晨起时间					
喜好				每天工作时间					
联系方式				地址					
既往护肤情况	所用产品			护肤方案		自我评价			
				专业养护	自我护肤	优点		困扰	
健康状况	患病史		是否长期服药		是否戴有心脏起搏器或支架				
	有□	无□	是□	否□	心脏起搏器□	心脏支架□		否□	

皮肤类型测定	测定过程	采用的测试方法	数据、结果
	分析		
	结论		

护理方案	疗程	主要解决皮肤问题						养护部位			所用产品	预期目标
		美白	补水	祛斑	祛痘	调肤色	抗衰	面部	眼部	颈部		
	第一疗程											
	第二疗程											
	第三疗程											

续表

日常生活建议	生活方式	
美容师：_____	日常护肤	

皮肤养护日志

次数	日期	养护前观察	养护程序	养护后状况	建议	顾客满意度及意见
					美容师_____	
					美容师_____	
					美容师_____	
					美容师_____	
					美容师_____	

附 2　西式按摩手法

西式按摩手法(俗称经典按摩手法),与中式按摩的不同在于,西式按摩主要顺肌肉纹理或淋巴排引方向进行,中式按摩主要顺经络走向及局部腧穴揉按刺激。西式按摩手法是瑞典式按摩、淋巴引流按摩设计的基础,通常情况是五类按摩手法的不同组合。按摩常用手法通常可分为 5 种,即轻抚法、揉捏法、摩擦法、叩抚法及振动法。

一、轻抚法

各种用手轻抚的按摩动作都可以归为这一类。将单手或双手的手掌掌面平放于施术体表某一部位上,对皮肤施以适当的压力,按摩的方向应顺着静脉血或淋巴流动的方向。手运动的走向需与被施以按摩的肌体或面部的轮廓为基准。按摩力度应根据所在部位的底层结构情况来决定,从最轻的接触按摩到深入的压力按摩不等。双手交替进行轻抚按摩,速度缓慢而有节律,切不可忽轻、忽重、忽快、忽慢,勿用猛劲。施行轻抚按摩时,可以用指腹但不可用指尖进行按摩,原因是指尖不但不能控制按摩的力度,而且指甲的游离缘易划伤皮肤。

轻抚按摩手法的作用:改善静脉血液循环;通过疏通各经脉,改善动脉血液循环;通过血液将氧运输至相关的部位,同时将二氧化碳和废弃物运走,改善淋巴循环;通过加速汗液和皮脂的分泌,有助于干燥皮肤的脱落;起到放松的作用,血液流量的增加和纤维的松弛可滋养底层肌肉。

二、揉捏法

各种带有压力性质的按摩手法都可归于此类。可再细分为以下几种:

(一) 捏法

用力挟挤被按摩部位的肌肉,将其提起,再松开,做一紧一松的移动,另一只手的动作也相同。松开的动作需立即生效。以这种方式按摩整块肌肉,比如按摩腓肠肌(小腿后方的一块大肌肉)。当按摩完成后,手应当放回肌肉的原处开始新一遍的按摩。

(二) 揉法

在身体部位,这种按摩手法是一种单手按摩法,用掌根紧贴于肌体的某一部位,加以适当的压力,做小圆形移动,不是滑动相关部位,而是要带动相关部位的组织一起运动。同样的,整块肌肉都需进行按摩,如前侧胫骨(腿部肌肉)的按摩。对于面部和颈部区域而言,则需要采用手指进行按摩(指揉),力度要柔和。还可以用指间关节来按摩这些部位,将手指轻微并拢,卷入手掌,用指间关节做小圆形移动,揉的同时向上提起各组织,如胸骨乳突骨部位的按摩。

(三) 剪式法

剪式法属于一种揉捏法,操作时将双手示指与中指分开,形成 V 状。由于此种按摩通常用于前额处,因此,双手需要保持水平且应在平滑的骨骼表面施以适当的压力。其余手指互相交叉,做小圆形移动时施以柔和的力,按摩时提起各组织,同时需从前额的一侧按摩至另一侧。如果需要进行摩擦按摩,这时,在保持原有 V 形姿势的同时,用中指和环指在前额做快速十字交叉移动。

(四) 拧按法

此种按摩手法适用于脂肪组织,通过提起拇指与其余四指之间的浅筋膜来进行按摩,可采取轻柔压法,或者轻柔滚法,但力度需要平稳。按摩时要小心谨慎,以免夹痛皮肤。还有其他用于肌体面积较大部位的拧按法。

(五) 揉捏按摩手法的作用

肌肉的一张一缩可填充、排空血液和淋巴管。这样能够加速循环并且清除体内废弃物,从而消除疲劳。与此同时,还可以加强基底层的活跃性,从而改善肌肤的纹理,让肌肤更为细腻。压缩和松弛肌肉纤维能够改善肌肉弹性。

三、摩擦法

摩擦法是指用示指、中指或拇指紧贴于肌体表面做环形移动或来回往返移动。皮肤需要随着手指的移动而移动。

摩擦按摩手法的作用:分解脂肪和变厚的纤维;祛除浮肿(体液渗入组织导致的肿胀);促进循环和增进皮脂腺的活跃性。

四、叩抚法

叩抚法包含各种敲击手法,节奏应轻快,以便刺激各组织。此法包括敲、叩、打、击、拍等动作;打、击、拍通常用于身体部位。

(一) 敲法

敲法是用指端对选定的体表某一部位进行轻重适宜、节律均匀的连续性敲的动作。根据体表部位面积的大小选定运用手指的多少，一般从两指到四指不等。可用两指或三指进行轻微的拍击。

(二) 叩法

叩法包含手腕的扭转，用三指的游离缘部位在选定的体表某一部位上轻弹。不应施在骨骼部位，并且不属于放松按摩。

(三) 叩抚按摩手法的作用

此法能使肌肉纤维得以收缩，从而达到强健肌肉的作用；由于血液流量的增加产生了热量，从而加速皮脂分泌；通过刺激皮肤神经末梢，提升肌肤弹性的同时润泽肌肤。

五、振动法

振动法是作用于神经的一种按摩法，操作时指腹放置于受者的神经处，术者手臂的肌肉快速收缩和松弛产生细微的振动。此振动属于静态振动。当抖动的手指偏离神经走向时，则为大家熟知的动态振动。

振动按摩手法的作用：刺激神经；减轻疼痛和疲劳；松弛瘢痕组织和滑利关节；有助于放松和防止毛细血管破损；有利于脆弱性和敏感性肌肤。

（李　娟）

附3　面　　诊

一、面诊的原理

现代面诊法是在中医学理论指导下，结合生物全息论，透过面部反射区判断脏腑疾病与健康状况的诊法。中医认为，"十二经脉，三百六十五络，其血气皆上于面而走空窍"。可见，人体内在的脏腑功能和气血状况在面部都有相应表现。面部是阳气集中之处，经气汇聚之所，气血分布丰富；面部皮肤薄嫩，体内五脏六腑气血盛衰皆易从面部色泽变化显现。面部分区与经络及五脏六腑有一定的对应关系，通过面部反射区的变化可以了解人体的健康状态、对人体脏腑经络病变做定性和定位诊断。

二、面诊的方法

(一) 面诊脏腑定位 (表3-2)

表3-2　面诊脏腑定位

脏腑	面部反射区
肺	在两眉间
心	在两内眦角之间的鼻根部
肝	在鼻梁中段
脾	在鼻头
肾	在通过听宫穴所做水平线与目外眦垂线相交近耳侧下方的部位
胆	在鼻梁中段的外侧部位

续表

脏腑	面部反射区
胃	在鼻翼
小肠	在颧骨下方偏内侧部位
大肠	在颧骨下方偏外侧部位
膀胱	在人中两侧的鼻根部位
生殖系统	在人中及口唇四周部位

(二) 面部色诊

面部色诊是根据五色对应五脏的配属关系理论,通过观察面部不同部位的色泽变化来推断相应脏腑的病变、判断机体气血盛衰、推测疾病的轻重与预后。健康人面部皮肤的色泽,称为常色。人体在疾病状态下面部出现的色泽,称为病色。中医理论将面部颜色分为青、赤、黄、白、黑五种病色,分别提示不同脏腑和不同性质的疾病。

(三) 常见的面部异常情况及其诊断方法

检查面部时,一方面注意观察病变在面部发生的部位;另一方面观察有无骨的形状,肌肉紧张度、弹性、收缩力的变化,皮肤颜色的改变以及肿胀、皱纹、结痂、缺陷、疼痛等异常变化。结合上述两方面,即可判断体内脏腑是否有疾病。

1. 脸上长痣、瘩子　表示所在部位脏腑先天功能不足。如上眼皮有痣,多提示易患头晕。
2. 脸上长斑　表示所在部位患有慢性消耗性疾病或脏腑功能失调。
3. 面部出现小丘疹、充血、肿胀　表明所在部位的相应脏腑遭受病菌感染,侵入血液。
4. 脸上长青春痘　全脸长青春痘,提示精神压力过大,机体内分泌失调。
5. 黑眼眶　与疲劳过度、房劳过度或睡眠不足等有关。
6. 巩膜黄染　表明肝脏有疾患。

（邓丽阳　包依飞）

附4　头面部按摩常用穴位

见图 3-108。

一、眼部周围穴位

见表 3-3。

表 3-3　眼部周围穴位

穴位名	归经	定位	主治病症
阳白	足少阳胆经	前额部,瞳孔直上,眉上1寸	眩晕,眶上神经痛,眼睑下垂,近视,面神经麻痹,鼻塞,黄褐斑,额部皱纹等
印堂	督脉	额部,两眉头中间	头痛,眩晕,鼻塞,目赤肿痛,颜面疔疮,痤疮,酒渣鼻,精神紧张,失眠等
太阳	经外奇穴	颞部,眉梢与目外眦之间,向后约一横指的凹陷处	偏、正头痛,近视,口眼歪斜,神经衰弱,疲劳综合征,眼角皱纹等

续表

穴位名	归经	定位	主治病症
攒竹	足太阳膀胱经	面部,当眉头陷中,眶上切迹处	头痛,近视,面神经麻痹,眼睑下垂,三叉神经痛,呃逆,眼角、额部皱纹等
鱼腰	经外奇穴	额部,瞳孔直上,眉毛中	眼睑下垂,近视,头痛,面神经麻痹,额纹等
丝竹空	手少阳三焦经	面部,当眉梢凹陷处	头痛,眩晕,面神经麻痹,近视,目赤肿痛,鱼尾纹等
睛明	足太阳膀胱经	面部,目内眦角稍上方凹陷处	各种眼部疾病,口眼歪斜,眼睑浮肿,眼角皱纹等
承泣	足阳明胃经	面部,瞳孔直下,眼球与眶下缘之间	眼睑浮肿,目赤肿痛,眼袋,近视,面瘫,面肌痉挛,迎风流泪
瞳子髎	足少阳胆经	面部,目外眦旁,当眶外侧缘处	头痛,近视,目赤肿痛,面肌痉挛,鱼尾纹等
四白	足阳明胃经	面部,瞳孔直下,眶下孔凹陷处	面神经麻痹,过敏性面肿,眼肌痉挛,黄褐斑、雀斑、皱纹,眼睑浮肿等

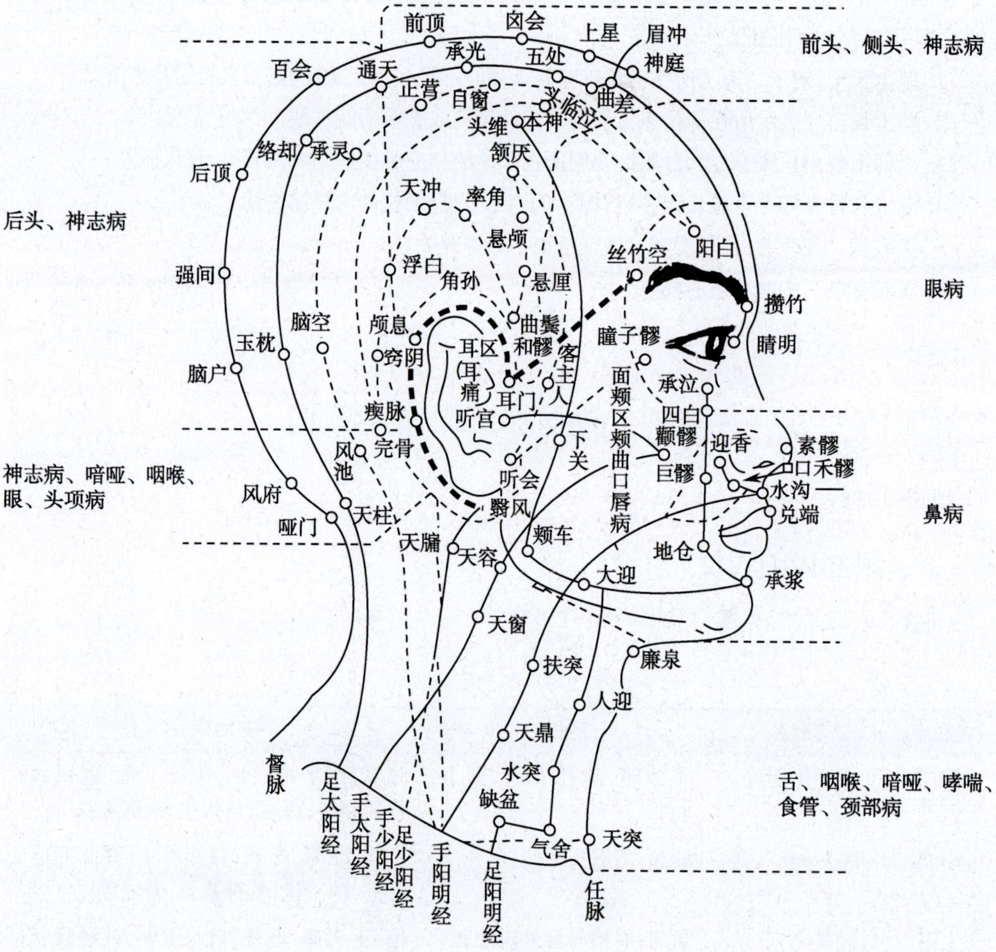

图 3-108　头面部穴位

二、鼻部周围穴位

见表 3-4。

表 3-4　鼻部周围穴位

穴位名	归经	定位	主治病症
上迎香	经外奇穴	面部,鼻翼软骨与鼻甲的交界处,近鼻唇沟上端处	鼻塞,鼻窦炎,过敏性鼻炎,鼻部疮疖,酒渣鼻,黄褐斑,雀斑等
迎香	手阳明大肠经	鼻翼外缘中点旁,鼻唇沟中	鼻塞,鼻炎,嗅觉减退,酒渣鼻,鼻旁色素沉着,面痒浮肿等
素髎	督脉	面部,鼻尖正中央	鼻塞,多涕,鼻出血,酒渣鼻,休克,低血压,心动过缓等

三、口部周围穴位

见表 3-5。

表 3-5　口部周围穴位

穴位名	归经	定位	主治病症
口禾髎	手阳明大肠经	上唇部,鼻孔外缘直下,平水沟穴	鼻出血,鼻炎,嗅觉减退,酒渣鼻,面神经麻痹,口周色素沉着等
水沟	督脉	面部,人中沟中的上 1/3 与中 1/3 交点处	面部浮肿,鼻塞,牙齿痛,急性腰扭伤,口臭,口周皱纹,面肌抽搐,晕车,晕船等
地仓	足阳明胃经	面部,口角外侧旁开 0.4 寸,向上直对瞳孔	面神经麻痹,面肌痉挛,口唇皲裂,口部疔疮,唇周皱纹,唇周色素沉着,痤疮等
承浆	任脉	面部,当颏唇沟的正中凹陷处	面神经麻痹,口腔溃疡,牙龈肿痛,口臭,面肿,面部浮肿,面部皮肤粗糙等

四、面颊部穴位

见表 3-6。

表 3-6　面颊部穴位

穴位名	归经	定位	主治病症
巨髎	足阳明胃经	面部,瞳孔直下,平鼻翼下缘处,鼻唇沟外侧	鼻炎,酒渣鼻,雀斑,黄褐斑,痤疮,面神经麻痹,面部皮肤粗糙,毛孔粗大等
颧髎	手太阳小肠经	面部,目外眦直下,颧骨下缘凹陷处	面部除皱,面瘫,颜面肿胀,黄褐斑,雀斑,痤疮,面部皮肤粗糙,毛孔粗大等
大迎	足阳明胃经	下颌角前方,咬肌附着部前缘,面动脉搏动处	面部浮肿,面神经麻痹,面肌痉挛,咬肌痉挛,腮腺炎等
颊车	足阳明胃经	面颊部,下颌角前上方约一横指(中指),咀嚼时咬肌隆起,按之凹陷处	面神经麻痹,咬肌痉挛,颞下颌关节功能紊乱综合征,面颊部皱纹,黄褐斑,痤疮,瘦脸等

五、耳周穴位

见表3-7。

表3-7　耳周穴位

穴位名	归经	定位	主治病症
上关	足少阳胆经	耳前,下关穴直上,当颧弓的上缘凹陷处	耳鸣,耳聋,中耳炎,面神经麻痹,偏头痛,黄褐斑,雀斑等
下关	足阳明胃经	耳前,颧弓与下颌切迹所形成的凹陷中	咬肌痉挛,颞下颌关节功能紊乱综合征,牙痛,面神经麻痹,耳鸣,耳聋,眩晕,黄褐斑,雀斑,痤疮等
耳门	手少阳三焦经	面部,耳屏上切迹的前方,下颌骨髁状突后缘,张口有凹陷处	耳鸣,耳聋,中耳炎,牙痛,颞下颌关节紊乱综合征等
听宫	手太阳小肠经	面部,耳屏前,下颌骨髁状突后方,张口呈凹陷处	耳鸣,耳聋,中耳炎,下颌关节炎,牙痛,面部色素沉着等
听会	足少阳胆经	耳前,耳屏间切迹的前方,下颌骨髁状突后缘,张口有凹陷处	面瘫,耳鸣,耳聋,牙痛,颞下颌关节紊乱综合征,面肌痉挛等
翳风	手少阳三焦经	耳垂后,乳突与下颌角之间的凹陷处	面瘫,面肌痉挛,耳鸣,耳聋,神经性皮炎,下颌关节炎,口眼歪斜等

六、头部穴位

见表3-8。

表3-8　头部穴位

穴位名	归经	定位	主治病症
神庭	督脉	头部,前发际正中直上 0.5 寸	头痛,眩晕,鼻炎,与失眠及情绪有关的损容损形性疾病等
百会	督脉	头部,前发际正中直上 5 寸,或两耳尖连线中点处	神经衰弱,脑供血不足,耳鸣,健忘,疲劳综合征,面色晦暗无华,面部皮肤粗糙等
风府	督脉	项部,后发际正中直上 1 寸,枕外隆凸直下,两侧斜方肌之间凹陷中	中风失语,头项强痛,目眩,脱发,皮肤瘙痒症,四肢麻木等
上星	督脉	在头部,当前发际正中直上 1 寸	头痛,目眩,目赤痛,鼻塞,鼻出血,癫狂,痫症,以及前额神经痛,鼻炎,角膜炎,近视
哑门	督脉	位于项部,当后发际正中直上 0.5 寸,第 1 颈椎下	治疗舌强不语,暴音,癫痫,癔症,头痛项强首选穴
风池	足少阳胆经	项部,枕骨直下,与风府相平,胸锁乳突肌与斜方肌上端之间的凹陷处	头痛,眩晕,皮肤瘙痒症,风疹,神经性皮炎,面肌痉挛,失眠,近视等

续表

穴位名	归经	定位	主治病症
头维	足阳明胃经	在头侧部,当额角发际上 0.5 寸,头正中线旁开 4.5 寸	头痛、目眩,眼痛,迎风流泪
四神聪	经外奇穴	在百会前、后、左、右各开 1 寸处,因此共有四穴	头痛、眩晕、失眠、健忘、癫痫等神志病证

复习思考题

扫一扫
测一测

1. 皮肤养护的标准养护流程是什么？在为顾客进行皮肤养护时,所谓的个性化养护是如何体现出针对顾客的不同诉求提供个性化服务的呢？

2. 崔小姐,25 岁,公司白领。皮肤状况:肉眼可见皮肤整体白皙细腻,两颧骨位置皮肤较薄、有红血丝,干燥有细小皮屑,伴较明显的色素沉着。顾客自述在更换化妆品或换季时皮肤容易过敏,平时自觉皮肤较干。要求改善皮肤易过敏状态,在可能的情况下祛斑。

通过上述案例分析其属于哪种皮肤类型,并给出养护方案。

课件

04章PPT

扫一扫
知重点

第四章

芳 香 美 容

学习要点

概念:芳香美容、植物精油、单方精油、复方精油、基础油、芳香纯露;常见单方精油、基础油和芳香纯露;精油的调配技术和淋巴引流按摩技术。

第一节 芳香美容的简介及发展史

一、芳香美容的简介

人类自古就有使用芳香植物来预防、治疗疾病的历史。芳香疗法(aromatherapy)起源于古埃及、中国等文明古国,盛行于希腊、罗马等欧洲国家,但直到 1928 年"芳香疗法"这一术语才由法国化学家盖特弗塞(René-Maurice Gattefossé)首次提出,遂沿用至今。

芳香疗法又称香氛疗法、香薰疗法等,其在美容方面的应用称为芳香美容,是以芳香精油为物质基础,以整体论和芳香疗法学为理论指导,以特殊的推拿按摩手法为主要途径,在和缓、轻柔、唯美、优雅的氛围中,使芳香精油以不同方式作用于全身或局部,以帮助人们恢复身体、心理、心灵健康,达到美容、保健、治疗等功效的补充疗法,是一种既与正统医疗相似,又并非取代正统医疗的自然疗法。

现代社会充斥着的各种压力,都会影响人体的生理功能,使机体的平衡调节功能紊乱,从而产生各种不适,甚至疾病。芳香疗法重视人体自身的平衡调节能力即自愈功能,并以此为基础发挥治疗作用。因此,在当今呼唤回归自然的思潮下,芳香疗法日益受到青睐。对其源流和发展轨迹的回顾,将有利于提取精粹,为美容、保健、临床和科研服务。

芳香疗法派系

二、古代芳香美容的发展

药草疗法是芳香疗法的前身。在蒸馏技术萃取精油出现以前,人们一直将一些能提炼精油的芳香植物作为重要的药材广为应用。据考证,植物精油的历史,早在几千年前的文明古国(中国、古埃及、古印度等)就有记载。

(一) 中国

在浩如烟海的历代中医文献中,有许多美容中药来自芳香植物,具有芳香化湿、开窍醒神、温通辟秽等作用,对人体美容保健治疗起到了一定的作用。

早在殷商甲骨文中就有熏燎、艾蒸和酿制香酒的记载;周代有沐浴兰汤、佩戴香囊的习俗。在先秦文献中,《山海经》中记载薰草"佩之可以已疠";马王堆汉墓出土的一批香囊、药枕、熏炉,内有茅香、佩兰、辛夷、肉桂等芳香药物。这些都说明了当时即有用芳香药物防治疾病、辟秽消毒、清洁环境的风俗习惯。

春秋战国时期,文献记载的芳香药物显著增加。集东汉以前药物学之大成的《神农本草经》记载药物 365 种,其中有不少芳香药物。由于其较详细地著述了芳香中药的一般药物性质,对后世芳香药物的运用提供了重要依据。

隋唐时期,大量芳香药物的传入,促进了芳香疗法的发展。唐代《新修本草》正式收入了许多外来香药,如苏合香、龙脑香、安息香、阿魏等。

宋代,芳香药物的中外交流达到了高峰,"海上丝绸之路"出现了专事海外运输芳香药的"香舫";《太平圣惠方》中以香药命名的方剂达 120 首,如苏合香丸、沉香散、木香散、安息香丸等。

明代,《普济方》中专列"诸汤香煎门",收集 97 方,并详细记载了方药的组成、制作、用法等。《本草纲目》更是广搜博采,记载"芳草"类 56 种,"香木"类 35 种,还介绍了浴、涂、擦、敷、含漱等芳香疗法的给药方式。

清代外治大师吴师机的《理瀹骈文》对芳香疗法的药物选择、作用机制、用法用量、注意事项等都作了系统阐述,使芳香疗法有了完整的理论体系。

在中医学发展的历史长河中,芳香疗法随着经验的积累和理论的提高不断发展完善,无形中为现代芳香疗法的创新发展奠定了基础。

(二) 古印度

成书于 3 000 年前的《印度草药学》是有关草药的经典著作,用到的草药和香料有黑胡椒、丁香、檀香、安息香等。芳香推拿是医学疗法的一部分,也用于疾病的预防。《印度草药学》中记载的芳香推拿使用了檀香油,而一种被称为 urgujja 的美容膏中则包含了檀香、芦荟、玫瑰和茉莉花。

(三) 古埃及

一般认为,古埃及人最早使用了芳香疗法。很多资料都表明,芳香疗法在古埃及得到了广泛应用。芳香油贸易曾繁盛一时,尤其是产于埃及的雪松、没药、丝柏等闻名于世。

早在公元前 4500 年,古埃及人就已经开始将香精、有香味的树皮与树脂、辛香料、香醋、酒等用于医疗、美容、宗教仪式、星象学和尸体防腐上。在金字塔的挖掘过程中,考古学家常常发现一些压榨或蒸馏木头、植物的器具。

公元前 2800 年,就有了对芳香剂的医学用途和一些作用的记载。当时的古埃及人已经很熟悉乳香、没药、肉桂、雪松、菖蒲和苦杏仁等提取物的应用。在胡夫法老王建造的"大金字塔"中,发现不少化妆品、药品、按摩膏的记载,如丝柏常用来驱魔,没药用于眼睛发炎等。芳香油膏是献给神明的供品之一,而制作膏的祭司们,可谓最早的调香师了。当时的古埃及人常在沐浴之后以香精油按摩身体,女子则把精油作为美容养颜的秘方。

(四) 古希腊、古罗马

西方的芳香疗法始于古埃及,发扬光大的却是古希腊、古罗马人。

古希腊医药之父希波克拉底曾提到芳香浴和芳香按摩,还使用了大约 400 种主要来自植物的药物。在雅典瘟疫流行期间(公元前 430 年),他劝说居民燃烧香料祛除瘟疫。盖伦(131—201)同样应用了许多植物药和芳香剂,并发明了"冷膏"。"盖仑制剂"至今仍用于代指一般的植物药膏。

古罗马使用固体药膏、芳香油和粉状香料。古罗马人对芳香疗法的痴迷与奢华程度远胜于古希腊人。他们善于利用大理石、玛瑙、花岗岩及玻璃等材料,甚至以象牙来制作容器,存放香膏。精致容器之外,他们使用香料的程度更令人咋舌,往往一磅重的香精就要用数十种植物混合而成,并将其用于头发、身体、衣服、床和房屋的墙壁。无论是公共场所还是家里,芳香油都被用于洗浴后的按摩。

(五) 中东

据史书记载,在 10 世纪,十字军东征时期,有关精油以及香水的知识传布到了远东及阿拉伯地区。阿拉伯人利用薄荷解毒,用杜松抗菌。善于科学发明的阿拉伯人,还将古罗马人传过去的蒸馏法改良,成功地萃取玫瑰花、茉莉和其他种类的花香精油。阿拉伯医师阿维森纳(Avcicenna)被认为是发明蒸馏法以提炼植物精油的人,他的许多原则沿用至今。他著述的《医学标准》一书中,提到了肉桂、芫荽、丁香、安息香、甘菊和欧薄荷等精油。大约与此同时,阿拉伯人还发明了蒸馏酒精的方法,从而具备了以高纯度酒精来溶解精油制造非油脂性香水的能力。

波斯人出口玫瑰花露到中国、印度和欧洲。到 12 世纪时,"阿拉伯香水"闻名于世。

三、现代芳香美容的发展

(一) 芳香疗法的兴起

19 世纪,随着医学科学的快速发展,化学药物的应用逐渐取代了草药的应用。同样地,精油在香料方面的应用超过了作为药物的应用,甚至草药学家也停止了使用精油。直到 19 世纪后期,精油工业才随着香水工业的发展成长、扩展起来。

到了 20 世纪初,法国化学家盖特弗塞重新燃起了人们对芳香疗法的兴趣。他最初的研究是关于精油的抗微生物性质(如美容膏中含有防腐剂和保养成分等)。他在一次实验室小型爆炸中烧伤了手,情急之下就将手放在一个装满液体的瓶子里,灼伤和烧伤很快减轻,而且痊愈后没有瘢痕,后来发现这碗液体正是薰衣草精油。自此他便对各种植物精油产生兴趣,开始着手研究其治愈功能,写下最早的"芳香疗法"专书,并将精油应用于第一次世界大战时的军队伤患者身上,取得了令人惊讶的效果,被称为"现代芳香疗法之父"。

同时,世界各地的其他研究者也很活跃,如潘佛德(Penfold)在澳大利亚研究了茶树;盖提(Gatti)和赛尤拉(Cayola)在意大利研究了精油的心理治疗方面的属性等。

(二) 芳香疗法的推广

二战期间,法国军医珍瓦涅(Jean valnet)承续了盖特弗塞的研究。他用精油作为消毒剂来治疗外伤,使精油和医疗有了密不可分的关系,并获得法国正式医疗许可。所著《芳香疗法之临床医疗》是现代芳疗师必备的参考书籍。而意大利的保罗·罗文第(Paolo Rovesti)则围绕佛手柑、柠檬和柑橘的属性,阐述了芳香疗法对焦虑和压抑状态的改善作用。

　　20世纪50年代,英国法籍美容治疗师玛格丽特·摩利(Marguerite Maury)对精油的治疗和美容作用进行了研究,并发展了外用精油进行推拿。1961年,她出版的《生命与青春的奥秘》一书集中探讨了回春术,很多参考了印度、中国医学的理论;而另一本著作《摩利夫人的芳香疗法》中,将芳香疗法带入健康、美容、饮食、烹饪等不同领域。她不仅研究每一种天然精油的疗效,还研究如何运用精油来养护皮肤,提倡使用复方精油,是现代将芳疗与美容结合的第一人。

　　20世纪70年代,雪丽普莱斯(Shirley Price)的出现,使芳香疗法的应用有了重大改变。雪丽普莱斯认为一位芳疗师必须懂得丰富的解剖学、生理学、病理学知识,熟知各种专用精油化学成分的疗效,并且掌握特殊的物理疗法技术。她在1978年开办雪丽普莱斯芳疗学院,其教育功能和资格得到权威机构的肯定及认可。

(三) 芳香疗法的热潮

　　在英国,芳香疗法一跃而成为近代迅速崛起的替代疗法中一颗耀眼的明星。1998年,芳香治疗师资格作为国家认定的资格确定;在大学,芳香疗法已纳入正式教学课程;英国专业芳疗师协会致力于芳香疗法的普及推广、培养高水平的芳香治疗师。在号称芳香疗法最先进的国家——法国和比利时,清淡的精油可以内服和外用,其疗效已被人们所认可。在欧洲,已经有四十多所学校开设芳香疗法课程;在欧洲的很多主要国家,芳香疗法已被纳入医疗保险的适用范围,足见其地位和作用。

　　日本芳香治疗师协会理事町田久先生于1990年在中国福建中医学院(现福建中医药大学)设立塞拉按摩中心,此外,还在北京、天津等地设立分院,将芳香疗法在国外发展的信息带回古老的发源地——中国。2000年,环太平洋芳香替代疗法协会与福建中医学院共同举办了"国际芳香替代疗法学术研讨会",来自日本、美国、英国、韩国的专家和中国同道们一起探讨了芳香疗法的发展前景及作用机制。

　　当前,芳香疗法更是因其促进身心健康的绝佳功效和在美容领域的应用而备受瞩目。法国、美国、德国、伊朗、澳大利亚、瑞士等国早已开始了医学芳香疗法的临床试验,并颇具成效。

　　从基础的"芳香分子导入""芳香按摩""芳香与心智、身体的互动"到"压力处理""孕、产妇呵护"等,芳香疗法已不再只是好闻的、单纯的芳香味道而已,而是能借助着混合纯植物精油的特性,运用香薰吸入、按摩、沐浴等方式,深入淋巴和血液,激发人体潜在的活力,提升人体的自愈力,加强镇定及重生能力,达到预防及治疗的功效。演变至今,芳香疗法不仅具有丰富的临床使用经验,更逐渐成为一个热门的辅助治疗学。

第二节　精油的基本知识

一、精油的概念

　　精油,又称植物精质或植物挥发油,是从植物的根、茎、叶、花、果实、树皮等处提炼出来的具浓厚气味的脂溶性液体,属于天然药物化学中挥发油的范围。研究显示,精油具有吸引昆虫授粉、防虫及防菌的功效,是保护植物得以生存的重要物质。因此,精油还被称为"植物的血液""植物激素",甚至是"植物的灵魂"。

自然界中所有的植物都会进行光合作用,并分泌出植物精华。植物精华可以存储在产生它的细胞里,或通过导管存储在存储囊里:①叶毛的存储管中;②木质或树皮内植物纤维中的导管;③柑橘皮的存储囊。植物的分泌细胞或存储囊越多,精油的产量就越多,价格也相应便宜,反之亦然。

二、精油的特性

(一) 渗透性

精油的分子极细小,能迅速有效地被吸收至毛囊之中,与皮脂互相融合,进而扩散至血液、淋巴及组织液中而运送至全身,发挥其功效。不同精油的吸收速度也不同:吸收速度最快的尤加利精油和百里香精油半小时就会被吸收至血液;最慢的薄荷精油及芫荽精油则需要 2 小时。

(二) 抗菌性

所有精油都有不同程度的杀菌功效,如尤加利精油、茶树精油及百里香精油。有些还能够抗病毒,如茶树精油和大蒜精油,但由于气味不佳,大蒜精油通常不用于芳疗按摩,而是摄取其胶囊来保健身体。还有些精油,如迷迭香精油和杜松精油,具有抗风湿的效果,按摩时,能促进血液及淋巴循环,增加疼痛部位的带氧量,协助乳酸等废物的排出,从而改善风湿痛及其并发症。

(三) 挥发性

精油是一种天然的、易挥发的物质,几乎都有在常温下易挥发的特性。大多纯精油会散发在空气中而不会在纸上留下油渍。根据其挥发速度,可将精油分为快板、中板、慢板三种。挥发性也影响到其作用于人体的层面。

(四) 有香味(气味)

精油都有特殊而强烈的芳香味道。其中,初次接触个别味道可能会感觉刺鼻难闻甚至恶心,这是因为人的嗅觉经验没有这个嗅觉记忆的缘故,多闻几次后也会习惯并喜爱它的味道。

(五) 亲油抗水性

精油除了能溶解于植物油中,也可以溶解于酒精、蛋黄及蜡中(如溶解的蜂蜡及霍霍巴油),借助这一点可以用来稀释精油;但精油只能部分溶解于水及醋中(醋中略好于水中)。

(六) 浓度高

精油的功效约为原形植物的 70 倍,因此使用时多以"滴"来计算,并且除了薰衣草精油、德国洋甘菊精油和茶树精油外,其余精油必须稀释后才可搽在皮肤上。

(七) 光学活性

精油大都具有较高的折光率,有光学活性。因此,一般都保存在深色瓶中。

(八) 协同作用

不少芳疗医师认为调和数种精油的功效胜于只使用单种精油,即精油具有协同作用。这为选择和调配精油提供了参考和指导。实际上,即使总量相同,调和精油的效果也更好,尤其是抗菌性。但许多芳疗师认为,若调和超过 5 种以上的精油,反而会使其抗菌效果减弱。

三、精油的分类

精油的分类国内目前还没有统一的标准,以下为常用的几种分类法。

(一)按精油纯度分类

1. 100%纯植物精油 分为单方精油(单油)、复方精油(复合油)和基础油(基底油)

（1）单方精油:指单纯的一种品种、未经配方的纯精油,可单独使用,也可供混合调配时使用,犹如未经配方的单味药。

（2）复方精油:由2种及2种以上单方精油按一定的比例调配而成,可供直接使用,常以该精油的疗效命名,犹如配伍好的成方。

（3）基础油:用来调和1种或几种高浓度单方精油的纯植物媒介油。大多精油经基础油调和后,才可以直接在身体上使用。

2. 气化精油(无火熏香精油) 用90%纯植物异丙醇、5%单方精油和5%蒸馏水配制而成。

3. 配制精油 用工业合成原料加少量纯植物精油配制而成。

(二)按萃取部位分类

1. 花朵类 如玫瑰精油、茉莉精油、洋甘菊精油等,大多有镇定、放松、保养皮肤等功效。

2. 叶片类 如茶树精油、广藿香精油、薄荷精油等,有坚定意志、杀菌、止咳等功效。

3. 木质类 如雪松精油、檀香精油、沉香精油等,有宽容、平和、补益生殖系统等功效。

4. 树皮类 如肉桂精油,有安抚、紧实、收敛等功效。

5. 根部类 如姜精油、大蒜精油等,有促进平衡、保护神经等功效。

6. 青草类 如月见草精油、岩兰草精油、莳萝精油等,有平衡内分泌、治头痛、促进循环等功效。

7. 柑橘类 如葡萄柚精油、甜橙精油、柠檬精油等,有振奋、平衡皮脂分泌等功效。

8. 种子类 如胡萝卜籽精油、茴香精油、芫荽精油等,大多有促进血液和淋巴循环功效。

9. 树脂类 如乳香精油、安息香精油等,有冥想、放松、去皱等功效。

(三)按精油挥发速度分类

可分为快板(高挥发度)、中板(中挥发度)和慢板(低挥发度)三类。

1. 快板精油 挥发速度最快,香气只可维持24小时左右,却能在最短时间内有效发挥其功能、特性,提升情绪及思考力,对于极度无活力、忧郁或情绪低落等效果良好。如欧薄荷精油。

2. 中板精油 挥发速度一般,香气能维持72小时左右。令人感到平衡和谐,主要会影响身体的消化、动作及新陈代谢功能,如薰衣草精油。为确保发散快速和慢速、沉重和轻盈的元素之间能产生连接,在调和精油中通常至少会有一种中板精油。

3. 慢板精油 挥发速度缓慢,香气能维持1周左右。给人一种沉稳的感觉,适合冥想沉思时使用;可作用于细胞和自主神经,使人具有坚强及镇定的特质,对于紧张、情绪不稳定及容易激动的人极有帮助。如檀香精油。

(四)按植物科属分类

可分为松科、柏科、橄榄科、樟科、桃金娘科、菊科、唇形科、伞形科、芸香科、蔷薇科、木樨科、番荔枝科、牦牛儿科、胡椒科、檀香科等。科属相近的精油在疗效上可以类推或替代。

四、精油发挥作用的原理与功效

(一)原理

化学成分可以影响精油的气味和药理属性。精油的化学结构非常复杂,分子极细小,大多都由 15 个碳原子组成,呈亲脂性。小分子及亲脂性的特点使其能通过皮肤和黏膜被吸收,进入血管,进而到达体内各器官,被组织细胞吸收利用;同时,精油分子还可经呼吸进入鼻腔的嗅觉细胞,通过细胞中的纤毛来记忆和传达香味,再透过嗅觉神经传达到大脑的嗅觉区。

(二)功效

精油发挥作用的途径主要有:①调节、平衡神经系统;②调节内分泌系统;③直接作用于组织、器官。

1. 调节、平衡神经系统 精油对神经系统具有双向调节作用(使常态化),根据个体的需要可以发挥兴奋或镇静作用。精油里的化学物质可以触发机体内与神经系统相关的神经化学物质的形成和释放,这些化学物质(如去甲肾上腺素、5-羟色胺、内啡肽和脑磷脂)是温和的欣快剂和镇痛剂;一些精油影响自主神经系统,从而刺激肾上腺素和雌二醇的分泌。

2. 调节内分泌系统 植物激素是结构与动物激素相似的植物化合物,一般认为对腺体的分泌有影响。例如,含有雌二醇的蛇麻花会造成女性采集者的月经不调,而大茴香、小茴香的精油具有雌二醇的活性。精油能通过以下方式影响内分泌:①刺激腺体,使内分泌常态化;②通过植物激素;③间接影响——通过影响情绪或神经系统达到。如天竺葵、罗勒、迷迭香和鼠尾草等精油可以兴奋肾上腺皮质。

3. 调节呼吸系统 在呼吸系统中,芳香精油最常发挥的是抗菌、解痉及祛痰的功效。如佛手柑精油可以破坏白喉杆菌;百里香精油、肉桂精油对呼吸道感染有效;鼠尾草精油和百里香精油能够明显提高肺活量,可能对肺部有直接解痉作用;樟脑精油和迷迭香精油是普通的呼吸兴奋剂。祛痰作用主要是通过促进黏膜分泌和支气管解痉作用实现的。具有确切祛痰作用的有大茴香、小茴香、百里香、柠檬、薄荷、肉桂等精油。

4. 调节消化系统 精油可刺激唾液及消化液的分泌,加强肠道的收缩蠕动,在肠胃痉挛不适的时候,用舒缓、深入的按摩活动并配合使用精油能镇定并缓和痉挛。已证明可以影响胃的精油有当归精油、茴香精油、柑橘精油和肉桂精油;影响胆囊的精油有薰衣草精油和欧薄荷精油;对消化系统具有解痉作用的有甘菊精油、茴香精油等;肉桂精油、马郁兰精油和迷迭香精油等可以增加蠕动,具有缓泻作用。

5. 调节循环系统

(1)调节血液循环:一些精油及其化合物具有循环刺激作用。这些作用常在大剂量使用时发生。一些精油通过提高局部血液循环影响内部器官和肌肉;一些通过刺激局部皮肤使缓激肽等化学物质形成,引起血管舒张;另一些可以通过扩张或收缩血管(或毛细血管)而产生低血压或高血压。如薰衣草精油和天竺葵精油可引起低动脉压,而迷迭香精油、鼠尾草精油和百里香精油则可通过刺激肾上腺分泌引起动脉压升高。

(2)调节淋巴循环:精油能激发身体防御机制,如薰衣草精油、佛手柑精油和柠檬精油都能有效刺激白细胞生成,而有些精油还能刺激巨噬细胞的吞噬作用。

6. 调节泌尿系统　精油可以有效治疗金黄色葡萄球菌引起的泌尿道感染,如杜松精油、檀香精油、百里香精油。檀香精油对由肾功能障碍引起的血尿有效;甘菊精油和天竺葵精油在溶解肾结石方面作用显著。

7. 调节生殖系统　佛手柑精油(对淋病双球菌有效)和檀香精油对淋病等传染病的治疗作用明显。一些精油可以刺激子宫,使骨盆中血管充盈,子宫痉挛,肝脏退行性变化而引起堕胎效应,如含有侧柏酮或芹菜脑的精油;另一些精油可能因刺激催产素的产生,引起子宫收缩而具有催产作用,如茉莉花精油和杜松精油;还有些芳香剂有催情作用,如依兰精油、快乐鼠尾草精油和茉莉精油。

8. 调节肌肉组织　长时间的紧张与压力易导致肌肉疲乏、沉重、疼痛、僵化以及萎缩。精油会刺激并调节真皮及皮下组织,使局部温度升高而促进毒素排出,并能够滋养皮肤,祛除老化角质,刺激皮肤的新陈代谢,维持皮肤的年轻活力及光彩,使肤色健康靓丽。

五、精油的提取方法

精油的提炼需要耗费大量的人力、物力,故成本相当高。一般来说,玫瑰花要3 000~5 000kg、薰衣草要200kg、柠檬要200kg才能提炼出1kg的精油,因此10ml纯精油价格都要上百元到数千元不等,有的甚至上万元。精油因此被称为"液体黄金"。精油的提取方法不同,其品质与价格有较大差异。

1. 蒸馏法　最早可追溯至5 000年以前,90%以上的精油用此法提炼。可分为水蒸气蒸馏法和真空蒸馏法。

水蒸气蒸馏法是将植物的药用部位放在一定容器中隔水加热,蒸出其挥发油成分,并通过冷却使之成为液体状,再依照不同比重的差异而进行分离,这是目前常用的也是最古老的一种提取精油方法。如玫瑰精油、薰衣草精油、檀香精油等。

真空蒸馏法又称减压蒸馏法,指在低压下使液体在较低温时蒸馏的方法。其原理是降低液面压力,使液体的沸点相应降低,减压的真空越高,沸点就降得越低,同时改善温度差,使热导良好,可蒸馏出更好精油。

2. 压榨法　将含精油的物质经过压榨后,再经分析和分离而获得精油,可用于萃取柑橘类如橙、橘、柠檬等果皮的精油。

3. 溶剂法　利用一些挥发性溶剂,如酒精、石油醚等,反复通过需要萃取的植物上,再将含有精油的溶剂进行分离解析,以低温蒸馏法得到精油。常用于提炼树脂、树胶以及花瓣类的精油。如肉桂精油、鼠尾草精油等。

4. 二氧化碳超临界流体萃取法　是利用二氧化碳在低温高压的状态下分离物质的特性来萃取精油的。整个萃取过程在低温下进行,可大量保存对热不稳定及易氧化的挥发性成分,所萃取的精油含量高、不含任何残余物,且非常接近植物内原有的芳香物质组成,算是一种相当完美的萃取法。但其使用的器材数量庞大且相当昂贵。所以,该方式萃取出的精油价格也相当昂贵,且不容易买到。

六、芳香美容的实施方法

根据精油进入身体的途径,即透过皮肤及嗅觉进入身体,可分四种方法。

(一) 嗅觉吸收法

精油的强挥发性使之在室温下即可渐渐散布于空气中,随呼吸进入体内,对调节情绪及呼吸道疾病的效果较好。

1. 熏蒸法 这是一种最流行、最简单的方法。只要将1~3滴精油滴于盛有八分满纯净水的香薰炉中,用天然环保无烟蜡烛或电香薰炉加热,使精油受热挥发,散布于室内空气中,便可发挥芳香、除臭、杀菌、除虫等功效,从而达到清新空气、镇定安抚、缓解压力、提神振奋等目的。

2. 热水蒸汽法 该方法对呼吸道感染、提神、改善情绪最快速有效,但哮喘患者不宜使用。运用时在容器(脸盆、杯子等)中装入沸水,加入4~6滴精油,以口、鼻交替呼吸直到舒适。

3. 喷雾法 将蒸馏水放入喷雾器中,滴入数滴精油,随时喷洒在床、衣服、家具、地毯等处,起到消毒除臭、改善生活环境的作用。常用的有迷迭香、柠檬、甜橙、薄荷、天竺葵、尤加利等精油,最常用的比例为5~30滴精油对100ml水。

4. 其他方法 如手帕法(将精油滴在面巾纸或手帕上)、手掌摩擦法(将精油滴于手掌中,摩擦生热再吸入)等。

(二) 按摩吸收法

按摩吸收法是指用精油作为按摩油,涂抹在一定部位进行按摩,从而达到放松心情、舒解压力的一种方法。精油经过按摩很快能被皮肤吸收渗入体内。按摩在刚洗完澡、身体微湿时效果最好。按摩力道可视需要而有不同,较快较重的按摩,可提振精神,而轻柔的抚触、按压则可舒压安抚或帮助睡眠。此法精油配制原则有三:①身体按摩:10ml基础油5滴精油;②面部按摩:10ml基础油2~3滴精油;③止痛按摩:10ml基础油50滴精油,只做局部按摩3天。

刮痧法也属按摩吸收法,即运用精油涂抹于患部适当穴位旁,再用刮痧器刮拭(具体方法见面部刮痧技术章节)。

(三) 敷抹法

将精油按1%~5%的比例稀释于冷水(冷敷)或热水(热敷)中,浸入毛巾,再把毛巾拧干,敷在需要部位,或将精油稀释后直接涂抹于身体某处。

1. 冷敷法 可缓解紧张、镇定安神、安抚肌肤,适用于感冒、发热、扭伤、割伤、烫伤等急症。可选薰衣草精油、洋甘菊精油、薄荷精油等。

2. 热敷法 能促进血液循环、排除体内毒素或增加精油对皮肤的渗透性,适用于关节炎、肠胃痉挛、月经症候群、减肥等慢性病症。可选迷迭香精油等。

3. 涂抹法 可适用于表皮及其他问题,如外伤、烫伤、蚊虫叮咬、皮肤病、风湿痛等。一般10~15滴精油加50ml基础油稀释后涂抹,少数纯精油可直接涂抹,如薰衣草精油可直接用于烫伤的皮肤上。精油还可作为日常护肤品,与基础油调配使用。不同部位浓度不同:用于眼部的浓度为1%,面部为3%~5%,全身肌肤则为10%~20%。

也可将稀释后的精油加入沐浴露、洗发乳、护肤霜等化妆品中,比例为 10ml 基础霜加 10 滴已稀释过的精油。

(四) 沐浴法

行沐浴法时,盛水的器具最好是不锈钢材质,避免与精油起化学反应。

1. 盆浴

(1) 清洁并消毒浴器。

(2) 配制精油:筛选适合顾客的精油进行配制;可以将精油加入基础油中或添加到牛奶或浴盐里。

(3) 准备溶液:浴器中加入温水,水温 37~39℃ 为宜。

(4) 添加精油:将配制好的精油 6~8 滴滴入盛有温水的浴器中调均匀。

(5) 净身:让顾客按普通冲澡方式洗净身体并擦干。

(6) 沐浴浸泡:让顾客浸泡在调有精油的浴器中 15~30 分钟,让精油不仅通过皮肤的吸收进入体内循环,还可通过嗅觉神经传入大脑,调节情绪。

(7) 起浴:起浴擦干水分。

(8) 推拿按摩:做全身轻揉推拿按摩。

(9) 结束:帮助顾客整理仪容,并收拾工具、清洗浴盆。

第 8 步推拿按摩也可放在净身步骤后面进行,但手法可稍重点。

2. 足浴　劳累导致的足部浮肿、感冒、冬天双脚冰冷等均可利用精油 4~6 滴泡脚来舒缓症状。

3. 坐浴　用一只能够容纳臀部的盆盛半盆温水,滴入 1~2 滴精油(可选择薄荷精油、薰衣草精油、迷迭香精油、尤加利精油等)搅匀,进行坐浴。这种方法治疗痛经、阴道炎或生理期因卫生巾不透气而造成的皮肤瘙痒等效果甚佳。

4. 漱口法　将配制好的精油或复方精油 1 滴滴入装有 30ml 温水的杯中混合均匀,进行漱口。香薰漱口可保持口气清新,清除口腔细菌,保护牙齿,减少喉炎,达到香口美容的目的。

此外,沐浴法还包括香氛蒸浴法、淋浴法、灌洗法等。

七、精油使用的注意事项

芳香美容技法总的说来是安全可靠的,但在应用过程中也要注意以下事项。

1. 除非有专业医疗的建议,否则不可将精油使用于口腔、直肠及阴道中。

2. 除薰衣草精油、洋甘菊精油、茶树精油外,其余的精油必须经稀释后才可直接使用在皮肤上,以免皮肤过敏。

3. 皮肤或体质敏感者首次使用精油时,应先用基础油进行皮肤测试,保持 12 小时,若无不良反应,再将 1 滴精油稀释在 10ml 基础油中再次进行皮肤测试,待 12 小时后确定是否适合使用。

4. 剧烈运动或饱餐后 30 分钟内禁做芳香护理。

5. 对肌肤敏感者,炎症期(如感冒、发热、伤口感染、淋巴结肿大)、哮喘、高血压、癫痫、糖尿病等患者,妊娠期妇女、婴儿等要慎用或禁用。

6. 不可滴入眼、鼻孔、耳朵、口腔等敏感部位。

7. 精油宜密封保存在阴凉处,应避免与强光、电热、高温相接融,并尽量在开封 6

个月内用完,尤其是柠檬精油,最好在 3 个月内用完。

8. 把精油放置在远离儿童的地方,不可让儿童拿到或玩耍。

9. 柑橘类精油大多有光敏作用,不宜在日光浴前使用,以免产生雀斑、晒斑和黑斑。如佛手柑精油、柠檬精油、香橙精油等。

10. 单一精油不可长期、持续使用。同一种单方精油持续使用最多不超过 3 周,同一复方精油勿连续使用超过 3~4 个月。

11. 不可经常太高剂量使用。初次使用精油,通常要低剂量并持续一段时间,而高剂量通常只使用在紧急状况,或作为某些急症的辅助。

知识链接

怎样选购好精油

1. 能够提供 GC-MS(气相色谱分析法)色谱图 GC-MS 检测法根据精油中不同成分挥发度的差异测量其精油中的含量,在此法检测下,精油样品的成分暴露无遗,因而是靠谱的。

2. 品牌标签是否翔实有效 专业的精油产品会提供俗名、植物拉丁文名、产品品种、产品剂量、保质期、产地信息、INCI 名称(国际化妆品原料命名)等详细的产品信息。

3. 闻味道 精油源自纯植物,多数味道柔和醇正,有一种难以言喻的自然植物的味道(虽然气味不一定好闻)。将 1 滴精油滴在掌心,揉搓开,罩在口鼻处呼吸,纯精油(即便是自己不喜欢的气味)会通过鼻腔,渐渐散去,不会引起不舒服的堵塞感和刺激感;而香精调配的精油由于与人体无亲和度,气味容易堵在鼻腔和眉心,使味道略刺鼻。

4. 看包装 精油通常会保存到深色密封小玻璃瓶里,防止日光及氧气渗入,这样才不易挥发、变质。若是近乎透明的玻璃瓶,即便里面放的是顶级精油,也已经不值钱了。

第三节　常用精油

一、常用单方精油

单方精油指单独一种精油。单方精油比复方精油快速、有效、针对性强,但不适合长期使用。现将常用单方精油介绍如下(表 4-1)。

精油的名称

表 4-1　常用单方精油

精油	植物种类/萃取部位	气味	功效特点			使用注意
			心灵疗效	身体疗效	皮肤疗效	
薰衣草	灌木/花	花香淡而清澈,略带木头香	平衡中枢神经,安定情绪	化湿止痛,解郁降压助眠,解表除臭杀虫;是最常使用、最受重视、最常入药的精油	促进细胞再生、平衡皮脂分泌;治灼伤与晒伤——国外视为"家庭第一必备急救用油"	低血压或孕初期勿用

续表

精油	植物种类/萃取部位	气味	功效特点			使用注意
			心灵疗效	身体疗效	皮肤疗效	
安息香	树/树干流出的树脂	甜,似香草	安抚神经系统,舒缓紧张与压力	镇咳化痰,行气活血止痛,除臭,除胀	柔肤润肤,为干燥龟裂及伤口、溃疡的良好疗方	需集中注意力时勿用
薄荷	药草/叶与开花的顶端	强劲的穿透力,清凉醒脑	对安抚疲惫的心灵和沮丧的状态功效绝佳	双重功效——热时清凉,冷时暖身——治感冒的功效绝佳;抗痉挛,祛胃肠胀气;止痛	排除毒性郁积的阻塞现象;收缩微血管;柔软皮肤;对油性发质和肤质极具效果	怀孕及哺乳期禁用;小心剂量
茶树	树/叶	新鲜、清新,略刺鼻	使头脑清新,恢复活力,尤其适用于受惊吓的情况	助免疫系统抗传染性疾病——强效抗菌精油,被誉为"未来的抗菌战士";抗真菌;杀虫	净化效果绝佳,能改善伤口感染的化脓现象,治疗疖、痈等	对敏感皮肤的刺激性
柠檬	水果/果皮	柑橘类香气,新鲜而强劲	平抚炙热烦躁情绪,帮助澄清思绪	循环系统的绝佳补药;有效的强心剂、开胃剂、消化剂;退热;抗酸	明亮肤色;改善破裂的微血管;净化油腻发肤;软化瘢痕组织	可能刺激敏感皮肤;具有光敏性
檀香	树/木心	木质、细致,甜而带异国情调,余香袅绕	放松效果绝佳,镇静效果多于振奋;改善执迷状态	消炎、抗菌、利尿——对生殖泌尿系统极有帮助;抗痉挛,补强;镇咳、祛痰;祛胃肠胀气	柔软皮肤,对干性湿疹及老化缺水皮肤特别有益;混合可可脂后是绝佳的颈部乳霜	催情;沮丧时会使情绪更低落
肉桂	树/花蕾,树皮,叶子	带香料味,略冲鼻,甜甜的麝香味	对筋疲力尽和虚弱、沮丧情绪的安抚效果绝佳	强劲的抗菌剂,对呼吸道有补强效果;肠道感染的舒缓剂;腺体的强劲刺激剂	温和的收敛效果;紧实松垮组织;清除疣类	孕期禁用;注意剂量
迷迭香	药草/开花的顶部或叶	强烈清澈有穿透力,清新的药草香	活化脑细胞,使头脑清楚,增强记忆力	极好的神经刺激品;珍贵的强心剂和心脏刺激剂;通经止痛;改善肝脏充血现象	收敛、紧实——减轻充血、浮肿、肿胀;调理头皮失调——改善头皮屑,刺激毛发生长	高血压、癫痫患者及孕初期禁用
玫瑰	花/花瓣	甜而沉的纤细花香	极女性化,能使女性产生积极正面的自我感受;提振、舒缓紧张和压力	优越的子宫补品;对不孕症有益,增加精子数;催情,通经止血;利脾胃	"花中之后";适用于所有皮肤类型;收缩微血管,用于治疗小静脉破裂	孕期禁用

续表

精油	植物种类/萃取部位	气味	功效特点			使用注意
			心灵疗效	身体疗效	皮肤疗效	
佛手柑	树/果皮	轻淡、纤巧、清新	既能安抚,又能提振	有价值的尿道抗菌剂、绝佳的肠内抗菌剂;驱虫、调节子宫功能	对油性皮肤特别有益,和尤加利精油并用时,对皮肤溃疡的疗效绝佳	具有光敏性、刺激性
尤加利	树/叶	澄清、略冲鼻、有穿透力	冷静情绪,使头脑清楚,集中注意力	抗病毒——对呼吸道最有帮助,对传染性疾病效果绝佳;退热——对各种发热都有效;除臭;降血糖	对治疗皮疹有显著功效;能预防细菌滋生及蓄脓,促进新组织建构;改善堵塞的皮肤	强效;高血压、癫痫患者慎用
橙花	橙树/花瓣	芬芳的花香,萦绕不去	安抚、催眠,使人精神愉快,可减轻长期的焦虑、沮丧与压力	克服沮丧情绪——助眠、经前、围绝经期问题等;催情;抗痉挛	"花中公主";增强细胞活力,增加弹性;适合干性、敏感及成熟皮肤	集中注意力时不宜使用
天竺葵	开花植物/花和叶	甜而略重,稍像玫瑰、薄荷	缓解焦虑、沮丧,提振情绪,舒解压力	调节内分泌(改善妇科问题);利尿、抗感染、安抚神经痛;驱虫	能平衡油脂分泌,适合各种皮肤状况,堪称一种全面性的洁肤油	具有刺激性;孕期不宜
茉莉	树木/花朵	甜甜的花香,充满异国风情	安抚神经,温暖情绪,使人产生正面的感受与自信	利子宫(可能是生产时最有帮助的精油);催乳;催情(超越性障碍);抗痉挛	"花中之王";适于任何肤质,尤其是干燥及敏感皮肤的高效护肤品	孕期禁用;干扰注意力集中
洋甘菊	药草/干燥的花朵	水果香,似苹果的香气	安抚效果绝佳,使人放松有耐性,感觉祥和;减轻焦虑,助眠	止痛——尤其适用于因神经紧张引起者;通经;祛胃肠胀气;改善持续感染	镇静,抗过敏,对干燥易痒的皮肤极佳;非常优良的皮肤净化保养品	怀孕早期禁用
百里香	药草/花和叶	相当甜而强烈的药草香	强化神经、活化脑细胞——提高记忆力和注意力;提振低落的情绪	抗感染、祛瘀,尤其适用于各类呼吸道感染;增强免疫力;升血压;抗风湿;是小肠和尿道抗菌剂	是头皮的补药,对减少头皮屑和落发十分有效;可使伤口、湿疹、疮等症状早日缓解	非常强劲;高血压患者和孕妇禁用
杜松	灌木/浆果	干净、清新、略带木头香	清净、激励、强化神经;净化气氛,让心灵在充满挑战的情况下获得支持	利尿——对膀胱炎、尿急痛(无力排尿)和肾结石极佳;净化肠道;是肝的补药;能清除尿酸;助产	油性、充血皮肤的帮手;净化、收敛、促进结痂	肾病患者、孕期禁用

续表

精油	植物种类/萃取部位	气味	功效特点			使用注意
			心灵疗效	身体疗效	皮肤疗效	
乳香	树/树皮	带木头香及香料味	安抚、清新心神,减轻焦虑	抗菌——对黏膜有卓越功效,清肺;利消化、利尿、利子宫,治创伤	护肤圣品——抚平皱纹,赋老化皮肤以新生命;收敛	未知
依兰	树/花	甜甜的花香,带着异国风情的厚重感	抗忧郁,使人愉悦,适合在易兴奋情况下使用	平衡激素方面声誉卓著,调节生理系统方面极有价值;催情;降血压	"花中之花";平衡皮脂分泌,干性和油性皮肤都适用;保养滋润发丝	发炎或湿疹皮肤慎用
快乐鼠尾草	药草/开花的顶端和叶	药草气息,带点坚果香,有些厚重的感觉	镇静效果强烈,是极佳的神经振奋剂;温暖放松,带来幸福的感受,使人感到生命充满希望	子宫的良好补药,荷尔蒙平衡剂;助产;祛胃肠胀气;抗痉挛;对全身均有调节、平衡功效	促进细胞再生,尤利于头皮部位的毛发生长;能抑制皮脂过度分泌	开车前、饮酒前后勿用;注意用量
广藿香	灌木/叶	味道强烈,有异国风情	给人实在而平衡的感觉,能消除嗜睡,让人比较清醒	抑制胃口;利尿;除臭,平衡排汗,消除闷热烦躁感	促进伤口结痂与细胞再生;改善粗糙龟裂皮肤及治疗各种伤口与疮	低剂量镇静,高剂量刺激
胡萝卜籽	药草/种子	略甜而干燥的味道	可净化心灵,缓解压力与筋疲力尽的感觉	极佳的身体净化油;清肠,控制胀气,抑制腹泻;增强器官的功能与活力;对呼吸道问题颇有作用;调理荷尔蒙	改善肤色,使皮肤更紧实有弹性;淡化老人斑,是早衰皮肤的救星	怀孕期间慎用
丝柏	树/叶或球果	木头香,清澈而振奋	缓和愤怒,净化心灵,除去郁闷情绪	对所有过度的现象均有帮助,尤其是体液方面;循环系统的"补药";抗痉挛;对生殖系统极有益处	保持体液平衡,控制水分过度流失,对成熟性皮肤颇有帮助,促进结痂	怀孕期间慎用;静脉曲张按摩要小心
姜	药草/根	香辛料,浓烈而温暖	温暖情绪,使感觉敏锐并增强记忆,使人心情愉悦	应对湿气或体液过多的状态;调节并安定消化系统,促进胃液分泌;缓解疼痛(尤其是下背部);刺激循环	消散瘀血,治创伤及痈	刺激敏感皮肤;催情剂
罗勒	药草/花或叶	清甜,略带香辛料	很好的神经增强剂,振奋沮丧	治疗头痛和偏头痛的一级品;对呼吸道有益;对消化异常很有效;类似雌激素;降低尿酸	紧实、更新和清爽下垂、阻塞的皮肤;控制粉刺	具有刺激性,孕期慎用,注意用量

二、常用基础油

(一) 概念

基础油又称基底油、媒介油,是用来调和 1 种或几种高浓度单方精油的纯植物媒介油。由于纯精油的浓度很高,直接使用会造成皮肤不适,所以使用在皮肤上时,一定要先用基础油进行稀释。基础油既可以用来调配芳香按摩油,也可以作为皮肤保养用油,其本身就具有疗效。

(二) 原理

芳香疗法中的基础油是经冷压(60℃以下低温处理)从植物的花朵、坚果或种子里提炼萃取而来的 100% 的纯植物油,可使植物中丰富的矿物质、维生素、脂肪酸等有效成分保存良好而不流失,具有优越的滋养特性。食用的植物油,如大豆油是以 200℃以上的高温萃取,失去了大部分天然养分,且含有高温产生的氢氰酸等物质,故不适合做基础油。基础油由脂肪酸组成,含有脂溶性维生素,且非常容易被皮肤吸收,因此,既可调和精油、协助渗透,又能起到延展、助滑、滋养皮肤的作用。

需要注意的是,矿物油和动物油(如婴儿油或绵羊油等)并不适合用做基础油。因为它们渗透力差,易堵塞毛孔,造成粉刺、痤疮。

基础油平时可保存在冰箱里,加入精油后,可保存 6 个月左右。每次调和的分量最好一次用完,勿存放过久。

(三) 常用基础油

1. 霍霍芭油 又名霍霍巴油、荷荷巴油,呈淡黄色,含丰富的维生素 D 及蛋白质、矿物质,稳定性高,是渗透性最强的基础油,极易被皮肤吸收,清爽滋润、不油腻,能恢复皮肤酸碱平衡,可抗氧化,祛皱纹,有效改善油性皮肤,调理皮脂腺分泌功能,收缩毛孔,同时含有最接近皮脂膜的液态蜡,是最佳的皮肤保湿油。适合各种肤质,也是护发用油的最佳选择。

2. 小麦胚芽油 又称天然维生素 E 油,呈橘黄色,含丰富维生素 E、大量天然蛋白质、矿物质,是著名的天然抗氧化剂(防腐剂),可延长复方精油的保存时间,对干性皮肤、色斑、瘢痕、湿疹等均有滋养效果。最适合于成熟、衰老皮肤。

3. 橄榄油 在西方被誉为"植物油皇后",呈绿色,气味较强烈。富含不饱和脂肪酸及多种维生素,极易被皮肤吸收,清爽自然,无油腻感,是纯天然的美容佳品,被称为"可以吃的护肤品",对阳光晒伤有缓和作用。多用于老化、晒伤皮肤的护理,还可用于减肥、风湿、关节扭伤,以及保养指甲和护发等。

4. 葡萄籽油 近乎无色或浅淡绿色,渗透力强,清爽不油腻,极易被皮肤吸收,主要成分是亚油酸与原花青素,可以抵抗自由基,保护肌肤中的胶原蛋白,抗老化,使肌肤保持应有的弹性及张力,帮助吸收维生素 C 和维生素 E,降低紫外线的伤害,预防黑色素沉积。可增强肌肤保湿作用,使皮肤柔软、光滑,任何肤质均适用,尤其适合敏感、粉刺皮肤使用。

5. 玫瑰果油 来源于植物果实部分。含丰富的维生素 A、维生素 B、维生素 E、维生素 K,特别是维生素 C。保持皮肤水分的功效卓越,有柔软肌肤、美白的功效,也可以预防日晒后的色素沉着。老化皮肤使用玫瑰果油后,可防皱、增强皮肤弹性。具有组织再生的功能,能有效改善瘢痕、暗疮、青春痘。

6. 甜杏仁油　颜色淡黄,含有丰富的矿物质及维生素,质地相当轻柔、润滑,是最不油腻的基础油,具有很好的亲肤性、滋润性,是一种保养皮肤及滋润效果极佳的植物油。能使肌肤恢复光滑柔细,适用于各种肤质,尤其适合婴儿、干性、衰老、粉刺以及敏感性肌肤使用。非常适合全身按摩。与任何植物油均可调和,还具有隔离紫外线的作用,因此也是使用最广泛的基础油。

三、花香纯露

(一) 概念

花香纯露又称纯露、花水、水精油,是蒸馏法萃取精油的过程中留下的一种副产品。蒸馏精油时,蒸馏水不断地通过植物组织,使植物中许多成分会溶在蒸馏水中,而将精油收集后所残留的蒸馏水即为纯露。

(二) 原理

纯露中除了含有微量精油外,还含有许多植物体内的水溶性物质。因此,纯露的特性和精油虽然很接近,但并不完全相同。纯露没有精油独特的香气,而是类似人体血液里充塞着各种矿物质的味道。和精油相比,纯露的性质更温和,不会刺激皮肤,一般不需稀释就可直接使用,因此非常适合儿童、老年人和体质虚弱的人使用;使用范围也非常广泛,可以用于护肤(如代替爽肤水使用、调制面膜等)、护发(如喷于头发上使头发柔润顺滑,防止紫外线伤害等)、沐浴(如加入纯露进行芳香泡澡)或作为纯天然空气清新剂等。可见,纯露与精油各有所长。

(三) 常用花香纯露

1. 薰衣草纯露　是最常用的纯露,有着和薰衣草精油相似的功效——舒缓皮肤和心灵疗效,是温和的收敛剂。能清洁皮肤、平衡油脂、抗菌消炎,能调理粉刺肌肤,促进痤疮和小伤口愈合。适用于混合性、油性肌肤,敏感性肤质也可使用。薰衣草花水可成为一般香水的替代品,特有的香味非常适合男性使用。

2. 玫瑰纯露　是被大家喜爱和推崇的纯露,性质十分稳定,能洁净皮肤,增加并保持皮肤的水分,可以美白、快速消炎、抗敏、抗衰,适合干性、衰老性以及敏感性皮肤使用。玫瑰纯露香味宜人,用于喷洒房间、床被、衣柜等,可以清除异味。

3. 洋甘菊纯露　是敏感皮肤的最爱。性质极为温和,能放松、抚慰身心,有消肿、止痛、抗发炎、收缩毛细血管的功效。能强化组织,增加弹性,治疗敏感皮肤——对干燥、易痒、脱皮的状况效果极佳;镇定、修复晒后的红肿肌肤,减轻脸颊微血管扩张所造成的红斑;消除眼部浮肿,减轻因疲劳和睡眠不足造成的黑眼圈;对易生粉刺的肌肤有收敛净化功效。

4. 薄荷纯露　有特殊的清凉感觉,能够清洁、柔软皮肤,并缓解皮肤发痒、发炎或灼伤;能平衡油脂分泌,抑菌杀菌,促进伤口迅速愈合。适用于易生粉刺或毛孔粗大的肌肤。

第四节　芳香美容的应用

一、精油的调配

精油在使用时多以复方形式出现。使用复方精油的好处在于,功能类似的精油互相调配可增强功效;功能差异大的精油进行调和,可扩大疗效,并增加香味的丰富性;对于一些气味较不好闻却具有疗效的精油,也可借其他芳香精油的香气来调和,让人在使用时更为舒适。由于不同精油在混合调制时,会产生协同或拮抗作用,直接影响到精油功效,所以,在调配复方精油之前,必须详细了解每种精油的特性与化学性质,切忌随意调配。

(一) 调配浓度

精油的调配比例通常以 5ml 基础油为一个计量单位,作为一个百分比(100%),不同年龄、肤质调配的比例不同。

1. 0~6 岁的安全剂量　0.5%,即 5ml 的基础油中滴入 0.5 滴的纯精油。

2. 7~14 岁的安全剂量　1%~2%,即 5ml 的基础油中滴入 1~2 滴的纯精油。

3. 14 岁以上及成人的安全剂量　1.5%~3%,即 5ml 的基础油中滴入 1.5~3 滴的纯精油。

4. 一般肌肤　精油的最大滴数 = 基础油毫升数 /2。例如,20ml 基础油可加入约 10 滴精油,而且这 10 滴是包含了不同精油的总滴数。

5. 孕妇或敏感性皮肤　精油最大滴数 = 基础油毫升数 /4。

精油浓度计算

课堂互动

调配 10ml 浓度为 2% 的复方精油,共需要几滴单方精油?

微视频 精油的调配

(二) 调配方法

1. 将基底油倒入玻璃量杯内。

2. 用滴管依序滴入所要滴入的精油。

3. 用玻璃棒搅拌均匀(如果要保存较长时间可再滴约 5% 的小麦胚芽油)。

4. 将调好的复方精油倒入深色玻璃瓶内。

5. 封紧瓶盖,贴上标签(写下所调的精油及日期)即完成。

(三) 注意事项

1. 选择 3~5 种作用相辅相成的精油进行调配。调配复方精油的单方精油种类一般不超过 5 种。

2. 最好能同时包含三种不同挥发度的精油。可参考快板:中板:慢板的比率是 2∶2∶1。

3. 气味相近、植物科属相似,或挥发性差不多的都可以互相搭配。一般来说,柑橘类、花香类、异国情调类的精油很容易混合,木质类、草本类和柑橘类的精油也容易混合,辛香类则容易和树脂类以及木质类精油混合。

知识链接

调油表

每一类别内的精油均能调和得当,紧邻的两类也适合互相调配。(此处分类是以气味为主)

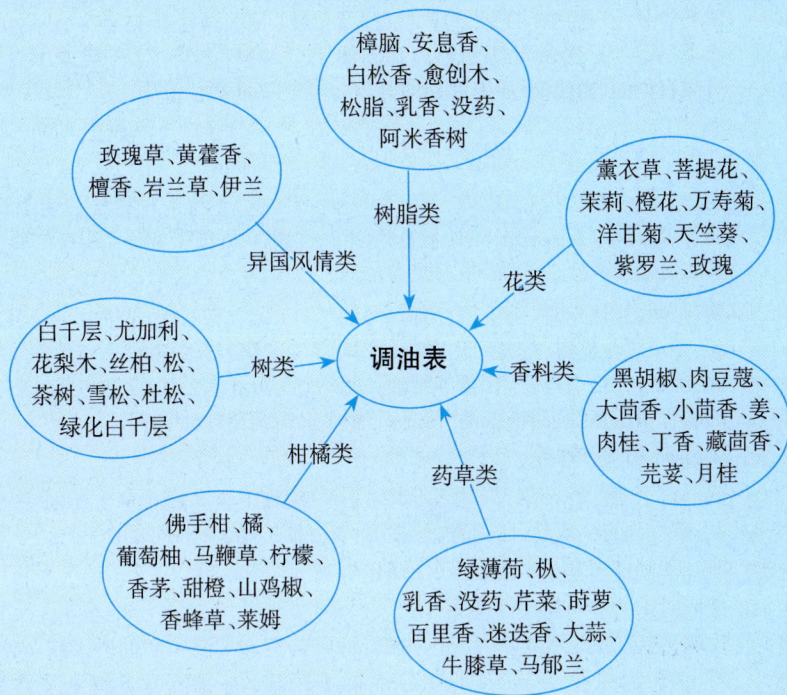

树脂类
樟脑、安息香、白松香、愈创木、松脂、乳香、没药、阿米香树

异国风情类
玫瑰草、黄藿香、檀香、岩兰草、伊兰

花类
薰衣草、菩提花、茉莉、橙花、万寿菊、洋甘菊、天竺葵、紫罗兰、玫瑰

树类
白千层、尤加利、花梨木、丝柏、松、茶树、雪松、杜松、绿化白千层

调油表

香料类
黑胡椒、肉豆蔻、大茴香、小茴香、姜、肉桂、丁香、藏茴香、芫荽、月桂

柑橘类
佛手柑、橘、葡萄柚、马鞭草、柠檬、香茅、甜橙、山鸡椒、香蜂草、莱姆

药草类
绿薄荷、枞、乳香、没药、芹菜、莳萝、百里香、迷迭香、大蒜、牛膝草、马郁兰

4. 在调配精油时,既要考虑对方的年龄,又要视对方的身体状况、心理状况以及对香气的喜好,作出精油的搭配和使用方法上的建议。针对情绪方面的问题,低浓度较合适;针对生理方面的问题,一般较高浓度效果较佳。

5. 调配精油时须在空气流通的房间进行,以免气味过强引起身体不适。

6. 调配时使用的容器可选用玻璃、陶瓷或不锈钢等不易被腐蚀的材质,避免用塑胶容器。容器要清洁、干燥,不得掺有任何杂质及水分,以免破坏精油品质。

7. 储存须选用琥珀色或深色的玻璃瓶,避光、常温、密封保存。

8. 一次调配的用量,以当次足够使用为原则,最多不超过6个月的量,避免久放影响精油品质。

二、不同皮肤状况的精油应用

见表 4-2。

表 4-2　不同皮肤状况的精油应用

皮肤状况	适用精油	推荐配方
缺水	罗马洋甘菊、德国洋甘菊、胡萝卜籽、薰衣草、天竺葵、芳樟叶等精油。基础油有甜杏仁油、橄榄油、小麦胚芽油等	(1) 德国洋甘菊 15 滴 + 檀香 10 滴 + 芳樟叶 5 滴，混合后取 1~3 滴，加入 5ml 橄榄油中 (2) 檀香 1 滴 + 玫瑰草 1 滴 + 玫瑰纯露 100ml
干裂	胡萝卜籽、檀香、橙花、玫瑰、天竺葵、迷迭香、罗马洋甘菊、德国洋甘菊等精油。基础油有霍霍芭油、鳄梨油、月见草油等	天竺葵 2 滴 + 罗马洋甘菊 2 滴 + 柠檬 1 滴 + 薰衣草 1 滴 + 甜杏仁油 10ml
油腻	茉莉、丝柏、迷迭香、佛手柑、薄荷、尤加利、薰衣草、茶树、柠檬、天竺葵、安息香、乳香、杜松、罗马洋甘菊等精油。基础油有霍霍芭油、甜杏仁油、月见草油、芝麻油、葡萄籽油等	(1) 薰衣草 1 滴 + 茶树 1 滴 + 薄荷 1 滴 + 葡萄籽油 10ml (2) 薰衣草 2 滴 + 茶树 3 滴 + 柠檬 1 滴 + 葡萄籽油 10ml
敏感	罗马洋甘菊、薰衣草、天竺葵、胡萝卜籽、檀香、橙花、玫瑰、甜茴香、丝柏等精油。基础油有葡萄籽油、霍霍芭油、甜杏仁油、月见草油等	玫瑰 1 滴 + 薰衣草 1 滴 + 罗马洋甘菊油 3 滴 + 葡萄籽油 20ml
皱纹	玫瑰、檀香、快乐鼠尾草、甜橙、柠檬、胡萝卜籽、天竺葵、罗马洋甘菊等精油。基础油有橄榄油、霍霍芭油、甜杏仁油、鳄梨油、月见草油等	苦橙花 8 滴 + 甜茴香 5 滴 + 德国洋甘菊 3 滴 + 薰衣草 5 滴 + 天竺葵 8 滴 + 胡萝卜籽 1 滴，混合后取 2~3 滴，加在 5ml 甜杏仁油中
痤疮	薰衣草、柠檬、茶树、尤加利、肉桂、檀香、快乐鼠尾草、广藿香、苦橙叶、丝柏、罗勒、玫瑰草、百里香等精油。基础油有霍霍芭油、甜杏仁油、月见草油、芝麻油等	(1) 肉桂 2 滴 + 檀香 1 滴 + 茶树 2 滴 + 霍霍芭油 10ml (2) 依兰 1 滴 + 快乐鼠尾草 2 滴 + 薰衣草 2 滴 + 霍霍芭油 10ml
色斑	玫瑰、甜橙、橙花、快乐鼠尾草、佛手柑、柠檬、葡萄柚、茉莉、薰衣草等精油。基础油有小麦胚芽油、玫瑰果油、霍霍芭油、甜杏仁油、鳄梨油、月见草油等	(1) 柠檬 3 滴 + 快乐鼠尾草 1 滴 + 玫瑰 1 滴 + 小麦胚芽油 10ml (2) 柠檬 3 滴 + 快乐鼠尾草 1 滴 + 橙花 1 滴 + 小麦胚芽油 10ml
微血管病变皮肤	丝柏、天竺葵、玫瑰、德国洋甘菊、西芹籽、胡萝卜籽、牛膝草等精油。基础油有甜杏仁油	(1) 奥图玫瑰 20 滴 + 欧芹籽 5 滴 + 天竺葵 10 滴 + 丝柏 5 滴，混合后取 2~3 滴，加入 15ml 甜杏仁油中 (2) 天竺葵 1 滴 + 罗马洋甘菊 1 滴 + 橙花 1 滴 +5ml 橄榄油 +20ml 杏核油
黯淡无活力	罗马洋甘菊、佛手柑、柠檬、胡萝卜籽、紫罗兰叶、甜茴香、丝柏等精油。基础油有甜杏仁油、玫瑰果油、澳洲坚果油	(1) 罗马洋甘菊 1 滴 + 玫瑰 3 滴 + 薰衣草 1 滴 + 柠檬 1 滴 + 甜杏仁油 10ml (2) 罗马洋甘菊 1 滴 + 胡萝卜籽 2 滴 + 玫瑰果油 5ml

三、身体调护的精油应用

见表4-3。

表4-3　身体调护的精油应用

调护类型	适用精油	推荐配方
缓解疲劳	柠檬、快乐鼠尾草、薰衣草、迷迭香、橙花、依兰	(1) 按摩：快乐鼠尾草2滴＋薰衣草5滴＋依兰3滴＋甜杏仁油10ml＋杏桃仁油10ml (2) 泡澡：快乐鼠尾草2滴＋依兰2滴＋薰衣草4滴 (3) 熏香：①柠檬3滴＋橙花3滴＋迷迭香2滴；②快乐鼠尾草2滴＋依兰2滴＋薰衣草4滴
缓解肌肉酸痛	欧薄荷、迷迭香、薰衣草、尤加利、花椒、香茅、甜杏仁油	尤加利2滴＋马郁兰2滴＋薰衣草或罗马甘菊1滴＋葡萄籽油或甜杏仁油10ml
减肥塑身	柠檬、葡萄柚、迷迭香、肉桂、杜松等	(1) 肉桂4滴＋丝柏6滴＋葡萄柚10滴＋杜松10滴＋甜杏仁油30ml (2) 柠檬10滴＋葡萄柚10滴＋迷迭香10滴＋甜杏仁油30ml
健胸	迷迭香、玫瑰、百里香、天竺葵、茴香、柠檬、依兰	(1) 丰胸：玫瑰2滴＋甜茴香2滴＋天竺葵2滴＋10ml甜杏仁油 (2) 紧实：玫瑰2滴＋天竺葵4滴＋甘菊2滴＋10ml甜杏仁油
促进血液循环	杜松子、佛手柑、薰衣草、柠檬、葡萄柚、澳洲胡桃油、葡萄籽油等	足浴：丝柏5滴＋姜或茶树或尤加利3滴
改善消化系统	欧薄荷、茴香、姜、丁香、肉豆蔻、马乔莲、甜杏仁油、马郁兰、甜橙等	马郁兰3滴＋甜橙2滴＋甜杏仁油10ml
缓解背痛	姜、迷迭香、薰衣草、罗马洋甘菊、鼠尾草、永久花、薄荷、罗勒	(1) 迷迭香3滴＋马郁兰3滴＋鼠尾草3滴＋甜杏仁油10ml (2) 薰衣草3滴＋澳洲尤加利3滴＋姜3滴＋甜杏仁油10ml (3) 欧薄荷3滴＋迷迭香3滴＋罗勒3滴＋甜杏仁油10ml

四、情绪调护的精油应用

见表4-4。

表4-4 情绪调护的精油应用

调护类型	适用精油	推荐配方
缓解压力	快乐鼠尾草、薰衣草、橙花、佛手柑、安息香、玫瑰、马依兰、檀香、香橙、罗马洋甘菊、葡萄柚、郁兰、罗勒、玫瑰草、马丁香、红柑、天竺葵、马郁兰、香蜂草、岩兰草、胡萝卜籽、百里香	(1) 按摩：香橙4滴+薰衣草4滴+依兰2滴+甜杏仁油10ml+葡萄籽油10ml (2) 泡澡：薰衣草3滴+香橙2滴+马郁兰3滴 (3) 熏香：薰衣草4滴+橙花2滴+葡萄柚2滴
消除失眠	薰衣草、檀香、香橙、橙花、罗马洋甘菊、马郁兰	(1) 熏香：薰衣草3滴+檀香2滴+香橙3滴 (2) 涂抹脸：香橙1滴+马郁兰1滴+橙花3滴+霍霍芭油10ml
缓解烦闷不安	薰衣草、薄荷、快乐鼠尾草、佛手柑、罗勒、肉桂、柠檬香茅、檀香	(1) 按摩：佛手柑3滴+快乐鼠尾草3滴+薰衣草4滴+甜杏仁油16ml+小麦胚芽油4ml (2) 泡澡：甜橙3滴+快乐鼠尾草2滴+薰衣草3滴 (3) 熏香：①薄荷3滴+罗勒2滴+佛手柑3滴；②薰衣草3滴+快乐鼠尾草3滴+佛手柑2滴
缓解焦躁	薰衣草、柠檬、檀香、天竺葵、花梨木、岩兰草	(1) 熏香：薰衣草3滴+檀香2滴+天竺葵3滴 (2) 空间喷雾：天竺葵10滴+薰衣草10滴+柠檬10滴+纯水100ml (3) 泡澡：薰衣草3滴+柠檬2滴+天竺葵3滴 (4) 按摩：薰衣草5滴+檀香5滴+小麦胚芽油4ml+葡萄籽油16ml (5) 涂抹太阳穴：薰衣草2滴+檀香1滴+天竺葵2滴+霍霍芭油10ml
缓解心智疲劳或筋疲力竭	快乐鼠尾草、薰衣草、迷迭香、葡萄柚、薄荷、马郁兰、丝柏、姜、柠檬、乳香、佛手柑	熏香：①姜14滴+黑胡椒15滴+罗勒1滴；②迷迭香15滴+黑胡椒10滴+薄荷5滴；③蓝胶尤加利15滴+迷迭香10滴+葡萄柚5滴
排遣悲伤	丝柏、罗马洋甘菊、永久花、乳香、佛手柑、玫瑰、肉豆蔻	熏香：丝柏5滴+永久花5滴+乳香10滴+佛手柑5滴
慰藉寂寞和孤独	佛手柑、橙花、安息香、永久花、茉莉、乳香、罗马洋甘菊	熏香：①安息香10滴+永久花5滴+佛手柑10滴+罗马洋甘菊5滴；②橙花10滴+橙5滴+大马士革玫瑰10滴
减轻自卑感	乳香、檀香、橙花、杜松、罗马洋甘菊、天竺葵	熏香：①杜松10滴+雪松10滴+乳香5滴+天竺葵5滴；②丁香5滴+檀香15滴+罗马洋甘菊5滴+野洋甘菊5滴

(李春雨)

第五节　淋巴引流按摩

淋巴引流按摩又称淋巴排毒引流法,是按照身体淋巴循环的方向施以特殊手法,以促进淋巴循环,加速代谢废物排出,增进细胞活力的方法。本法通常配合精油进行操作。一般来说,淋巴引流手法不能和按摩术混为一谈,它必须顺着淋巴的流向慢慢推压,其要领是必须正确地找到淋巴管和淋巴结的位置、明确淋巴循环的方向。

一、淋巴循环的途径

淋巴来自于毛细血管渗出的组织液,在毛细淋巴管形成后流入淋巴管网,再汇合成淋巴管。按淋巴管所在部位,可分为深、浅淋巴管。浅淋巴管收集皮肤和皮下组织的淋巴;深淋巴管与深部血管伴行,收集肌肉、内脏等处的淋巴。全身淋巴管最后汇合成两条大干,即左侧的胸导管和右侧的右淋巴导管。胸导管由左颈淋巴干、左锁骨下淋巴干、左支气管纵隔淋巴干、左右腰淋巴干和肠区淋巴干汇成,收集左上半身和下半身的淋巴。右淋巴导管由右颈淋巴干、右锁骨下淋巴干和右支气管纵隔淋巴干汇成,收集右上半身的淋巴。两条大干分别进入左、右锁骨下静脉,加入血液循环。因此,淋巴系统是组织液向血液循环回流的一个重要辅助系统。淋巴流动的方向随人体的部位不同,流动方向也不同,但最后都是向心流动。淋巴循环的一个重要特点是单向流动而不形成真正的循环。

在淋巴管的行程上有无数个大小不一的淋巴结,在人体的颈部、颌下、锁骨上窝、腋窝、腹股沟、腘窝、肘等处分布较多,也最易摸到(图 4-1)。其中以位于颈部、腋窝及腹股沟的淋巴结数目最多。淋巴结的主要功能是过滤淋巴,清除代谢废物和毒素,是淋巴引流时的枢纽站。

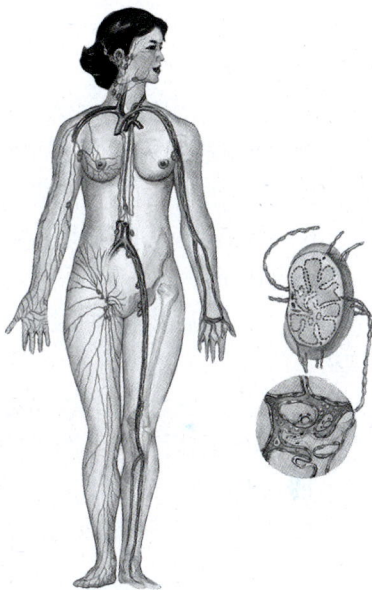

图 4-1　淋巴循环图

二、淋巴引流按摩的原理及作用

1. 原理　淋巴系统属于人体的净化系统,是身体重要的防御装置。在淋巴组织里流动的淋巴可以携带供给细胞的养分,并将代谢废物带走,运输到淋巴结,淋巴结再将携带的毒素和废物过滤掉。这是一个单向运输系统。

淋巴以每分钟 1~2ml 的平均流速运行,若淋巴管道被血液的残余物或毒素阻塞,循环速度就会减慢,清除废物的能力也会变弱,即使在没有疾病的状态下,人也会感到疲劳酸痛,甚至出现浮肿、皮肤暗沉、皱纹等症状,在外界压力影响下就更明显。

淋巴的循环动力来自:①淋巴管管壁的平滑肌收缩;②新生淋巴的推动力;③呼吸肌与骨骼肌的压缩作用,这使得普遍缺乏运动的现代人更易出现上述症状。淋巴引流按摩则依据这些原理促进淋巴循环,帮助淋巴流向淋巴结,并结合精油的高渗透治疗效果,缓解并消除这些症状。

淋巴引流按摩主要是利用手的滑动帮助淋巴循环。淋巴流向淋巴结时,体内的毒素、废物就被淋巴携带输送进入淋巴管(因其单向走行的特点,不宜使用打圈等可导致回流的手法),最终分区进入淋巴结过滤净化。如面部淋巴可排至耳前、耳后、颈、下颌下及锁骨淋巴结等;四肢、躯干部淋巴排至滑车、腋下、腘窝和腹股沟淋巴结。

2. 作用　淋巴引流按摩手法结合精油高渗透的疗效,可加快淋巴循环、加速新陈代谢、排出体内代谢产物、提高机体抗病能力、调节身心,达到强身健体、延缓衰老的作用。

三、淋巴引流按摩的禁忌

1. 肝功能异常者忌做。

2. 癌症、高血压、心脏病、淋巴结发炎、肿大、感冒、发热、身体有炎症及其他感染症状者忌做。

3. 静脉炎、湿疹、发炎部位忌做。

4. 淋巴结被取掉的人群也不适合做。

5. 精神错乱、癫痫等患者,需得到医生的许可。

6. 女性在生理期、孕期或哺乳期要慎做。

7. 引流时,美容师和顾客都不可佩戴金属首饰。

8. 引流前后美容师、顾客各喝 1 杯花茶或者牛奶、纯净水,不要喝含化学成分的饮料。

9. 引流前忌暴饮暴食,排毒后建议顾客去小便。

10. 引流前后 12 小时不宜饮酒或服药;养护完 6 小时内不可冲凉,不宜马上化妆。

11. 热水浴后需休息 15~30 分钟,再做引流。

12. 剧烈运动后、饥饿状态、极度疲劳或虚弱时不宜做。

四、淋巴引流的操作程序

1. 清洁　顾客先用温水沐浴清洁身体,或美容师为顾客清洁局部。

2. 准备工作　准备好用品、用具。

3. 调配精油　根据顾客的皮肤和身体状况调配。

4. 让顾客喝 1 杯花茶(或牛奶、纯净水),仰面躺下,充分暴露护理部位,其他部位则以毛巾盖好。

5. 进行淋巴引流按摩。

6. 结束工作　操作完毕,平躺 5~10 分钟后,扶顾客起身,递上 1 杯花茶(或牛奶、纯净水),嘱其当天多喝水。

五、淋巴引流按摩的技巧

(一) 淋巴引流按摩前,必须熟知淋巴的流向及淋巴结的位置(图4-2)

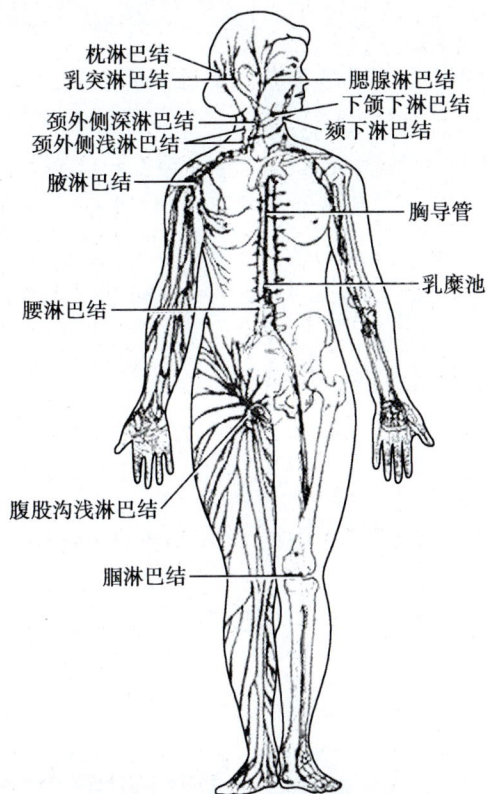

枕淋巴结
乳突淋巴结
颈外侧深淋巴结
颈外侧浅淋巴结
腮腺淋巴结
下颌下淋巴结
颏下淋巴结
腋淋巴结
胸导管
乳糜池
腰淋巴结
腹股沟浅淋巴结
腘淋巴结

图4-2　全身主要的淋巴结

(二) 操作要领

1. 顺着淋巴循环方向,将淋巴推至淋巴结附近后,手放开,避免直接作用在淋巴结上。

2. 朝单一方向进行,不可反复。

3. 动作频率要慢(每次约3秒)且一致,使符合淋巴管的正常收缩频率。

4. 操作力度要适中。皮肤内即有浅层淋巴管分布。与血液循环不同,淋巴依赖肢体牵动所产生的肌肉压力前进。引流手法是一种轻抚、有流动感的方式,操作时手要紧贴皮肤,要有下沉的感觉,即向淋巴结方向加压。概括起来即"轻、柔、沉、慢、贴"。

(三) 操作顺序

操作顺序为面部、下肢背面、腰背部、下肢前部、上肢部、胸腹部。整套淋巴引流按摩所需护理时间约为1小时,建议每2周做1次。

六、全身淋巴引流按摩手法

(一) 面部淋巴引流手法

1. 展油　顾客仰卧,美容师取精油倒入手心温热后,在面部展油。

2. 分推前额至太阳穴　美容师用双手拇指指腹自前额正中线推至两侧太阳穴。反复5~8次。（图4-3）

3. 分抹面颊至耳前　双手示指、中指、环指指腹自鼻侧经面拉抹至耳前。反复5~8次。（图4-4）

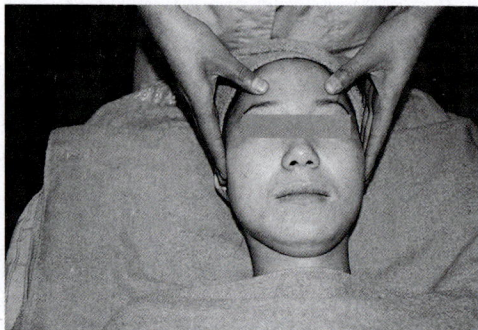

图 4-3　分推前额至太阳穴

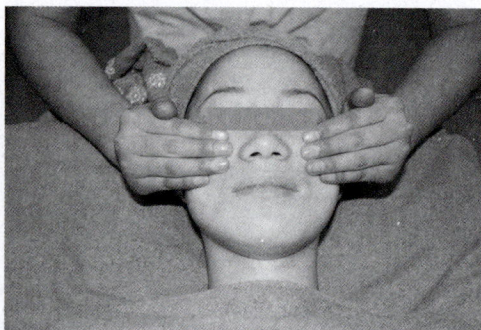

图 4-4　分抹面颊至耳前

4. 分抹下颌至耳前　双手示指、中指、环指指腹自下颌提抹至耳前。反复5~8次。（图4-5）

5. 直推风池至缺盆　美容师用一手大鱼际直推风池至缺盆，反复5~8次。做完一侧，再做另一侧。（图4-6）

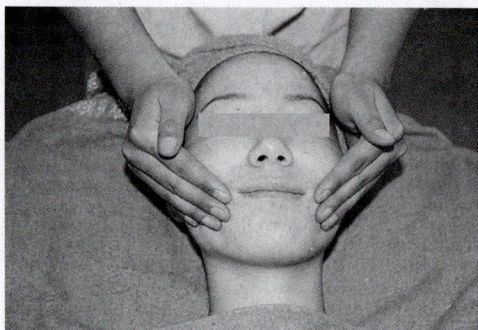

图 4-5　分抹下颌至耳前

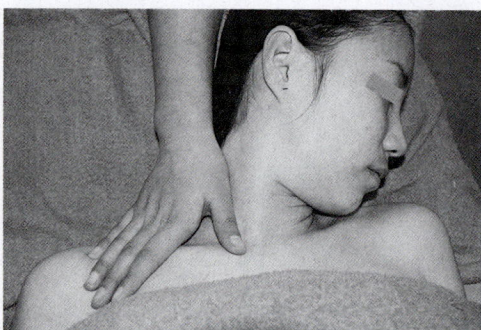

图 4-6　直推风池至缺盆

（二）下肢背面淋巴引流手法

1. 展油　顾客俯卧，美容师取精油，在下肢后侧，双手横位从足跟往臀部均匀涂抹。（图4-7）

2. 直推小腿部　美容师单掌握小腿自足跟向上推至腘窝，双手交替，反复5~8次。（图4-8）

3. 直推大腿部　美容师单掌握腿自腘窝向上推至承扶穴处，再由腘窝外侧向上推至环跳穴处，双手交替，反复5~8次。（图4-9）

4. 双拇指上推　双手拇指相对从足跟向上推至臀部，反复5~8次。（图4-10）

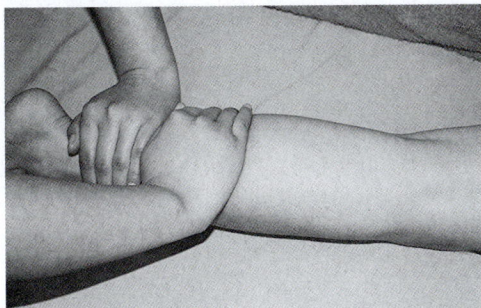

图 4-7 下肢背面展油

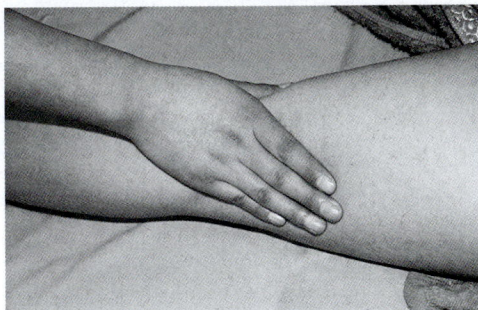

图 4-8 直推小腿部

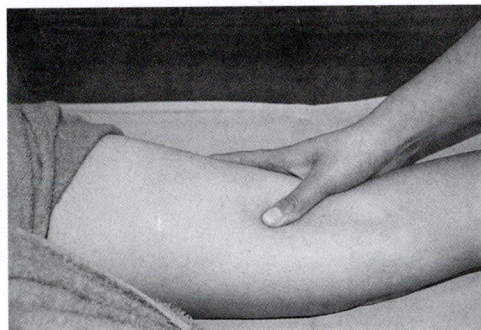

图 4-9 直推大腿部

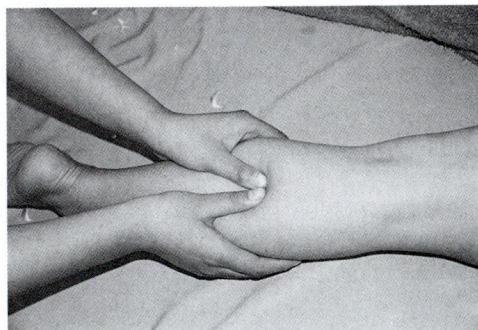

图 4-10 双拇指上推

5. 双手掌上推 两手掌抱腿自足跟向上推至大腿根部,反复 5~8 次。(图 4-11)

6. 五指交叉上推 双手五指交叉用掌心、掌根从小腿推至大腿根部,反复 5~8 次。(图 4-12)

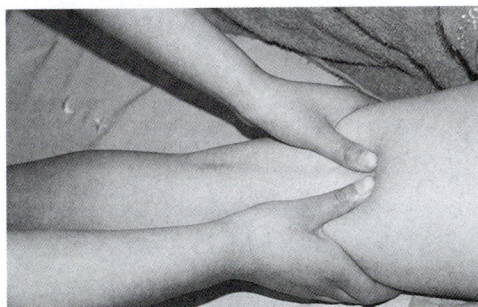

图 4-11 双手掌上推

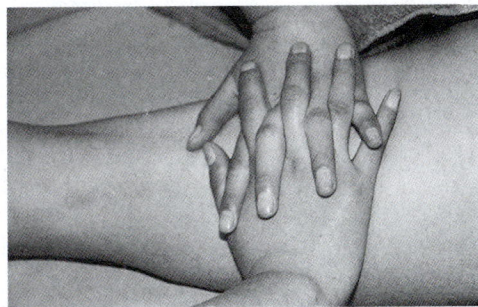

图 4-12 五指交叉上推

(三) 腰背部淋巴引流手法

1. 展油 顾客俯卧,美容师取精油,双手从腰骶部推至颈椎,再从腰背两侧沿腋中线滑回腰骶部,2~3 遍,在背腰部均匀涂抹。(图 4-13)

2. 分推背部 双手掌根自脊柱两侧由下而上分推腰背部,从尾骨到肩部,反复 5~8 次。(图 4-14)

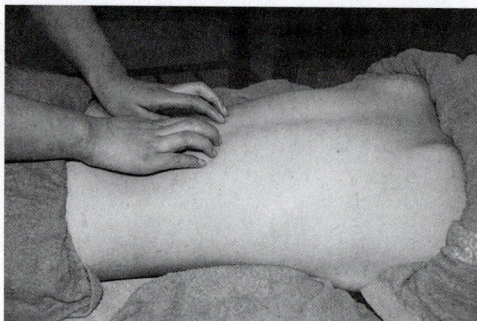

图 4-13　腰背部展油

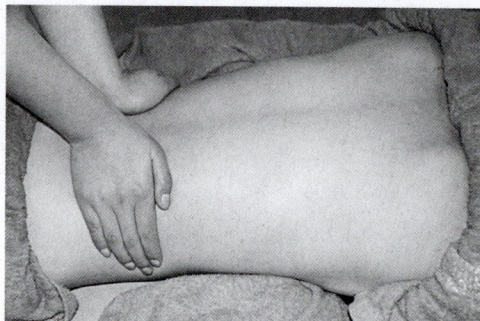

图 4-14　分推背部

3. 提抹背部　双手示指、中指、环指指腹交替自 12 肋端向斜上方提抹至腋中线，反复 5~8 次。做完一侧再做另一侧。(图 4-15)

4. 横推腰部　双手掌自腰椎两侧交替横推至腋中线，反复 5~8 次。做完一侧再做另一侧。(图 4-16)

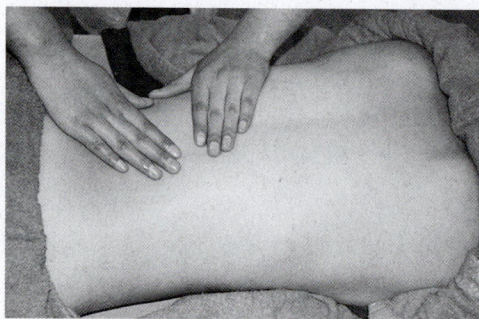

图 4-15　提抹背部

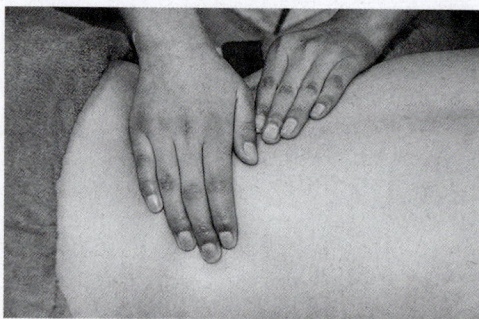

图 4-16　横推腰部

5. 提抹臀部　用双手示指、中指、环指指腹交替自臀横纹向斜上方提抹，反复 5~8 次。做完一侧再做另一侧。(图 4-17)

6. 安抚动作　双手掌于脊柱两侧轻轻安抚背腰部 1~2 分钟。(图 4-18)

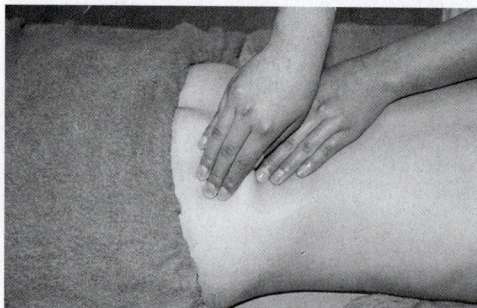

图 4-17　提抹臀部

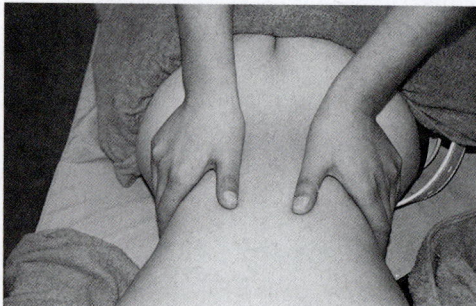

图 4-18　安抚动作

（四）下肢前侧淋巴引流手法

1. 展油　顾客仰卧,美容师站于一侧,取精油,双手横位从足背往腹股沟均匀涂抹。(图4-19)

2. 直推下肢前侧　一手扶住顾客足趾,另一手掌握脚自足背向上推至膝关节,然后自膝关节推至髂前上棘。(图4-20)

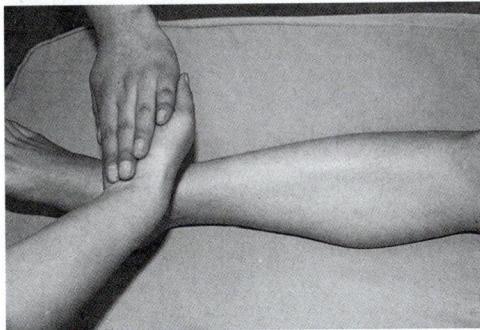

图4-19　下肢前侧展油

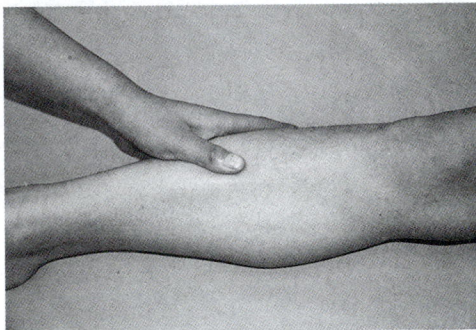

图4-20　直推下肢前侧

3. 直推下肢外侧　一手扶住顾客足趾,另一手全掌握脚自外踝向上推至大腿外侧,反复5~8次。(图4-21)

4. 推抹下肢内侧　双手自踝关节交替向上推抹至腹股沟,反复5~8次。(图4-22)

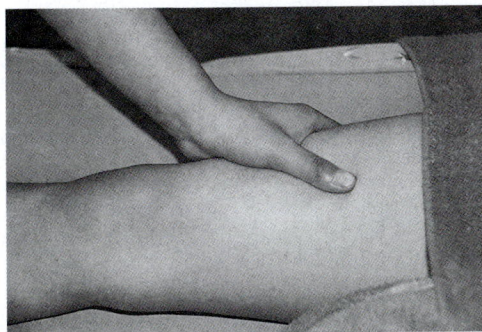

图4-21　直推下肢外侧

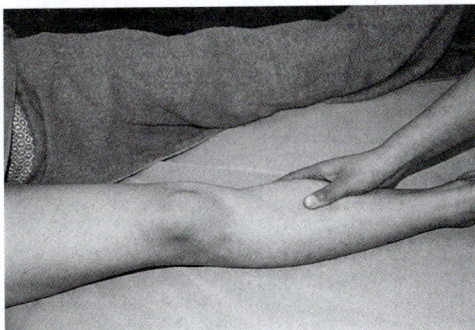

图4-22　推抹下肢内侧

5. 提抚大腿外侧　双手交替自大腿外侧提抹至腹股沟,反复5~8次。(图4-23)

6. 抚摩下肢前侧　用双手竖位同时自踝关节安抚到膝关节,再自膝关节抚摩至大腿,反复5~8次。(图4-24)

7. 结束动作　以上操作,做完一侧下肢,再做另一侧。

（五）上肢部淋巴引流手法

1. 展油　顾客仰卧,美容师站于一侧,取精油,在上肢展油。(图4-25)

2. 直推上肢　美容师一手托住顾客手背,一手握顾客手臂,自腕关节向上推至肘关节,再由肘关节向上推至腋窝前。反复5~8次,推完外侧推内侧。(图4-26)

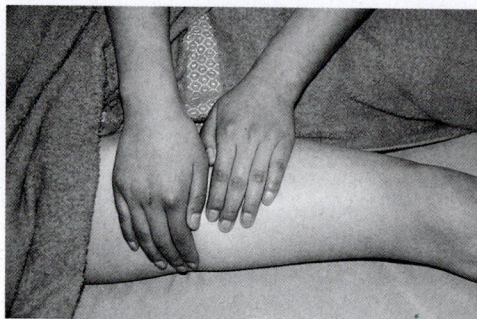

图 4-23　提抚大腿外侧

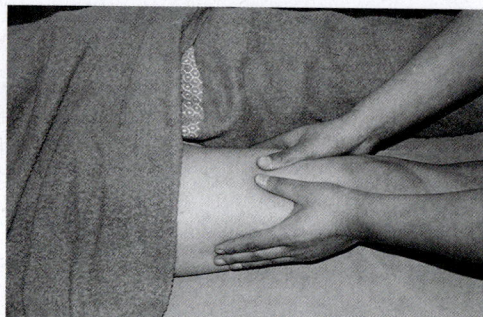

图 4-24　抚摩下肢前侧

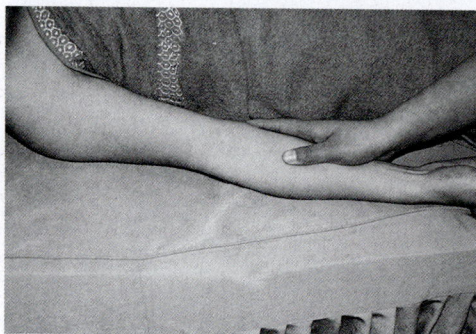

图 4-25　上肢部展油

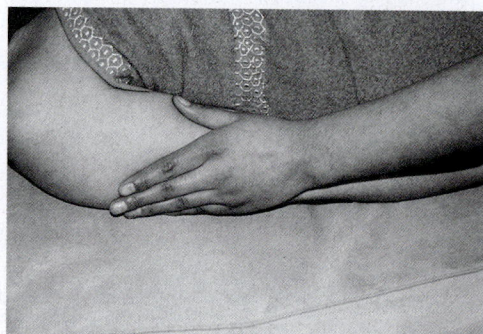

图 4-26　直推上肢

3. 拿揉上肢前侧　美容师一手握住顾客四指,一手自其腕部向上拿揉至肩部,反复 5~8 次。(图 4-27)

4. 推抹肩内侧　美容师双手示指、中指、环指指腹交叉自肩峰部位推抹至腋窝前。反复 5~8 次。做完一侧,再做另一侧。(图 4-28)

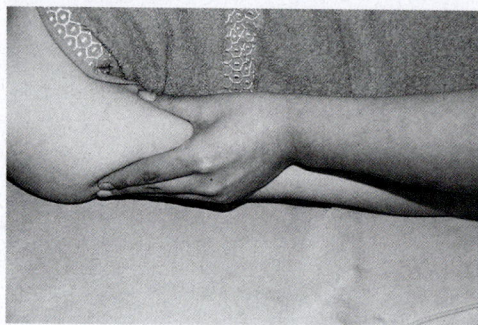

图 4-27　拿揉上肢前侧

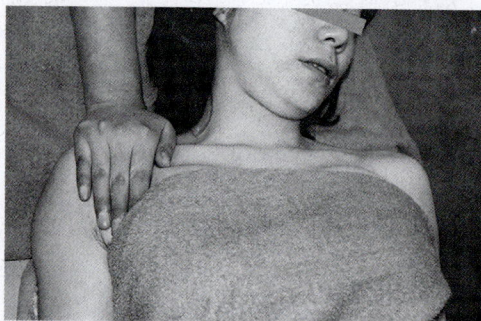

图 4-28　推抹肩内侧

(六)腹部淋巴引流手法

1. 分推上腹部　双手拇指同时自上脘穴处分推至天枢穴处,再由天枢穴合推至中极处,反复 5~8 次。(图 4-29)

2. 轻摩腹部　以双手四指指腹顺时针交替打半圈轻摩腹部 5~8 次。(图 4-30)

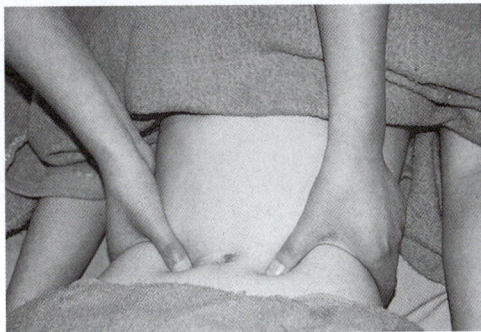

图 4-29　分推上腹部

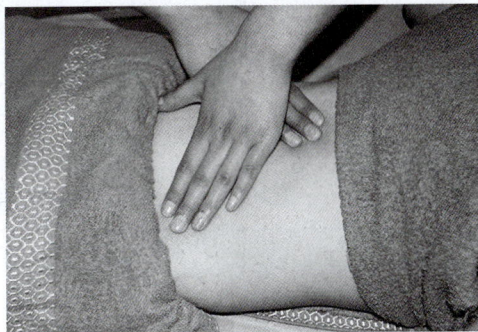

图 4-30　轻摩腹部

（七）胸部淋巴引流手法

1. 展油　顾客仰卧，美容师立于头后，取精油，双手竖位，于锁骨内侧端下方沿乳房内侧向下推至胸口，双手指分别向左向右绕两乳旋转 90°抹至两乳外侧，向内上用力提托双乳，至两锁骨外端，5~8 遍，在胸部均匀涂抹。（图 4-31）

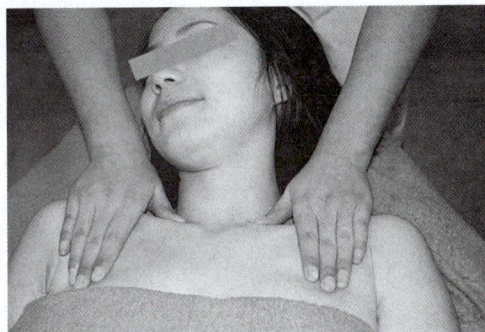

图 4-31　胸部展油

2. 推抹胸部至腋前　用双手示指、中指、环指指腹自胸前正中线，自上而下推抹至腋窝前，反复 5~8 次，做完一侧做另一侧。（图 4-32）

3. 推抹乳根至腋前　双手示指、中指、环指指腹面交替自乳根穴处推抹至腋窝前，再由梁门穴处推抹至腋下，反复 5~8 次，做完一侧做另一侧。（图 4-33）

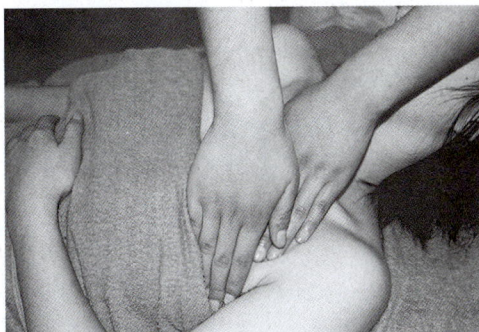

图 4-32　推抹胸部至腋前

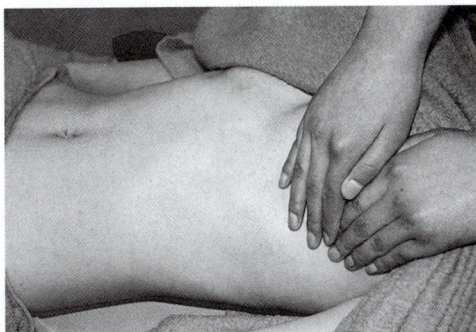

图 4-33　推抹乳根至腋前

附1　精油主要化学成分与功效

见表4-5。

表 4-5　精油主要化学成分与功效

主要成分	代表精油	心灵属性	生理属性	禁忌
单萜烯	柑橘类如佛手柑(90%)、茶树(50%)、苦橙叶(60%)	消除焦虑,强化精神,增进活力	似可的松,止痛、抗风湿、杀菌、消毒、刺激血液循环、调整血压、帮助消化,调节体液分泌	过量或长期使用会刺激皮肤和黏膜
酯	快乐鼠尾草(60%~80%)、薰衣草(50%)、佛手柑(35%)	镇定,明朗冷静,唤醒感受	助眠,抗痉挛,强力消炎	无
苯基酯	茉莉、安息香、依兰	抗沮丧,柔情似水,满足感官	护肤、护肝胆	无
单萜醇	玫瑰草(80%~95%)、玫瑰(60%)、天竺葵(60%)	温暖亲切,强化神经,振奋情绪	增强免疫功能、抗微生物,适用于对抗慢性病	无
倍半萜酮双酮三酮	松红梅(25%)、穗甘松(10%~20%)、大西洋雪松(5%~10%)	缓解忧郁,增强感应能力	促进伤口痊愈和皮肤再生、化痰	无
香豆素	佛手柑(36%)、零陵香豆(50%)	使人平静而愉悦,松弛紧绷的神经	镇定、强力抗痉挛,促进细胞再生,促进血液循环	具光敏性,其中佛手柑的光敏性最强,其次是柠檬、橘、葡萄柚
醛	山鸡椒(75%)、柠檬香茅(65%)	振奋精神,对心灵有较大的刺激作用	消炎、抗微生物、防腐、溶解结石、降压、滋补	无
芳香醛	香草、藏茴香	抗焦虑作用强	激励免疫功能,壮阳补肾,促进消化	无
氧化物(桉油醇)	蓝胶尤加利(70%)、香桃木(55%)、桉油醇迷迭香(50%)	消除恐惧,增进逻辑思维能力	化痰,促进循环,止痛,抗风湿	无
酚	丁香(75%~85%)、百里酚百里香、肉桂皮(80%)	使人乐观	增进免疫力、强力杀菌、止痛、升压	刺激皮肤和黏膜,过量或长期使用会刺激肝、肾
单萜酮	头状薰衣草(80%)、鼠尾草(35%~55%)、薄荷(20%)	舒缓神经,开阔心胸	促进皮肤与黏膜再生、伤口愈合、化痰	具有神经毒性。过量或长期使用会影响中枢神经
醚	龙艾(80%)、茴香(65%)	抗沮丧,平衡神经,治疗神经性失眠	抗痉挛,治疗胃肠痉挛	无

续表

主要成分	代表精油	心灵属性	生理属性	禁忌
倍半萜烯	岩兰草(90%)、没药(90%)、大西洋雪杜(80%)	增强自信,提高安全感,保护神经	抗组胺、止痒、消炎、安抚皮肤	无
倍半萜醇	檀香(90%)、胡萝卜籽(40%~55%)、松红梅(5%)	振奋情绪,平衡压力	促进皮肤再生、平衡免疫功能、平衡内分泌	无
酸	香胶、树脂	减轻压力	消炎、抗痉挛	无

附2　背　诊

人体背腰部分布着督脉和足太阳膀胱经。依据全息理论,背部有人体五脏六腑的反射区。背诊是目前市场上应用比较广泛的一种诊断方法,通过目测、指压等方法,根据穴位、反射区出现的肤色变化、结节、瘀点等现象,判断对应脏腑的问题,对身体调理起到一定的指导作用。

一、背诊常用的检查方法

背诊的检查方法主要有目测法、触压法等。

(一)目测法

目测法就是根据眼睛观察到的背部皮肤颜色、毛孔、平整度等情况的变化,来判断身体健康状况的方法。如背部肤色不均匀经常提示肝脏排毒功能下降;出现瘀点提示局部气血瘀滞;毛孔粗大提示体质偏于虚寒,湿气较重;局部隆起多为实证,下陷多为虚证等。

(二)触压法

触压法就是以指腹在皮肤的敏感区或反应点缓慢触、压,来检查局部或反射区状况的方法。一般的检查顺序是由上至下,由中间至两边。背部结节最为常见,多为条索状或扁圆状,常提示局部经络阻滞;局部酸痛为经络阻滞不通的现象;局部麻木多为经络失养、气血虚弱的表现。

二、背部诊断方法

目前常用的背部诊断方法有背部俞穴诊断法、背部分区诊断法。

(一)背部俞穴诊断法

1. 背俞穴分布(图4-34)

(1)肺俞:在背部,当第3胸椎棘突下,旁开1.5寸。

(2)心俞:在背部,当第5胸椎棘突下,旁开1.5寸。

(3)肝俞:在背部,当第9胸椎棘突下,旁开1.5寸。

(4)胆俞:在背部,当第10胸椎棘突下,旁开1.5寸。

(5)脾俞:在背部,当第11胸椎棘突下,旁开1.5寸。

(6)胃俞:在背部,当第12胸椎棘突下,旁开1.5寸。

(7)三焦俞:在腰部,当第1腰椎棘突下,旁开1.5寸。

(8)肾俞:在腰部,当第2腰椎棘突下,旁开1.5寸。

(9)大肠俞:在腰部,当第4腰椎棘突下,旁开1.5寸。

（10）小肠俞:在骶部,当骶正中嵴旁1.5寸,平第1骶后孔。

（11）膀胱俞:在骶部,当骶正中嵴旁1.5寸,平第2骶后孔。

2. 背俞穴的诊断

（1）肺俞:①局部皮肤隆起为胸中有热,可伴有气短、咳嗽等症状,一般在膻中穴也有反应,可结合观察;②有条索状结节并伴有压痛者,往往是痰饮咳嗽的症状;③背部长痘为肺风粉刺,多为体质燥热,有肺阴虚的表现。

（2）心俞:①若有棱状结节并伴有明显压痛,多为上肢内侧疼痛、红肿或伴有心悸怔忡、心慌等症状;②局部皮肤凹陷且压痛敏感者,常有心胸烦乱、恍惚健忘、纳呆等心神失养症状。

（3）肝俞:①局部皮肤隆起伴有压痛敏感者,多有失眠表现;②有条索状结节兼有明显压痛者,常见头晕、失眠、心烦的症状;③出现棱状结节,并伴有明显压痛者,常有胁肋胀痛、脘闷、腹胀、黄疸、纳呆等症状,或有下肢内侧红肿病变。

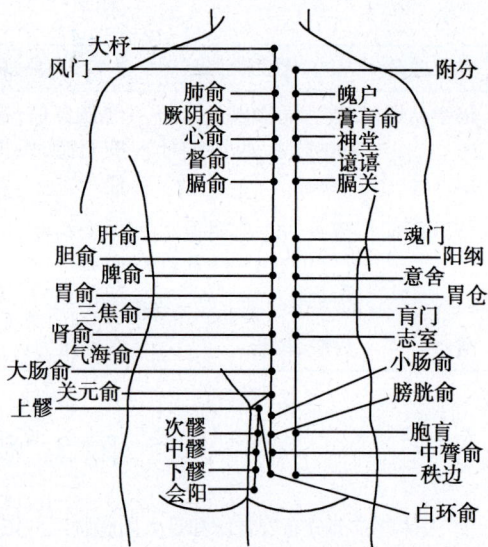

图 4-34　背俞穴

（4）胆俞:①发现棱状结节且有压痛敏感者,多有黄疸表现。②凡有条索状结节并伴压痛者,多有下肢外侧疼痛现象;若同时在命门穴伴有气泡样反应者,多有下肢麻木现象。

（5）脾俞:①局部皮肤凹陷,或按之绵软,以脾虚为主,多见面色萎黄、纳呆、便溏等症状;②有条索状结节,并有压痛者,患者常有头晕、失眠、乏力、健忘、烦躁、食欲不振、便溏、浮肿等症状;③若出现棱状结节伴有显著压痛者,有下肢内侧红肿、行走困难或踇趾运动不利的表现。

（6）胃俞:①有条索状结节并伴有疼痛者,常有胃痛和食欲不振等表现;②有棱状结节和明显压痛者,多有呕吐、胃痛、腹胀或髋关节外侧有红肿现象。

（7）三焦俞:①局部皮肤隆起,有条索状结节并伴压痛者,多有腰痛、带下、月经不调、小便混浊等症状;②有棱状结节并伴有压痛者,一般有耳鸣、头痛、腹胀满闷、吐逆的表现。

（8）肾俞:①有条索状结节,有压痛者,一般是肾阳虚,有阳痿、头晕、腰膝酸痛的表现;②局部皮肤隆起,有如卵圆形结节并伴有压痛者,是肾阴虚内热,多有耳鸣、头胀的表现。

（9）大肠俞:①有较硬的卵圆形结节,且压痛敏感者,有大便干结的表现;②有棱状结节并压痛者,大多有头痛、牙痛、腹痛、泄泻等表现。

（10）小肠俞:①有卵圆形结节质地较硬并压痛明显者,多有头晕、后枕部疼痛、后项拘挛的表现;②出现气泡样转动感,多有子宫下垂的症状。

（11）膀胱俞:①有柔软的椭圆形结节,多有遗尿表现;②有棱状结节并有压痛者,一般有小便频数、腰痛、小腹胀痛、白带等表现;③有细条状结节并伴有压痛者,多有下肢麻木或痹痛的表现。

（二）背部分区诊断法

1. 脑神经疾病相关诊疗区　从枕外隆凸的上缘到双侧乳突骨的上缘,所构成的弧形上项线两端,与 C_3 棘突下缘连接,形成的倒三角形,为脑神经疾病相关诊疗区。

该区域分布的传统穴位主要有风池、风府、哑门、天柱等。

颈椎上段软组织受损、小关节移位、寰枕筋膜挛缩、增生退变等,可刺激、牵拉、压迫颈部的椎动脉、枕神经、颈交感神经、窦椎神经,临床上出现头痛、头晕、后枕部疼痛、颈部僵硬、失眠多梦、眼眶疼痛、神经质、神经衰弱等症状。

此外,该区域常用于诊断和治疗脑血管后遗症、中风失语症和其他脑血管疾病。当刺激颈椎动脉和交感神经时,可出现耳鸣、重听、喉咙不舒服、吞咽不适等现象。

2. 颈交感神经疾病相关诊疗区　C_4 棘突上缘与 C_7 棘突下缘间,外至竖脊肌外缘线大约 5~6cm 做等边三角区,为颈交感神经疾病相关诊疗区,主要用于颈交感神经相关疾病和颈、肩、手臂和手部疾病(C_6、C_7 棘突间)的诊断和治疗。

该区域主要分布的传统穴位为大椎、夹脊、降压穴、降糖穴。

颈椎中下段为颈部活动度最大的部位,也是颈部较易受损的部位。当颈椎下段软组织损伤、小关节紊乱、增生退变时,粘连牵拉或刺激脊神经后支、颈交感神经、星状神经节、窦椎神经、心迷走神经,可引起广泛的交感神经功能失调的一系列症候群,如不安陈述综合征、慢性疲劳综合征、心神经症、精神神经紧张综合征、内分泌功能紊乱,表现为头晕、失眠、心悸、多梦、焦虑等。

3. 肺气管疾病相关诊疗区　从 C_7 棘突到 T_3 脊突,外至双侧竖脊肌外缘线大约 6cm 处两条横线的连线构成长方形区,为肺气管疾病相关诊疗区。传统医学认为,肺为华盖,居五脏六腑之首,主气司呼吸而朝百脉。其实肺的解剖位置确实居于内脏之上。

该区分布的传统穴位主要有夹脊、百劳、大椎、陶道、定喘、喘息、大杼、风门、肺俞、附分、魄户等。几千年来,传统医学一直沿该处腧穴治疗肺部疾病。

当颈椎下段、胸椎上段软组织损伤、小关节移位或增生退变时,可导致该区(脊神经后支与椎旁交感神经节受刺激)颈椎下段出现阳性病灶反应点,可出现胸闷、气喘、咳嗽、呼吸困难、过度换气等症候群。

4. 心脏疾病相关诊疗区　从 T_3 棘突到 T_6 棘突,到竖脊肌的横向线约为 6cm,形成的矩形区域,为心脏疾病相关诊疗区。

该区分布的传统穴位有夹脊、身柱、心俞、厥阴俞、督俞、神道、灵台、膏肓、神堂、谚语等。

当胸椎中上段软组织受损、小关节移位、增生退变时,可引起该区(脊神经后支与椎旁交感神经节受刺激)自主神经功能紊乱,如心慌胸闷、功能性心律失常、心烦易怒、胸闷等。

5. 消化系统疾病相关诊疗区　①从 T_6 棘突间至 T_9 棘突间,外至竖脊肌外缘线大约 6cm 两条横线的连线,为肝胆相关疾病诊疗区;②从 T_9 棘突间至 T_{12} 棘突间,外至竖脊肌外缘线大约 6cm 两条横线的连线,为脾胃疾病的相关诊疗区。

该区分布的传统穴位主要有膈俞、胰俞(胃脘下俞)、肝俞、胆俞、脾俞、胃俞、夹脊、至阳、筋缩、中枢、脊中、膈关、魂门、阳纲、意舍、胃仓。内脏解剖体位与体表反应阳性点相吻合,肝胆疾病反射在 T_6~T_{10} 横突右侧,胃及十二指肠疾病反射在 T_9~T_{12} 横突左侧附近,胰腺疾病反射在下胸部右侧偏下、呈带状、与胰体表投影区相吻合。

当胸椎下段软组织损伤、小关节紊乱、增生退变时,可致相应节段的脊神经(脊神经后支与椎旁交感神经节)、内脏神经、窦椎神经受刺激与牵拉,出现消化系统症状如上腹部胀痛、反酸嗳气、食欲不振、胃痛、恶心呕吐等。

6. 肾输尿管疾病相关诊疗区　自 T_{12} 棘突间至 L_3 棘突间,外至竖脊肌外缘线大约 6cm 两条横线的连线构成的长方形,为肾输尿管疾病相关诊疗区。该区大致与肾脏体表投影相吻合。

该区分布的传统穴位主要有三焦俞、肾俞、气海俞、悬枢、命门、下极俞、肓门、志室等。

当胸椎下段、腰椎上段出现软组织损伤、小关节移位、骨质增生时,刺激、牵拉脊神经、椎旁交感神经,可引起肾病相关区出现阳性结节压痛反应,出现肾输尿管牵扯痛、排尿异常、尿急尿频等症状。

7. 肠道疾病相关诊疗区　从 L_3 脊突到 L_5 脊突,竖脊肌的外缘约为 6cm,两条水平线相连,是肠道疾病相关诊疗区。

该区分布的传统穴位主要有气海、大肠俞、腰阳关等。

腰椎软组织损伤、下段损伤、小关节移位、退变增生等，可引起该区出现腹痛、腹泻、便秘、下腹部坠胀，甚至梗阻。该区为腰椎间盘突出多发部位，也为治疗腰痛、腰三横突综合征、腰肌劳损、腰椎椎管狭窄症等的重要部位，为水针刀治疗的重要部位。

8. 泌尿生殖系统疾病相关诊疗区　从 L_5 棘突下缘，由连接双侧髂关节线和尾端的线组成的倒三角形区域，为泌尿生殖系统疾病相关诊疗区。

该区分布的传统穴位有八髎、十七椎、关元俞、膀胱俞、小肠俞、腰俞、腰奇等。

腰骶部损伤、软组织损伤、骶髂小关节移位、增生退变等，可引起盆腔脏器的生殖系统疾病，如男性阳痿、性欲低下、腰骶部酸坠，女性痛经、闭经、功能性不孕症、盆腔炎，以及大小便障碍、肛门坠胀等症状。

臀部不保养的危害

课堂互动

哪些人应该做臀部保养？不注重保养臀部，会有怎样的后果？

（李春梅）

附3　经络疗法

随着国民经济和科学技术的日益发展，人们对健康的追求愈加执着，对美的观念和理解也愈加成熟。整体调理、自内养外的中医美容养生已经成为美容市场上的一枝奇葩。作为其特色之一的经络美容也在近些年愈加风靡。经络疗法就是经络美容中的一个项目。

一、经络疗法的原理

经络是人体内气血运行的通道，联系脏腑、沟通内外、营养全身，将脏腑、气血、肢节联成统一的整体。皮肤是经络之气散布和输注的地方，也是十二经脉功能活动反映于体表的部位。经络学说将体表划分为"十二皮部"。十二皮部是经络系统在体表的分布，居于人体最外层，是机体卫外的屏障，起着保卫机体、抗御病邪和反映病证的作用。经络疗法沿人体特定的经络穴位走向，运用特殊技法，刺激全身或局部经络穴位，使血脉循行畅通，从而达到活血化瘀、舒通经络、调整阴阳平衡的效果；同时，芳香精油的有效成分在按摩的热效应下可迅速渗入肌肤，被组织细胞吸收利用，加速代谢而起到排毒养颜、舒缓皱纹、行气消斑等美肤保健效果。

肝胆保健按摩

课堂互动

你知道肝胆保健按摩项目的操作吗？

二、经络疗法的适应证

1. 腰酸背痛、易疲劳、睡眠欠佳、精神压力大、免疫力差等亚健康状态。

2. 中医辨证属脏腑气血不和、经络不通、阴阳失调等机体失和状态。

3. 肤色黯哑、痤疮、斑、皮肤松弛、肥胖等美容问题。

三、经络疗法的实施

(一) 经络疗法精油

1. 常用精油 主要有迷迭香、天竺葵、丁香、广藿香、茴香、姜、杜松、雪松、尤加利、黑胡椒、檀香、快乐鼠尾草、马郁兰、橙花、肉豆蔻、柠檬、玫瑰、花梨木、乳香、没药等精油。此类精油可提高代谢、促进血液循环,有助于排出体内多余的水分和毒素,提高机体免疫力,增强抵抗力,增加皮肤光泽度,缓解紧张与压力状态等。

2. 足阳明胃经排毒精油的按摩配方举例

基础油:甜杏仁油 20ml。

单方精油:豆蔻(或生姜、甜茴香)2 滴,广藿香 6 滴,黑胡椒 2 滴。

(二) 经络疗法养护流程

1. 按摩前的准备

(1) 用品用具:大浴巾 1 条,需要使用的单方精油或调配好的复方精油。

(2) 铺盖浴巾:请顾客喝 1 杯花茶,然后先俯卧位,将大浴巾盖住其背臀部,美容被盖住其下半身。

2. 按照背部 - 下肢(俯卧位时推膀胱经和肾经;仰卧位时推肝经、胆经、脾经和胃经) - 腹部 - 胸部 - 上肢(手三阴、手三阳)和颈部的顺序依次推十二经络。约 2 小时。

3. 用大浴巾盖住顾客全身,请其平躺 5~10 分钟后,再喝 1 杯花茶,结束养护。

(三) 经络疗法手法

1. 顾客俯卧位时的手法

(1) 全身放松

1)"米"字按压,揉腰部:双手掌分别在顾客的左肩和右臀部、右肩和左臀部、大椎穴和腰骶部做反向按压,叠掌揉腰部。(图 4-35~ 图 4-37)

2)揉、压腿部:双手掌依次自下而上,同时揉、压腿部。(图 4-38)

3)擦热脚心:双手掌同时擦热顾客脚底,点涌泉。(图 4-39)

(2) 肩背部

1)展油:按摩油滴于双手掌心,相对抹匀,自肩部依次排比向下,展开至腰骶部→包臀→双手掌交叉(至左右侧面)拉回至肩部→包肩→沿斜方肌拉至风池(点按风池)。(图 4-40,图 4-41)

图 4-35 "米"字按压(1)

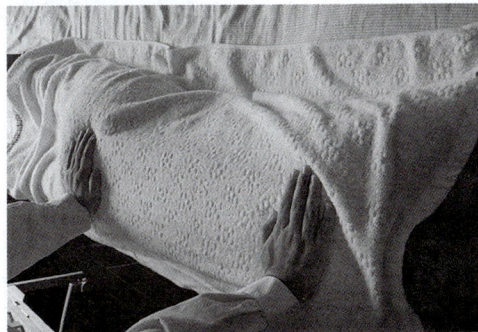

图 4-36 "米"字按压(2)

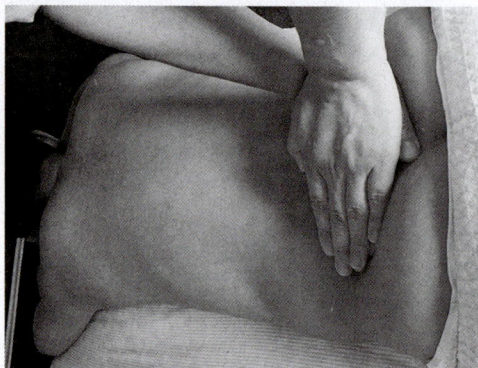

图 4-37 叠掌揉腰部

图 4-38 揉腿、压腿

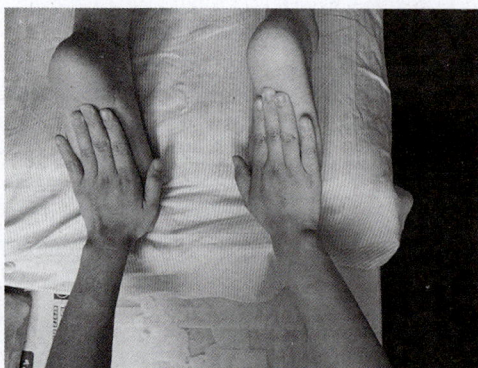

图 4-39 擦热脚心

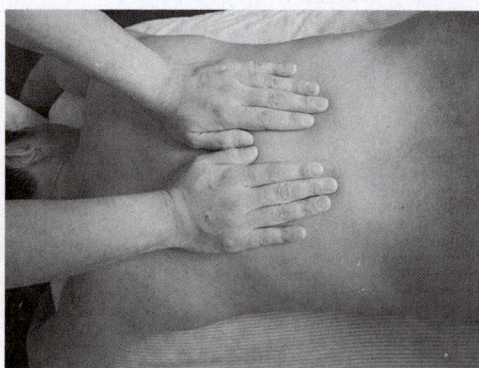

图 4-40 肩背部展油(1)

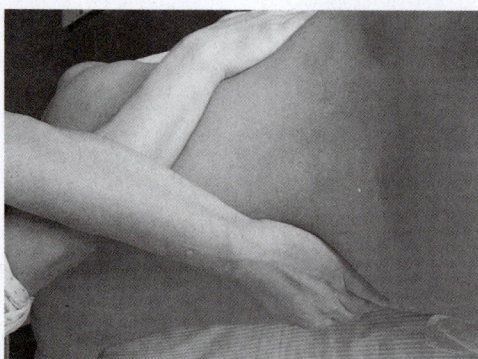

图 4-41 肩背部展油(2)

2)开穴:点哑门、风池、风府,推膀胱经内侧线至腰骶部,包臀,双手拇指重叠点命门。

3)安抚背部:四指推肩部斜方肌→叠掌推督脉至腰部(命门)→按揉腰部→包骨盆3次→点环跳→双手掌交替推左腰侧至正中脊柱,拨拉左侧斜方肌;换右侧。(图4-42~图4-45)

4)肩颈部:①空拳滑斜方肌——半握拳,用双手近端指间关节推、拉斜方肌(图4-46,图4-47);②推肩胛部——双手拇指交替推肩胛骨缝(先短推,再长推),然后双手叠掌包肩,排至腋下,先左侧后右侧(图4-48,图4-49);③"一"字、"八"字分推——双手四指自然放在肩部斜方肌下方,先用拇

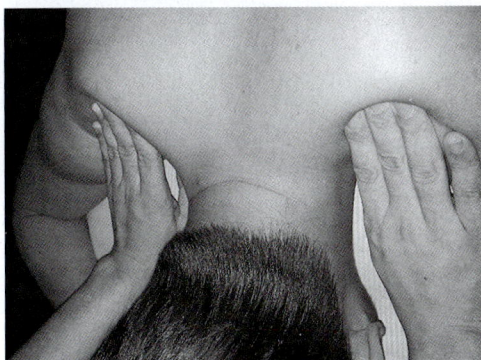

图 4-42　四指推肩部斜方肌

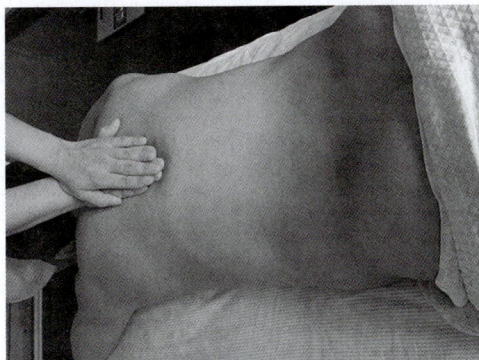

图 4-43　叠掌推督脉

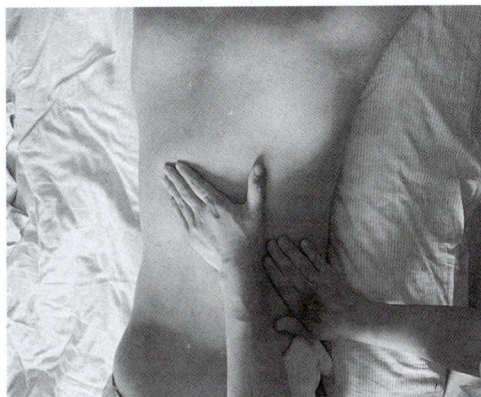

图 4-44　交替推腰侧

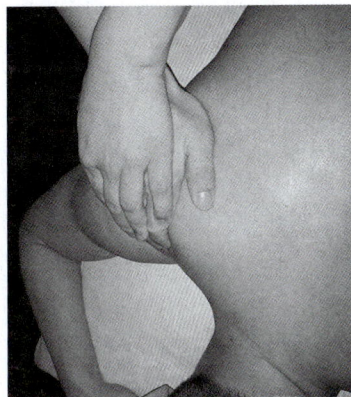

图 4-45　拉斜方肌

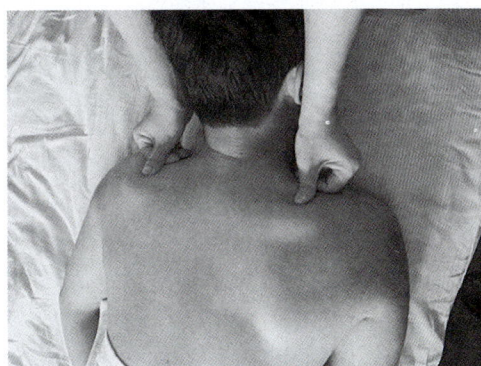

图 4-46　空拳滑斜方肌(1)

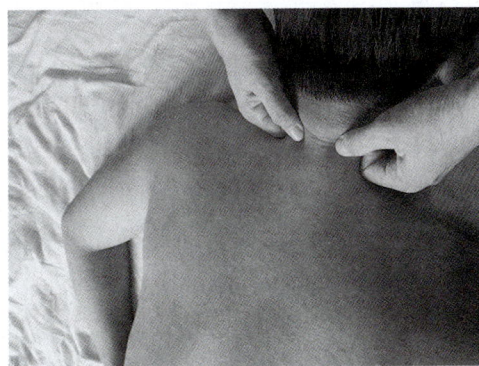

图 4-47　空拳滑斜方肌(2)

指自脊柱向两边横向分推,然后同时向斜下方拉抹(图4-50,图4-51);④安抚肩部——双手掌向内打圈,掌根推按肩部(图4-52)。

　　5)推膀胱经内侧线:①单推——双手拇指交替自上而下推,先左后右(图4-53);②双推——双手拇指同时推两条内侧线(图4-54)。

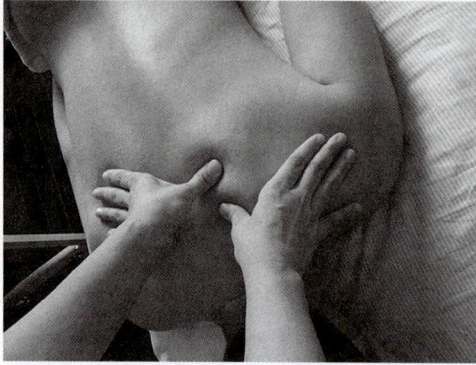

图 4-48 推肩胛部（短推）

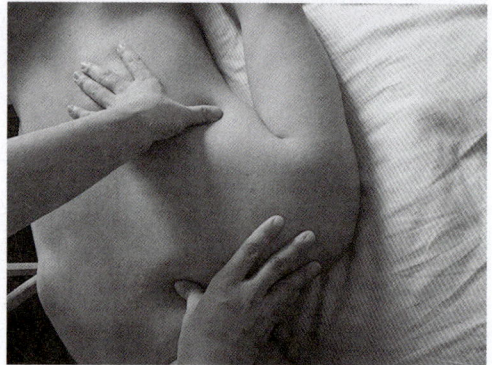

图 4-49 推肩胛部（长推）

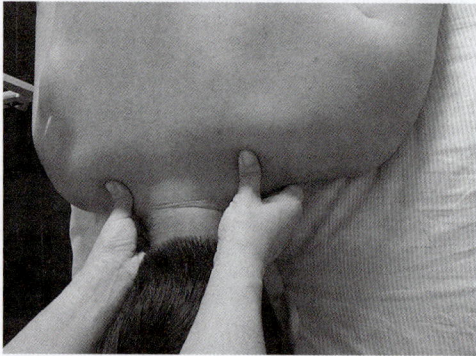

图 4-50 "一"字分推

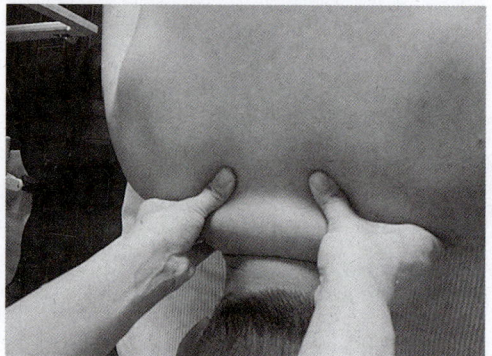

图 4-51 "八"字分推

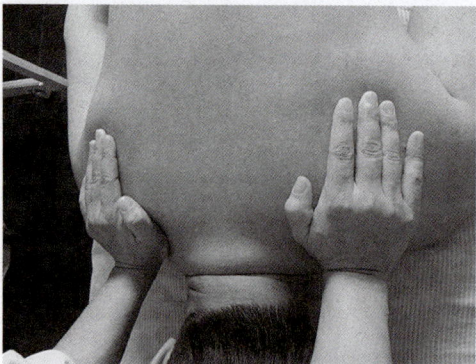

图 4-52 安抚肩部

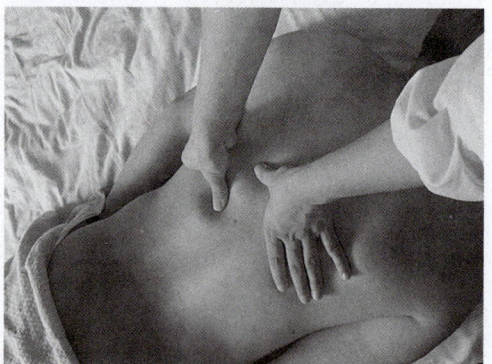

图 4-53 单推

（3）下肢:推足太阳膀胱经和足少阴肾经。

手法:踝关节以下,点按该经各穴位;踝关节以上,按经络循行路线,依次擦热、双手掌交替长推、拇指交替长推、拇指交替短推(以肾经为例,见图4-55~图4-58),再双手掌交替长推。

2. 顾客仰卧位时的手法

（1）四肢

1）下肢:推足厥阴肝经、足少阳胆经、足阳明胃经和足太阴脾经,操作手法同俯卧位。

2）上肢:推手太阴肺经、手阳明大肠经、手厥阴心包经、手少阳三焦经、手少阴心经和手太阳小肠经。

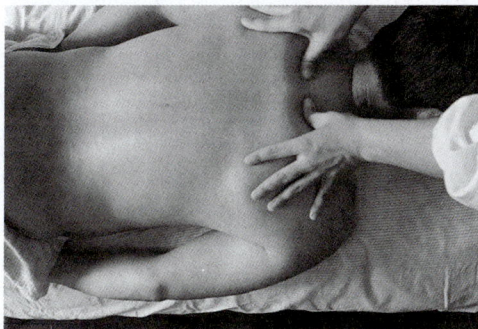

图 4-54　双推

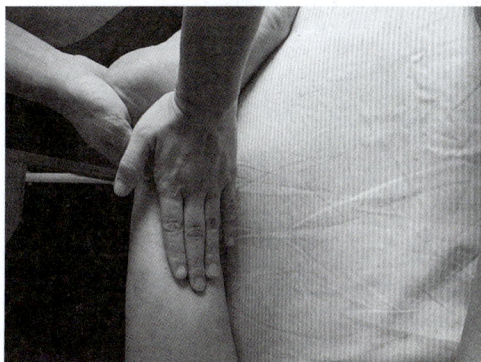

图 4-55　擦热

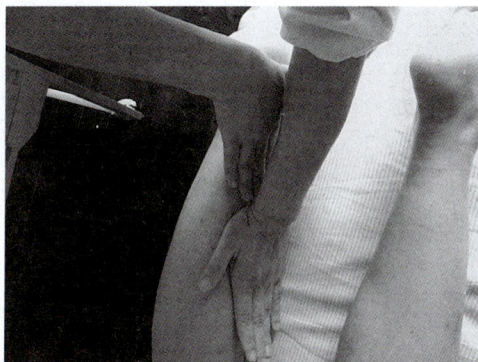

图 4-56　掌长推

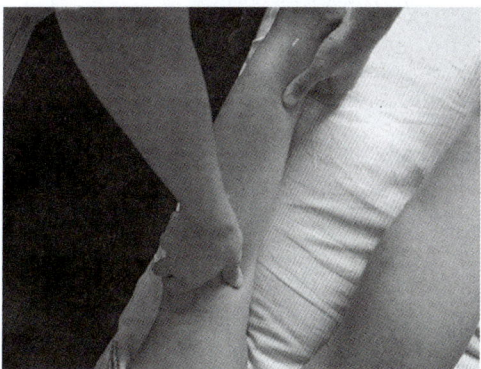

图 4-57　拇指长推

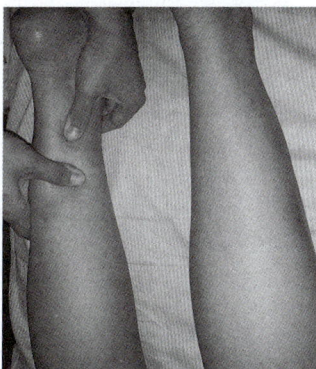

图 4-58　拇指短推

　　手法:腕关节以下,点按该经各穴位,并沿经络循行路线推至腕关节;腕关节以上,按经络循行路线,用拇指和其余四指按以下操作同时做表里经:擦热、交替长推、交替短推,再交替长推。(以手太阴肺经和手阳明大肠经为例,见图4-59~图4-62)

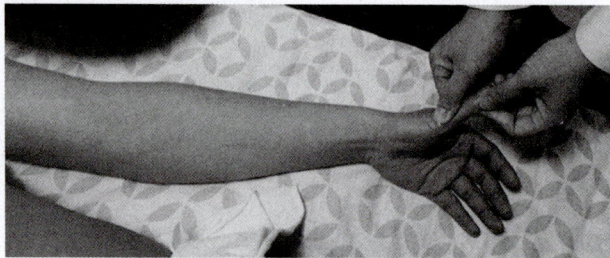

图 4-59　推至腕关节

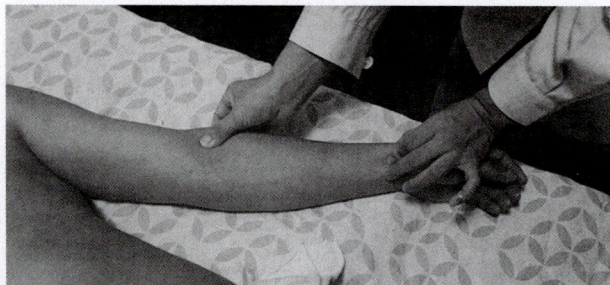

图 4-60　交替长推

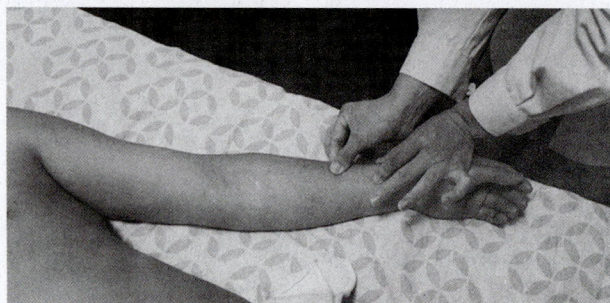

图 4-61　交替短推(1)

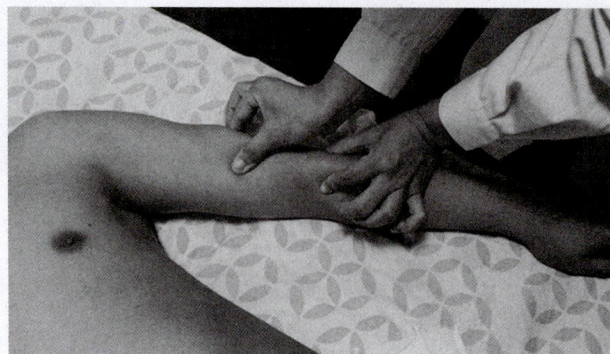

图 4-62　交替短推(2)

(2) 腹部

1) 展油：双掌均匀涂抹精油，顺时针方向交替打圈，将精油涂抹均匀。(图 4-63)

2) 提拉腰腹侧：双手掌同时滑向腰部一侧，并向腹部正中提拉，先左后右。(图 4-64)

3) 扶脾运胃：左手横位自中间向左侧推脾区、右手竖位自上而下摩胃脘部。(图 4-65)

4) 脐周安抚：四指交叠，以指腹沿结肠循行方向揉按脐周，最后用掌根自脐部向下排至趾骨联合。(图 4-66,图 4-67)

(3) 胸部

1) 展油：同胸部淋巴引流手法展油。

2) 滑"∞"字：双手示指、中指、环指指腹交叠自胸前

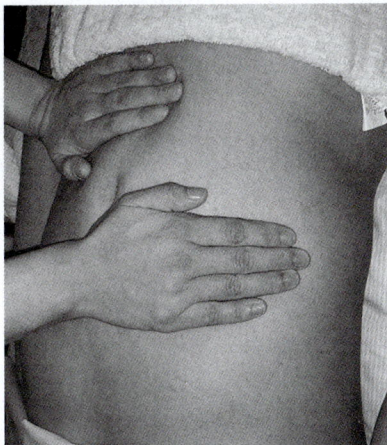

图 4-63 展油 (腹部)

正中线向下，沿左侧乳根推摩至左侧腋窝前，再回到胸前正中线，换做另一侧。

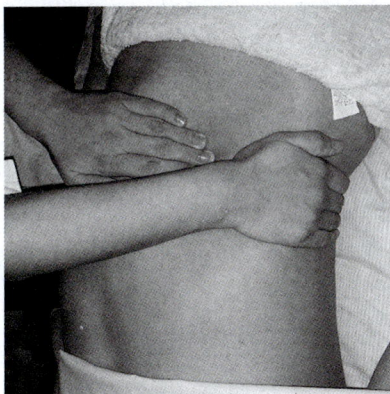

图 4-64 提拉腰腹侧

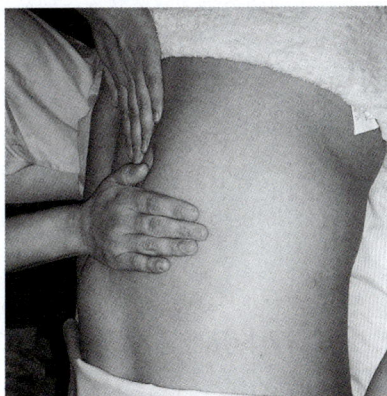

图 4-65 扶脾运胃

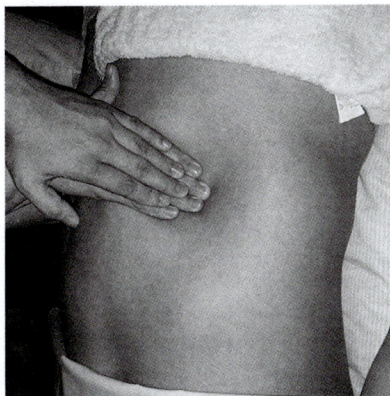

图 4-66 脐周安抚(1)

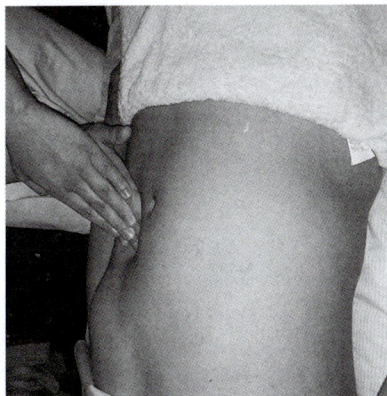

图 4-67 脐周安抚(2)

3) 推乳腺:将单侧乳房以乳头为中心划分为 12 点,然后双手掌托住一侧乳房,拇指交替分别沿各点放射状推向乳晕,做完一侧再做另一侧。

4) 塑形:双手掌交替推拉提托乳房。

四、经络养护的注意事项

1. 必须熟练掌握各经络的循行路线和重点穴位的准确位置。

2. 经络美容的操作方法不一而足。该套手法推十二经都是沿向心方向,只在四肢操作;躯干按照各部分的特殊手法操作。

3. 实际运用时,应先就顾客体质进行辨证、分析,有针对性地选择某一条(或几条)经络,再根据需要采用顺经或逆经,就顾客的实际情况进行调理。

4. 推经络时,力度应透达筋骨,出现"穴感",才能起到应有的作用。

5. 肩背、腹部、胸部等的操作既考虑经络循行,又采纳美容按摩保健和舒适的特点,手法要求舒缓、沉稳、均匀、渗透。

6. 该套手法全做时,一般两个美容师同时为一个顾客进行操作,因此,要求理论和操作都必须非常娴熟,手法到位,和任何人配合都要默契。

7. 往往根据不同的经络和身体状况,选择、调配不同的精油或直接采用十二经络美容套盒。

(李春梅)

复习思考题

1. 为什么淋巴引流按摩又叫淋巴排毒按摩?该项目和中医经络疗法在原理和技能操作上有何异同?

2. 通过本章的学习,可知不少芳香精油和中药的芳香药物有着共同的来源和相似的功效,如乳香、檀香、广藿香等。对于这类精油,有人认为可以按照中医基础理论,当做中药使用。这种观点合理吗? 为什么?

第五章

課件
05章PPT

美 体 技 术

扫一扫
知重点

学习要点

肥胖、体重指数、体脂率;乳房的美容自测;肥胖的计算方法;按摩减肥手法、常见的塑身方法。

第一节 健 胸

丰满的胸部、高耸的乳峰是体现女性曲线美的重要方面。女性隆起的胸部与胸大肌、胸小肌和乳房的发育有关,其中乳房在胸部曲线上起着举足轻重的作用。青春期的少女,12岁左右乳头萌生,胸部耸出,15~16岁后,乳房逐渐发育成熟;成年女性,发育良好、未哺乳的乳房多呈半球形或圆锥形。由于个体的差异性,乳房的发育时间、形态、大小都不尽相同。

乳房位于胸前部,在胸大肌及其筋膜的表面,位于第2~6肋间,内缘为胸骨旁线,外缘为腋前线。其结构包括皮肤、腺体、输乳管、脂肪组织、韧带、乳头、乳晕等。乳头位于锁骨中线第4肋间隙,两侧对称;乳晕直径约为2.5~4cm,一般呈棕红色,少数为玫瑰红色或粉红色,生育后呈棕褐色;乳房主要通过韧带(乳房悬韧带、乳房下皱襞韧带)固定其位置,维持坚挺状态,一旦皮肤和胸肌老化、衰退,乳房就会变形下垂;乳房外上象限的乳腺小叶最多,此处患病的概率也最高。

专业的健胸养护有利于促进胸部血液循环。胸肌发达,增强皮肤弹性,丰满乳房,可以防止乳房松弛、下垂、早衰。

一、乳房的类型和健美标准

(一) 乳房的类型

乳房是构成女性形体美的重要标志。乳房的形态按乳房前突的长度与乳房基底面半径之比可分为四种类型。

1. 圆锥形乳房　其形如漏斗状,尖端细长突出。乳房前突的长度大于乳房基底部半径。多见于黑种人。

2. 半球形乳房　其形圆润丰满、线条优美,为理想的乳房。乳房前突的长度约等于乳房基底部半径。多见于白种人。

3. 圆盘形乳房　其形较平坦,如反扣的圆盘。乳房前突的长度小于乳房基底部半径。多见于黄种人。

4. 下垂形乳房　其形下垂,乳轴明显向下。乳房前突的长度大于乳房基底部半径。多见于巨乳症、部分哺乳后女性及中年妇女等。

(二)乳房的健美标准

男子乳房无生理功能,仅是男性胸部的一个体表标志,乳头较小,若出现乳腺发育则属病理现象并影响胸部整体美观。

女性乳房的健美标准:左右对称,丰满柔韧,富有弹性,大小适中,肤质光滑细腻;乳头大小适中、突出无内陷、外观略呈桑葚状,两乳头的间隔大于20cm(最好在22~26cm),乳轴(由基底面到乳头的高度)为5~6cm。乳房基底部直径约为10~20cm。

知识链接

怎样衡量女性"三围"是否标准

我国的健美专家根据国人的体质体型,结合健身运动对人体形态和体质的影响等因素,研究归纳出计算女性标准三围的方法:

$$胸围 = 身高(cm) \times 0.535$$

$$腰围 = 身高(cm) \times 0.365$$

$$臀围 = 身高(cm) \times 0.565$$

实际计算得出的指数与标准指数 ±3cm 均属标准。小于5cm,说明过于苗条(偏瘦);大于5cm,说明过于丰满(偏胖)。

二、乳房的诊断

(一)乳房的美容自测

1. 视诊　脱去上衣,面对镜子,依次采取双手自然下垂、双手叉腰、双手上举三种姿势观察两侧乳房是否对称,弧形轮廓有无改变,乳房、乳头、乳晕皮肤有无脱皮或糜烂,乳头是否内陷等。

2. 触诊

(1) 立位或坐位检查:将左手举起置于头后,用右手检查左侧乳房。将示指、中指、环指三个手指并拢,从乳房上方12点开始,用手指指腹按顺时针方向紧贴皮肤做循环按摩检查,检查完一圈回到12点,下移2cm做第二圈检查,再下移2cm做第三圈检查,检查整个乳房直至乳头。检查时指腹不能离开皮肤,用力要均匀,力度以手指能触及肋骨为宜。检查完左侧乳房后,将右手举起置于头后,用左手检查右侧乳房,检查方法同上。检查完乳房后,用示指、中指和拇指轻轻挤压乳头,观察是否有溢液。

(2) 卧位检查:因坐位或立位时乳房下垂,特别是体型较胖的女性,容易漏检乳房的下半部。检查左乳时在右肩垫只小枕头或折叠后的毛巾,检查右乳时在左肩垫只小枕头或折叠后的毛巾,使整个乳房平坦于胸壁。检查的方法同坐位或立位。

(3) 检查的最佳时间:月经正常的妇女,月经来潮的第9~11天是乳腺检查的最佳时间,此时雌激素对乳腺的影响最小,乳腺的生理变化处于低潮,乳腺组织相对较薄,容易发现病变。

知识链接

不同激素对乳腺发育的影响

乳腺的生理变化,不仅受垂体前叶激素、肾上腺激素和性激素的制约,还受许多激素的影响,它们相互平衡,才能保证乳腺的正常变化和功能。①雌激素:能促进乳管上皮增生、输乳管周围及腺叶的结缔组织发育。在青春期,能使乳腺导管系统增生,使脂肪沉着、乳房变大。②孕酮:又称黄体酮,能促进乳腺小叶及腺泡的发育。③泌乳素:能促进乳腺生长发育,引起并维持泌乳。④催产素:具有刺激子宫及乳腺的双重作用,使乳腺产生泌乳。

此外,促性腺激素、生长素、甲状腺素、促肾上腺皮质激素,对乳腺也都有间接作用。这些激素紊乱,都可能导致乳腺疾病的发生。

(二)乳腺疾病的流行病学研究

乳腺疾病是妇女常见病。有文献报道,乳腺增生症的发病率达到 70%~80%,居乳腺疾病的首位;乳房纤维腺瘤是我国女性最常见的良性乳房肿瘤,而乳腺癌的发病率占妇女恶性肿瘤的第一或第二位。这 3 种疾病已成为影响妇女身心健康最重要的乳腺疾病。

流行病学研究显示,我国乳腺疾病具有以下规律:①经济状况发达地区乳腺疾病患病率较高;②不同职业妇女乳腺疾病的患病率存在差异,环境较差、劳动强度大、工作压力大的人群乳腺疾病患病率较高;③文化程度与乳腺疾病的发病有关,一般认为文化程度越高,乳腺疾病的发病风险越大。

三、健胸的操作手法

通过运用健胸药物配合人工按摩点穴以及健胸仪器达到胸部健美的效果。

(一)健胸养护程序

清洁胸部→开穴疏通经络→远红外灯照射 5~10 分钟→按摩乳房→仪器养护→上膜定型→涂健胸膏。

(二)点穴丰胸

1. 原理 中医认为,乳房的发育与五脏六腑之气血津液的滋润濡养有关,其中以肾、脾胃、肝对乳房的生理、病理影响最大。肾主藏精,为"先天之本",足少阴肾经"其支者,从肺出络心,注胸中",为乳房的发育提供物质基础;脾胃主生化气血,为"仓廪之官",足阳明胃经"其直者,从缺盆下乳内廉",故乳房属足阳明胃经;肝主疏泄、主藏血,足厥阴肝经"上贯膈,布胁肋",绕乳头而行,故乳头属足厥阴肝经;冲脉为"十二经脉之海",挟脐上行,散布于胸中;任脉为"阴脉之海",多次与手足三阴经及阴维脉交会,总任一身之阴经。由此可见,乳房的发育与足少阴肾经、足太阴脾经、足阳明胃经、足厥阴肝经及冲任二脉均有紧密联系。点穴丰胸重在调节肝、脾、胃、肾、冲、任等经络气血。

2. 操作方法 双手中指指腹依次点按璇玑、华盖、紫宫、玉堂、膻中、中庭、中脘、缺盆、气户、库房、屋翳、膺窗、乳根、天溪、期门、肝俞、脾俞、胃俞、肾俞等穴位,刺激乳房周围自主神经的兴奋性,调节人体内分泌状态,维持"肾精 - 天癸 - 卵巢"轴的阴阳平衡;改善肝、肾、脾、胃的功能,提高乳房组织对自身激素的敏感性,激励乳腺腺泡和细胞的生长发育,增加乳腺结缔组织和脂肪组织的积累,安全有效地达到乳房生理性丰满的效果;同时还能不同程度地治疗和预防乳腺增生等疾病。适合于生殖系统正常的先天性乳房发育不良、幼小、哺乳后乳腺萎缩下垂者。需要注意的是,点穴丰胸是一个长期的过程,会受到饮食、心情等因素的影响,想要达到预期效果,还需进行全身心的调理。(表5-1)

表 5-1　健胸常用穴位表

穴位名	归经	定位	主治病症
中脘	任脉	前正中线上,脐上4寸	胃脘痛、呕吐、呃逆、吞酸、腹胀、泄泻、黄疸、失眠等
中庭	任脉	前正中线上,平第5肋间隙	胸胁胀满、心痛、呕吐、噎膈等
膻中	任脉	前正中线上,平第4肋间隙	咳嗽、气喘、胸痛、胸闷、心痛、心悸、噎膈、呃逆、乳汁少、乳痈、乳癖等
玉堂	任脉	前正中线上,平第3肋间隙	咳嗽、气喘、胸痛、乳痛等
紫宫	任脉	前正中线上,平第2肋间隙	咳嗽、气喘、胸痛等
华盖	任脉	前正中线上,平第1肋间隙	咳嗽、气喘、胸痛等
璇玑	任脉	前正中线上,胸骨上窝中央下1寸	咳嗽、气喘、胸痛、咽喉肿痛等
缺盆	足阳明胃经	前正中线旁开4寸,锁骨上窝中央	咳嗽、气喘、咽喉肿痛、缺盆中痛、瘰疬等
气户	足阳明胃经	前正中线旁开4寸,锁骨下缘	咳嗽、气喘、呃逆、胸胁支满、胸痛等
库房	足阳明胃经	前正中线旁开4寸,平第1肋间隙	咳嗽、气喘、咳唾脓血、胸肋胀痛等
屋翳	足阳明胃经	前正中线旁开4寸,平第2肋间隙	咳嗽、气喘、咳唾脓血、胸肋胀痛、乳癖、乳痈等
膺窗	足阳明胃经	前正中线旁开4寸,平第3肋间隙	咳嗽、气喘、胸肋胀痛、乳痈等
乳根	足阳明胃经	乳头直下,平第5肋间隙	咳嗽、气喘、呃逆、胸痛、乳痈、乳汁少等
天溪	足太阴脾经	前正中线旁开6寸,平第4肋间隙	胸肋疼痛、乳痈、乳汁少、咳嗽等
期门	足厥阴肝经	乳头直下,平第6肋间隙	胸肋痛、腹胀、胸满、呕吐、反酸、呃逆、泄泻、乳痈等
肝俞	足太阳膀胱经	第9胸椎棘突下,旁开1.5寸	背痛、黄疸、胁痛、目赤、目眩、夜盲、吐血、癫狂痫等
脾俞	足太阳膀胱经	第11胸椎棘突下,旁开1.5寸	背痛、胃痛、腹痛、腹胀、黄疸、水肿等
胃俞	足太阳膀胱经	第12胸椎棘突下,旁开1.5寸	胁肋痛、胃脘痛、呕吐、腹胀等
肾俞	足太阳膀胱经	第2腰椎棘突下,旁开1.5寸	腰痛、水肿、小便不利、月经不调、遗精、阳痿、头晕、耳鸣等

（三）健胸按摩手法

1. 环摩乳房　美容师站于顾客头侧，双手四指并拢，全掌用力，从膻中穴开始向下、向外环绕乳房抚摩至双乳外侧，再向上、向内用力拉抹双乳，双手拉至颈侧锁骨处。反复按摩数圈。

2. 摩"∞"字圈　五指并拢，双手掌重叠于两乳间做"∞"字按摩。

3. 小鱼际推抹乳房　从一侧胸部开始，双手小鱼际交替从下、外侧将乳房向中央推，反复操作数次后再做另一侧。

4. 轮指、虎口推乳房　美容师站于顾客右侧，双手四指在乳房外侧交替向上、向内轮指。操作数次后换手位，双手四指并拢，与拇指分开呈 V 形，手掌尽力向手背弯曲，以双手拇指外侧和大鱼际部位着力，同时从胸部的外、下缘将乳房向中央推。反复操作数次后再做另一侧。

5. 拉抹乳房　双手交替将胸侧乳房向乳中拉抹。

6. 分推膀胱经　顾客取坐位，美容师站于顾客身后，双手拇指从腰骶部沿足太阳膀胱经内侧线向上推，同时点按肾俞、胃俞、脾俞、肝俞。再分别沿肩胛骨下缘推至乳缘处，双手呈 V 形由下向上用力推托双侧乳房。

7. 分推背部脂肪　双手掌分别置于脊柱两侧，指尖向两侧，同时用力将背部脂肪推向前胸部。

8. 提拉乳房　双手五指打开，交替由下向上提拉一侧乳房直到锁骨处，反复操作数次后再做另一侧。

（四）健胸养护注意事项

1. 清洗胸部后，要测量胸围，并记录；养护结束后，仍需测量胸围，再次记录。

2. 健胸按摩操作时，注意不要触及乳头和乳晕。

3. 健胸期间，建议顾客每天沐浴后涂抹健胸产品，并揉按 5 分钟左右。

4. 为取得更好的健胸效果，顾客健胸期间要坚持每天做一次专业健胸养护。

5. 注意健胸养护疗程最好在丰胸的最佳时间（月经周期的第 11~13 天，第 18~24 天为次佳时间）内进行，才能达到最好效果。

四、仪器健胸

（一）工作原理

通过利用多种物理因子的协同刺激作用，能有效地刺激皮下组织，直至胸部肌肉群，从而修复乳房周围皮肤的弹性纤维；使血液循环加速，反射性刺激脑垂体分泌促性腺激素，进而引起性激素水平升高，促进乳腺导管和乳腺腺泡生长发育，激发乳房中脂肪细胞的堆积，从而达到乳房增大的目的；同时由于胸部肌肉群得到充分按摩，支撑乳房的胸肌和韧带的强度与张力得到锻炼，从而矫正松弛下垂、低平的乳房，使乳房变得坚挺和富有弹性，恢复健美。

丰胸仪适用于因各种原因导致的失去坚挺和结实的正常乳房（重而下垂）和发育不良的低平乳房（小而低平）。常用的丰胸仪有自动韵律按摩丰胸机和电脑丰胸仪。

丰胸仪器的操作方法和注意事项

（二）作用与功效

1. 增加乳房结缔组织，改善发育不良乳房状态。

2. 使血液循环加速，性腺激素分泌增多。

3. 刺激胸肌纤维细胞活动,锻炼支撑乳房的胸肌和韧带,使乳房坚挺圆润而富有弹性。

(三) 仪器的日常保养

1. 丰胸杯罩每次使用后用 75% 酒精棉球擦拭消毒,以免交叉感染。
2. 仪器轻拿轻放,用后以干布擦拭,置于干燥通风处。

摘除双侧卵巢的女性可否做丰胸

课堂互动

手术摘除双侧卵巢,乳房还在者,可否做丰胸养护?

五、乳房的日常养护

1. 胸肌锻炼　多做扩胸运动或双手拉弹力器锻炼胸部肌肉,增加胸部新陈代谢、血液循环,促进乳腺生长,使乳房变得更坚挺。

2. 保持规律的起居　熬夜、生活不规律会影响机体新陈代谢与血液循环,导致雌激素紊乱,从而导致乳房早衰。

3. 保持姿态美　养成良好的姿态:保持挺胸抬头,不要含胸(含胸易压迫胸部组织导致乳房下垂);不要俯卧睡觉,避免乳房受压。

4. 佩戴合适的乳罩　穿过紧的乳罩易影响乳房部的血液循环及腋下淋巴结的排毒功能,对乳房健康不利。

5. 保持合理营养　在全面营养的基础上,多摄入热量高、蛋白质和脂肪含量较高的食品,同时加强维生素的摄入。

6. 冷热水交替沐浴　以冷热水交替的方式对乳房进行冲洗并同时按摩,可刺激乳房血液循环,有效避免肌肤松弛。注意水温不宜太高,否则可能会使乳房的结缔组织老化、肌肤失去弹性。

知识链接

戴乳罩的正确方法

1. 穿上肩带,身体前倾约 45°,扣好背后的拉扣,用手分别将背部、腋下的松散脂肪拨入罩杯中,将乳罩由下往上托住乳房。

2. 挺直上半身,调整乳罩,使乳头的位置在罩杯的顶点。

3. 调整肩带长度,使两侧肩带均匀受力,调整背部使整体平衡舒适。

注意:选择乳罩的型号要与乳房大小相适应,不能太紧;制作乳罩的材料,不要太硬,要柔软、有一定的承托力和透气性。夜间睡觉时应把乳罩取下,使乳房和胸、背部肌肉放松,改善局部血液循环。

(包依飞)

第二节　减　肥

肥胖是人体脂肪含量过多或分布异常造成的一种异常体态。肥胖不仅使体态臃肿,影响形体美,而且易并发心血管疾病和内分泌代谢紊乱等疾患,影响人体健康。目前,肥胖已经成为世界范围内严重威胁人们健康的公共卫生问题,而如何防治肥胖已成为国内外医学界亟待解决的重大课题。

随着生活水平的提高,肥胖有逐年上升的趋势,年龄也有偏小现象;同时由于人们对美的追求与渴望,减肥已成为家喻户晓的话题。

一、肥胖的含义、分类及危害

(一) 含义

肥胖指机体能量的摄入高于消耗,造成体内脂肪堆积过多,导致体态臃肿、体重明显超出正常人的一般平均值(有学者认为超过标准体重 20% 以上),并影响人体正常生理、生化和代谢的异常变化。

(二) 分类

肥胖按病因及发病机制分为单纯性肥胖和继发性肥胖。

1. 单纯性肥胖　是肥胖中最常见的一种类型,肥胖人群的 95% 以上。多由营养过剩和遗传因素引起,而无内分泌失调及代谢障碍等疾病。这类肥胖全身脂肪分布比较均匀。单纯性肥胖又分为体质性肥胖和获得性肥胖两种。

(1) 体质性肥胖:一般从出生后半岁左右起即开始出现肥胖。有肥胖家族史,是由于遗传和营养过剩致机体脂肪细胞增多造成的。所以,儿童期特别是 10 岁内,保持正常体重很关键。

(2) 获得性肥胖:一般从 20 岁左右起即开始出现肥胖。由于营养过度,或体力消耗减少,使摄入热量大大超过身体生长和活动的需要,多余的热量转化为脂肪贮藏,促进脂肪细胞肥大、增生,大量堆积造成的。

2. 继发性肥胖　是由内分泌失调或代谢障碍引起的一类疾病,占肥胖人群的 5% 左右。患者临床表现以原发性疾病的症状为主,肥胖只是其中的一种表现。

(三) 危害

1. 肥胖者因体态臃肿导致日常生活不便,且影响人体形体美观,甚至引起身心障碍,如精神压力大、心理有自卑感等。

2. 肥胖者因体重增加,可引起腰痛、关节痛;易出现乏力、气促、劳动力下降;怕热、多汗,皮肤皱褶处易发生皮炎、擦伤;容易合并化脓性或真菌感染;因行动不便还容易遭受各种外伤、扭伤及骨折等。

3. 肥胖者因体内脂肪组织增多,基础代谢率加大,心输出量增加,易引起心肌肥厚和动脉粥样硬化,继而诱发高血压、冠心病、脑血管疾病,甚至猝死。

4. 肥胖者易患内分泌代谢性疾病。如糖代谢异常可引起糖尿病,脂肪代谢异常可引起高脂血症,核酸代谢异常可引起高尿酸血症等。

5. 肥胖者易患肝胆疾病。如摄入能量过剩,脂肪酸向肝脏运输过多,肝细胞不能全部消化,肝细胞内脂肪浸润,导致脂肪肝,严重者可发展为肝硬化。体内肝功能紊乱,脂类代谢失调,使胆固醇过多而诱发胆结石。

6. 肥胖者还可以并发睡眠呼吸暂停综合征;增加恶性肿瘤的发病率,如肥胖者,男性结肠癌、直肠癌和前列腺癌的发病率较正常人高,妇女子宫内膜癌发病率比正常妇女高 2~3 倍;可引起性功能衰退,男子阳痿,女子月经过少、闭经和不孕症等。

二、肥胖的形成原因

(一) 中医对肥胖形成原因的认识

1. 脾虚湿阻,饮食不节　患者平时过食肥甘厚味,导致脾失健运,水湿内停,聚湿生痰,痰浊膏脂内聚,继而引起肥胖。

2. 胃热腑实,燥热内结　胃火盛则腐熟功能亢进,消谷善饥,多饮多食,食积不化,气血有余而化为膏脂,导致肥胖。

3. 肝郁气滞,情志失调　肝气郁滞,失于疏泄,气机不畅,脾胃运化功能减弱,痰湿膏脂不化而发为肥胖。

4. 脾肾阳虚,水湿内盛　脾阳虚则运化水湿失司,肾阳虚则不能化气行水,皆致痰湿膏脂内停而发为肥胖。

(二) 西医对肥胖形成原因的认识

热量摄入多于热量消耗使脂肪合成增加是肥胖的物质基础。

1. 遗传因素　单纯性肥胖的发病有一定的遗传倾向,双亲中一方为肥胖,其子女肥胖率大约为 50%;双亲中双方均为肥胖,其子女肥胖率约为 70%~80%。遗传的倾向主要表现在脂肪的数目、体积、分布部位和骨骼的状态。

2. 神经精神因素　已知人类与多种动物的下丘脑中存在着两对与摄食行为有关的神经核。一对为腹内侧核(VMH),又称饱中枢;另一对为腹外侧核(LHA),又称饥中枢。饱中枢兴奋时,机体有饱感而拒食,破坏时则食欲大增;饥中枢兴奋时,机体食欲旺盛,破坏时则厌食拒食。二者相互调节,相互制约,在生理条件下处于动态平衡状态,使食欲调节在正常范围,继而使人体体重处于正常范围内。肥胖多由于腹内侧核破坏,则腹外侧核功能相对亢进而贪食引起的。另外,食欲与精神因素的影响亦有关,当精神过度紧张而交感神经兴奋或肾上腺素能神经受刺激时(尤其是 α 受体占优势),食欲处于抑制状态;当迷走神经兴奋而胰岛素分泌增多时,食欲处于亢进状态。

3. 高胰岛素血症　胰岛素有显著的促进脂肪蓄积作用。肥胖常与高胰岛素血症并存,但一般认为系高胰岛素血症引起肥胖。高胰岛素血症性肥胖者的胰岛素释放量约为正常人的 3 倍。

4. 褐色脂肪组织异常　褐色脂肪组织是近几年来才被发现的一种脂肪组织,作为产热组织直接参与体内热量的总调节,将体内多余热量向体外散发,使机体能量代谢趋于平衡。肥胖者由于褐色脂肪组织量少或功能障碍,使产热功能障碍而导致肥胖。

5. 饮食　与摄入过多而运动不足有关。一般认为高脂肪、高热量、高蛋白质饮食,动物内脏摄入过多,爱吃零食、甜食,睡前吃东西,经常大量饮酒,均有利于肥胖的发生。

6. 其他　肥胖的发生还与生活环境、工作环境、季节不同、所处年龄阶段及性别等有一定关系。

三、肥胖的计算方法

(一) 标准体重计算法

通常有以下三种计算方法：

1. 成人男性标准体重（kg）= ［身高（cm）－100］× 0.9

   成人女性标准体重（kg）= ［身高（cm）－100］× 0.85

   儿童标准体重（kg）=8+ 年龄 × 2

2. 男性标准体重（kg）= 身高（cm）－105

   女性标准体重（kg）= 身高（cm）－100

3. 北方人标准体重（kg）= ［身高（cm）－150］× 0.6+50

   南方人标准体重（kg）= ［身高（cm）－150］× 0.6+48

评估标准：实测体重在标准体重 ±10% 以内，为正常体重；体重超过标准体重 10% 而小于 20% 者，为超重；超出标准体重 20% 而小于 30%，为轻度肥胖；超出标准体重 30% 而小于 50%，为中度肥胖；超过标准体重 50% 以上为重度肥胖。

(二) 体重指数计算法

体重指数（body mass index，BMI）是判断人体发育和胖瘦程度的国际指标。

$$体重指数 = 体重（kg）/ 身高（m）的平方$$

世界卫生组织肥胖评估标准：体重指数的正常范围为 18.5~24.9，超重为 25.0~29.9，Ⅰ度肥胖为 30.0~34.9，Ⅱ度肥胖为 35.0~39.9，Ⅲ度肥胖为 ≥40.0。

亚太地区肥胖评估标准：体重指数的正常范围为 18.5~22.9，超重为 23.0~24.9，Ⅰ度肥胖为 25.0~29.9，Ⅱ度肥胖为 ≥30.0。

(三) 体脂率计算法

体脂率（body fat ratio，BFR）是指身体脂肪含量占身体体重的比率。当下市面上较为流行的体脂机多是根据此计算方法而来，主要是利用脂肪不导电的原理，推算人体的脂肪率，准确度不高但可接受，可以当做体脂率是否上升或下降的参考。体脂率测量的最佳时间是早晨。体脂率的计算公式如下：

1. 女性的身体脂肪公式

   参数 a= 腰围（cm）× 0.74

   参数 b= 体重（kg）× 0.082 + 34.89

   身体脂肪总重量（kg）=a–b

   身体脂肪百分比 =（身体脂肪总重量 ÷ 体重）× 100%

2. 男性的身体脂肪公式

   参数 a= 腰围（cm）× 0.74

   参数 b= 体重（kg）× 0.082+44.74

   身体脂肪总重量（kg）=a–b

   体脂率 =（身体脂肪总重量 ÷ 体重）× 100%

体脂率的评估标准：男性体脂率若超过 25%，女性体脂率若超过 30%，则可判定为肥胖。

(四) 腰围及腰臀比计算法

男性腰围大于 90cm，女性腰围大于 80cm，或腰臀比男性大于 0.9、女性大于 0.8，可确定为中心性肥胖。

四、减肥的目的、步骤及原则

(一)减肥的目的

1. 医学角度　减肥不仅能减轻体重,恢复形体美,而且能预防、减少各种并发症的发生及因肥胖给患者带来的身心不良影响;改善体质,提高生活质量。

2. 营养学角度　有利于调整不合理的饮食结构,促使人体合理、全面地摄入、吸收各种营养物质,改善机体的健康状况。

3. 行为科学角度　促进改正不良的饮食习惯,纠正错误的饮食观念,保持正确的饮食行为。

4. 社会学角度　减肥可以减少物质资源的浪费,减少社会和家庭以及个人经济中的一些不必要开支,提高人们的健康水准。

5. 美学角度　通过减肥使身体各部分匀称,肌肉和脂肪量适中,胸部和臀部曲线起伏适度,线条优美流畅,体态轻盈。

(二)专业减肥的步骤

1. 目测诊断与分析　观察顾客身体的比例,依次从上至下观察、记录各部位外部形态、肌肉发育程度、脂肪堆积等情况。目测顺序为肩部、手臂、背部、腰部、腹部、臀部、腿部。

2. 手工测量　测量身高、体重、三围和体脂的含量。

3. 徒手按摩分析　通过手工按摩进一步分析顾客的皮肤弹性、肌肉结实度、脂肪堆积等情况。

4. 根据顾客的身材、体质状况制订减肥方案并付诸实施。

(三)国际减肥原则

世界卫生组织为保护消费者,制订了减肥原则,也称为健康减肥四原则,即不厌食、不乏力、不腹泻、不反弹。

五、常见的减肥方法

(一)运动减肥

运动减肥是指在运动过程中,消耗糖、脂肪、蛋白质三种能量物质,从而避免多余的糖、蛋白质转化为脂肪,同时促进脂肪的消耗,实现控制肥胖、促进代谢、减脂塑形的一种有效减脂、健身手段。

1. 因人而异,适量运动　减肥者运动前一定要进行身体检查,如果患有严重的冠心病、高血压、肝炎及肾炎等疾病,要先予以治疗,用合理的药物将疾病控制好后,再选择步行、太极拳等和缓适宜的项目。老人、儿童、孕妇等应根据自身体质状况选择适宜的运动项目。

2. 循序渐进,持之以恒　肥胖者由于平时缺乏必要的运动,心肺功能和骨关节的灵活性相对较差,运动强度应以低强度为主;持续时间可适当在运动适应后加长;运动次数慢慢增加。如开始可以先选择易于控制运动强度的项目,如慢跑、快走、自行车、乒乓球、游泳、跳绳、有氧舞蹈等,产生运动适应性后,可适当调整运动强度、运动持续时间、增加运动频率等。

3. 运动减肥的效果　首先取决于运动项目的选择。运动项目大致分为三类,分别是抗阻力运动(供能方式以无氧供能为主)、有氧运动(供能方式以有氧供能为主)和伸展运动。对于减脂而言,其主体项目选择应以有氧运动为主,但不可忽视抗阻力运动的利用,同时在运动后,必须辅以伸展运动进行身体各部位的拉伸。其次,受制于运动过程中运动强度的控制。以减脂为目的的运动,必须控制运动强度为中、低强度。最后,运动时间的长短也影响减脂的效果。从脂肪有氧分解供能的角度看,运动持续时间应在 30 分钟以上。

(二) 饮食减肥

1. 饮食减肥原则
(1) 减少膳食中总热量的摄入,以低脂肪、低糖、高蛋白质、高膳食纤维食物为主。
(2) 三餐定时定量,晚餐少吃,少吃零食。
(3) 细嚼慢咽,控制进食速度。
(4) 合理选择烹调方式如多用蒸、煮、凉拌等,减少煎、炸方式。

2. 常用减肥食品　肥胖者应选择适合自己的减肥食品,如高蛋白、低脂肪,多纤维、低能量的食物。
(1) 高蛋白、低脂肪类:虾、海参、章鱼、海蜇等,蛋白质含量高,而脂肪含量低。
(2) 多纤维、低热量类:部分蔬菜热能低,且含膳食纤维较高,可促进肠道蠕动,体积大可增加饱胀感,是较好的减肥食物。如黄瓜、冬瓜、苦瓜、丝瓜、绿豆芽、黄豆芽等含水分较多,食后产热少,不易形成脂肪堆积。且黄瓜含丙醇二酸可抑制糖类转化为脂肪,减少人体脂肪堆积。冬瓜有利尿功效,有助于排出体内水分。木耳、蘑菇、韭菜、芹菜等含大量膳食纤维,有助于产生饱胀感,也能促进肠道蠕动,减少吸收。白萝卜能消积化滞、促进脂肪分解。水果中水分较多的,如西瓜、白金瓜、哈密瓜、甜瓜等瓜果类,苹果、梨等仁果类,橙、芦柑、蜜橘等柑橘类一般热量较低,相对适合减肥者食用;但一些热带、亚热带水果(如香蕉、菠萝蜜等)和不少浆果类(如沙棘、葡萄干、柿饼等)热能含量较高,不利于减肥。
(3) 其他:魔芋含葡甘露聚糖,是一种特殊的、优良可溶性膳食纤维,是比较理想的减肥食物。荷叶、玉米须、食醋、大葱、甲壳素等,可以刺激大脑中枢,使消化器官分泌大量利于食物消化、吸收的消化液,从而改善人体的消化功能。食醋中的氨基酸还可以消耗体内脂肪,促进糖、蛋白质的代谢,起到减肥作用。大葱中的有机硫除了发出辛辣的刺激味外,还能刺激人体某些激素的分泌,而这些激素能促进脂肪分解。

(三) 药物减肥

减肥药物大多有一定的副作用,不建议应用。如特殊需要,必须在医生的指导下,根据肥胖者的具体病情对症用药。
按照减肥药物作用于人体的不同机制,一般可分为以下几类。

1. 抑制食欲的药物　主要通过兴奋下丘脑腹内侧的饱食中枢,控制下丘脑外侧区的摄食中枢,使人产生厌食反应,进而食欲下降、食物摄入减少,从而达到减肥的目的。这类药物主要有苯丙胺及其衍生物、吲哚类及其衍生物、芬氟拉明、氟西汀等。但这类药物在使用时会因中枢神经兴奋造成不良反应,可表现为失眠、易激动、头晕、头痛、心慌、血压升高、成瘾性、恶心、呕吐、腹泻等症状。

2. 加速代谢、减少吸收的药物　通过促进胃肠蠕动,加速排泄,抑制胃肠内食物分解,减少能量与营养物质吸收,降低机体总热量摄入,从而达到减肥的目的。这类药物主要有利尿剂、脂肪酶抑制剂、葡萄糖苷酶抑制剂等。如奥利斯他可以抑制脂肪酶,而脂肪酶具有将脂肪分子分解成较小的可吸收成分的作用;奥利斯他还可以通过抑制该酶,减少脂肪吸收而达到减肥的作用。若滥用该类药物,造成严重胃肠道反应;且易反弹,容易造成机体脱水。

3. 增加脂肪分解、能量消耗的药物　此类药物能增加能量消耗,促进脂肪分解代谢。如胰岛素样生长因子、生长激素、甲状腺激素、麻黄碱等。

(四) 经络、穴位减肥

通过穴位按摩,刺激经络、疏通气血、调整脏腑功能、增强新陈代谢,达到减肥瘦身的目的。

1. 点穴手法操作要求　施术者多以拇指指尖、指腹或肘尖着力于穴位上进行点压。沉肩垂肘,肘关节伸直或微屈,用力要稳,固定不移,力量由轻到重,切忌用爆发力,不可猛然向下点压。在穴位按摩时受术者应有酸、胀、麻的感觉。

2. 常用局部减肥穴位　肩部常用的减肥穴位有大椎、风池、风府、巨骨、肩井、肩髎、肩髃等。其他部位见表 5-2~ 表 5-5。

表 5-2　腹部减肥常用穴位表

穴位名	归经	定位	主治病症
建里	任脉	前正中线上,脐上 3 寸	胃脘疼痛、呕吐、食欲不振、腹胀、水肿等
水分	任脉	前正中线上,脐上 1 寸	水肿、小便不利、腹痛、腹胀、肠鸣、泄泻等
天枢	足阳明胃经	脐中旁开 2 寸	便秘、腹胀、腹泻、脐周痛、月经不调、痛经等
大横	足太阴脾经	脐中旁开 4 寸	泄泻、便秘、腹痛等
气海	任脉	前正中线上,脐下 1.5 寸	腹痛、泄泻、便秘、遗尿、癃闭、小便不利、遗精、阳痿、月经不调、痛经、闭经、崩漏、带下、产后恶露不止、脏气虚惫、形体羸瘦等
关元	任脉	前正中线上,脐下 3 寸	中风脱证、虚劳羸瘦、腹痛、泄泻、痢疾、脱肛、遗尿、癃闭、遗精、阳痿、月经不调、痛经、闭经等
归来	足阳明胃经	脐下 4 寸,前正中线旁开 2 寸	月经不调、痛经、经闭、疝气等
水道	足阳明胃经	脐下 3 寸,前正中线旁开 2 寸	小腹胀满、小便不利、痛经、不孕、疝气等

表 5-3　腰、背部减肥常用穴位表

穴位名	归经	定位	主治病症
肝俞	足太阳膀胱经	第 9 胸椎棘突下,旁开 1.5 寸	背痛、黄疸、胁痛、目赤、目眩、夜盲、吐血、癫狂痫等
胆俞	足太阳膀胱经	第 10 胸椎棘突下,旁开 1.5 寸	黄疸、胸胁痛、肺痨、潮热等
脾俞	足太阳膀胱经	第 11 胸椎棘突下,旁开 1.5 寸	背痛、胃痛、腹痛、腹胀、黄疸、水肿等

续表

穴位名	归经	定位	主治病症
胃俞	足太阳膀胱经	第12胸椎棘突下,旁开1.5寸	胁肋痛、胃脘痛、呕吐、腹胀等
三焦俞	足太阳膀胱经	第1腰椎棘突下,旁开1.5寸	水肿、小便不利、腰背强痛、呕吐、腹胀、泄泻等
肾俞	足太阳膀胱经	第2腰椎棘突下,旁开1.5寸	腰痛、水肿、小便不利、月经不调、遗精、阳痿、头晕、耳鸣等
气海俞	足太阳膀胱经	第3腰椎棘突下,旁开1.5寸	腰痛、痛经、肠鸣腹胀等
大肠俞	足太阳膀胱经	第4腰椎棘突下,旁开1.5寸	腰痛、便秘、腹胀、肠鸣、泄泻等
关元俞	足太阳膀胱经	第5腰椎棘突下,旁开1.5寸	腰痛、腹胀、泄泻、小便不利、遗尿等
膀胱俞	足太阳膀胱经	第2骶椎棘突下,旁开1.5寸	腰脊强痛、便秘、泄泻、小便不利、遗尿等

表5-4 臀部减肥常用穴位表

穴位名	归经	定位	主治病症
居髎	足少阳胆经	髂前上棘与股骨大转子高点连线的中点	腰痛、瘫痪、下肢痿痹、疝气等
环跳	足少阳胆经	股骨大转子高点与骶管裂孔连线的外1/3与内2/3交界处	下肢痿痹、腰痛、半身不遂等

表5-5 腿部减肥常用穴位表

穴位名	归经	定位	主治病症
承扶	足太阳膀胱经	臀横纹中点	腰、骶、臀、股部疼痛,痔疾等
殷门	足太阳膀胱经	承扶与委中连线上,承扶下6寸	腰腿痛、下肢痿痹等
委中	足太阳膀胱经	腘横纹中央	腰痛、下肢痿痹、腹痛、半身不遂、小便不利等
伏兔	足阳明胃经	髂前上棘与髌骨外缘连线上,髌骨外上缘上6寸	腰痛膝冷、下肢麻痹、脚气、疝气等
血海	足太阴脾经	髌骨内上缘上2寸	股内侧痛、月经不调、痛经、经闭、崩漏、瘾疹、丹毒等
梁丘	足阳明胃经	髂前上棘与髌骨外缘连线上,髌骨外上缘上2寸	膝肿痛、下肢不遂、胃痛、乳痛、血尿等
髀关	足阳明胃经	髂前上棘与髌骨外缘连线上,平臀沟处	腰痛膝冷、痿痹、腰痛等
足三里	足阳明胃经	犊鼻下3寸,胫骨前缘外一横指处	胃痛、呕吐、噎膈、腹胀、泄泻、痢疾、便秘、下肢痹痛、水肿、癫狂、心悸、气短、虚劳羸瘦等

续表

穴位名	归经	定位	主治病症
丰隆	足阳明胃经	外踝高点上8寸,条口外开1寸	下肢痿痹、水肿、头痛、眩晕、呕吐、腹胀、便秘、癫狂、咳嗽痰多等
承山	足太阳膀胱经	腓肠肌两肌腹之间凹陷的顶端	腰腿拘急、疼痛、痔疾、便秘、疝气等
阴陵泉	足太阴脾经	胫骨内侧髁下缘凹陷处	腹胀、腹泻、水肿、黄疸、小便不利、膝痛等
三阴交	足太阴脾经	内踝高点上3寸,胫骨内侧面后缘	下肢痿痹、腹胀肠鸣、腹泻、月经不调、带下、遗精、阳痿、遗尿、疝气、失眠、高血压等

3. 循经点穴操作方法　循经点穴主要点按的是足阳明胃经、足太阴脾经、足太阳膀胱经、手少阳三焦经上的穴位,具有健脾益胃、调畅气机、通调水道、促进机体代谢、增加排泄等作用。

(1) 足阳明胃经:循经依次点按梁门、天枢、水道、归来、髀关、伏兔、足三里、丰隆。

(2) 足太阴脾经:循经依次点按太白、商丘、三阴交、阴陵泉、血海、大横。

(3) 足太阳膀胱经:循经依次点按肝俞、脾俞、胃俞、三焦俞、肾俞、大肠俞、膀胱俞。

(4) 手少阳三焦经:循经依次点按肩髎、支沟。

在循经点穴全身减肥的同时,可根据肥胖部位配合局部点穴。

(五) 消耗脂肪、热能减肥法

肥胖的实质是机体脂肪组织增多或相对增多,主要表现在脂肪细胞数量或脂肪细胞大小的变化。消耗脂肪、热能减肥法则是通过各种方法升高体温,促进新陈代谢,增加散热,加强脂肪、热能消耗,使脂肪细胞体积萎缩、变小,从而达到减肥、健美的目的。

1. 石蜡减肥法　操作分两次进行。第一次将液状石蜡(温度约42℃)涂抹肥胖者全身。待石蜡全部硬化后,第二次涂石蜡(温度约50℃)。涂抹完毕,用厚塑胶纸将涂蜡部位包严,用远红外线灯照射全身30分钟左右。机体在封闭状态下保持一定温度大量出汗、消耗体内积累的脂肪与热能。根据顾客身体状况2~7天做1次。心脏病、高血压、糖尿病患者,不宜使用此法。

2. 热泥敷身减肥法　肥胖者卧或坐于热泥中,每次治疗约20~30分钟,2~5天做1次。

3. 酵素盐液束身减肥法　先用保鲜膜紧包减肥部位,再将酵素减肥片置于保鲜膜上,并用橡皮筋束带固定好,然后接通电源,开启定时开关与加热开关。若皮肤出现红肿等过敏现象,可冷敷处理。

4. 热能水晶垫减肥法　触按水晶垫热源,水晶垫则在极短时间内温度上升至40~60℃,根据顾客耐受力调整好温度,将水晶垫置于减肥部位即可,操作简单、安全。此法常用于腹部、大腿部的减肥。注意控制好温度,勿烫伤皮肤。

5. 热蜡袋减肥法　先将热蜡袋接通电源软化蜡袋,并控制蜡袋表面温度在60℃

左右,再切断电源,将软化的蜡袋内液体均匀铺平,放于减肥部位即可。

6. 桑拿浴减肥法 先用温水冲洗皮肤,再进入桑拿浴室,温度在 40~50℃,时间以不超过 10 分钟为宜。等机体适应后,再根据顾客耐受情况进行高温蒸气浴。注意不宜直接近距离大量吸入热蒸气,以免烫伤呼吸道;起身动作要缓慢、平稳,不可过猛;洗浴前后饮用适量淡盐水,以补充体内消耗的水分与盐分;不宜空腹洗浴,以避免发生低血糖性昏厥。高血压、冠心病、癫痫等患者,不宜使用此法减肥。

(六) 睡眠减肥

有研究表明,导致肥胖的原因较多,其中与体内生长激素分泌不足有关。生长激素是腺垂体分泌的能促进机体生长的一种激素,能促进骨及软骨的生长,可通过抑制糖的消耗,加速脂肪分解,使能量来源由糖代谢转向脂肪代谢达到减肥作用。生长激素的分泌以晚上分泌最多,在夜间 23:00—2:00 分泌量最旺盛,尤其是入睡 90 分钟左右分泌最多。所以,保持适量、均衡的睡眠有助于减肥。

(七) 针灸减肥

1. 毫针疗法 应根据顾客临床表现辨证选择相应的穴位进行毫针针刺治疗。穴位区常规消毒后,根据针刺部位选择合适的毫针及进针方式进行针刺,每次留针 20~30 分钟,隔日或每日 1 次,10 次 1 个疗程,疗程间间隔 3~5 天,需治疗 2~4 个疗程以上。(表 5-6)

表 5-6 整体减肥辨证施治表

证型	穴位选择	针刺手法
脾虚湿阻证	脾俞、足三里、阴陵泉、三阴交、中脘、丰隆、水分、气海	补法
胃热腑实证	合谷、曲池、足三里、天枢、内庭、上巨虚	泻法
肝郁气滞证	太冲、期门、三阴交、血海、肝俞	泻法
脾肾阳虚证	肾俞、脾俞、胃俞、水分、中脘、关元、阴陵泉	补法

在整体减肥的同时,一般还要取肥胖局部的腧穴或阿是穴(表 5-7),针对局部肥胖部位进行针刺治疗。

表 5-7 局部减肥穴位加减表

肥胖部位	穴位选择	针刺手法
腹部	加天枢、气海、大横、水分、归来	较大幅度提插捻转泻法
臀部	加环跳	轻插重提泻法
上肢	加曲池、合谷	较大幅度提插捻转泻法
大腿	加阿是穴	较大幅度提插捻转泻法
小腿	加承山、三阴交、阴陵泉、阳陵泉	较大幅度提插捻转泻法
腰背部	加大肠俞	泻法

2. 穴位埋线疗法 是将羊肠线埋入相关穴位,利用羊肠线对穴位的持续刺激作用,一方面通过抑制食欲及消化吸收减少能量的摄入,另一方面增加能量消耗,促进体内脂肪分解,从而达到减肥疗效的一种治疗方法。

主穴:天枢、关元、足三里、丰隆、三阴交等。配穴:脾虚湿阻证,加中脘、水分;胃热腑实证,加曲池;肝郁气滞证,加气海、肝俞;脾肾阳虚证,加脾俞、肾俞、中脘。常规消毒,在无菌操作下,埋线针穿线后用注线法将羊肠线注入穴位。15 天 1 次,3 次为 1个疗程。埋线后 24 小时不沾水。注意一定要严格执行无菌操作,以防止感染。

(八) 吸脂减肥

吸脂减肥是利用器械通过皮肤小切口伸入皮下脂肪层将脂肪碎块吸出以达到减肥目的的方法。适用于单纯性肥胖所致的局部肥胖且皮肤弹性好者,抽吸脂肪后局部皮肤能较好地回缩。

(九) 仪器减肥

仪器减肥是使用电子仪器达到减肥作用的一种物理疗法。通常是利用适度的输出电流,刺激肌肉收缩,加速血液和淋巴循行,促进细胞代谢,消耗多余脂肪。

六、减肥按摩手法

(一) 不同部位的减肥按摩手法

1. 瘦脸手法

(1) 拉抹三线:五指并拢,左手掌从下颏拉抹到左耳前听会穴,右手四指指腹紧接着从下颏拉抹至听会穴;左手掌从地仓拉抹到听宫穴,右手四指指腹紧接着从地仓拉抹至听宫穴;左手掌从鼻梁左侧拉抹至太阳穴,右手四指指腹紧接着从鼻梁左侧拉抹至太阳穴。各线分别拉抹数次。左侧操作完后再操作右侧。(图 5-1)

(2) 抚摩额纹:中指、环指指腹由额中向上、向外画圈按摩至太阳穴。(图 5-2)

(3) 轻拍面颊:示指、中指、环指、小指四指并拢,以手掌轻拍面颊。(图 5-3)

拓展阅读

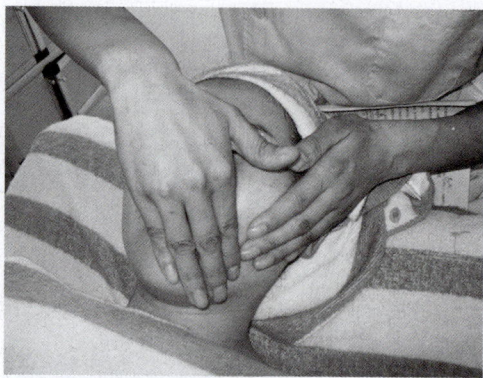

图 5-1　拉抹三线

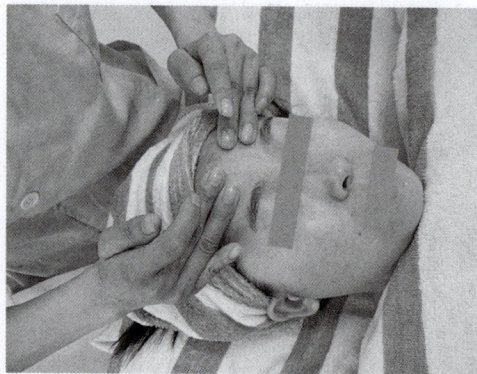

图 5-2　抚摩额纹

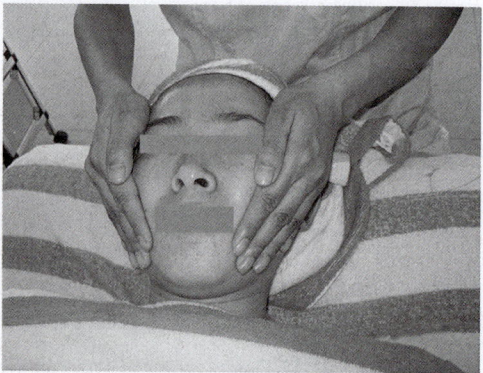

图 5-3　轻拍面颊

2. 肩部手法

(1) 提拿颈侧、点揉风池：顾客取俯卧位，施术者站于顾客左侧。左手扶着顾客头部，右手拇指指腹与示指、中指、环指指腹相对同时用力，自风池向下提捏颈椎两侧至大椎两侧。在风池处点揉。如此反复操作数次。(图5-4)

(2) 提拿双肩、上臂：双手置于颈部两侧，拇指在肩后，其余四指在肩前，用虎口卡住肩胛提肌，双手同时用力自颈部两侧沿双肩到肘部提捏肌肉。再依原线路返回复位，如此反复操作数次。(图5-5)

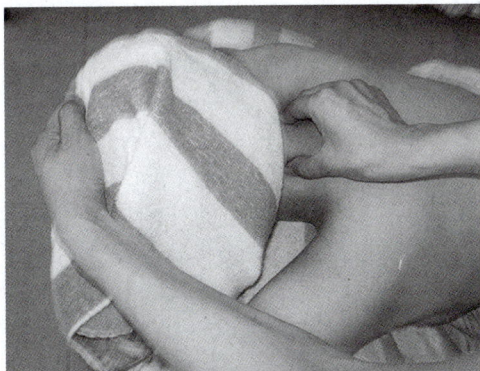

图 5-4　提拿颈侧

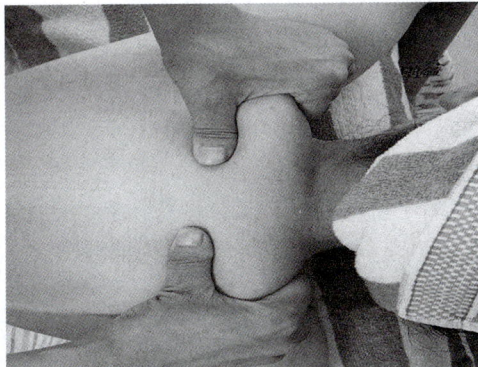

图 5-5　提拿双肩、上臂

(3) 掌揉肩部：双手掌重叠从内向外用力顺时针按揉肩部肌肉。如此反复操作数次。(图5-6)

(4) 叩拍双肩、双臂：双手微握拳，拇指屈于掌心，以四指第2关节及大小鱼际着力，抖腕以爆发力交替叩拍肩臂肌肉。如此反复操作数次。(图5-7)

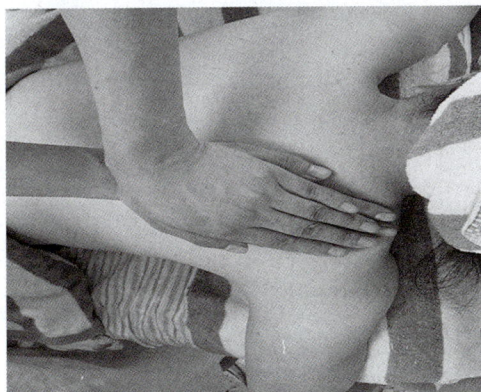

图 5-6　掌揉肩部

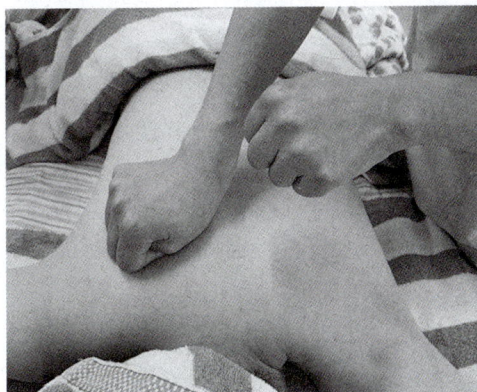

图 5-7　叩拍双肩、双臂

(5) 抚摩肩背：双手五指并拢，掌心向下、指尖向头侧着力于肩背部。双手掌同时用力向外、向下沿肩胛骨外缘摩大圈后再用力上推复位。如此反复操作数次。(图5-8)

3. 腹部手法

（1）圈摩脐周：顾客仰卧位，施术者站于顾客右侧，四指并拢，在脐周旁开3cm，左手掌着力于腹部做顺时针打圈，右手顺势安抚。反复操作数次。（图5-9，图5-10）

（2）提拉腰侧：双掌根交替着力提拉腰侧，反手提拉另一侧。反复操作数次。（图5-11）

（3）掌推腹部：双手五指并拢，指尖向上，全掌着力由小腹推到剑突下，双手同时向外旋转90°，再分别沿左右肋下缘滑到腰侧，抖腕用爆发力将腰部肌肉上提并抖动，再顺势拉抹回小腹处。反复操作数次。（图5-12，图5-13）

（4）提推腹脂：双手五指并拢，一手掌着力于一侧腰部，从腰侧处往内提拉，另一手以手背同时从另一腰侧向内推挤。两手交错后互换手位。反复操作数次。（图5-14）

（5）啄捏腹部：双手五指微弯曲，掌心向下，五指指端垂直于腹部，同时以腕力快速啄捏腹部肌肉。如此反复操作数次。（图5-15）

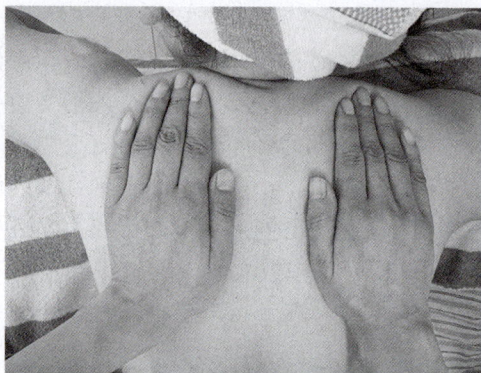

图5-8 抚摩肩背

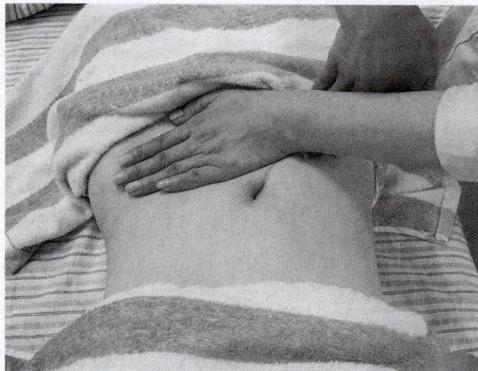

图5-9 圈摩脐周(1)

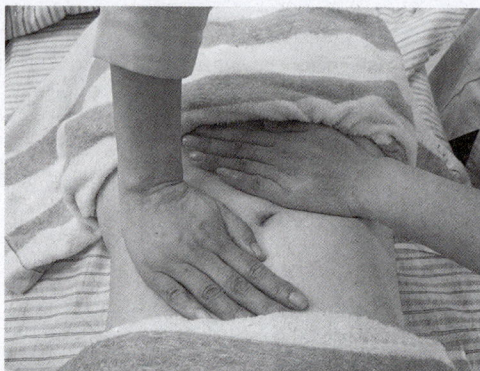

图5-10 圈摩脐周(2)

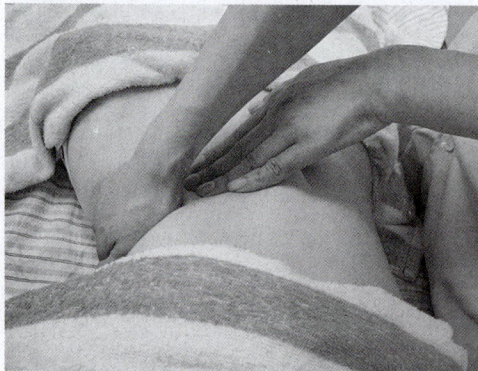

图5-11 提拉腰侧

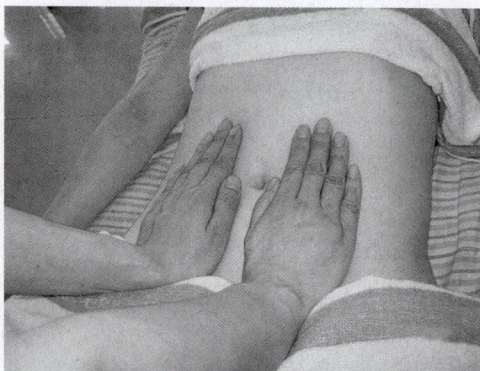

图5-12 掌推腹部(1)

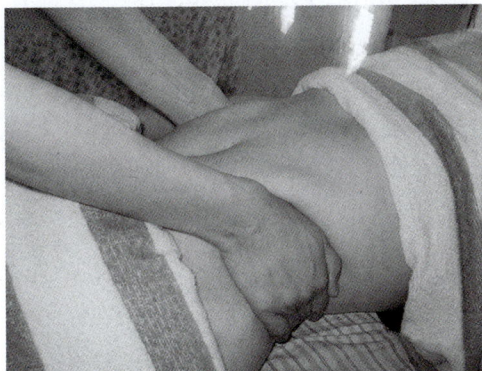

图 5-13　掌推腹部(2)

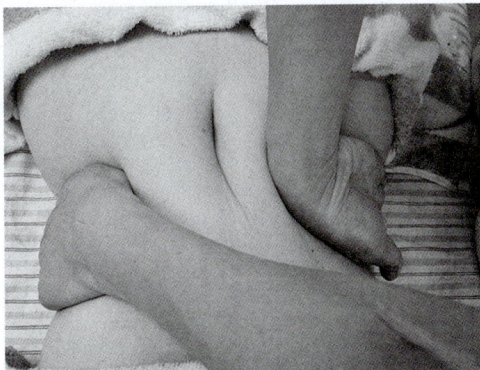

图 5-14　提推腹部

　　(6) 推抹腹部：双手拇指由小腹推到剑突下，再分别沿左右肋下缘滑到两侧，手掌伸至腰下，再以示指、中指、环指指腹分别拉抹至腹股沟。如此反复操作数次。(图 5-16，图 5-17)

　　4. 腰背部手法

　　(1) 掌推腰背：取俯卧位，施术者站立于头侧，双手以掌推法自大椎两侧沿足太阳膀胱经(脊柱旁开 1.5 寸)推至腰骶部，再从腰背两侧拉回。如此反复操作数次。(图 5-18)

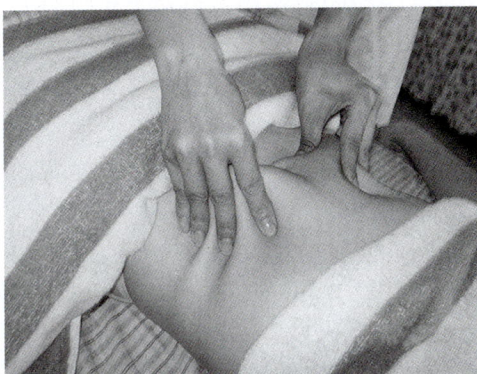

图 5-15　啄捏腹部

　　(2) 指推腰背：双手微握拳，拇指交叉夹紧于对侧掌心。以第 1 指间关节背侧向下用力推，接着以第 2 指间关节拉回。沿足太阳膀胱经(脊柱旁开 1.5 寸)推至腰骶部。(图 5-19)

　　(3) 按揉腰背：左手叠压在右手上，双掌重叠从上向下做顺时针按揉背部及腰部，直至皮肤发热为止。(图 5-20)

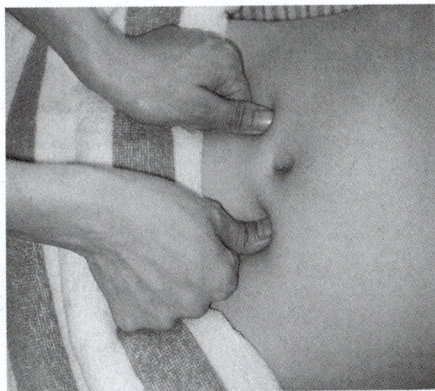

图 5-16　推抹腹部(1)

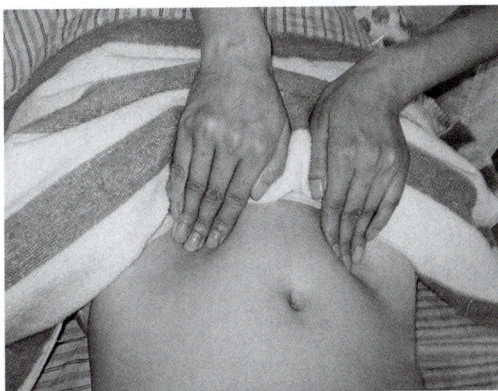

图 5-17　推抹腹部(2)

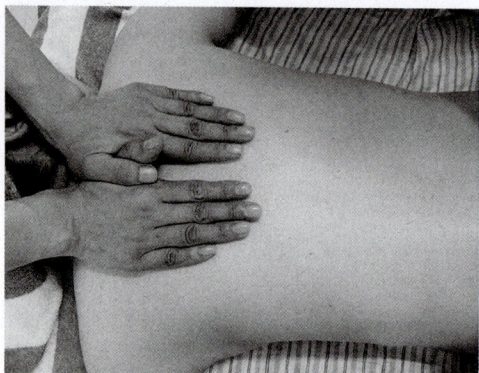

图 5-18 掌推腰背

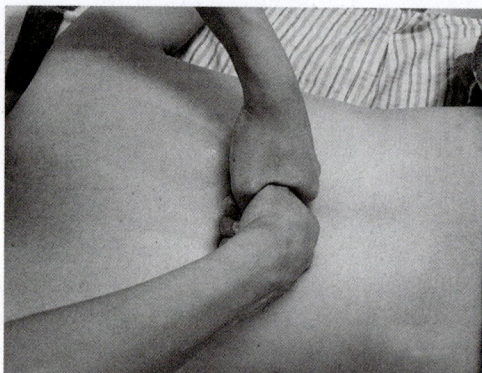

图 5-19 指推腰背

（4）推搓背部:施术者站立于顾客左侧,双手虎口打开,以双手的拇指、大鱼际、四指第2关节横向交替推搓背部。(图 5-21)

（5）抓捏腰背:五指交替抓捏腰背部肌肉。(图 5-22)

（6）叩击背部:五指并拢,两掌心相对但不接触,以小鱼际及小指外侧面叩击背部。(图 5-23)

（7）揉按膀胱经:施术者站立于顾客头侧,以双手拇指同时沿足太阳膀胱经第

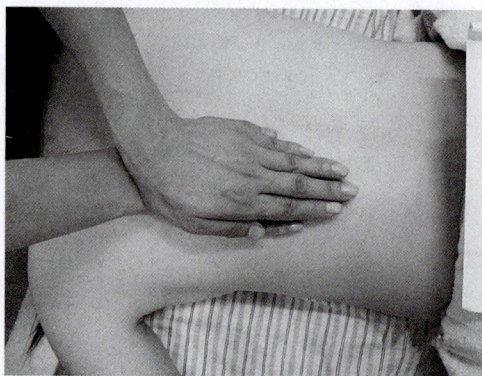

图 5-20 按揉腰背

1、2侧线自上而下揉按至腰骶部。五指并拢从腰背两侧拉回。反复操作数次。(图 5-24)

5. 臀部手法

（1）揉按臀肌:顾客取俯卧位,施术者站立于顾客左侧,双手掌根紧贴皮肤揉按臀部肌肉,力度先轻后重,逐步加力。反复操作数次。

（2）环摩推托臀部:掌心向下,双手五指并拢平伸,指尖向头侧,全掌并排着力于尾骨两侧。沿臀大肌外侧做弧状拉抹至臀股沟中部,双手虎口打开,以双手大小鱼际

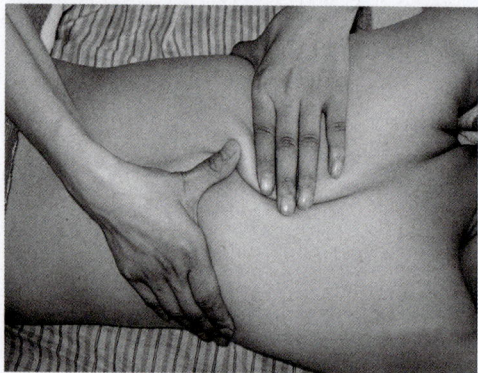

图 5-21 推搓背部

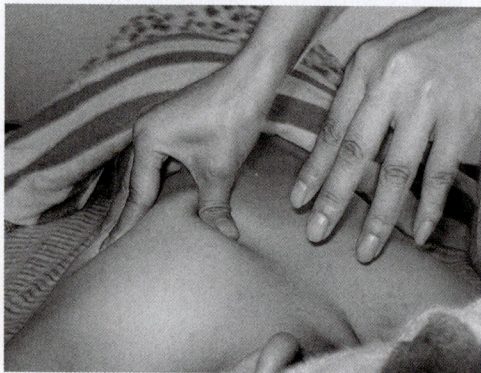

图 5-22 抓捏腰背

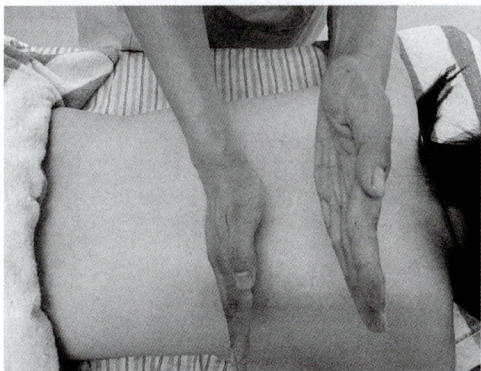

图 5-23　叩击背部

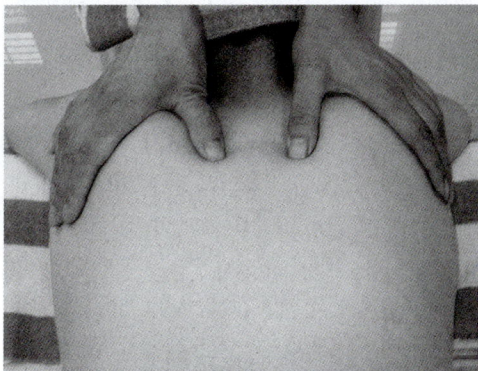

图 5-24　按揉膀胱经

快速向上推托臀肌。双手再向上推复位,如此反复操作数次。

(3) 推压臀部:双手四指并拢,拇指与示指呈"V"字形,手尽量向手背方向绷直,以示指和拇指的内侧肌肉着力、前后交错向上推压臀肌。先操作一侧再操作另一侧,反复数次。

(4) 拳叩臀部:双手握虚拳,以小鱼际外侧面快速交替叩击臀部。

6. 腿部手法

(1) 掌推腿部:顾客取俯卧位,双下肢伸直。推左侧腿部时施术者站于顾客左侧,推右侧时则站于右侧。双手五指并拢平伸,横位一上一下同时置于腿部,由踝关节处向上推至臀横纹处,再以掌根为轴,手指向上旋转 90°,指尖向上,手变为竖位,由两侧拉抹回踝关节,上强下弱。反复操作数次。(图 5-25)

(2) 滚推腿部:肘关节微屈(约 120°),以小指掌指关节背侧着力于腿部,并以此为轴,腕关节做伸屈运动,施滚法于腿部肌肉。(图 5-26)

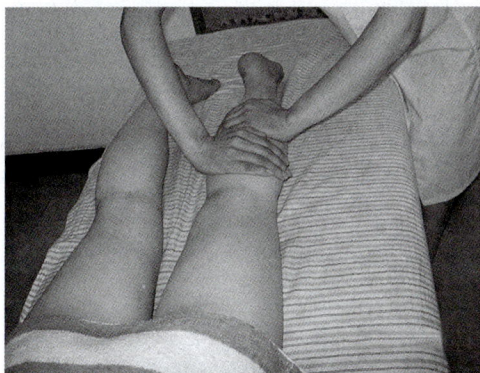

图 5-25　掌推腿部

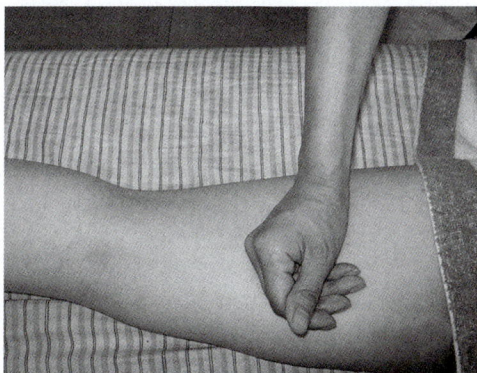

图 5-26　滚推腿部

(3) 推压腿部:横压双手横位,掌根置于腿中部,指尖向腿两侧,分别用力向腿两侧推压。(图 5-27)

（4）拉抹腿部：双手掌交替将腿部肌肉拉向中线，重复数次后，双手重叠置于中线，再用力向下按压。（图5-28，图5-29）

（5）揉搓腿部：双手虎口打开，横握腿部，一手虎口张开全掌着力向前推，同时另一手虎口张开向回拉，双手交替反复揉搓。如此重复操作数次。（图5-30）

（6）掌叩腿部：双手指微屈，掌心向下，空掌以腕关节的屈伸交替叩击腿部。（图5-31）

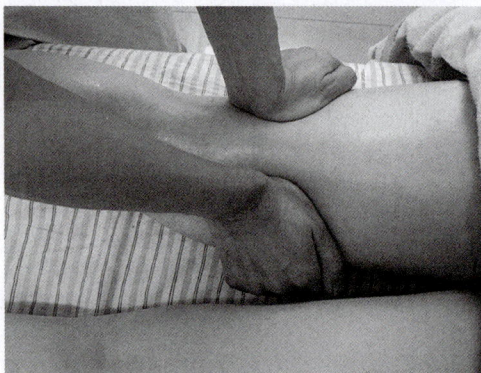

图 5-27　推压腿部

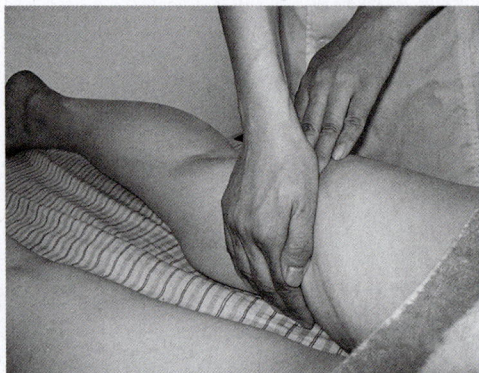

图 5-28　拉抹腿部(1)

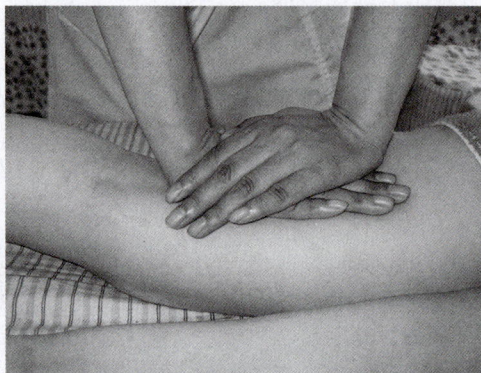

图 5-29　拉抹腿部(2)

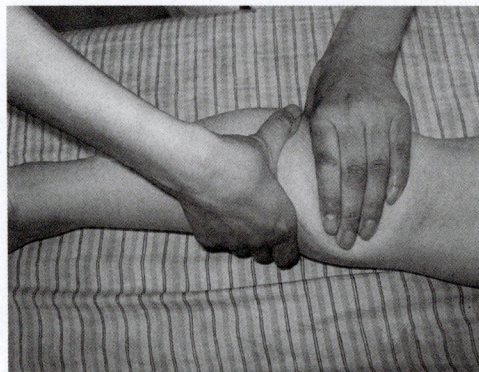

图 5-30　揉搓腿部

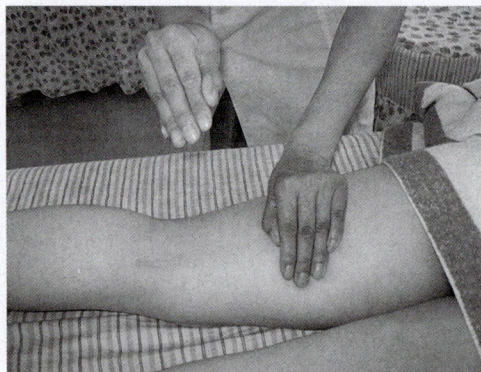

图 5-31　掌叩腿部

（二）注意事项

1. 按摩力度应根据顾客体质、耐受力及操作部位的不同情况而灵活调整，使力度适当，达及深层。速度快慢适中，动作衔接变换要自然。

2. 有高血压、心脏病、糖尿病等疾患者，局部有严重皮肤损伤及皮肤病患者，皆不适宜做减肥按摩。

146

3. 女性生理期间避免做减肥项目。

4. 饥饿状态下不宜按摩。

5. 施术者操作时注意力要集中，经络和腧穴定位要准确；双手要保持清洁和温暖，勿戴戒指，指甲要经常修剪。

（李春梅）

第三节　塑　身

一、脂肪分析

（一）脂肪组织的类型

脂肪组织是一种特殊的结缔组织。大量脂肪细胞聚集在疏松结缔组织中形成脂肪组织。根据脂肪细胞的结构和功能不同，将脂肪组织分为白色或黄色脂肪组织与棕色脂肪组织。白色或黄色脂肪组织主要用于代谢能量、保温和减震，棕色脂肪组织是重要的生成热量物质。近期研究显示，在白色脂肪组织内还存在第三类脂肪组织——浅褐色脂肪组织，其由白色脂肪组织转化而来（即白色脂肪组织棕色化），在功能上与棕色脂肪细胞相似。

（二）体脂率

见第二节。成年人的体脂率正常范围分别是女性 20%~25%，男性 15%~18%。若体脂率过高，体重超过正常值的 20% 以上就可进行塑身。

（三）脂肪堆积的种类和部位

造成脂肪堆积的原因因人而异，但大致可分为两类——内脏堆积和皮下堆积。女性脂肪一般堆积在臀部和大腿，形成所谓的"梨形"体型。男性脂肪一般囤积于腹部，形成"苹果形"或者"梨形"。容易形成脂肪堆积的有以下几个部位：

1. 膝盖　女性的双膝内侧往往是容易堆积脂肪的部位。

2. 腹部　在女性和男性身上都容易堆积脂肪的一个部位是肚脐周围的区域。这甚至也是苗条女性身上为数不多的藏有脂肪的地方之一。常常多见于上腹部（胃脘部）、下腹部（小肚子），也可以包括后腰部，主要以皮下脂肪藏于皮肤深、浅层。

3. 腰部　大多数人的发胖，常常都是从腰部开始的。腰部也是最容易堆积脂肪的常见部位之一。

4. 大腿内侧　大腿内侧囤积脂肪的情况在女性身上十分常见，有时也会发生在男性身上。导致女性此处更容易囤脂的原因在于女性盆骨的宽度较男性更大。

5. 大腿外侧　这个区域是最容易形成凹陷或者"棉絮"状脂肪团的地方。此处集中的脂肪常与大腿内侧或臀部的脂肪组织混合存在。

6. 臀部　久坐人群不得不提及臀部。肥大的臀部给人老态臃肿之感；同时，过多的脂肪会影响血液循环，让体内的毒素与废物难以顺利排出；而过多的脂肪细胞会被压迫、推挤到负责支撑皮肤弹力的纤维组织部位。

7. 面颊　面颊部具体来说是耳前、颧骨颧弓、下颌缘所围成的面部区域，若在这一区域有适当的脂肪会使女人显得丰腴娇美，男人则显成熟稳重，但过多的脂肪会使面部轮廓缺乏曲线的变化并使面部呈现臃肿、扩张的感觉。

8. 眼袋 随着年龄增长,下眼睑可能发生皮肤眼轮匝肌松弛和脂肪突出的症状,常在下睑及其下方形成眼袋。

另外,脂肪的堆积部位因人种而异。例如:成年亚洲人比欧洲人更倾向于内脏堆积脂肪或向心性肥胖,而地中海地区的女性则多为大腿外部肥胖。

二、常见塑身方法

1. 拔罐塑身 拔罐通过扶正祛邪,刺激腧穴,调整经络,可增强脾肾功能,扶助正气;又通过经络的疏通作用加速脂肪代谢,驱除体内湿气,消除浮肿,以达到塑身的效果。其作用如下:

(1) 调节脂质代谢过程:身形肥胖的人,体内过氧化脂质高于正常值。拔罐打通人体相关要穴后,可以使人体中过氧化脂质含量下降,加速脂肪的新陈代谢。

(2) 纠正异常食欲:通过对神经系统的调节,可以抑制胃酸分泌过多,达到不乏力、不饥饿的目的。拔罐以后,胃的排空减慢,胃不空了,自然就有饱的感觉,摄入的热量就会减少。

(3) 调节内分泌紊乱:部分人体形发生改变与内分泌紊乱有关,例如产后妇女会发胖,不单是营养过剩,还因分娩后打破了内分泌平衡,引起发胖;女人到了围绝经期时,内分泌紊乱同样会引起发胖。采用拔罐塑身,可调节"下丘脑 - 垂体 - 肾上腺皮质"和"交感 - 肾上腺髓质"两个系统,使内分泌紊乱得以纠正。

2. 塑身霜按摩塑身 以塑身霜代替按摩膏,做局部或全身减肥塑身按摩。一般塑身霜的主要成分为绿茶素、海藻精华、咖啡因、辣椒提取物等,搽抹后可疏通血脉、刺激神经系统。部分精油(如杜松精油、葡萄柚精油、天竺葵精油等)也有促进排毒消肿的成分。除此之外,按摩对塑身的作用表现在如下几个方面:

(1) 按摩不会增加肌肉的力量,却可保持肌肉的正常功能。

(2) 按摩能够使肌肉中的毛细血管扩张和后背毛细血管开放,使局部血液供应加强,营养改善,从而提高肌肉的工作能力。

(3) 按摩还可以消除肌肉组织所堆积的乳酸,减轻肌肉组织的疲劳。

(4) 定期按摩可以松弛紧张的肌肉,预防肌肉组织中纤维变性。

3. 仪器塑身 塑身的原理大多是分解多余的脂肪,加速代谢,排出多余的脂肪和废物,刺激肌肉收缩,消耗体内过剩的热能等。具体参照第二节减肥中的内容。

4. 运动塑身 大量研究表明,中低强度长时间有氧运动塑身效果明显,力量训练与有氧运动结合进行是运动塑身的最好方法。有氧运动是指任何使身体大肌肉群可以长时间持续进行,具有节律性的身体活动,如跑步、游泳、骑车、跳绳等。运动强度以脉搏作为指标,适宜心率为最高心率的 60%~80%,大约为 140~160 次 /min。主要运动持续时间要不少于 40 分钟,注意运动前的热身和运动后的放松练习。

5. 饮食塑身 有塑身需求的人应多吃抗氧化的食物,有助于合成胶原蛋白,有效减少、改善皮肤松弛情况,如胡萝卜、苹果、西红柿、葡萄等。还应多补充蛋白质,因蛋白质不仅可以增强机体的新陈代谢能力,也是合成肌肉的重要成分。多吃富含蛋白质的食物,有利于增肌。当肌肉生长,皮肤就会有了支持,皮肤松弛问题自然迎刃而解。

6. 塑身衣塑身 用特殊材质做成塑身衣,紧紧地包裹身体,使被包裹的部位大量流汗,可减轻水肿。同时,设计合理的塑身衣还能将脂肪包紧,通过物理作用稍微移位,塑造美好身形。

知识链接

包裹塑身技术

包裹塑身技术是将特殊盐液和纤体修身液,用绷带交替循环包扎于需要塑身的部位,使体内多余水分排出,让身体脂肪细胞吸收其中的矿物质,通过毛孔排出毒素,使已经松弛的皮肤收紧,呈现出曲线美的一种技术。

(包依飞)

复习思考题

1. 综合本章内容,请简述减肥和塑身的主要区别。什么人群更适合减肥?什么人群更适合塑身?

2. 如何区分体重指数和体脂率?体脂率是否可以替代体重指数?为什么?

扫一扫
测一测

第六章

美容化妆技术

学习要点

美容化妆、矫正化妆、日妆、晚宴妆、新娘妆、梦幻妆；日妆和晚宴妆的化妆技术；编发、盘发等基础造型技术；睫毛嫁接技术。

化妆是一种历史悠久的美容技术。古代人们在面部和身体涂上各种颜色和油彩，表示神的化身，以此祛魔逐邪，并显示自己的存在。随着社会经济的不断发展，人们生活水平的不断提高，社会交往的日益频繁，美容化妆作为一种时尚已经成为人们生活中不可或缺的一部分，人们对自己外表的综合形象也越来越注重，因为外表形象不但反映出个人的气质、修养、品味，更代表了地位和身份。用化妆来表达个性，突出个人特质风韵，已成为现代人共识的审美理念。

要学好这门技术，必须牢固掌握化妆专业基础知识及技巧，针对个体特点，采用适宜的化妆方法，并与发型、服饰等进行和谐搭配，做到形美、质美、神美的合一，才是一个完整的造型形象，才会令化妆美容更具魅力、更多姿多彩。

第一节　美容化妆的发展史

美容化妆不仅仅是个体活动，同时也具有广泛的社会性。每一个历史时期的社会经济发展状况，社会风俗习惯，以及人们的道德、伦理、文化素质、生活水平，都会对化妆产生很大的影响。推动美容化妆发展的动力来源于经济水平的提高、妇女地位的提升及人们心目中对美的追求与渴望。

一、中国化妆发展简史

中国妇女的化妆习俗在三代(夏、商、周)便已兴起。铅粉是古代妇女化妆的基本材料。晋代《古今注》中记载"三代以铅为粉"。在殷纣时期，就开始用燕地红兰花捣汁凝成胭脂(燕支)；周文王时，妇女已广泛使用锌粉擦脸。

秦汉时期的《神农本草经》中提到铅丹和粉锡。画眉是中国最流行、最常见的一种化妆方法，产生于战国时期。汉代，审美意识提高，画眉更普遍，化妆习俗得到新发展，贵族和平民阶层妇女都注重自身容颜装饰。

魏晋南北朝时期,妇女的面部装扮在色彩运用方面比以前大胆,装扮的形态变化也很大,而且女性以瘦弱为美,普遍爱好体态羸弱、娇不胜持的病态美。这时期还有一种特殊妆式称为"紫妆"。《中华古今注》记载魏文帝所宠爱的宫女中有一名叫段巧笑的宫女,时常"锦衣系履,作紫粉拂面",当时这种妆法尚属少见,但可以看出古代以紫色为华贵象征的审美意识。魏文帝曹丕的妃子薛夜来眼角碰伤流血,血痕使之越发美丽,后人效仿,用胭脂涂画,时间一长,便演变成一种特殊妆式(晓霞妆)。南北朝时,佛教在中国进入盛期,一些妇女从涂金的佛像上受到启发,将额头涂成黄色,渐成风习。

唐代是个繁荣昌盛的时代,达到了中国化妆史上富丽与雍容的顶峰。在眉型上时浓而阔,或淡而细,将眉向上画成两片较大蛾翅形(蛾翅眉),是唐代盛行的眉型。当时也有唇膏化妆品,称口脂。唐代传奇《莺莺传》有"口脂五寸,致耀首膏唇之饰"的记载,与目前流行的管状唇膏相似。在面部用色上有白妆(以粉为主)、红妆(以胭脂为主)之分。妆面也趋向多样,有飞霞妆、黄妆等多种。唐代额黄盛行时,温庭筠在诗中吟出"额黄无限夕阳山"之句。花钿是古时妇女脸上的一种花饰,起源于南朝宋,有红、绿、黄三种颜色,以红色为最多,以金、银制成花形,蔽于发上,是唐代比较流行的一种首饰。花钿的形状除梅花状外,还有各式小鸟、小鱼、小鸭等,十分美妙新颖。

宋代建立之后,经济有所发展,美学思想也有了变化,力求用简单平淡的形式表现绮丽丰富的内容,造成一种回荡无穷的韵味,崇尚淡雅的风格。

辽金元时期,装扮服饰都非常简朴,直到逐渐汉化后,才变得比较讲究及华丽。另外,自宋元以来,开始崇尚以妇女小脚为美的劣习,妇女受到种种压抑与摧残,妆饰仪容方面不可能有特殊的表现,难以超越唐代的极盛巅峰。

明清以来,妇女一般崇尚秀美清丽的形象,以面庞秀美,弯曲细眉、细眼,薄小口唇为美。

民国初期较尊崇圆脸,面部线条以曲线为美。眉妆追求自然,眼妆追求翻翘的睫毛,深色眼彩画出幽深的眼神。妆饰以简洁、淡雅、多元、实用为特点。

到了20世纪30年代,肤色的表现以白为底,其余化妆重点造型则都以圆为主,如圆脸、圆腮红、半月型眉、圆唇,面部线条依然以曲线为美。

20世纪80年代,化妆日趋普遍,不仅注意化妆技巧,而且重视在洁肤、护肤基础上化妆。这一时期的妆型也是以白为底、以圆为主,并注重油彩浓妆——乌漆浓眉、彩蕴眼影、两团庆丰收式的腮红、油汪汪的大红唇。

20世纪90年代以来,女性由于教育水准的提高,对美的追求也明显呈现出多元化趋向,强调时尚感与健康美。

21世纪至今,各类化妆工具及化妆技术得到了空前发展,崇尚各类自由妆面,以展现个性。各类美容化妆讲座、竞赛、技术等级考试等比比皆是。美容化妆事业已繁荣昌盛起来,并逐渐走向健康化、规范化的轨道。

二、国外化妆发展简史

一般认为,最早有意识地使用化妆品来装饰个人的是古埃及人。他们为防止热和干燥的侵扰,常用动物油脂涂抹皮肤,同时还在眼圈上下染上绿色、蓝色等染料。据说,这样可以预防沙眼和飞虫侵入。经研究后发现,古埃及人眼睛上的颜料主要成分是孔雀石,具有杀菌作用。

在古希腊,人们先用烟黑涂描眼睫毛,然后再涂上黄白色的天然橡胶浆。当时,妇女还爱从指甲花里萃取染料涂在口唇和两颊。

古罗马人继承了许多希腊人的习俗。他们同样也很喜欢使用香料及化妆品。妇女把从植物中提取的香水滴入洗澡水中,并用浸透这种香液的海绵来擦洗身体,以达到保养皮肤和美容的目的。

601 年,高丽僧把口红传到了日本,但在日本女子中普及口红是在 18 世纪初。那时的日本女子,为了使口红抹得更浓些,爱在涂口红之前在唇上涂上墨。日本艺妓的化妆到目前为止,仍堪称是一种错综复杂且具有特殊风格的艺术。

文艺复兴时期的一大美容特色是通过剃掉眉毛和额前发际线来展示较宽阔的前额,而且认为女子剃眉是智慧的象征。妇女的画像显示宽阔洁净的额头,眼部没有化妆,而唇与颊有颜色。

17 世纪末期,巴黎的妇女流行点黑痣的化妆术。黑痣的形状分为星状、月牙状和圆形,一般点缀在额、鼻、两颊和唇边,也有点于腹、肚和两腿内侧的。痣的颜色有黑色和红色两种。

18 世纪,欧洲的贵妇人风行使用口红和香粉。她们用的口红和香粉是掺用铅丹、锡、硫黄和水银等化学药品制作而成的。1755 年至 1793 年为法国王后(玛丽·安托瓦内特)时期,亦被称为奢侈时期。在此期间,有地位的妇女用草莓汁或牛乳来沐浴,并且使用大量昂贵的化妆品配方。他们将磨成粉的淀粉做成香粉,用做面部的扑粉;口唇与面颊则涂用粉红至橘黄色的鲜明化妆品。小块的丝质花布用来修饰面部及掩饰面部的缺陷。妇女的眉毛经过刻意整理,眼皮抹用具有高度光泽的物质,但是眼睛或眼睛四周使用的化妆品颜色却很淡。富有的人喜欢穿戴极为华丽的服饰并佩戴假发。

19 世纪,英国维多利亚女王时代被认为是最苛刻、最朴素的时代。因此,这个时代的服饰、发型及化妆也深受保守作风的影响。据资料记载,维多利亚女王时代的妇女宁愿用手捏面颊及口唇来造成自然的颜色,也不愿使用唇膏、胭脂等有色彩的化妆品。但不论男女都关心身体清洁及个人保养。为了保持皮肤的健康与漂亮,人们用蜂蜜、鸡蛋、牛乳、麦片、水果、蔬菜及其他原料来做敷面膏。

工业革命给美国带来了新的繁荣,妇女受电影明星的服饰、化妆及发型的影响非常大。妇女开始剪短发,并把头发烫成波浪形,同时也广泛地使用眼部化妆品、口红、胭脂等,在眼睑处使用眼影膏。

20 世纪 30 年代,人们深受新闻媒介的影响,报纸、杂志、广播及有声电影,带给美国及其他国家的人们以最新的流行信息。电烫发的发明使妇女的发型有了较多的变化,淡黄色的头发、细弯眉毛以及在唇颊部抹用鲜艳色彩风靡一时。男士光滑的头发及修饰整齐的胡子在当时也形成了流行风尚。

20 世纪 60 年代末期,以化妆品勾画出面部的轮廓变得非常流行,细眉毛再度受到欢迎。20 世纪 70 年代,新的潮流是人们追求最适合自身的妆容,不再热衷于某一特殊发型或化妆方式,这使得化妆更多姿多彩。

当代,随着动漫、影视、网游等的兴盛和各国美容界的频繁技术交流,人们对化妆技术的认识更深入,对其功能性的要求也更高、更全面。运用美容化妆的技术来美化容貌与仪表,树立自信,令生活充满活力,是人类现代文明的具体表现,也是美容化妆渐趋成熟的标志。运用天然成分的化妆品和自然的化妆技法是当今美容化妆的重要特征,而基础化妆、矫正化妆、风格化妆是其三个境界。

第二节　美容化妆的基本知识

一、美容化妆的概念

美容化妆有广义和狭义之分。狭义的美容化妆是指以人体医学科学为基础,以人类社会审美心理为标准,运用现代美容化妆技术及产品,针对个体特点和需要,进行面部肌肤养护、修饰,以达到扬长避短、增加魅力为目的的系统理论和技术。

广义的美容化妆是指在身体健康和心理健全的基础上,借助某些物理方法和化妆产品,运用化妆技术来美化自己和掩盖面部某些缺陷,装扮整个人体,使其成为健康而靓丽的人。这里的化妆不仅指颜面,甚至还要改变人的整体形象及气质。

平时我们所说的化妆主要指生活美容化妆,是指人们在日常社交活动中,利用化妆用品和用具以专业的化妆手段对面部五官及其他部位进行修饰、描画,以达到扬长避短、美化容颜、增强自信和尊重他人的目的。生活美容化妆服务于生活、接近于生活,要求在真实、细致的基础上加以修饰,不可大幅度改变自己的容貌。

课堂互动

你知道生活美容化妆有哪些特点吗?

生活美容化妆的特点

二、美容化妆的作用和原则

(一) 美容化妆的作用

1. 美化容颜　美容化妆的直接目的就是美化自己的容颜,使优点更加突出,起到增添神采的作用。

2. 健美护肤　化妆不仅可以使人容颜美丽,还能起到保护皮肤的作用。

3. 增强自信　化妆在增添美丽的同时,既尊重了他人也增添了自信,精心得体的装扮会为社会交往和社会生活增添更多愉悦的气氛。

4. 矫正缺陷　用化妆手段弥补或矫正面部缺陷是化妆的主要作用之一,通过后天的修饰使自己更具魅力。

(二) 美容化妆的原则

1. 扬长避短　是指突出最美的部分令其更加动人,同时巧妙地弥补或掩盖不足的部分。

2. 自然真实　化妆要自然真实。化妆师可通过化妆技巧和手段,采用合理的化妆品来表现出人的自然个性和气质美。

3. 突出个性　化妆要因人、因时、因地制宜,切忌千篇一律。应根据对象特点,设计妆型,强调个性特点,勿要单纯模仿。

4. 整体配合　美容化妆强调整体观、协调美。一方面,妆型的设计应考虑发型、服饰的配合,使之具有整体美感;另一方面,还应结合化妆对象、气质、性格、职业、年龄等特征加以规划,取得和谐统一的效果。

三、美容化妆的种类

化妆根据其展示的不同空间可分为两大类——生活化妆和表演化妆。生活化妆以弥补缺陷、美化容貌、展示个性为特征;表演化妆以表演和展示为主要目的(表6-1)。

表 6-1　美容化妆的种类

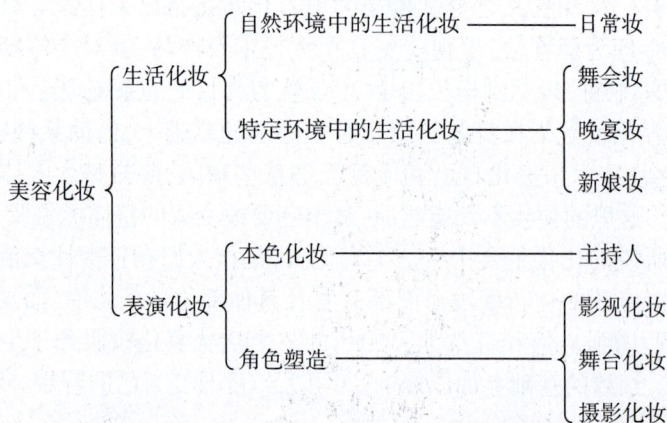

```
                          ┌ 自然环境中的生活化妆 ──── 日常妆
            ┌ 生活化妆 ┤                           ┌ 舞会妆
            │             └ 特定环境中的生活化妆 ──┤ 晚宴妆
   美容化妆 ┤                                        └ 新娘妆
            │             ┌ 本色化妆 ──────── 主持人
            └ 表演化妆 ┤                           ┌ 影视化妆
                          └ 角色塑造 ──────────┤ 舞台化妆
                                                    └ 摄影化妆
```

四、美容化妆的用品用具

用于美容化妆的化妆品又称彩妆类化妆品、化妆用品,具有美化面部容貌、调整皮肤色调、修整面部轮廓及五官比例、掩盖面部缺陷的重要作用。正确认识并选择化妆用品,是化妆师必须具备的技能。

(一) 化妆用品(图 6-1,图 6-2)

1. 卸妆液(油)、洗面奶、卸妆巾　用于化妆前的卸妆洁面。卸妆油以含矿物油或植物油为主,用于较浓彩妆的卸妆;卸妆液性质温和,清洁效果好,用于淡妆或眼部及唇部的卸妆。如果用卸妆液(油)来卸妆,必须用洗面奶将卸妆液(油)清洗干净;卸妆巾具有三合一功效,即卸妆、洁面、保湿护肤一次完成。

2. 化妆水　化妆前使用化妆水,可补充皮肤表皮水分,滋润皮肤,收敛毛孔,保持妆面持久。柔软性化妆水有软化表皮之功效,用于较粗硬的皮肤。收敛性化妆水具有收缩毛孔之功效,用于油性皮肤。润肤化妆水具有保湿功效,用于中性和干性皮肤。营养性化妆水具有补充皮肤养分和水分之功效,用于干性和衰老性皮肤。

3. 乳液、营养霜　两种都在化妆前使用,既能保护皮肤,又能给皮肤补充水分及营养。乳液一般适用于淡妆、夏季化妆和油性皮肤。营养霜适用于春、秋、冬季,化浓妆及干性皮肤和衰老性皮肤。

4. 粉底　用于遮盖瑕疵、调整肤色、改善肤质、增强面部立体感。粉底的种类很多,有液态、固态和粉态。

(1) 粉条:为外观呈管状的膏状粉底,油脂含量较高,遮盖力强,质地较厚,可赋予皮肤光泽和弹性。适用于干性、衰老性皮肤和影视妆、浓妆。

(2) 粉底霜:含油脂高,遮盖力较强,适用于中性、干性、衰老性皮肤和秋、冬季化

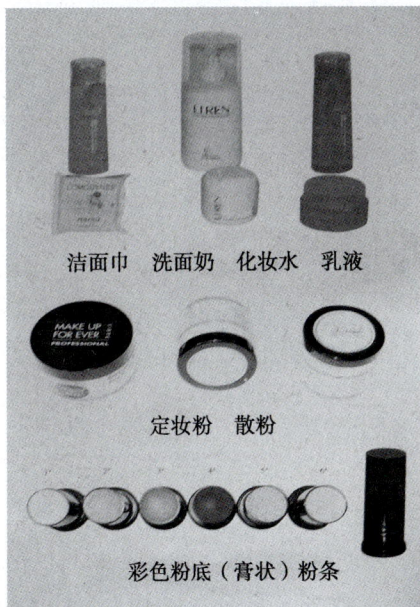

图 6-1　常用专业化妆品(1)

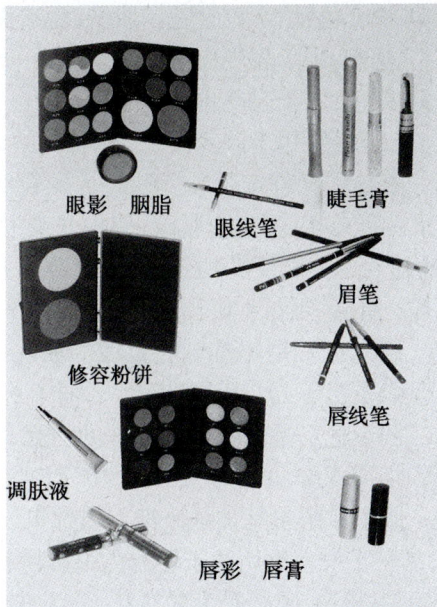

图 6-2　常用专业化妆品(2)

妆,浓妆。

(3) 粉底液:乳液状,含水分较多。遮盖力一般,使用效果自然真实,适用于夏季和化淡妆。

(4) 粉饼:含水、油适量,遮盖力强,可干湿两用,干用可做哑光散粉定妆,湿用可做粉底修饰皮肤,适用于油性皮肤、补妆和日妆快速上妆定妆。

(5) 遮瑕膏:遮瑕膏是一种特殊的粉底,成分与膏状粉底相似,其质地较膏状粉底更干些,遮盖力最强,主要用于一般粉底掩饰不住的瑕疵。遮瑕膏可根据情况放在底色前后使用。

知识链接

BB 霜与 CC 霜

BB 霜是一种化妆用品,为 Blemish balm 的缩写,意为伤痕保养霜,最初是德国人为接受镭射治疗的患者设计的,质地比较厚重,含护肤和防晒成分,能使受损肌肤得到修复与再生。韩国化妆界将其引进并改良,使其从医学美容品成为了日化美妆品,集合遮瑕、调整肤色、防辐射、隔离、修颜等功能。

CC 霜属于粉底的一种,为 Color control cream 的缩写,意为色彩调控全效修容霜。CC 霜集合了 BB 霜的所有优点,又增添了美白成分,集肤色修正、保湿、美白修护、隔离修颜于一体。

5. 隔离霜　又称调肤液、修正液或妆前乳,用于化妆打底之前,隔离彩妆,调整皮肤的颜色。涂在脸上宜薄,否则会出现发青发紫、肤色不均的效果。

(1) 紫色:用于调整偏黄、灰暗的肤色。

(2) 绿色:用于调整偏红及脸颊有红血丝的皮肤。

（3）粉红色：用于调整苍白肌肤,塑造健康红润的效果。

（4）蓝色：用于表现白皙的肌肤。

（5）橙色：用于表现古铜色肌肤。

（6）土黄色：用于遮盖黑眼圈。

6. 蜜粉　又称定妆粉、散粉,为颗粒细致的粉末,具有吸收水分、油分的作用,且能调和粉底光亮度,防止脱妆,使皮肤爽滑且更为自然。可用于各种妆型的定妆。蜜粉还有遮盖脸上瑕疵的功效,令妆容看上去更为柔和,呈现朦胧的美态。较粉饼相比,携带不方便,需要专业化妆刷配合。

7. 高光色　是比基础底色浅的粉底,打在面部需要扩大、凸起的部位,如眉骨、T字形区、下巴等处。不同的脸型涂抹高光的位置也有不同。

8. 阴影色　是比基本底色深的粉底,打在面部需要缩小、凹陷的部位,如腮部、下颌角等。阴影的晕染应柔和自然,看不出明显界线,不同的脸型抹阴影的部位也不一样。

9. 眼影　眼影是加强眼部立体效果、修饰眼型以衬托眼部神采的化妆品,其色彩丰富,品种多样。常用的眼影分为眼影粉和眼影膏两种。

（1）眼影粉：眼影粉为粉块状,分为珠光眼影和亚光眼影,其中含珠光的深白色眼影粉也可作为面部提亮色。眼影粉在定妆后使用,珠光眼影可起到特殊的装饰作用,通常用于局部点缀;亚光眼影较适合东方人显浮肿的眼睛。

（2）眼影膏：眼影膏的外观和包装与唇膏相似,是现今比较流行的眼用化妆品。它的色彩不如眼影粉丰富,但涂后给人以光泽、滋润的感觉。

使用方法：在涂完粉底后,定妆前直接用手涂于眼部。

10. 眼线液、眼线粉（膏）、眼线笔　眼线饰品是进行描画睫毛时用的化妆品,用于调整和修饰眼型,增强眼部的神采。

（1）眼线液：眼线液为半流动状液体,配有细小的毛刷。用眼线液描画睫毛线的特点是上色效果好,但操作难度较大。一般适用于晚妆、浓妆。

（2）眼线粉（膏）：眼线粉（膏）为块状,其最大特点是晕染层次感强,上色效果好,不易脱妆。适用于各种妆型。

（3）眼线笔：眼线笔外形像铅笔,芯质柔软。特点是易于描画,效果自然。一般适用于生活淡妆。

11. 睫毛膏　用于修饰睫毛的化妆品,可使睫毛浓密,增加眼部神采与魅力。睫毛膏的色彩丰富,可分为无色睫毛膏、彩色睫毛膏、加长睫毛膏等多种。

12. 眉笔、眉粉　描画眉毛的工具,用于调整修饰眉型,增强面部神采。

（1）眉笔：铅笔状,芯质较眼线笔硬,颜色有黑色、棕色和灰色。浓妆多用黑色,棕色适合淡妆和皮肤较白的人。灰色适用于年龄较大的人。

（2）眉粉：眉粉是用眉粉刷蘸眉粉均匀地涂在眉毛上,比用眉笔画的要自然些。

13. 腮红　腮红是用来修饰面颊的化妆品。它可矫正脸型,突出面部轮廓,统一面部色调,使皮肤更加健康红润。常用的腮红有粉状和膏状两种。美容化妆常用粉状腮红。

（1）粉状腮红：腮红外观呈块状,含油量少,色泽鲜艳,使用方便,适用面广。定妆之后,涂于颧骨附近。

（2）膏状腮红：膏状腮红外观与膏状粉底相似,能充分体现面颊的自然光泽,特别适合干性、衰老皮肤和透明妆使用。

14.　唇膏　唇膏是所有彩妆化妆品中颜色最丰富的一种。它用于强调部分色彩及立体感，具有改善唇色，调整、滋润及营养唇部的作用。唇膏按其形状划分，有棒状和软膏状两种。唇膏同时也包括唇彩。

（1）棒状、软膏状唇膏：一般放在盒中，最大的特点是可以随意进行颜色的调配，是专业化妆师的首选。

（2）唇彩：使用唇彩可以凸出唇部的滋润感。唇彩质地细腻，光泽柔和，颜色自然，使用后会使唇部显得润泽，一般与唇膏配合使用。

15.　唇线笔　唇线笔外形似铅笔，芯质较软，用于描画唇部的轮廓线，可修饰唇型、增强唇部的立体感。选择唇线笔的颜色时应注意与唇膏属于同一色系，且略深于唇膏色，以便使唇线与唇色协调。

16.　修容粉饼　是一种粉质双色粉饼，用于面部轮廓的修饰、矫正。本品可分为提亮色和阴影色，用于面部不同部位，使面部更具有立体感。

（二）化妆用具

常言道："工欲善其事，必先利其器。"好的化妆工具与彩妆类化妆品是完成人物化妆造型的基础条件。下面分别介绍各种化妆用具的用途、性能及特点。（图6-3）

1.　涂粉底和定妆的用具

（1）粉底海绵：又称化妆海绵，有三角形、圆形、方形等多种形状。根据个人喜好选择。化妆海绵是打底时用的，用时应先将海绵用水喷湿，使其呈微潮的状态后，蘸

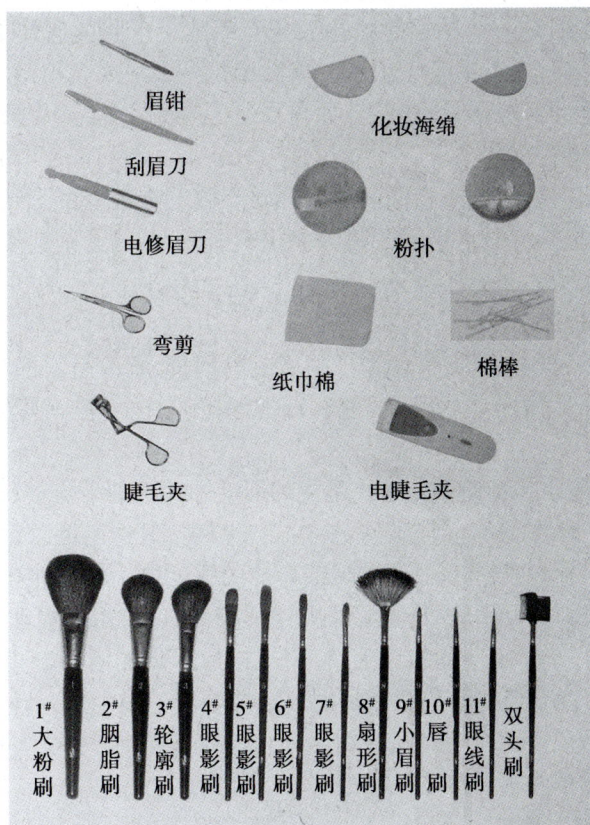

图6-3　常用化妆工具

粉底在皮肤上均匀涂抹。

（2）粉扑：用于扑按蜜粉定妆和化妆时套在小指上隔离妆面。化妆时应准备两个粉扑，相互配合使用。

（3）掸粉刷（1#大粉刷）：掸粉刷用来扫去脸上多余的浮粉，是化妆刷中最大的一种毛刷，其质地柔软，不刺激皮肤。此外，还有一种刷头呈扇形的粉刷，用于下眼睑、口角等细小部位。这种粉刷是8#扇形刷。

（4）亮粉刷（5#眼影刷）：亮粉刷是在额头、鼻梁、下颏等部位涂抹亮色化妆粉或眼部亮色眼影粉时使用的刷子。应选用宽度在1cm以上的眼影刷。

2. 修饰眼睛的用品及用具

（1）眼影刷（4#、6#、7#眼影刷）：眼影刷有两种类型，一种为毛质眼影刷，另一种为海绵棒状眼影刷。它们都是眼部修饰用具，不同之处在于海绵棒要比毛质眼影刷晕染的力度大、上色多。对毛质眼影刷质量要求较高，应具有良好的弹性。眼影刷要专色专用，最好备有几支大小各异的眼影刷。

（2）眼线刷（11#眼线刷）：用来描画睫毛线的化妆用具。眼线刷是化妆套刷中最细小的毛刷。

（3）美目贴：美目贴是矫正眼型的化妆用品，是带有黏性的透明胶纸，通过粘贴，可以改变双眼睑的宽度，也可矫正下垂松弛的上眼睑。美目贴可分为透明双眼皮贴、肉色双眼皮贴、成型双眼皮贴。现在最流行蕾丝美目贴。

（4）假睫毛：假睫毛可以增加睫毛的浓密与长度，为眼部增添神采。假睫毛一般有完整型和零散型两种。完整型是指呈一条完整睫毛形状的假睫毛，化妆时用专用胶水将其固定在睫毛根处，适用于浓妆。零散型是指2根或几根组成的假睫毛束，是用专用胶水将假睫毛固定在真睫毛上，并与真睫毛融为一体，适合局部睫毛残缺的修补，也适合淡妆中睫毛的修饰。

（5）睫毛夹：睫毛夹是用来卷曲睫毛的用具。睫毛夹夹缝的圆弧形与眼睑的外形相吻合，使睫毛被压挤后向上卷翘。睫毛夹松紧要适度，过紧则会使睫毛不自然。选用时应检查橡皮垫和夹口是否紧密。

3. 修饰眉毛的用具

（1）眉扫刷（9#眉刷）：用于整理和描画眉毛的用具，刷头呈斜面状，毛质比眼影刷略硬。通常用眉刷蘸眉粉在眉毛上轻扫，以加深眉色；也可在画好的眉毛上轻扫，使眉色均匀自然。

（2）眉梳和眉刷（12#睫毛梳）：眉梳是梳理眉毛和睫毛的小梳子，梳齿细密，有时也被称为睫毛梳。一般在修眉前梳理眉毛，以便于修剪，另外还可以将涂睫毛膏时粘在一起的睫毛梳通。梳时从睫毛根部沿睫毛弯曲的弧度向上梳。在化妆工具中眉梳和眉刷常常被制作成一体。眉刷外型同牙刷，毛质粗硬，也可用于整理眉毛。

（3）修眉镊：用于拔除杂乱的眉毛，将眉毛修成理想的眉型。美容常用的修眉镊通常选用圆头的。注意使用修眉镊修眉时一定要顺着毛发生长方向进行拔眉毛。

（4）修眉剪：用于修剪眉毛及睫毛的用具，修眉剪较细小，头尖并微上翘。

（5）修眉刀：用于修整眉型及发际处多余的毛发。

4. 修饰面色的用具

（1）轮廓刷（3#轮廓刷）：用于修整面部外轮廓。可以选择刷毛较长且触感轻柔、顶端呈椭圆形的粉刷。

（2）腮红刷（2#腮红刷）：用于涂腮红的用具。腮红刷是用富有弹性、大而柔软、用动物毛制成的前端呈圆弧状的刷子。

5. 画唇的用具　唇刷（10#唇刷）。唇刷最好选择顶端刷毛较平的刷子。这种形状的刷子有一定的宽度，刷毛较硬但有一定的弹性，既可以用来描画唇线，又可以用来抹全唇。

6. 常用化妆材料　常用的化妆材料有纸巾、棉棒、棉片等。

（1）纸巾：用于净手、擦笔、吸汗及吸去面部多余的油脂、卸妆等。纸巾应选择质地柔软、吸附性强的面巾纸。

（2）棉棒：棉棒是化妆时擦净细小部位最理想的用具。如涂眼影、睫毛液时，常常会因不小心或技术不熟练而弄脏妆面，而用棉棒进行擦拭，效果良好。

第三节　施妆的基本方法

一、化妆前的准备

（一）认识五官位置的美学标准

化妆前首先要了解受妆者面部五官的比例结构与位置及脸型。自古以来，椭圆脸型和比例匀称的五官一直被公认是最理想的"美人"标准。椭圆脸型的长度和宽度是由五官的比例结构所决定的。五官的比例一般以美学家根据面部的黄金比例规定的"三庭五眼"为标准。

三庭五眼

课堂互动

什么是"三庭五眼"？

眉毛由眉头、眉腰、眉峰、眉梢四部分组成（图6-4）。眉的标准位置：眉头在鼻翼与内眼角连线的延长线上；眉梢在鼻翼与外眼角连线的延长线上；眉峰在眉头至眉梢的2/3处；眉梢的高度为眉头下缘至眉梢的水平连线，且略高于眉头（图6-5）。

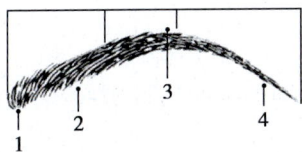

图6-4　眉毛

1. 眉头　2. 眉腰　3. 眉峰　4. 眉梢

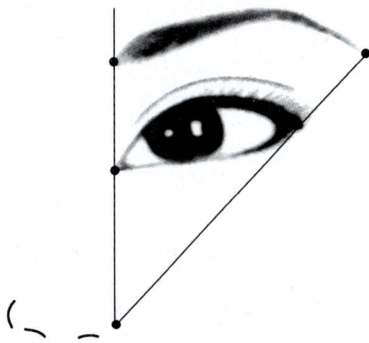

图6-5　眉的标准位置

鼻部由鼻根、鼻梁、鼻尖、鼻翼、鼻中隔、鼻孔组成(图6-6)。标准鼻的长度为脸长的1/3,鼻根在两眉之间,鼻翼两侧在眼角向下的垂直线上,鼻的宽度是脸宽的1/5。

口唇由上唇、下唇、唇峰、口角、唇谷、口裂组成(图6-7)。上唇薄,下唇厚,下唇中心厚度是上唇中心厚度的1.6倍:口唇轮廓清晰,口角微翘,整个唇型富有立体感。口唇的标准位置在瞳孔平视时瞳孔内侧的垂直线上。

(二)准确判断受妆者的脸型

生活中每一张脸都有各自的特征,所谓千人千貌,即使孪生兄弟也有细微的区别。化妆前必须了解受妆者属于何种脸型,有何特征或缺陷,以便于运用各种化妆用品去塑造一张完美脸型。常见脸型有7种:椭圆脸型、圆脸型、长脸型、方脸型、三角脸型、倒三角脸型、菱形脸型。椭圆脸型和倒三角脸型为标准脸型。化妆时,对不同脸型要采取不同的方法,尽量修饰成椭圆形脸和倒三角形脸。

打耳孔

色彩诊断

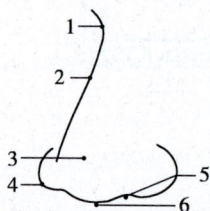

图6-6　鼻部的组成

1.鼻根　2.鼻梁　3.鼻头
4.鼻翼　5.鼻孔　6.鼻中隔

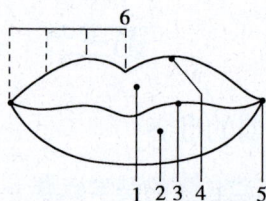

图6-7　唇部的组成

1.上唇　2.下唇　3.口裂
4.唇峰　5.口角　6.唇谷

知识链接

常见脸型

 图6-8　椭圆脸型	 图6-9　圆脸型	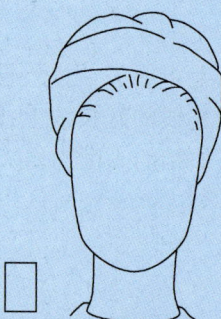 图6-10　长脸型
俗称"鹅蛋脸",被认为是最漂亮的脸型,也最能体现古典东方女性的柔美与含蓄。按美学比例,标准椭圆形脸的宽与长之比正好符合黄金分割比例0.618	面部轮廓线接近圆形,以鼻梁为圆心,长宽基本相等,圆润丰满,额骨比眉骨和下颌线宽	面部的长度明显长于宽度,眉骨、颧骨和下颌骨的宽度基本一致

续表

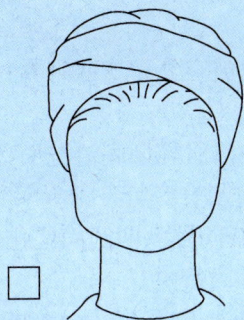

图 6-11　方脸型

面部轮廓线接近方形,眉骨、颧骨和下颌骨的宽度基本相同

图 6-12　三角脸型

下颌骨明显宽于眉骨、颧骨,面部轮廓线接近正三角形

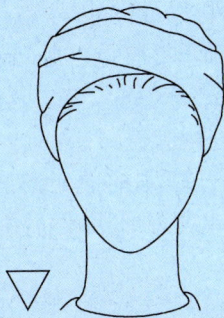

图 6-13　倒三角脸型

前额与颧骨比下颌线宽,下颌呈 V 字形,面部轮廓线接近倒三角形

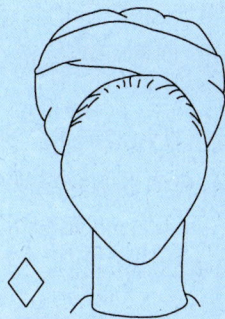

图 6-14　菱形脸型

颧骨宽于眉和下颌骨,额头两边窄、下颌消瘦,面部轮廓线接近菱形

二、施妆的程序和方法

施妆的程序和方法是化妆的重点、要点,是化妆技巧不可缺少的重要部分,为立体矫正化妆和各种妆型的化妆打下坚实的基础。

(一)观察与沟通

施妆前先要观察顾客皮肤状态、脸型五官特点,并了解顾客想要的主题风格等是化好妆的前提。

(二)准备工作

正式化妆前,根据本次将要进行施妆的主题,选择需要的化妆用品、用具,并摆放整齐,方便施妆时取用。

(三)妆前洁肤,了解并解决皮肤问题

1. 妆前洁肤　洁净的皮肤是化好妆的基础。清洁的皮肤使妆面牢固自然,化妆品与皮肤的亲和力强。洁肤包括卸妆和洁面两部分。

化妆前必须拍上合适的化妆水,然后涂上合适的润肤霜。化妆水可补充水分,保护皮肤;润肤霜可滋润皮肤,隔离妆面对皮肤的侵害,还可隔离灰尘。

2. 皮肤问题

(1) 干燥:在面部涂抹大量水质乳液,水质会迅速被空气和皮肤吸收,不会阻碍粉底与皮肤的融合。

(2) 油光:说明之前洁面不彻底,应重新使用去油洁面乳彻底清洗面部;或用化妆海绵喷水擦脸。

(3) 粉刺:粉刺问题只能用粉底解决局部发红发紫问题。凹凸问题化妆范畴内无法解决,不过如果是拍照片的话,可以在后期处理照片时解决。

(4) 斑:可在粉底后、定妆前进行处理,因为如果在粉底前遮盖会在打粉底时被再次擦开。

(5) 眼袋(黑眼圈):水袋冰敷或用隔夜的茶包冰镇后敷,可以收到良好效果。

(6) 过敏:使用隔离霜或更换其他品牌的粉底,有可能因产品内某种成分导致过敏。

(7) 毛孔粗大、肤色不均匀:涂抹粉底时需加倍细致,尽量弥补。

(8) 汗毛重:面部汗毛过重会导致化妆后显得妆面非常厚重且脏,最好在打粉底前彻底刮净。

(9) 高原红:在粉底后进行处理,用质地厚的粉底进行遮盖。

(10) 皱纹:对面部皱纹呈现的皱褶,为避免卡粉,宜选择比较薄的粉底。

(11) 古老的文眉:首先在粗重的眉型上将眉毛修成理想形状,然后用遮盖霜将多余部分和较黑重的眉头盖住。

(四) 修眉

根据脸型和妆型,除去多余的眉毛,修出基本的眉型。修眉时要根据所使用的用具不同采用不同的方法。常见的修眉方法有三种:拔眉法、剃眉法和修剪法。

1. 拔眉法　用眉镊将散眉及多余的眉毛连根拔除。优点是修过的地方很干净,眉毛再生速度慢,眉型保持时间长;不足是拔眉时有轻微的疼痛感。

注意事项:①操作时,先用毛巾热敷眉部片刻,使毛孔扩张,软化皮肤,减少拔眉时的疼痛感;②要用一手示指和中指紧绷眉部皮肤,另一手拿眉镊夹住眉毛根部,顺着眉毛的生长方向,一根根拔除;③长期用此方法修眉,会损伤眉毛的生长系统,使眉毛生长缓慢,逐渐变得稀疏。

2. 剃眉法　用修眉刀将不理想的眉毛剃掉,以便重新描画眉型。优点是修眉速度快,无疼痛感,简单易学;不足是眉毛剃掉后很快又会长出来,而且重新长出的眉毛显得粗硬。修眉前最好在眉毛处涂少量乳液滋润皮肤,否则可能会刮掉皮屑。

注意事项:①让修眉刀与皮肤成45°,在皮肤上轻轻滑动剔除多余的眉毛;②操作时要特别小心,握刀的手一定要稳,以免割伤皮肤。

3. 修剪法　用眉剪对杂乱多余的眉毛或过长的眉毛进行修剪,使眉型显得整齐。

(五) 夹睫毛

夹睫毛需在涂抹粉底前进行,以防金属质地的睫毛夹在操作过程中刮花打好的粉底。用睫毛夹将上睫毛卷曲上翘,增强眼部的立体感。

(1) 操作方法：①受妆者眼睛成45°向下看，将睫毛夹夹到睫毛根部，使睫毛夹与眼睑的弧线相吻合，夹紧睫毛5秒左右松开，不移动夹子的位置做1~2次，使弧度固定；②用睫毛夹夹在睫毛中部，顺着睫毛翘的趋势，夹5秒左右后松开；③最后用睫毛夹在睫毛梢部再夹1次，时间2~3秒，形成自然弧度。

(2) 注意事项：①夹睫毛时，睫毛要干净，如有灰尘或残留的睫毛液会造成睫毛的损伤与折断；②睫毛被夹后要坚持5秒左右才能成"形"，若卷翘度不理想可反复夹卷；③夹睫毛时动作要轻。

(六) 滋润唇部

打粉底之前应先用唇油滋润唇部，以防在打粉底的过程中不慎将粉底弄到口唇上而导致口唇起皮，影响唇妆效果。

(七) 美目贴

如果顾客眼型及妆型需要粘贴美目贴，必须在打粉底之前进行操作。因为粉底是水油混合物，会影响美目贴的粘贴效果。

(八) 打粉底

涂抹粉底是化妆的基础，应根据皮肤的性质、妆型的需要，选择适当质感的粉底为基础底色。用化妆海绵蘸取少量粉底由内向外，全脸均匀地拍压。

注意事项：①粉底涂抹要匀，厚薄适中，并应稍加按压，使粉底伏贴，切忌来回涂抹；②如果肤色不好，可适当调整粉底颜色进行修饰，切记用加厚粉底层数达到修饰效果，以防脸和脖子出现边界线；③瑕疵处可用遮瑕笔遮盖；④耳朵、发际线、眼周、鼻唇沟处也要进行粉底修饰，并均匀晕开、做好过渡；⑤正确使用高光色和阴影色强调面部立体感。

(九) 定妆

固定粉底，防止脱妆，减少皮肤上的油光。定妆粉种类有透明散粉、肤色散粉、深色散粉，一般选择适合肤色的散粉。用一个粉扑均匀蘸取散粉（粉量以粉扑向下，粉不落地为宜）与另一个粉扑相互揉擦，使蜜粉在粉扑上分布均匀，再用粉扑轻轻按压全脸。鼻翼、眼窝、下眼睑、口角、颏窝等易被忽略的地方，也要注意扑上粉。扑完后，用粉刷扫除多余的粉。

在画眼影前，用扇形粉刷蘸取定妆粉涂于下眼睑处，待眼部化妆完成后，再用该粉刷将下眼睑的浮粉以及掉落的眼影粉一起扫去，可防止掉落的眼影弄脏妆容。

(十) 画眼影

强调眼部的凹凸结构，增加眼部结构的立体和神韵。眼影色要注意与整个妆色、肤色、服饰等色调和谐统一。

常用的画眼影方法有横向排列法、纵向排列法和结构晕染法。

1. 横向排列法　在上眼睑处，用2种或2种以上的眼影色彩由内眼角向外眼角横向排列搭配晕染，可充分发挥眼睛的动感，使眼睛生动有神而具立体感，是化妆师常用的眼影化妆方法。常用的横向排列法有1/2排列晕染法、三色晕染法、1/3晕染法。

(1) 1/2排列晕染法：也称左右晕染法，将上眼睑分为左、右两部分进行横向晕染。即整个上眼睑分为左1区（内眼角）、右2区（外眼角）。选用较浅的眼影色，从1区内眼角落笔向2区晕染，选用较深的眼影色，从2区外眼角处落笔向1区内眼角进行晕染，然后在眶上缘部位提亮。此种眼影排列方式色彩对比夸张，适用于修饰性较强的妆面。

（2）三色晕染法：是将上眼睑横向分为三个区域进行晕染，色彩过渡柔和自然。即将上睑分为三个区——1区（上眼睑中部）、2区（内眼角）、3区（外眼角）。①用亮光色在1区由眼球高点落笔，进行晕染，后用眼影色在2区内眼角处落笔，逐渐向1区进行晕染；②用眼影色在3区外眼角处落笔，逐渐向1区进行晕染；③在眶上缘部位提亮。此种眼影晕染法能充分体现眼部的立体感和眼部神态，适用于修饰性较强的妆型及东方人眼型较长者。

（3）1/3晕染法：是将上眼睑横向分为两个区域进行晕染。将上眼睑分为三等份，由内眼角至外眼角的2/3为1区，外眼角的1/3为2区。选用较浅的眼影色，由内眼角入笔晕染至2/3，选用较深的眼影色，由外眼角入笔晕染至1/3，在眶上缘部位提亮。此种眼影染法可使用对比色或邻近色，也可根据个人的需要随意变化，适用于各种妆型及眼型（肿眼泡除外）。

对于横向排列法中1/2排列晕染法与1/3排列晕染法的视觉效果，前者视觉冲击感强于后者。在施用颜色时，常采用内浅外深（即1区施用浅色眼影，2区施用深色眼影），或内深外浅（即1区施用深色眼影，2区施用浅色眼影）的色彩组合模式，从而形成不同的眼妆效果。

2. 纵向排列法　纵向排列法是较为传统的晕染方法，是用单色或多色眼影进行由深至浅或由浅至深的晕染方式。纵向排列法有上浅下深晕染法和上深下浅晕染法。

（1）上浅下深晕染法：上浅下深晕染法是用眼影色沿睫毛根向上平行进行由深至浅的晕染方式。即从外眼角落笔，沿睫毛根部向内眼角晕染，再向上平行进行，由深至浅地晕染至恰当位置，在眶上缘部位提亮。此种晕染方式色彩过渡柔和自然，使人感觉眼睛明亮、有神。适用于各种妆型和眼型，尤其是单眼睑及眼睑浮肿者。

（2）上深下浅晕染法：上深下浅晕染法也称"假双技法"，即对于单眼睑或形状不够理想的双眼睑，在上眼睑处画出一个双眼睑的效果。即根据眼型条件，在上眼睑画出假双眼睑的线条，在双眼睑内用高光色进行晕染，在双眼睑以上进行上深下浅的晕染（方法同上浅下深晕染法）。在眶上缘部位进行提亮。在画假双眼睑时，假双眼睑线条位置的高低要以假双眼睑的宽窄而定。若双眼睑想宽些，线条的位置便要高，反之就低一些。此法适用于单眼睑中的眼睑脂肪单薄，睑裂与眉毛之间距离较远的眼型。

3. 结构晕染法　结构晕染法是一种突出眼部立体结构的晕染方式。即在上眼睑沟处根据眼睛结构画出一条弧线，强调眼睑沟的位置，从外眼角处沿这条弧线向眼部中央晕染，颜色逐渐变浅，在弧线的下方和上缘提亮。结构晕染法修饰性强，常用于舞台表演、化妆比赛及特别强调眼部风采的化妆手法。

在眼部化妆中，各种晕染方法不是独立存在的，它们的侧重点不同，但又相互融合，无论采用哪种晕染方法，都要符合眼部的结构特征。

（十一）画眼线

专业术语称画睫毛线。强调眼睛的轮廓，弥补眼型的不足。眼睫毛线的描画要紧贴睫毛根处进行。由于眼睫毛的自然生长规律为上睫毛粗而长，下睫毛短而疏，靠近内眼角的睫毛稀短，靠近外眼角的睫毛浓密，所以描画时应遵循上宽下窄、上长下短、上实下虚、内细外粗等眼睫毛线画法原则。眼睫毛线要求整齐干净，眼尾要微微上扬。

1. 画上睫毛线时,让受妆者眼睛往下看,美容工作者用一只手在上眼睑处往上轻推,充分暴露出上睫毛的根部,然后紧贴睫毛根部的外侧从内眼角往外眼角描画至梢部微微上翘。

2. 画下睫毛线时,让受妆者眼睛往上看,在睫毛根部的内侧由外眼角往内眼角描画,一般描画外 1/2 即可。也可根据造型的需要选用其他颜色和描画范围。

(十二) 画眉毛

根据喜好、自身眉毛的生长条件及妆型特点设计合适的眉型。眉型与眼型、脸型、妆型协调,左右对称。画眉毛的三要素:质感(仿真程度)、动感(高低弧度变化)、立体感(色彩深浅变化)。

1. 画眉的操作方法

(1) 用眉刷蘸眉粉,从眉峰处开始,逆着眉毛的生长方向横向前刷至眉头处,改成竖刷,注意眉头稍下也要刷。

(2) 从眉头处开始,顺着眉毛的生长方向向后横刷至眉尾,勾勒出眉型。

(3) 用眉笔,按照眉毛生长机制一根根填补缺失的眉毛。

课堂互动
你了解快速画眉法吗?

快速画眉法

2. 注意事项

(1) 画眉持笔时,要做到"紧拿轻画"。

(2) 要一根根进行描画,从而体现眉毛的空隙感。

(3) 描画眉毛时,注意眉毛深浅变化规律,上虚下实,前浅后深,体现眉毛的质感,眉毛应略浅于发色。

(4) 眉笔要削成扁平的"鸭嘴状"。

3. 常见的眉型(表 6-2)

表 6-2　常见的眉型

眉型 (变竖式)	图示	特点	画法
标准眉 (2/3 眉)	 图 6-15	把整个眉长分为三等份,眉峰点在 2/3 处,眉头与眉梢在同一水平线	先勾画下线,空出眉头至眉腰 1/3 暂不画,用眉头至眉腰的 1/3 起点与眉峰相连形成上扬的弧线。再从眉峰描画至眉梢,形成下降弧线。然后勾画上线,在构成的眉眶中填色或顺着眉毛的生长方向一根一根描画,最后把眉头与眉腰 1/3 相连描画眉头

续表

眉型 （变竖式）	图示	特点	画法
1/2 眉	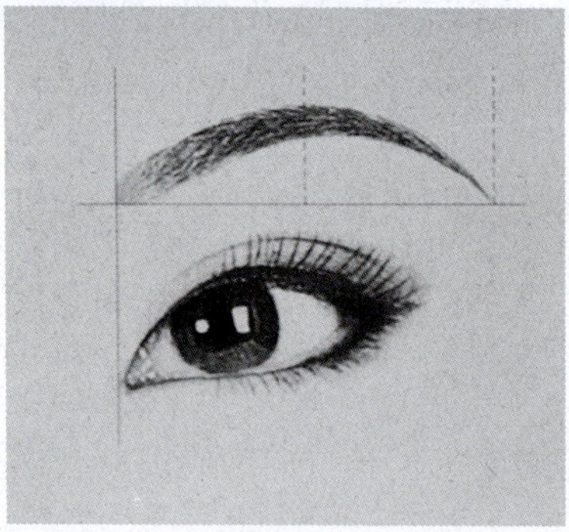 图 6-16	把整个眉长分为二等份，眉峰在 1/2 处	眉峰要高，眉梢抬高，形成的上扬线有力，可把脸拉长
3/4 眉	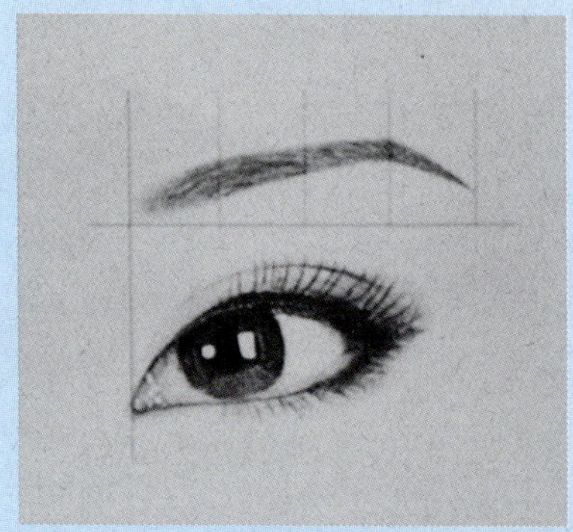 图 6-17	把整个眉长分为四等份，眉峰在 3/4 处	眉梢往上飞一点，眉峰靠近眉梢，离心性强，可以显得额头、脸盘宽
水平眉 （一字眉）	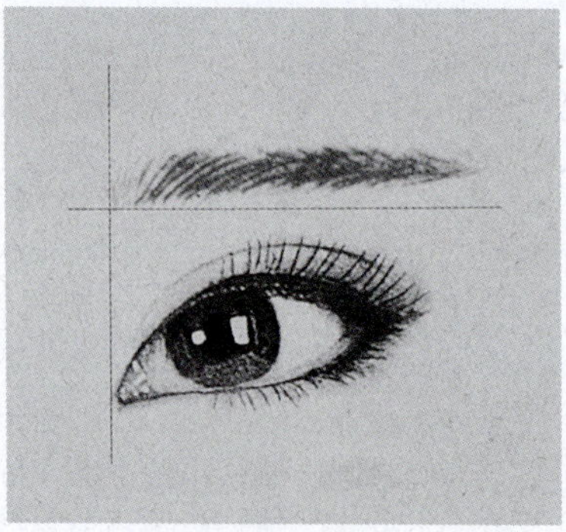 图 6-18	眉头、眉峰、眉梢近似水平	眉峰点压低，可产生把脸缩短的效果；如果碰到额头窄、脸又比较宽的人，眉梢可往上飞一点

4. 眉型的选择　眉型的多样化使眉毛富于变化和表现力。眉型的选择对眉毛的美化非常重要。在选择眉型时，应注意以下几点：

（1）根据眉毛的自然生长条件来确定眉型：①较粗较浓的眉毛造型的余地大，通过修眉可以形成多种眉型；②较细较浅的眉毛在造型时有一定的局限性，只有根据自身条件进行修饰，否则会给人失真、生硬的感觉；③眉毛是由眉骨支撑的，眉毛生长的弯曲度由眉骨的弧度所决定，在设计眉型时，要考虑眉骨的弧度，不宜调整弧度太大，否则显得不协调,不仅不能增加美感,反而会影响容貌的整体效果。

（2）根据脸型的特点选择眉型:眉毛是面部可以随意改变形状的部位,因而对脸型有一定的矫正作用。如长脸型宜配水平眉,使脸型有缩短的效果,忌高挑、上扬或1/2 眉;圆脸型宜选择 1/2 眉,使眉型呈上扬趋势,将眉头压低,眉梢挑起,这样的眉型使脸显长,忌水平眉。

（3）根据个人喜好选择眉型:在上述条件允许的情况下,可以根据自己的喜好选择眉型,以充分表现自己的性格和内在气质。

（十三）画鼻影

目的是增加面部立体感。一般的妆面无需鼻影,特殊强调或矫正缺陷时进行鼻部化妆。涂抹鼻影时,从鼻根外侧开始向下涂,颜色逐渐变浅,至鼻尖处消失,鼻梁正面涂亮色。

画鼻侧影时要注意两侧的对称性,与亮色及面部皮肤的衔接要自然,与眼影的色彩要协调,并注意要确定好位置再画,忌多次涂抹,弄脏妆面。

（十四）腮红

腮红的标准位置在颧骨上,笑时面颊隆起的部位。一般情况下,腮红向上不可超过外眼角的水平线,向下不得低于口角的水平线,向内不能超过眼睛的 1/2 垂直线。在具体化妆时,要根据每个人的脸型而定。晕染腮红时要注意一次不要蘸色太多,否则会使腮红过深或成块,显得呆板、生硬、不自然。腮红色的选择要根据眼影的色彩和整个妆面的色调来确定。

1. 腮红的晕染方法

（1）用 2# 腮红刷的侧面蘸取同色系中较深的腮红色,从颧弓下陷处开始,由发际向内轮廓进行晕染。

（2）取同色系中较浅的腮红色,在颧骨上与(1)步骤衔接,由发际线向内轮廓进行晕染。

2. 注意事项

（1）腮红晕染要体现面部的结构及立体效果。在外轮廓颧弓下陷处用色最重,到内轮廓时逐渐减低并消失。

（2）蘸取及晕染腮红时,应用刷子侧面。

（3）腮红晕染要自然柔和,不要与肤色之间存在明显的边缘线。

（十五）画唇线、涂唇膏

1. 画唇线的步骤与方法

（1）设计唇型:根据受妆者自身条件,设计理想唇型。唇型要饱满圆润,轮廓清晰。

（2）确定各点:在上唇确定唇峰的位置,在下唇确定与唇峰相应的两点。

（3）勾画唇线:连接确定好的各点,勾画唇线。勾画唇线的方法有两种:一种由口角处开始,向唇中勾画;另一种由唇中向口角勾画。

（4）涂口红:涂口红的方向与勾画唇线的方向一致。

（5）用纸巾将唇膏油分吸出,重复步骤(3)(4),直到颜色满意为止。这样也有利于唇膏颜色持久。

（6）涂高光色:在下唇中央用亮色口红或唇彩进行提亮。

2. 注意事项

(1) 唇线颜色要与口红色调一致,并略深于口红色。

(2) 唇线线条要流畅,左右对称。

(3) 口红色彩变化规律为上唇深于下唇,唇角深于唇的中部。

(4) 口红色要饱满,充分体现唇部的立体感。总之,口红的颜色与妆色、眼影色和服饰应相适应。

3. 常见唇型及表现风格(表6-3)

表6-3 常见唇型的表现风格

常见唇型	表现风格特点
标准唇型 (1/3唇)	唇峰位于唇中至唇角的1/3处,为标准唇型,给人以亲切、自然的印象
丰满唇型 (1/2唇)	唇峰位于唇中至唇角的1/2处。此种唇型轮廓匀称,唇峰的高度和下唇相应位置厚度相同,给人较丰满的感觉
性感唇型 (2/3唇)	唇峰位于唇中至唇角的2/3处。此种唇型有圆润、饱满和优美的微笑感,给人以热情的印象
敏锐唇型	唇峰凸出,略带尖锐倾向。唇角处稍向上提,给人以热情的印象
可爱唇型	上唇呈心形,下唇较丰满,给人以娇小、甜美、可爱的印象

(十六) 涂睫毛膏、粘假睫毛

涂睫毛膏、粘假睫毛是修饰睫毛的方法,可增加睫毛的浓密感和妆型效果。

1. 涂睫毛膏

(1) 操作方法:①涂上睫毛时,眼睛向下看,睫毛刷由睫毛根部向下向外转动;然后,眼睛平视,睫毛刷由睫毛根部向上内转动。②涂下睫毛时,眼睛向上看,先用睫毛刷的刷头竖着一根一根涂抹;后横着自睫毛根部由内向外转动睫毛刷。

(2) 注意事项:①涂刷睫毛时动作要稳,以免涂到皮肤上;②刷上睫毛时,应横拿睫毛刷;③刷下睫毛时,睫毛刷先竖起来与睫毛生长方向保持一致,左右拨动睫毛,然后再横拿睫毛刷,顺着睫毛涂抹。同时可用面巾纸衬垫于睫毛下,以免睫毛液溅落到皮肤上。

2. 粘假睫毛 有些人的睫毛过短,从而使眼部缺乏表现力。在影楼拍照、晚宴、舞会等特定场合下,需要通过粘贴假睫毛使眼睛更加美丽动人。

(1) 操作方法

修剪假睫毛:假睫毛选好后,在粘贴前要根据化妆对象的睫毛宽度、长度和密度进行修剪,使之呈参差状,内眼角稀疏较短,外眼角浓密且较长。

涂睫毛胶:将粘贴假睫毛的专用胶水涂在修好的假睫毛根部。

制造弧度:将涂过胶水的假睫毛从两端向中部弯曲,使其弧度与眼球的表面弧度相等,以便于粘贴。

粘贴睫毛:待假睫毛上的胶水稍干后,用镊子夹住假睫毛,让受妆者眼睛向下看,将其紧贴在受妆者睫毛根部的皮肤上,由中间至两侧轻轻按压贴实。

涂抹睫毛膏:假睫毛粘牢后,再用睫毛夹将真假睫毛一起夹弯,然后涂抹睫毛膏,避免真假分离。

（2）注意事项：①由于眼睛活动频繁，内外眼角处的假睫毛容易翘起，因此内外眼角处的睫毛要粘牢；②假睫毛的修剪要自然，粘贴要牢固，真假睫毛的上翘弧度要一致。

（十七）修妆

整个化妆完成后，观察妆型、妆色，晕染界线是否明显，有无漏妆，是否协调对称，若有不适之处，合理补妆。最后还应注意颈部与面部的衔接，在颈部可选用比面部基础底色深一度颜色的粉底，用化妆海绵均匀涂抹，再用散粉定妆。

第四节 立体矫正化妆

矫正化妆是采用化妆技术和技巧，利用色彩、色度的变化给对方造成"错觉"，来达到美化容貌、修正不足的一种化妆手法。矫正化妆建立在"明暗"视觉错觉的基础上。这是一条基本的艺术原则，即暗的物体看起来比较小，而且显得远一点；光亮的物体看起来比较大，而且显得近一点。同样大小的两个圆，黑色的圆似乎小一点，白色的圆大一点。这就是视觉错觉（图6-19）。

一、脸型与矫正

亚洲人与欧洲人的脸型相比，亚洲人的脸型相对平坦，立体感差，因而亚洲人更应注重立体打底的手法。人的脸型，五官各不相同，可利用阴影色、高光色、深浅不一的粉底，运用化妆技巧，在面部进行雕塑修饰，通过立体打底手法来展现立体的、生动的标准脸型。（图6-20~图6-26）

二、眉型与矫正

眉毛距眼部最近，对眼睛有直接的修饰作用。俗话说"眉目传情"，可见眉毛在面

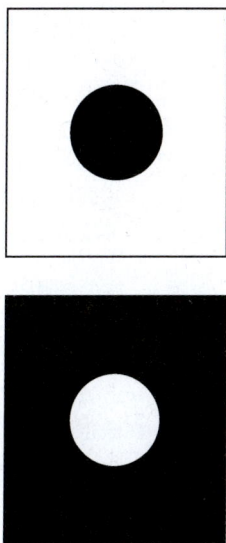

高光色　　　腮红　　　阴影色

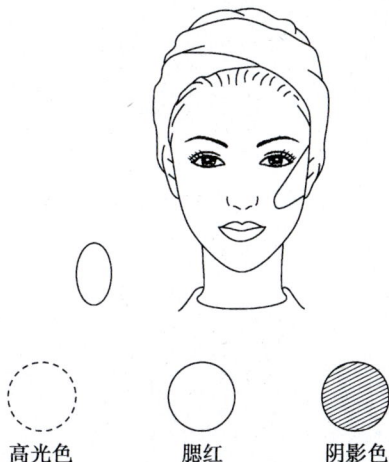

图 6-19　双圆图　　　　　图 6-20　椭圆脸型

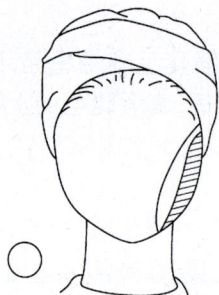

图 6-21　圆脸型

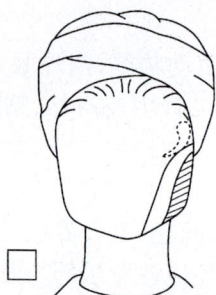

图 6-22　方脸型

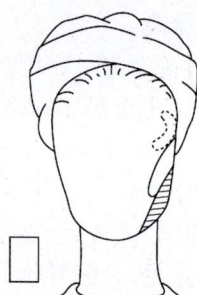

图 6-23　长脸型

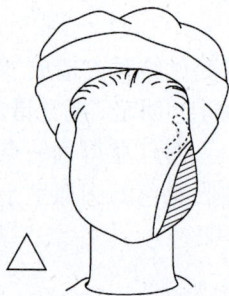

图 6-24　三角脸型

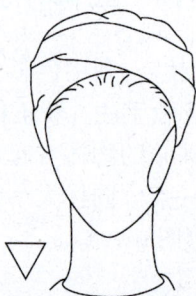

图 6-25　倒三角脸型

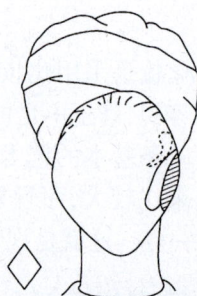

图 6-26　菱形脸型

部占有重要的位置。眉毛的形状可以决定和表达一个人的情感和内在的气质,也可平衡面部,改变脸型。以下是对几种不理想眉型的矫正方法(表 6-4)。

表 6-4　常见眉型的矫正技巧

眉型	图示	特点	矫正方法
向心眉	图 6-27	两条眉毛均向鼻根靠拢,两眉头超过内眼角位置较多。其间距过近,小于 1 只眼睛的长度;面部五官过于紧凑、有紧张感,有的两条眉毛连在一起成为连心眉	以内眼角为界,先将眉头处多余的眉毛进行修整。可用眉钳钳去过浓的眉头,保持眉头淡,眉腰浓一点。但切忌不要人工痕迹过重,否则会产生呆板、不自然的感觉。再将其眉峰略向后移,描画时可适当延长眉毛的长度
离心眉	图 6-28	两条眉毛距离较远,偏靠外侧,其间距大于 1 只眼睛的长度。面部温和、舒展而略显幼稚	主要利用描画的方法,将眉头移至内眼角上方。描画时用眉笔在内眼角正上方稍内侧按眉毛长势一根根描画出"人工"眉头,使人工修饰的眉头与眉体本身衔接自然,同时眉峰可略向内移

续表

眉型	图示	特点	矫正方法
上斜眉（吊眉）	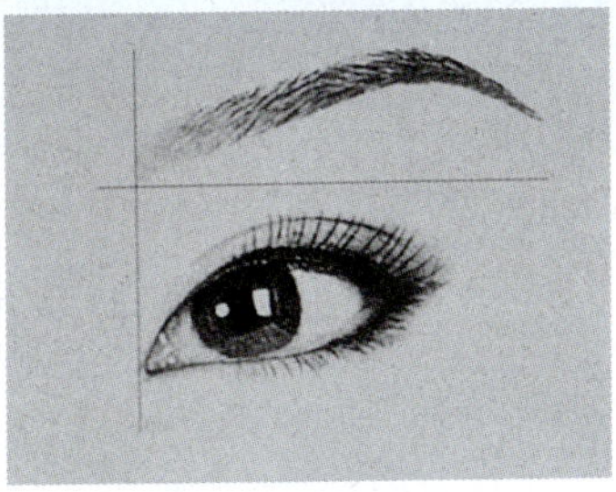 图 6-29	眉头压低，眉梢过于上斜。给人严厉、精明的感觉，有时还会略显刁钻感	首先应采取修眉的方法，可适当除去眉头下方和眉梢上方的眉毛，调节眉型尽量水平。其次，利用描画的方法，重点在眉头上方和眉梢下方进行线条的描画，但要在原眉型的基础上进行，不可牵强
下挂眉（垂眉、八字眉）	 图 6-30	眉头略高，眉梢略向下压。给人一种表情忧郁、无精打采的感觉	将原有眉型的眉头上方和眉梢下方多余的眉毛除去，使眉毛趋向于水平。再利用描画的方法，着重在眉头下方和眉梢上方进行描画，即压低眉头，抬高眉梢，使眉毛趋于上扬，也可在画眉后利用透明睫毛膏略向上刷

知识链接

眉型与脸型的矫正化妆

脸型	眉型	脸型	眉型
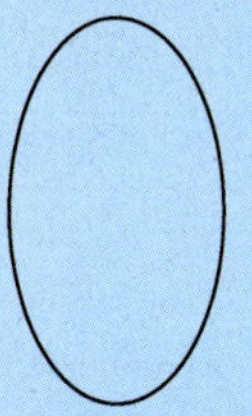 图 6-31　椭圆脸型	 图 6-32　标准眉  ✓ 图 6-33　水平眉 ✓	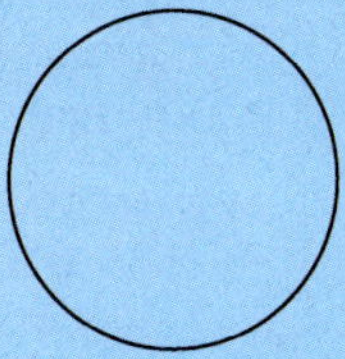 图 6-37　圆脸型	 图 6-38　上升眉  ✓ 图 6-39　水平眉 ✗
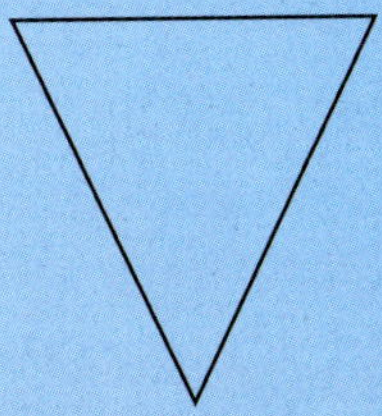 图 6-34　倒三角脸型	 图 6-35　标准眉  ✓ 图 6-36　水平眉 ✓	 图 6-40　方脸型	 图 6-41　上升眉  ✓ 图 6-42　水平眉 ✗

续表

脸型	眉型	脸型	眉型
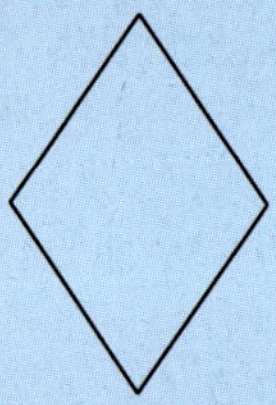 图 6-43　菱形脸型	 图 6-44　3/4 眉  ✓ 图 6-45　下垂眉 ✗	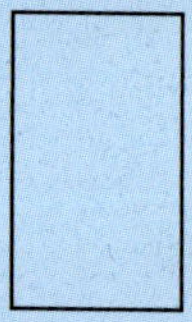 图 6-49　长脸型	 图 6-50　水平眉  ✓ 图 6-51　上升眉 ✗
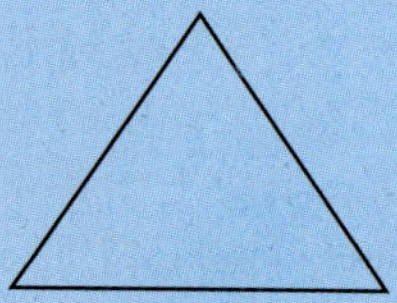 图 6-46　三角脸型	 图 6-47　3/4 眉  ✓ 图 6-48　下垂眉 ✗		

三、眼睛与矫正

眼睛被视为心灵的窗口,传递内心的情感。针对眼睛的修饰,可根据眼睛的位置与形状,运用眼影色彩的明暗变化和睫毛线条的粗细、虚实,配合不同脸型进行综合性矫正。(表 6-5)

四、鼻型与矫正

鼻位于面部中央,凸出、醒目,同样决定着容貌的美观。鼻部化妆称鼻侧影,主要用阴影色和提亮色进行修饰。(表 6-6)

五、唇型与矫正

从美学角度来讲,唇部的美化仅次于眼睛,口唇能更直接地传达感情,也是女性最吸引人的地方。(表 6-7)

表6-5 眼睛与矫正

常见眼型	眼型矫正	眼影画法	睫毛线/眼线画法
小眼睛单眼睑 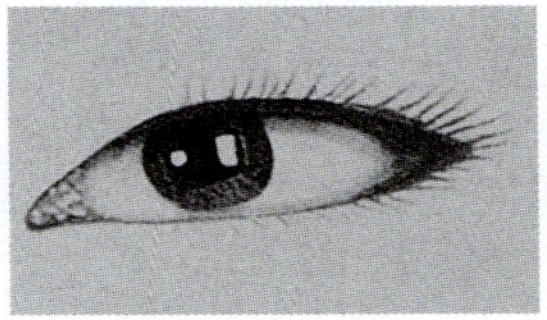	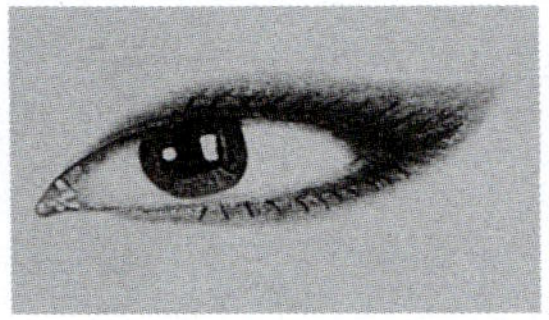 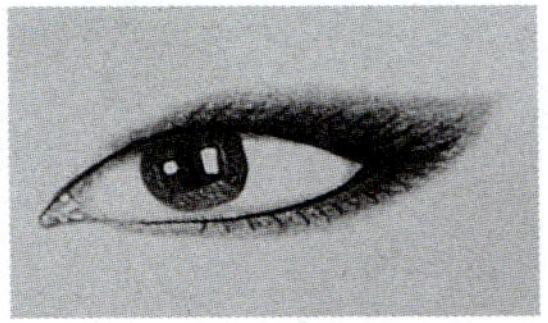 图6-52	眼影的描画以棕色、灰色等颜色为宜,靠近上眼睑睫毛根部颜色较深,越向上晕染颜色越浅。眶上缘处可施用亮色眼影粉,达到突出眼睛的立体效果 图6-53 图6-54	是修正的重点。上睫毛线应由内眼角至外眼角处,由细渐粗,尾部可适当加长。下睫毛线由外眼角至内眼角,逐渐变细,但上下睫毛线不闭合
大眼睛双眼睑	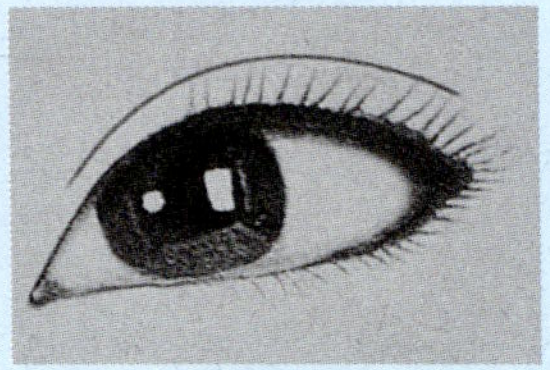 图6-55	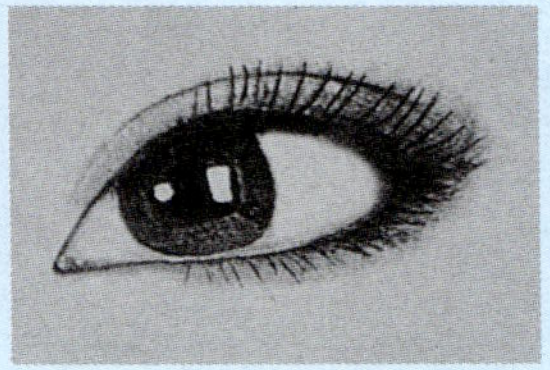 眼影的描画宜浅柔 图6-56	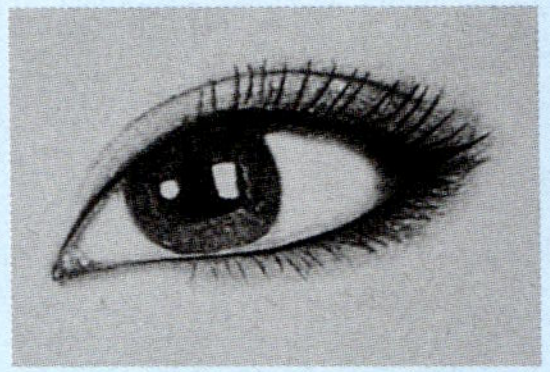 眼线宜浅宜细 图6-57

常见眼型	眼型矫正	眼影画法	睫毛线/眼线画法
下垂眼	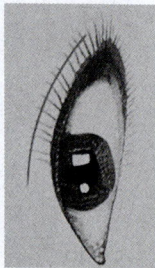图6-58	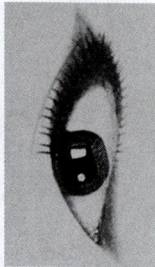图6-59	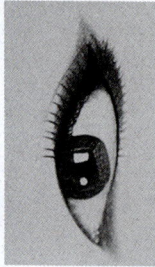图6-60
		外眼角上方可选温和颜色的眼影粉进行重点晕染，提升外眼角的眼影色彩要突出。内眼角处眼影色暗目位置低小，可选用冷色。下眼影不宜强调外眼角，可在内眼角下部略加棕色。此外，还可以在描画眼影前，用美目贴调整眼型	描画上睫毛线应根据外眼角下斜的程度适当提升落笔位置，前细后粗加粗及上扬，向内延伸不用一直画至内眼角。描画下睫毛线要前粗后细，用美目贴调整眼型
上扬眼	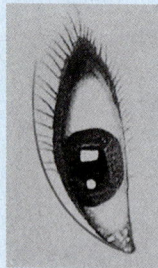图6-61	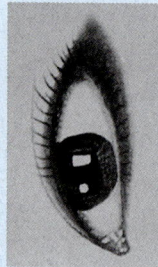图6-62	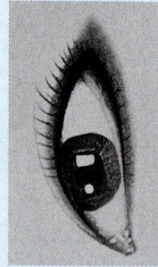图6-63
		在上眼睑内眼角上端选用温和颜色的颜色，如橙色、粉色等暖色眼影粉进行晕染，晕染面积应纵向提升，使其位置产生扩张感，适当提升内眼角高度。外眼角上方可选用偏冷的颜色如绿色、紫色等眼影粉进行晕染，使其面积不宜扩散，使其部位产生收缩，降低感。下眼睑外眼角处的眼影色可适当向外晕染，削弱眼睛上扬的感觉	描画上睫毛线时不可上扬，要拉平，即外眼角处落笔要低，甚至可齐睫毛根描画，至内眼角处可适量加粗，加粗，尽量避免使用纯黑色眼线色。下睫毛线是矫正上扬眼的重点，眼睛平视时黑眼球外侧部位的睫毛线要粗，由外眼角处靠外的部分起笔横向进行描画，至眼睛中部逐渐变细，上睫毛线的颜色略深于下睫毛线

174

常见眼型	眼型矫正	眼影画法	睫毛线/眼线画法
凹陷眼	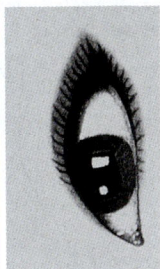图 6-64	图 6-65 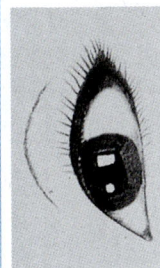图 6-66 眼影的描画以浅色为宜,亮色面积不宜过大。在凹陷的眼睑处涂淡红色眼影或浅色珠光眼影,由于暖色色具有扩张感,会使凹下部位显得丰满。但注意不要将这种浅色眼影涂在眶上缘,而应减弱这个部位的明亮度,使眼窝和眼眶的明暗反差消失,而产生丰润感觉	眼线不宜过深过粗
肿眼皮	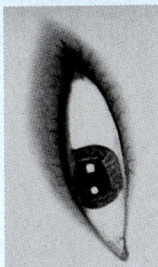图 6-67	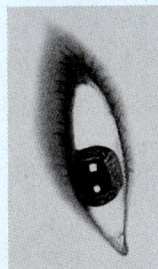图 6-68 眼影之前先在眼部做基础打底,即在上眼睑处涂较深于肤色的粉底,在下眼睑处涂浅提亮色,做基础调整。眼影重点在上眼睑沟处用偏深的结构色表现,晕染面积不宜过大,眶外缘用亮色眼影粉使其突出,相邻眉弓、鼻梁处涂亮色,接近眉毛处涂浅色,比之下就衬得上眼睑不再那么肿眼厚重了。另外一种方法是,在上眼睑根部落笔晕色,趋向上越柔和,较易掌握。可选用棕色,此法也可以起矫正作用	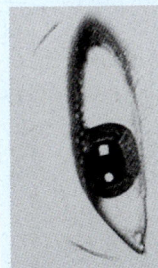图 6-69 上睫毛线描画尽量平直,尾部可略上扬;下睫毛尾部着重描画,但不宜过浓,画至眼中部可自然淡出

175

表 6-6 鼻型与矫正

常见鼻型	矫正	矫正方法
鼻过长	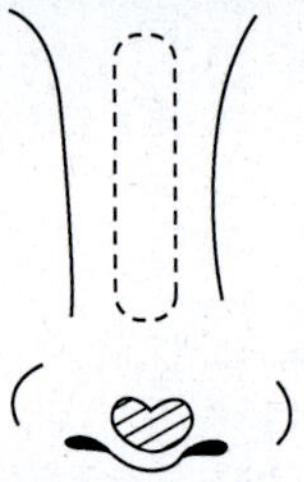 图 6-70	将阴影色从内眼角旁开始沿鼻梁两侧晕染至鼻梁中段,鼻尖可略使用阴影色,T 字部提亮重点在鼻梁中部略宽些,在视觉上缩短鼻的长度。当鼻过长时,也可使鼻梁两侧的自然阴影在鼻根处转入眼窝,用横向线条消除纵向鼻的长度感
鼻过短	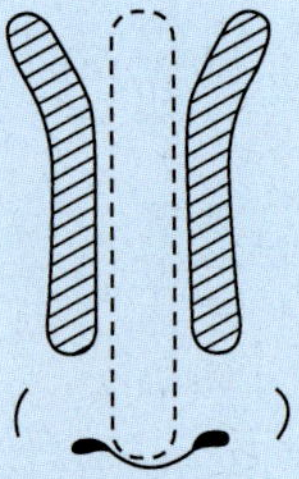 图 6-71	将阴影色涂于鼻梁两侧,从眉头开始一直至鼻尖处,面积略宽。提亮色应由眉心处经鼻梁正中至鼻尖。如鼻过短,还可延伸至鼻中隔做晕染
低鼻梁	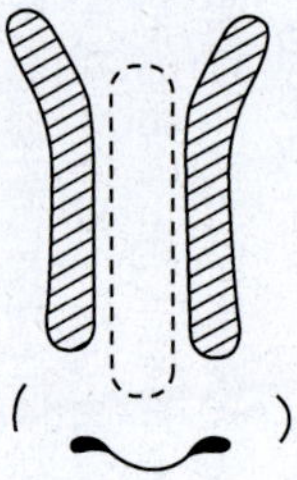 图 6-72	将阴影色涂于鼻梁两侧,上端自眉头与鼻根相接处向鼻尖涂抹阴影色,在眉头至鼻根处略宽,并向内眼角方向晕染与肤色衔接。亮色涂于鼻梁凹陷处及鼻尖处,即在眉间与鼻骨正中涂用提亮色,增加鼻部的立体感
鼻翼过大	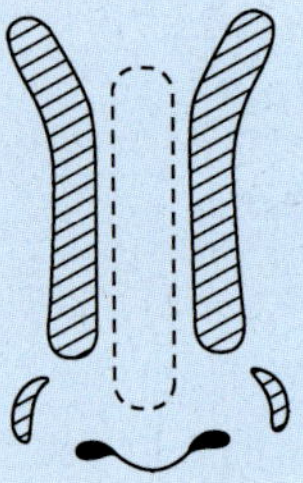 图 6-73	鼻翼过宽时不可将鼻梁描得过窄,应加宽鼻侧影,由眉头经鼻根至鼻尖、鼻翼也要晕染。鼻梁骨中部施用提亮色,但不可过窄,应与鼻侧影间的宽度相等。另外,还可将眉头略向后移,唇型可画得丰满圆润些,综合调整后,鼻翼就不会显得过于宽大凸出了
歪鼻梁	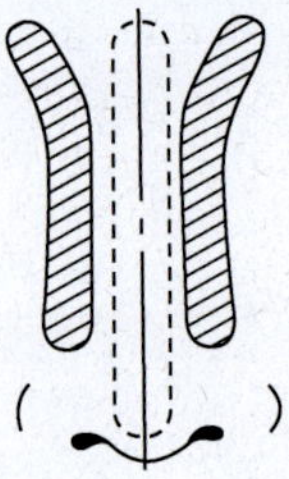 图 6-74	判断鼻梁歪向哪侧,在鼻歪向的另一侧涂亮色,且歪的一侧鼻侧影略浅,各处衔接要自然。如鼻头处向左偏,提亮时,应涂于面部中心线上,且向右偏,在左边鼻翼加阴影色,右边鼻梁至眼窝处涂阴影色

表 6-7　唇型与矫正

常见唇型	矫正方法	矫正图示
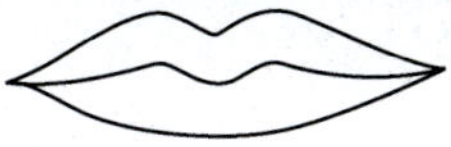 图 6-75　下唇过薄	用唇线笔将原唇型微向外扩充,沿唇红线外缘描画,加厚上、下唇。但不可扩充过大,否则会显得不真实和不自然。唇部色彩宜选用偏暖的淡色,如粉色、浅橘色等,要强调颜色的饱和度	 图 6-76
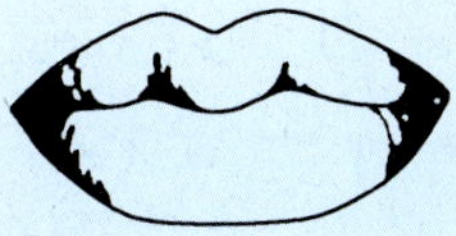 图 6-77　上下唇过厚	在原唇型的边缘涂些粉底色进行适当遮盖,后用唇线笔将唇型微向里收进行描画,可控制在 2mm 左右的宽度。唇线应描画得圆润流畅,上唇唇线描画成方形,下唇则描画成船形。唇部色彩宜选择中性色,内轮廓略深于外轮廓,可起到缩小唇的效果	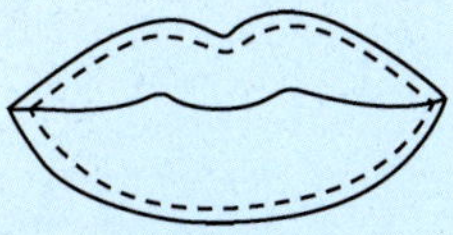 图 6-78
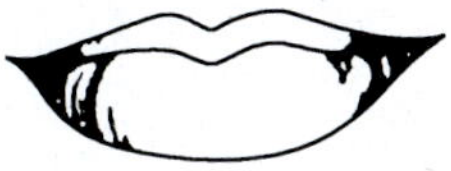 图 6-79　上唇薄	选用较深于口红颜色的唇线笔,在原唇型外缘进行描画,上唇唇线可描画得圆润些,选用颜色略深的口红沿唇线边缘向里晕染,应注意与唇线的衔接,唇中部可用淡色珠光口红或唇彩,使口唇丰润	 图 6-80
 图 6-81　下唇薄	选用较深于口红颜色的唇线笔,在原唇型外缘进行描画,下唇唇线宜描画为船形。选用颜色略深的口红沿唇线边缘向里晕染,应注意与唇线的衔接,唇中部可用淡色珠光口红或唇彩,使口唇丰润	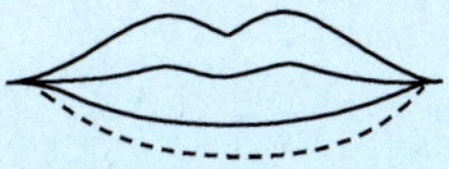 图 6-82
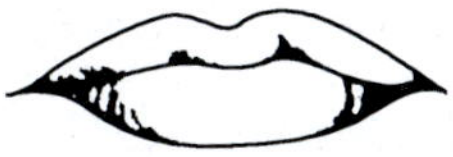 图 6-83　唇角下垂	注意从打底着手,打完基本底后,原上唇的唇峰、唇谷基本不变,画唇线时,上唇的唇角可略上翘,下唇的宽度应超过上唇,以便提升口角,少用亮色唇膏	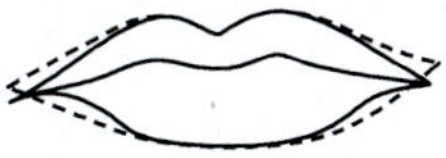 图 6-84
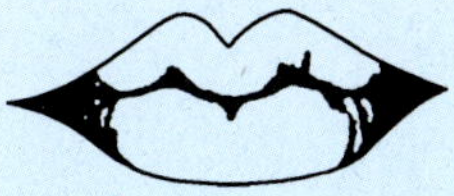 图 6-85　唇型弯度过大	用唇线笔修饰唇型,减少弯度,然后涂唇膏或唇彩	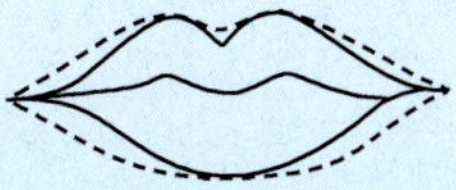 图 6-86
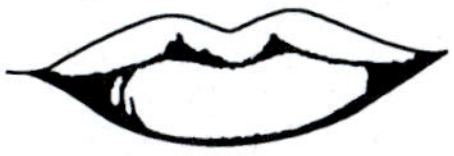 图 6-87　唇过小	用唇线笔将原唇型微向外扩充,沿唇红线外缘描画,但不可扩充过大,否则会显得不真实和不自然。唇部色彩宜选用偏暖的淡色,如粉色、浅橘色等,要强调颜色的饱和度	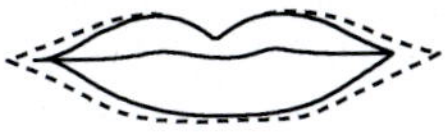 图 6-88
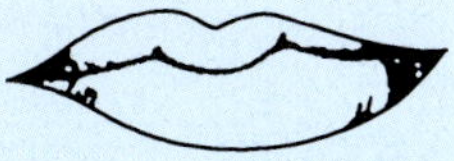 图 6-89　唇型不对称	用唇线笔矫正不对称处,然后涂唇膏或唇彩	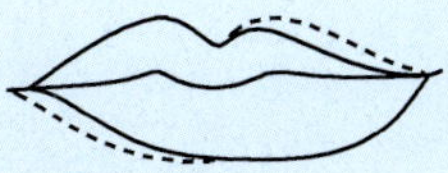 图 6-90

常见脸型的眉、眼、唇修饰训练效果图（图 6-91~ 图 6-98）。

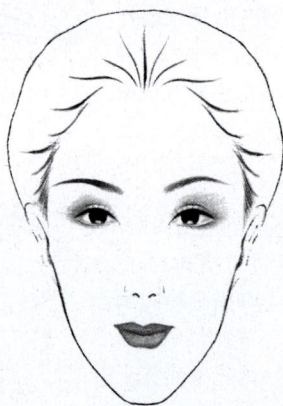

图 6-91　长脸型的眉眼唇训练　　图 6-92　三角脸型的眉眼唇训练

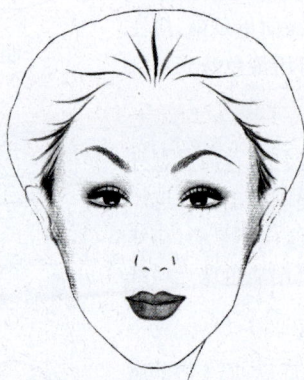

图 6-93　倒三角脸型的眉眼唇训练　　图 6-94　方脸型的眉眼唇训练

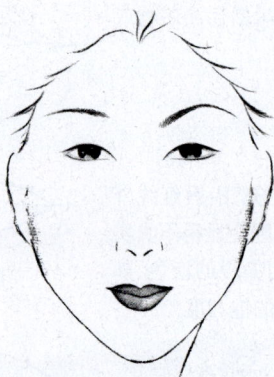

图 6-95　菱形脸型的眉眼唇训练　　图 6-96　瘦长脸型的眉眼唇训练

图 6-97　椭圆脸型的眉眼唇训练　　　　图 6-98　心形脸型的眉眼唇训练

第五节　不同妆型的化妆

一、日妆

日妆也称淡妆,应用于日常生活和工作中,表现在日光和日光灯下,它可以对面容进行轻微的修饰与润色。

(一)日妆的特点

日妆的特点要体现妆色的清淡、典雅、协调自然。化妆手法要求精致、不留痕迹,妆型效果自然生动。

(二)日妆造型的技法要点

1. 肤色的修饰　根据皮肤的性质和颜色来选择粉底,要选择接近本人天然肤色的色系,使肤色显得自然真实。肤质好的人宜选用粉底液,有瑕疵皮肤可选粉底液和粉底霜以 3∶1 或 2∶1 调配使用。使用无色透明的蜜粉为皮肤定妆,可减少皮肤过多的油光和防止脱妆。

2. 眼睛的修饰　眼影的用色与晕染方法要根据眼型的条件来选择。眼影的晕染面积要小,不宜夸张,多采用单色晕染法,以表现自然可信的眼部结构。睫毛线根据眼型描画,线条流畅自然,注意虚实结合。睫毛浓密、眼型条件好的可不画睫毛线,只需强调睫毛的漂亮曲线和浓密度。适当使用睫毛膏,增加眼部神韵。

3. 眉型的修饰　修好眉型,眉色多选用棕黑色或灰黑色。眉毛描画要自然,虚实结合,先用眉刷蘸上眉粉刷顺眉毛,再用眉笔做进一步修整。

4. 腮红的修饰　腮红颜色要浅淡柔和,体现似有似无的感觉。如果肤色健康,着装素雅则可免去这一环节。

5. 唇红的修饰　唇色应与整体妆色协调一致,最好选择接近天然唇色的口红或唇彩颜色。描画时尽量保持唇的自然轮廓。

6. 发型与服饰　日妆搭配的发型、服饰与人物的气质、职业、环境等方面相协调,整体造型要简洁大方,有现代气息。

(三)注意事项

1. 化妆的底色要薄,强调肤色的自然光泽。

2. 用色简洁,化妆色彩与色彩之间的对比要弱。

3. 色彩的晕染与线条的描画要柔和。

4. 日常生活中的淡妆,一般无须刻意修饰鼻子,顺其自然就好。

5. "看出漂亮、没看出妆"才是日妆的最高境界。

(四) 职业妆

用于职业场合,也是日妆的一种,强调的是职业场合和职业特点。职业妆妆面简洁明朗、线条清晰、大方时尚,要清淡而传神,强调女性光彩与自信魅力。

职业妆的
技法特点

课堂互动

你知道职业妆的技法要点吗?

(五) 男士妆

男性的肤质较粗糙,黑斑、痘印会影响面容,因此化妆是为了"掩饰"男士的妆容,讲究自然,与其原本的肤色匹配,不露痕迹。为达到自然阳刚的化妆效果,男士化妆的技巧比女士更讲究,更细致。

男士妆的
技法要点

课堂互动

你知道男士妆的技法要点吗?

二、晚宴妆

晚宴妆适用于气氛热烈、隆重的晚会、宴会等社交场所,服装华丽鲜艳。一般要求穿着礼服或正规的服装。因此,晚宴化妆不同于日常化妆,用色比日妆大胆丰富,造型空间也比日妆、新娘妆要大,是一个能够让化妆师充分展示化妆技艺的妆型。

(一) 实用性晚宴妆的特点

实用性晚宴妆的特点是妆色艳丽,色彩对比强烈,搭配丰富协调,五官描画可适当夸张,强调面部五官轮廓的凹凸结构,充分展现女性的高雅、妩媚与个性魅力。晚宴妆要求妆色、服饰、发型协调一致。

(二) 正式社交场合的晚宴妆

通常指一些商务类活动,气氛隆重的庆典晚会,在许多方面沿袭了传统的礼仪,要求出席这种场合的女性形象端庄、典雅、大方,言行举止符合礼仪规范,因此妆色不可过于艳丽夸张,妆型要细腻,用色要简单,要充分展现东方女性的独特魅力。

(三) 晚妆造型的技法要点

1. 肤色的修饰　选用深浅不同的膏质粉底来强调面部的立体结构,并突出细腻光滑的肤质;可选择遮盖力较强的粉底在色斑部位先涂一遍,然后再用此粉底作基础底色均匀涂在全脸。在鼻梁、眉骨、眼睑处用高光色提亮,面部外轮廓鼻侧影用阴影色晕染。将裸露在礼服外的皮肤抹上粉底,使整体肤色一致,粉底涂抹要均匀,均一的底色会使妆面显得洁净;用蜜粉定妆,并用掸粉刷掸去多余的浮粉,使肤色自然。注意由于晚妆所处的场合灯光较强,粉底色宜深些、红润些,从而避免在强光下皮肤显得苍白无色。

2. 眼睛的修饰

(1) 粘贴美目贴:一种是透明的美目贴(针对内双),另一种是演员专用的深丝沙,剪成与眼睛长度差不多的细月牙状,依眼型粘贴。

(2) 眼影:眼影是晚妆的重点,用色冷暖皆可,视肤色、服装及眼型条件而定,用色淡雅,不宜过于繁杂,否则会显得凌乱而失高雅。眼影晕染自然、突现眼部立体结构,描画纤细整齐的黑色睫毛线,用黑色或蓝色睫毛膏涂抹睫毛,还可根据需要粘贴假睫毛,并用眼线液补画一遍睫毛线,使真假睫毛浑然一体,眼部化妆真实可信。

3. 眉毛的修饰　眉毛形状依脸型和眼型而定,可用棕黑色、黑灰的眉笔或眼影粉描画,但线条要清晰,眉色要自然,不宜太黑,用色虚实过渡自然。整个眉型具有立体的虚实感。

4. 面颊的修饰　根据妆面的要求选用腮红,色彩可浓重艳丽些,刷在颧骨四周或根据脸型需要加以矫正。但不宜过浓,晕染面积不宜过大,要深浅适中,过渡自然,要与肤色自然衔接。

5. 口唇的修饰　唇色宜艳丽,要与服装色、眼影色相协调,唇型描画轮廓清晰。为了保持唇膏牢固持久,涂唇膏后用纸巾吸去多余的油分,施一层薄粉,再涂一遍唇膏即可。

6. 发型与服饰　发型与服饰需与妆面整体效果协调统一,整体造型要体现女性独有的个性魅力。

(四) 烟熏妆

烟熏妆,又称熊猫妆。此妆突破了眼线和眼影泾渭分明的老规矩,没有僵硬的边界线,在眼窝处漫成一片,常以黑灰色为主色调,看起来像炭火熏烤过的痕迹,所以称做烟熏妆。

课堂互动

你知道烟熏妆的技法要点吗?

烟熏妆的
技法要点

三、新娘妆

婚礼是人们极为珍视的仪式。婚礼上的新娘妆是女性一生中最难以忘怀的装扮,也是女性一生中着装最美的时刻。新娘是婚礼中的焦点,其装扮要与地区环境、风俗习惯、季节气候等协调一致。塑造一个完美的新娘形象,必须需要化妆、发型、服饰、仪态的相互配合与衬托。

(一) 新娘妆的特点

妆面洁净、自然、柔和且牢固持久;妆色以暖色为主,随着人们观念的更新,柔和的冷色也逐渐被用于新娘的化妆中;新娘妆的浓度界定于浓淡之间;妆型喜庆、端庄大方、高贵典雅、纯洁甜美;其化妆、发型、服饰搭配和谐完美,并要注意与新郎的装扮协调。

（二）新娘妆的表现方法

新娘妆的婚纱造型要着重体现新娘清新与典雅、美丽与纯洁的魅力。

1. 肤色的修饰　新娘的肤色强调健康、自然、细腻、洁净,在涂粉底前要用调肤液调和肤色,一般用紫色调肤液可使肤色亮丽些;再用遮瑕膏遮掩瑕疵;宜选用遮盖力强、质感细腻的液状或膏状粉底。尽量选择略比肤色白的粉底液或用液加霜调配后使用,粉底不宜太厚,应表现新娘嫩白、洁净的肤色。由于婚纱的款式多裸露肩、背部,所以一定要注意将裸露在外的皮肤全部均匀地涂抹,使整体肤色协调一致。注意新娘的粉底宜清透为主。

2. 眼睛的修饰　眼部的化妆要自然柔和,妆色冷暖皆可,取决于妆型、肤色、气质及眼型条件。涂眼影时要有层次,可向外晕染开以增加化妆色彩的魅力。注重睫毛的修饰,选用黑色的眼线笔勾画睫毛线,注意线条的虚实度。睫毛线要轻而细,不要过分,在上眼梢处微微上翘,增加眼部妩媚感。粘贴假睫毛,并涂睫毛膏使眼睛清澈、柔和,眼部轮廓更清楚。注意假睫毛不可过长,以免失真。

3. 眉毛的修饰　眉毛的形状主要取决于眼型和脸型,若条件合适可将眉梢与眼角稍微翘起,面部会显得开朗、明快。眉毛以灰黑或棕黑色为主,眉色要自然、柔和。

4. 面颊的修饰　腮红要浅淡柔和,制造出白里透红的肤色效果,若皮肤过于苍白,可在涂抹粉底前先用腮红膏抹于颧骨处,增添皮肤的血色。

5. 口唇的修饰　唇红选用柔和的浅红色系,唇型轮廓要清晰,可适当修改唇型,但不要过度夸张,唇色要牢固持久。

6. 发型与服饰　新娘的发型以盘发为主,并用配饰点缀。根据季节、喜好选择与新娘脸型、体型和气质相适应的婚纱,可以将新娘的美丽发挥得淋漓尽致。

配饰即新娘佩戴的头花,给人以娇艳、生命活力健康美的感觉,如皇冠、亮钻、鲜花、绢花、珍珠等。

四、梦幻妆

梦幻妆又称人体艺术彩绘,以人体为载体,运用色彩、线条及特殊的化妆品在人体上以大胆夸张的手法表达一种如梦如幻的理想境界,是一种特殊场合的化妆艺术。梦幻妆起源于古印第安人的文身术。

（一）梦幻妆的特点

梦幻妆是一种综合艺术和创意的结晶,不仅需要有丰实的文化和化妆技术,还应具备绘画、雕塑、色彩、美容、美发等专业知识,但最重要的是构思与创意。创意是梦幻妆的灵魂。梦幻妆的创意形式多种多样,如生态环保、未来科幻、返璞归真等。好的梦幻作品应该积极向上,展示美好人生,光明的未来及真、善、美,让人从中得到有益启发,得到艺术和美的享受。

（二）梦幻妆的化妆技法要点

1. 妆面设计　妆面设计是梦幻妆的基础。梦幻妆要求妆型夸张,图形必须具有一定的创意,能够展示美好形象,配色丰富而不杂乱,妆色干净,突出个性特点。

2. 打底色　底色分为油质和水粉质,其中面部多用油质粉底,身体部分大多用水溶性粉底,便于卸妆。选色要根据皮肤和图案的颜色而定。用透明散粉定妆,可减少油光感。

3. 描绘图案　根据设计好的图案,用笔在皮肤上描绘轮廓,再按需要的色彩填满,成为一幅栩栩如生的作品。

4. 装饰物和道具　是梦幻妆中不可缺少的饰品,应围绕主题,选用适宜的道具和饰物,也可以自己动手制作。道具的应用既要体现造型意识,又要考虑模特的承受能力及表演效果。配饰的质感与色彩要同妆色和道具相协调,而且宜少不宜多。

5. 卸妆　梦幻妆所用的化妆品对皮肤的刺激相对较大,所以应及时卸妆。

第六节　盘发技术

一、编发

编发,即对头发进行编织,是当下时尚女性颇为喜爱的一个装扮自己的步骤。编发的创意性和随意性能较好地弥补发型上的枯燥和单调,体现女性柔美、俏皮的一面。

发辫就是指将头发分成股编成带状物,不同的分股方法塑造成不同形状的带状物,利用形状的特点来达到造型的效果。

发辫的分类:两股辫、三股辫、四股辫、多股辫。

两股辫的概念:两股辫也称绳形马尾辫,是将发片分成两股按顺时针和逆时针方向进行卷搓(图 6-99)。

三股辫的概念:也称麻花辫,是将发片分成三股,将两股头发从中间一股上面或下面绕过,逐一编排。三股辫造型简单大方,立体饱满(图 6-100)。

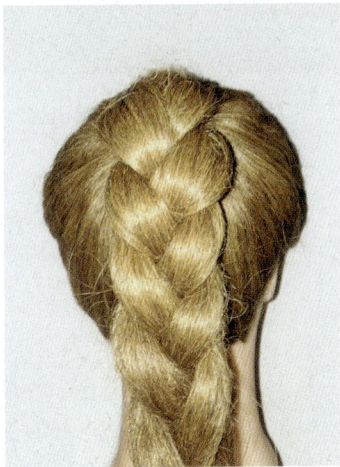

图 6-99　两股辫　　　　图 6-100　三股辫

多股辫的概念:多股辫是分出多束发束进行编结的一种造型。一般 5 束以上的头发进行编织就称为多股辫(图 6-101)。分类:多股辫有多种,其中以五股辫最常见。

（一）瀑布辫编发要点

1. 从侧边抓取 2 束头发。

2. 从头顶分出一束,编好一个结后将头顶一束自然垂下(图 6-102)。

3. 从头顶抓取一束头发编好,另一侧也按照同样的方法编好。

4. 最后将两股辫子扎起即可(图 6-103)。

（二）鱼骨辫编发要点

1. 在头发两端耳朵上一点的位置分出一撮头发,然后把两撮头发拉到后面用橡皮筋扎起来,再由外到内把发尾转动(图 6-104)。

2. 把转圈后的小辫子两边拉松一点,在颈部中间把下面全部头发连同小马尾平均分成两份(图 6-105)。

图 6-101 多股辫

图 6-102 瀑布辫步骤(1)

图 6-103 瀑布辫步骤(2)

图 6-104 鱼骨辫步骤(1)

图 6-105 鱼骨辫步骤(2)

3. 用扎鱼骨辫的手法,开始往下扎,先从右边开始将头发最右边的一束发束拉到中间,然后用左手拿(图6-106)。

4. 在左边同样的位置分出一撮头发,拉到头发之间,用右手拿住(图6-107)。

5. 从右边最外侧分出发片,把它拉到头发的中间,继续用左手抓住(图6-108)。

6. 用同样的手法把下面剩下的头发继续扎,全部扎完后,再轻轻拉松它(图6-109)。

图 6-106　鱼骨辫步骤(3)

图 6-107　鱼骨辫步骤(4)

图 6-108　鱼骨辫步骤(5)

图 6-109　鱼骨辫步骤(6)

(三) 蝎子辫编发要点

1. 将头发梳理整齐,从头顶部取一大股头发,平均分成三小股(图6-110)。

2. 从头顶部开始编织麻花辫,③在②上面,不用动(图6-111)。

3. ①在③上面,②不用动(图6-112)。

4. 然后从右边取出一小股头发④(图6-113)。

5. ②和④合并,成为第⑤股头发(图6-114)。

6. ⑤在①上面,第③股头发不用动(图6-115)。

图 6-110　蝎子辫步骤(1)

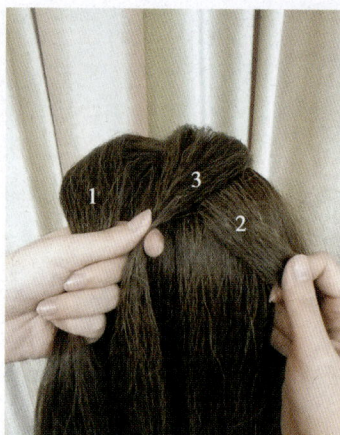

图 6-111　蝎子辫步骤(2)

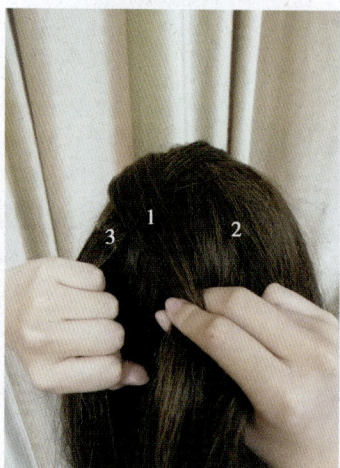

图 6-112　蝎子辫步骤(3)

图 6-113　蝎子辫步骤(4)

图 6-114　蝎子辫步骤(5)

图 6-115　蝎子辫步骤(6)

7. 从左上方取出一股头发⑥（图 6-116）。

8. ⑤和③合并，成为第⑦股头发（图 6-117）。

9. ⑦在⑤上面，①不用动，然后重复编发的步骤，继续往下编辫子。一直编织到发尾（图 6-118）。

10. 编织好后，把头发稍微扯送一点，显出慵懒的感觉（图 6-119）。

11. 然后把发尾的头发卷进去，用 U 型夹子固定好（图 6-120）。

12. 佩戴发饰即可（图 6-121）。

（四）心型辫编发要点

1. 拿一把齿度比较密集的梳子，先在左边额头处取一小束头发，右边同左（图 6-122）。

2. 然后把后面剩余的头发拿一字夹夹住备用（图 6-123）。

3. 首先从后面开始以三股辫的方式开始编（图 6-124）。

4. 一直编，编至耳前处，松紧度为较紧，不然会显松散（图 6-125）。

图 6-116　蝎子辫步骤（7）

图 6-117　蝎子辫步骤（8）

图 6-118　蝎子辫步骤（9）

图 6-119　蝎子辫步骤（10）

图 6-120　蝎子辫步骤(11)

图 6-121　蝎子辫步骤(12)

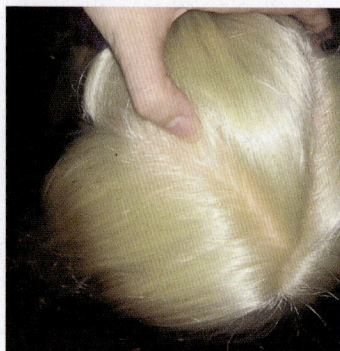

图 6-122　心型辫步骤(1)

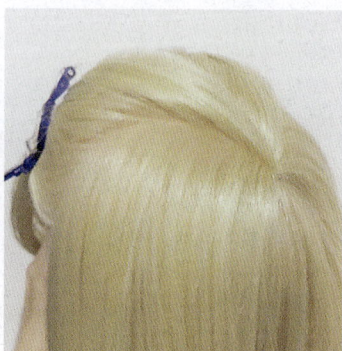

图 6-123　心型辫步骤(2)

图 6-124　心型辫步骤(3)

图 6-125　心型辫步骤(4)

5. 编至耳后处时,就取开始夹起的头发,一束一束地往下叠加(图 6-126)。

6. 右边的头发同左,一直往下编,从耳后处开始叠加发束(图 6-127)。

7. 左右都编至脖颈处时,把后面剩余的头发一直往下编,编成三股辫(图 6-128)。

图 6-126　心型辫步骤(5)

图 6-127　心型辫步骤(6)

图 6-128　心型辫步骤(7)

二、盘发

盘发即把头发盘成发髻,先把头发扎个马尾形状,然后可以绕着盘起来,在日常生活中都会用到。盘发发源于中国,流行于韩国、俄罗斯。盘发的方法有很多,其中可以分为韩式盘发、日式盘发、俄式盘发等。通过盘发能塑造女性的端庄、古典、艳丽、高雅、自然等不同气质。盘发以长或中长型头发为宜,也可应用真假发结合盘发快速塑造造型效果。

(一)盘发工具的种类

1. 发梳类

(1)包发梳:用于梳理头发表面纹理,常用于梳理已梳过的头发表面。

(2)尖尾梳:用于梳发、分发。

2. 发夹类型

(1)带齿鳄鱼夹:长用于固定发区较多的头发。

(2) 平面鸭嘴夹:用于固定发区或暂时固定波纹头发或线条。

(3) "一字"发夹(钢卡):用于固定头发。

(4) "U"型夹:用于固定造型较高的头发和连接底部较蓬松的头发。

3. 卷发棒　有不同型号标识不同粗细,用于夹卷曲头发,使头发更加自然,更具蓬松感。

4. 直板夹　用于将头发拉直或做出自然外翘、内扣效果。

5. 波浪夹　可将头发做成玉米须的效果,适用于发量稀少、发质细软的头发,增加发量易于造型。

6. 吹风机　吹干头发、造型吹发。

7. 发胶喷雾　用于固定头发,保持发型持久。

8. 啫喱膏　用于固定头发,使发丝干净,易于梳理。

9. 橡皮筋　用于将头发固定在所需位置。

(二) 盘发的基本形状

1. 传统包发　给人以高贵、端庄、成熟感。

2. 对称型盘发　活泼可爱、青春。适合脸瘦、脸小、脸长人群。

3. 不对称发型　比较时尚、创意的感觉。

(三) 盘发的分区

在盘发前一定先判断模特的脸型、气质、服装、妆容等进行发型设计,根据发量的分布,将整个头发的发量按所设计发型的需要进行分配,分成不同的发区。

1. 基本分区

(1) 刘海区:用于遮盖前额的缺点及调整脸型的长短。

(2) 侧发区:用于弥补头部和脸型宽窄、胖瘦的不足。

(3) 顶发区:是盘发的焦点,是与其他四区相混合的整体。

(4) 后发区:用与弥补头顶和枕部凹凸缺点。

2. 分区原则　以基本分区为主,在造型时也可不禁锢于基本分区,按需要进行分配扎束。

(四) 几种常用盘发手法

1. 低发髻盘发

(1) 将头发分为上下两区,上半部的头发用夹子固定,下半部的头发扭转(图6-129)。

(2) 下半部头发收成包包头,并用"一字"夹固定(图6-130)。

(3) 将上半部分以三股辫的形式往下辫,直至盖住下半部分的包发区域(图6-131)。

(4) 最后将辫尾反折往内收,用"一字"夹固定(图6-132)。

2. 韩式蜈蚣辫盘发

(1) 以平行于耳廓最顶端的水平线为准,用尖尾梳将头发分两区(图6-133)。

(2) 用橡皮筋将分好的上半部分头发扎起来,分成两股,将两股头发像编两股辫一样缠绕(图6-134)。

(3) 将下面剩下的头发取一部分从右向左编成蜈蚣辫。编蜈蚣辫的时候注意只加靠下的一股(图6-135)。

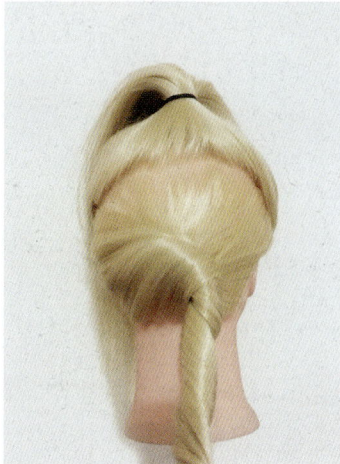

图 6-129　低发髻盘发步骤(1)

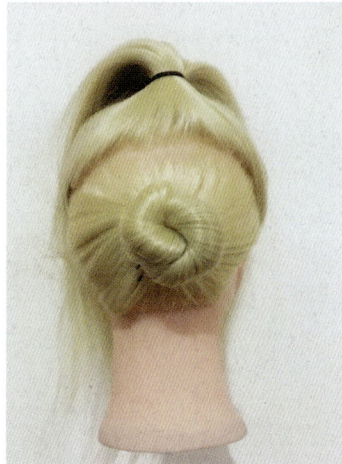

图 6-130　低发髻盘发步骤(2)

图 6-131　低发髻盘发步骤(3)

图 6-132　低发髻盘发步骤(4)

图 6-133　韩式蜈蚣辫盘发步骤(1)

图 6-134　韩式蜈蚣辫盘发步骤(2)

图 6-135 韩式蜈蚣辫盘发步骤(3)　　图 6-136 韩式蜈蚣辫盘发步骤(4)

（4）编完用皮筋收尾,蜈蚣辫的发尾绕在花苞的根部,用卡子固定完成(图 6-136)。

3. 经典包盘发

（1）利用倒梳的方法,将顶区和侧区的头发固定在脑后中部,注意饱满度,下面分散的头发分为三股用外翻的方法固定,每一股注意衔接,"一字"夹需隐形(图 6-137)。

（2）将头顶最表层的头发撕出纹理,强调乱中有序,静中有动,动中有静(图 6-138)。

（3）另一侧的头发利用手打卷的方法一次包紧,斜向固定,注意与边缘的结合点,下夹要伏贴,在结合处按照发包斜向的走向发饰(图 6-139)。

图 6-137 经典包盘发步骤(1)

图 6-138 经典包盘发步骤(2)　　图 6-139 经典包盘发步骤(3)

第七节 睫毛嫁接技术

睫毛嫁接又称美睫,起源于韩国,在欧洲发展兴起,从1998年开始引进中国。短短十多年间,美睫技术在美容行业引起轩然大波,变成最受欢迎的美容项目。

一、原理

"睫毛嫁接"的原理是使用专业医疗级胶水及专业熟练的技术将一定长度、厚度、卷翘度的纤维睫毛一根根粘在顾客的每根睫毛上,需准确嫁接在距离顾客睫毛根部约0.5~1mm的位置,使睫毛变得浓密、纤长、卷翘。一般情况下,嫁接睫毛后的状态保持时间为28天左右。人体每根毛发都有生长周期,睫毛会随着生长期、退化期、休止期而脱落更新,所以嫁接后的睫毛也会随着自身睫毛的更新而脱落。保持时间的长短还取决于三个方面:一是美睫师的嫁接技术,二是所使用的睫毛和胶水的品质,三是嫁接后个人的保养情况。

二、用品用具

(一) 假睫毛

首先,从材质上分,目前最受欢迎的是人工合成睫毛和蛋白纤维睫毛,其次就是貂毛。人工合成睫毛比较硬,卷翘度和形状比较好,嫁接后,可以很明显地体现美睫的效果。蛋白纤维睫毛的种类很多,以蚕丝蛋白纤维睫毛为例,这种睫毛最接近天然睫毛,比较柔软,具有一定的形状和卷翘度,嫁接效果非常自然。水貂毛是一种极其柔软的睫毛,嫁接后,除了可以使睫毛浓密、纤长外,还非常柔软舒适。

其次,按形态分,有传统型假睫毛和新型扁型假睫毛。目前,市面上大部分使用的是"圆柱体"睫毛。新式"扁毛"睫毛的优点在于增加了与原生睫毛的接触面积,让嫁接作业更简单、快速,使睫毛更稳固、持久。

再次,按睫毛的卷翘度分,常用的有以下两种:①C卷(50°):卷曲程度较强,有用卷毛器卷起的感觉,看起来像洋娃娃,但是与天然睫毛粘贴部分较弱,容易脱落;②J卷(30°):只有末端自然向上卷,与天然睫毛粘贴部分较强,维持时间较长。按睫毛的粗细度分:0.05~0.25mm。按睫毛长度分:7~15mm。在选择上必须以美睫者自身的睫毛情况、能接受的程度及美睫者个人喜好综合考虑。

不适合用于嫁接的假睫毛产品有:①天然睫毛:大多数天然睫毛会因为没有生命力而无光泽,特别是没有弹性,不防水,不适合用于睫毛嫁接;②丝毛:只适用于玩具娃娃眼睛。

(二) 美睫专用黑胶

针对不同的使用对象,一般有两种不同的类型:①速干型:以黑胶凝固的速度作区隔,如2~3秒、4~5秒或5~7秒。为了方便辨别,生产厂商通常以不同的颜色瓶盖作为区别。一般越快干的黑胶,对眼部刺激越大。目前,新研发的黑胶,兼具速干又不刺激的优点。②低刺激型:这种黑胶凝固的速度较慢(约8~10秒),刺激性低,比较适合眼睛敏感或嫁接下睫毛时使用。粘性持久、温和、速干是优质黑胶的特征。

（三）美睫专用夹

美睫专用夹一般有两种类别，具有不同功能。①直夹：嫁接时，用来找出一根干净完整的睫毛；②弯夹：主要用来夹取假睫毛和 3D、6D、9D 开花嫁接技术时辅助"开花"使用。密合度的高与低是判断一个美睫专用夹质量好与坏的重要标准。

（四）美睫专用卸除液

目前最常用的睫毛卸除液，共分为三种：①卸除膏：不容易滑落，等待卸除的时间较长，比较温和不刺激；②卸除凝胶：不易滑落，等待卸除的时间较短；③卸除液：容易流入眼睛，一般用来清洁夹子。

（五）抗敏纸胶带与眼膜贴片

进行嫁接前，必须使用纸胶或眼膜贴片粘贴美睫者的上下眼皮，帮助操作者看清根根分明的睫毛，同时保护顾客的眼皮及睫毛。种类有：①不织布医疗纸胶：加速固定下睫毛（避免下睫毛弹出），或是接下睫毛时粘贴于上睫毛使用，具有不粘毛的特征；②高粘性纸胶：粘贴上眼皮使用，便于看清睫毛根部；③低粘性纸胶：保护下睫毛使用，不伤皮肤。

（六）工作台

工作台的最主要功能用来放置嫁接时要使用的睫毛和黑胶。日式工作台以水晶或玻璃制作，使用时需放在美睫者左边或右边，使用不方便，且延长嫁接时间。韩式工作台以纱胶片为主，可直接放于顾客额头，但附着力不佳，容易滑动。国内自制的工作台有方便计算根数、方便撕取、可直接放于美睫者额头、缩短嫁接时间等优点。

（七）风扇与喷雾机

美睫师使用最多的"快干"产品主要是风扇和喷雾机。风扇是利用风吹的原理，增加嫁接后黑胶凝固的速度；喷雾机是利用喷雾的水分子，一般喷雾 2~3 秒，加速黑胶凝固的速度，降低眼睛的不适，在日式美睫中运用较多。

三、操作要点

1. 包头　将顾客头发整理干净，避免嫁接过程中弄脏。

2. 消毒与清洁　使用 75% 酒精消毒双手和睫毛夹。

3. 固定下睫毛　剪取大小合适的眼膜，用手指将下眼睑轻轻往下推，顺着下眼睑覆贴眼膜，将上下睫毛隔离开。

4. 选配睫毛　针对顾客的眼型、睫毛缺失、喜好与职业等因素，选择合适的睫毛。

5. 拨毛　直夹固定、弯夹辅助，拨出一根完整且清晰的睫毛，直夹与睫毛根部成 90°。

6. 滑胶与放毛　将嫁接睫毛的胶水摇晃，目的是将矿物质摇匀，挤出适量黑胶在胶台上，每次取胶要少，可勤取胶。镊子夹住睫毛纤维的尾端，将根部 2/3 左右探入胶中，然后轻轻拖出。将粘了胶的睫毛粘至真睫毛的侧面，距离皮肤 0.5~1mm，不可超过1.5mm。自身睫毛至少有 2/3 的长度与假睫毛黏附在一起，并且要保证嫁接的睫毛弧线保持一致，粘接不可分叉，一般需比自身睫毛长 1/3 即可。嫁接一根的睫毛与下一根需要嫁接的睫毛保持距离，以免互相粘连。嫁接过程遵循短 - 中长 - 稍微长的原则，按照先眼中、后眼尾、再眼头的顺序。

7. 下睫毛嫁接　将接好的上睫毛用透气、不粘毛的纸胶粘于上眼皮。以棉棒为辅助往下撑,直接接下睫毛。接下睫毛时以弯夹为主,夹睫毛的方向及上胶方式与上睫毛相反。

8. 使用风扇或喷雾机。

四、睫毛养护

1. 嫁接后 3~5 小时内避免碰水,包括化妆、洗脸、洗澡、蒸桑拿等。

2. 嫁接后避免用力揉搓双眼,以及毛巾、化妆棉、毛衣等的触碰,否则不小心会勾到假睫毛。

3. 嫁接后沐浴时,尽量避免淋浴头直接将水冲在睫毛上。

4. 嫁接后可化妆,但是化妆、卸妆会造成经常揉搓睫毛,会比不化妆易脱落,并且建议购买专业美睫卸妆产品。

5. 嫁接后做美容 SPA 最好避开眼周。

6. 嫁接后不可使用睫毛夹、烫睫毛等工具。

7. 若想睫毛保持更长时间,注意在打湿睫毛的情况下,可用纸巾轻轻贴伏,吸干表面的水分。

五、卸除方法与注意事项

1. 睫毛下方贴专业卸除棉垫保护眼睛,以免粘到卸除剂。

2. 闭眼状态,用卸除棉棒把卸除剂涂到要卸除的部位,不要直接涂到根部,应朝着根部方向涂。

3. 五分钟左右用棉棒轻轻拨开卸除人工睫毛。

4. 难以卸除时,可再加点卸除剂,过一会儿再卸除。

5. 卸除后,取棉片用温清水和清洁水把残留的卸除剂擦干,由内向外轻轻擦拭。

(周佳丽)

复习思考题

1. 试述身材高大女性的整体形象设计方法。

2. 请做出几款基础的编发及盘发发型,并在此基础上演变出其他发型。

3. 独立操作一次真人的睫毛嫁接,详细记录其中的操作问题并思考如何解决。

扫一扫
测一测

第七章

美 甲 技 术

✂ 学习要点

> 自然指甲的修护方法;指甲彩绘、贴花镶嵌、甲油拓印等装饰指甲的操作方法;人造指甲如贴片指甲、光疗树脂指甲的制作方法。

第一节　美甲基础知识

一、美甲的起源与发展

美甲文化的历史源远流长,古代拥有一手修长、华丽指甲的人,多半属于上流社会,地位显赫,不必从事体力劳动。发展到今天,美甲已经成为整体形象设计中不可或缺的部分,成为美容经济的组成部分,是时尚美容品位和气质的象征。

(一) 国外古代美甲发展史

指甲的装饰最早可追溯到6 000年前的古埃及,那时人们用指甲花将指甲染成金色。考古学家还曾在埃及艳后的墓中发现了一个化妆盒,里面记载着"处女指甲油"为通向西方极乐世界之用。19世纪的英国皇室贵族就有留甲的传统,象征着地位和权力。

(二) 中国古代美甲发展史

在我国,美甲的历史同样非常悠久。唐代时人们已经开始用凤仙花染甲。做法是将腐蚀性较强的凤仙花的花和叶放在小钵中捣碎,加入少量明矾,将指甲连续浸染3~5次,数月都不会褪色。中国古代官员佩戴金属假指甲增加指甲长度,显示其权势地位。

(三) 现代美甲的兴起

现代美甲兴起于20世纪30年代,当时美国好莱坞的明星及贵妇名流喜欢用真甲粘贴或装饰受损的指甲,促使一些化学工程师发明了贴片甲、水晶甲、丝绸甲,深受好莱坞明星的喜爱。法式水晶甲的兴起,掀起了世界美甲的热潮,使美甲开始平民化。

二、指(趾)甲的构造

指(趾)甲覆盖在指趾末端,由多层紧密的角化细胞构成,本身不含任何神经和血管,呈白色半透明状。正常健康的指(趾)甲表面光滑、亮泽、饱满,光线可以透过,由于反射了指(趾)甲下甲床的颜色而呈淡红色。指甲生长速度约每3个月长1cm,趾甲生长速度约每9个月长1cm。一般夏季比冬季生长速度稍快。疾病、营养状况、环境和生活习惯的改变可影响甲的颜色、形态和生长速度。

指(趾)甲主要由甲前缘、甲体、甲根三部分组成,又细分为以下几部分(图7-1)。

1. 甲前缘 是甲延伸出皮肤的部分,由于下方没有支撑,并且缺乏水分和油分,所以容易断裂。

2. 甲板 甲外露的部分,由多层紧密的角化细胞构成,本身不含任何神经和血管,附着在甲床上。甲板与皮肤表皮的角质层不同,它并不脱落;与毛发也不同,甲板可连续生长,没有周期性。

3. 甲床 甲板下的皮肤组织,由生发层和真皮构成。甲床内含丰富的毛细血管、神经末梢,无汗腺和皮脂腺,是指甲的营养来源。

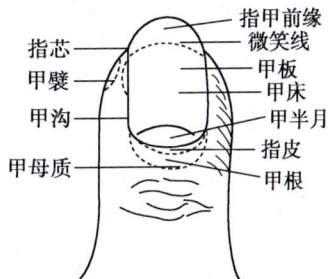

指甲前缘
微笑线
指芯
甲襞
甲板
甲床
甲沟
甲半月
指皮
甲母质
甲根

图 7-1 指甲的构造

4. 甲根 甲伸入近端皮肤中的部分,较薄软,其作用是以新生的细胞推动老细胞向外生长,促进指甲更新,相当于农作物的根茎。

5. 甲母质 甲根深面的甲床,是甲的生长区,其作用是产生组成甲的角化细胞以促进甲生长,相当于农作物的土壤。甲板的厚度和宽度由甲母质的大小和形状决定。甲母质受损会造成甲停止生长或畸形生长。

6. 甲半月 靠近甲根处新月状的淡白色区,是甲母质生发细胞远侧的标志,反映了未成熟甲体细胞的颜色。

知识链接

甲半月与健康

①甲半月为新生的甲体,面积约占甲的1/5,奶白色。健康状况良好时双手8~10个手指有甲半月,其面积或颜色异常提示身体存在健康隐患。②甲半月面积小于指甲的1/5表示精力不足,胃肠吸收能力较差;大于1/5,易患心脑血管疾病。③颜色灰白表示脾胃消化吸收功能差,易引起贫血、乏力、体质下降;粉红且与甲色分界不清,表明体力消耗过大、脏腑功能下降;紫色代表气血瘀滞、血液黏稠,提示心脑血管疾病;黑色多见严重心脏疾病、肿瘤、长期用药或中毒者。

7. 指皮 覆盖在甲根部的一层皮肤,可保护指甲。

8. 指芯 甲前缘下的薄层皮肤,此处皮肤较敏感。

9. 甲廓 覆盖在甲板周围的皮肤。甲两侧凸起的皮肤称甲襞,可保护指甲。甲周围凹陷的皮肤称甲沟。

10. 微笑线　甲前缘与甲板处形成的弧线。

三、美甲的概念

指(趾)甲是皮肤的附属器官,覆盖在指(趾)末端,除了具有保护手指(足趾)的生理作用外,通过修饰还具有美化手指(足趾)和手(脚)形的作用。

美甲又称指(趾)甲美容,是指根据顾客的手(脚)形、甲形、肤色、肤质、服装的色彩和要求,对指(趾)甲进行清洁、修剪、保养及修饰美化的过程,是整体形象设计的一部分。

现今的美甲已不仅局限于对指(趾)甲的修剪、保养、美化,而且扩展到对手(足)部的美化设计、手(足)部皮肤的保养以及各种问题指(趾)甲的处理。

四、手形与指甲形状

(一)常见的手形(图7-2)

1. 纤长形　这种手形的手指和手掌的长度相近,宽度也大致相同,每个手指都纤长匀称,指甲多呈椭圆形或方圆形。

2. 尖锥形　这种手形比较常见,手掌比手指部分宽厚,越到指尖越细,呈圆锥状,指甲多呈尖形。

3. 丰满形　这种手形偏方形,手掌和指肚都比较肥厚,指甲一般较短,呈方形、倒梯形。

4. 长方形　这种手形整个手掌呈规则的长方形,每个手指从指根到指尖几乎一样宽,指甲呈方圆形。

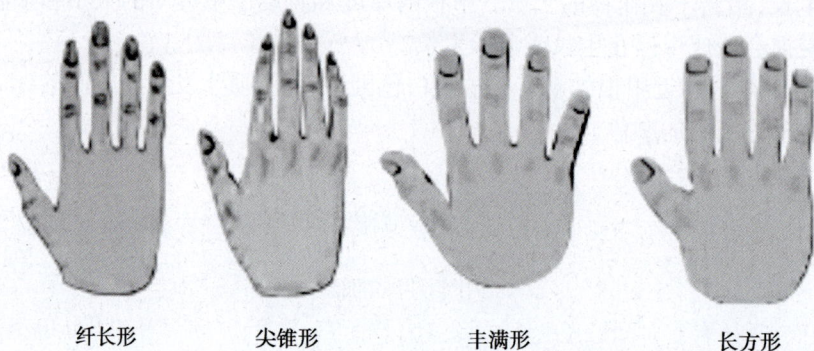

纤长形　　尖锥形　　丰满形　　长方形

图7-2　常见的手形

理想手的特征

课堂互动

你知道理想手的特征吗?

(二)常见的指甲形状(图7-3)

1. 椭圆形　指甲前缘呈椭圆形。在与手指形状十分协调的基础上,可增加手指的长度感从而使手指显得修长,改善粗短手指的形象,是比较理想的传统的东方甲形,深受广大女性的喜爱,适合于任何人。

2. 方圆形　指甲前缘平直,两角呈圆弧形。对于手指关节明显或手指瘦长者,方圆形指甲可以弥补其不足。此类指甲比较坚固耐磨,不易折断,对于喜欢留长指甲、指甲脆弱易断的人或经常展示手形的人都比较适合。

椭圆形　　　方圆形　　　方形　　　尖形

图 7-3　常见的指甲形状

3. 方形　指甲前缘平直,两侧呈直角。此类指甲由于指尖受力比较均匀,接触面积大,不易断裂,是最坚固耐用的一种甲形。趾甲也可修成此种形状。方形指甲是比较时尚及个性化的甲形,深受职业女性和白领人士的喜爱,适用于经常用指尖工作的人,如电脑键盘操作者。

4. 尖形　指甲前缘呈尖形。此类指甲由于指尖接触面积小,所以是最易断裂的一种甲形。尖形指甲适合于手指纤细修长的人,可使手显得玲珑小巧,对于不经常从事手部工作的人较适合。

五、美甲工具

"工欲善其事,必先利其器。"工具的齐备和正确选择是做好美甲的第一步。常用的美甲工具见表 7-1。

表 7-1　美甲工具

美甲类型	工具	作用
指甲的护理	消毒液	用于消毒皮肤和工具
	洗甲水	用于清除指甲上的指甲油
	指甲剪	用于修剪指甲长度(图 7-4)
	磨砂条	用于修整指甲的形状和贴片前指甲面的打磨。磨砂条的颗粒有粗细之分,颗粒越粗糙,磨损性就越强;颗粒越细,磨损性就越弱。常用的磨砂条型号有 180 号、120 号、100 号、80 号等,型号越小的磨砂条颗粒越粗糙,型号越大的磨砂条颗粒越细(图 7-5)
	豆腐块	用于磨平指甲表面的纹路或水晶甲的抛光(图 7-6)
	橘木棒	用于清除甲缘夹缝中的污垢(图 7-7)
	泡手碗	用于盛放液体泡手(图 7-8)
	皂液	用于泡手,清洁皮肤,软化指皮
	棉片	用于清洁指甲表面、甲沟、指芯
	指皮软化剂	用于软化指皮,使指皮易于推起
	指皮推	用于推起老化的指皮,以便于修剪(图 7-9)
	指皮叉	用于祛除指甲两侧老化的死皮(图 7-10)
	指皮钳	用于剪断推起的指皮(图 7-11)
	指缘营养油	用于营养指缘

续表

美甲类型	工具	作用
指甲的护理	抛光块	一般有黑、白、灰三面。黑色面较柔软,可清除指甲表面凹凸不平的角质,也可用于丝绸指甲制作时的最后表面修形。白色面柔软、亮泽,可把指甲表面抛得更细,用于各类指甲制作后的抛光。灰色面极其柔软、亮泽,可把指甲表面抛亮,用于各类指甲制作后的精抛光。按照黑、白、灰的使用顺序依次抛光,可使指甲显得晶莹亮泽(图7-12)
	抛光条	可代替抛光块,便于携带(图7-13)
	指甲刷	用于清洁甲面上的甲粉(图7-14)
	抛光蜜蜡	保护指甲,增加指甲亮度
	羊皮锉	用于打磨蜡膏,使指甲光亮(图7-15)
	加钙底油	用来隔离有色指甲油,可增强指甲硬度,保护指甲
	亮油	可增加指甲的亮度
趾甲的养护	足浴盆	用于盛放液体泡足
	脚砂板	用于打磨足茧
	隔趾海绵	用来分隔开足趾(图7-16)
贴片指甲的制作	一字剪	用于剪除多余的人造甲片(图7-17)
	镊子	用于取人造甲片、人造钻石和酒精棉
	人造甲片	用于制作贴片甲,可延长指甲
	贴片胶	用于粘贴人造甲片(图7-18)
光疗树脂指甲的制作	基础胶	又称"黏合剂",主要作用是使自然指甲与光疗树脂指甲的材料能很好结合
	造型浆	用纯天然树脂材料制成,无毒无味,有光泽,用于塑造树脂指甲的形状,有白色、粉红色、透明色
	定型浆	用纯天然树脂材料制成,用于光疗树脂指甲的定形
	彩色胶	又称"彩色延甲胶",有多种颜色,可单独制作指甲的延长部分,也可附在造型浆上为指甲增添色彩
	表面清洁剂	清洁树脂指甲表面
	光疗笔	笔毛薄而扁,毛质较硬,是制作光疗树脂指甲时取放光疗树脂浆的工具(图7-19)
	光疗灯	内置紫外线灯管,可产生紫外线,与树脂产生光合作用,使树脂硬化
	打磨机	打磨光疗树脂指甲表面
指甲彩绘	调色盘	用于各种色料的调配(图7-20)
	丙烯颜料	用于指甲彩绘(图7-21)
	画笔	包含水晶雕花笔和指甲彩绘笔(图7-22)
	指甲油	种类繁多,可根据设计需要用来美化指(趾)甲
	手动打孔钻	用于在指甲上打孔,装吊饰(图7-23)
	指甲装饰物	用于指甲的美化设计。如人造钻石、亮片、挂坠等

注:表格中所列手部指甲养护中的工具为美甲基本用具,其他美甲类型中所列工具为除美甲基本用具外所使用的一些专用工具

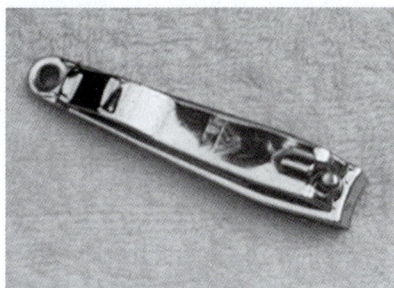

图 7-4　指甲剪

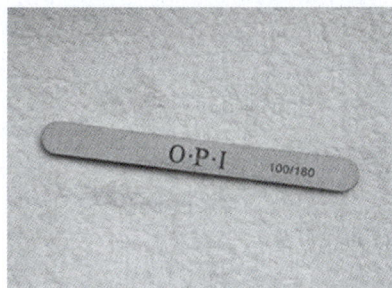

图 7-5　磨砂条

图 7-6　豆腐块

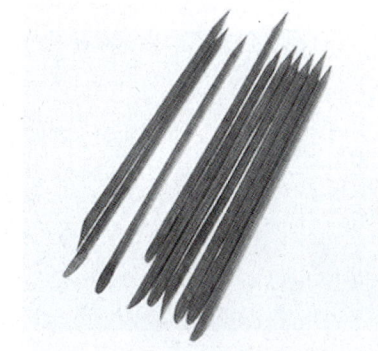

图 7-7　橘木棒

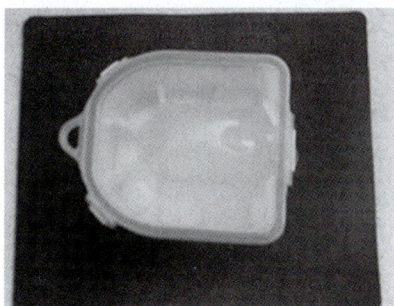

图 7-8　泡手碗

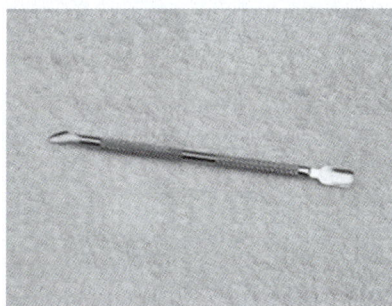

图 7-9　指皮推

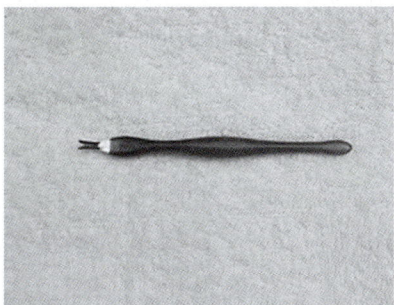

图 7-10　指皮叉

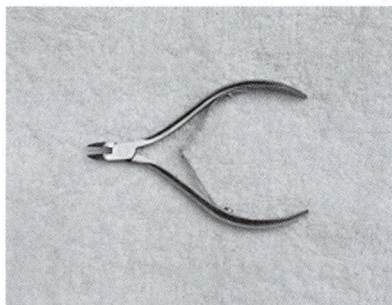

图 7-11　指皮钳

图 7-12　抛光块

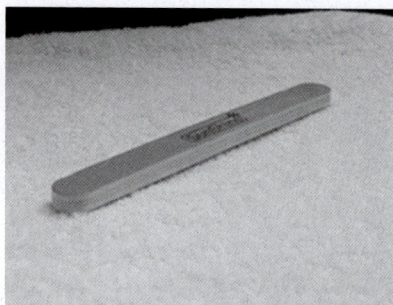

图 7-13　抛光条

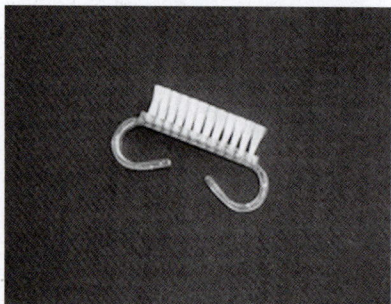

图 7-14　指甲刷

图 7-15　羊皮锉

图 7-16　隔趾海绵

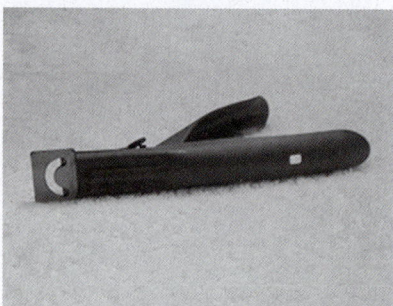

图 7-17　一字剪

图 7-18　贴片胶

图 7-19　光疗笔

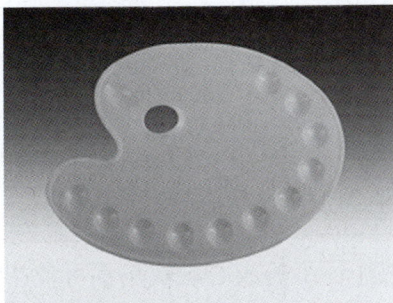

图 7-20 调色盘

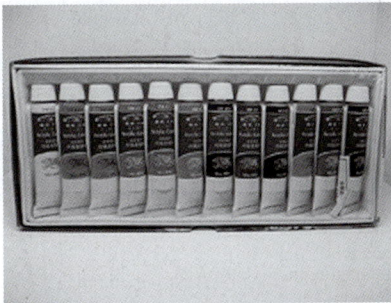

图 7-21 丙烯颜料

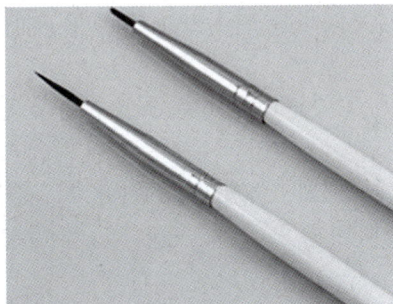

图 7-22 画笔

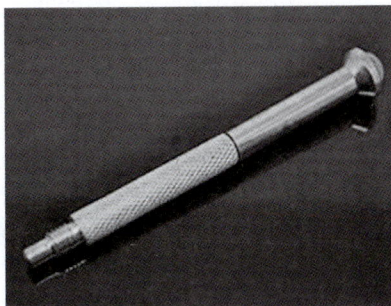

图 7-23 手动打孔钻

六、指(趾)甲与健康

一个健康的人,指(趾)甲表面应该光滑、亮泽、饱满,呈淡红色,甲板质地坚韧。如果人体在某一阶段的健康状况受到影响,指(趾)甲的颜色、质地、形状也会发生变化。

(一) 指(趾)甲与营养

与指(趾)甲关系最密切的营养物质是蛋白质、维生素和矿物质。营养物质摄取不足,会使指(趾)甲变薄、变脆,失去原有的光泽。

1. 蛋白质 是指(趾)甲生长必不可少的营养物质,如果蛋白质缺乏,会使指(趾)甲生长缓慢,且容易断裂。平时可多食用含有大量氨基酸的豆制品。

2. 维生素 指(趾)甲生长需要多种维生素,主要有维生素 A、B 族维生素、维生素 D 和维生素 E。

(1) 缺乏维生素 A:皮肤和指(趾)甲会变得干燥。

(2) 缺乏 B 族维生素:指(趾)甲变黑,表面易有凹陷纵嵴。

(3) 缺乏维生素 D:指(趾)甲变脆,易断裂。

(4) 缺乏维生素 E:指(趾)甲失去光泽且生长速度缓慢。

3. 矿物质 与指(趾)甲密切相关的主要是钙、铁、锌元素。

(1) 缺钙:指(趾)甲变脆,易断裂。

(2) 缺铁:指(趾)甲变薄、翘起,严重时可形成勺形指(趾)甲。

(3) 缺锌:指(趾)甲上出现白点。

(二) 常见异常的指(趾)甲颜色

1. 颜色发白 主要是甲床的毛细血管运行不畅。贫血、心脏或肝脏疾病也会使指(趾)甲苍白而无血色。

2. 颜色发黄 抽烟或接触各类化学制品会使指(趾)甲发黄。

3. 颜色发黑 长期接触水银、染发剂或显影液,缺乏维生素 B_{12}。

4. 颜色发绿 真菌感染。

5. 颜色发蓝 肺部氧气不足,全身血液循环不畅或心脏疾病都可使指(趾)甲变蓝。

6. 颜色呈棕褐色 长期使用含氧化剂的药膏或劣质指甲油。

(三) 常见的指甲疾病

1. 灰指甲 又称甲癣,表现为指甲增厚、失去光泽,指甲表面出现灰白色石灰质样钙化状现象,是一种甲真菌性疾病。

2. 甲沟炎 即甲周围软组织的化脓感染,主要是由于手部不卫生或长期浸泡在水中造成细菌或真菌感染所致。

3. 指甲萎缩 表现为指甲萎缩、失去光泽,严重时会使整个指甲剥脱。经常接触化学物品,以及指芯受损是导致指甲萎缩的主要原因。

第二节 自然指(趾)甲的养护

一、手部养护

(一) 专业养护

手部养护的基本步骤:清洁、脱屑、按摩、敷膜、涂护手霜。

1. 清洁的操作方法及要求(图 7-24)

(1) 将干净毛巾分别铺在顾客的手臂下和美容工作者腿上。

(2) 清洁前臂:美容工作者左手托住顾客手腕部,右手蘸取少量洗面奶,从腕部向上推抹至肘部,翻手沿手臂下方拉回至腕部;右手顺势托住顾客手腕部,左手向上清洗前臂。左右手交替进行清洗。

(3) 清洁手背:美容工作者双手四指分别托住顾客大小鱼际,使手背向上。双手拇指指腹从手指末端沿手指、掌骨至腕部向上向外打小圈。

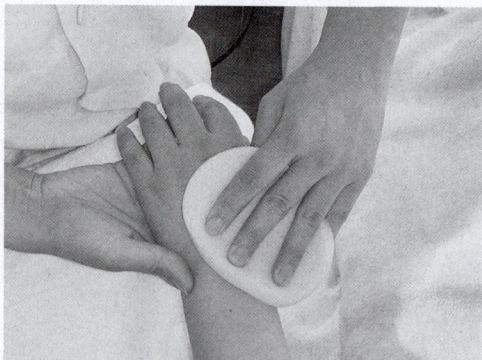

图 7-24 清洁手臂

(4) 清洁手掌:美容工作者环指、小指并拢,左右手分别勾住顾客的拇指、小指,示指、中指托住顾客手部,使手心向上。用双手拇指指腹在顾客手心上交替向上向外打小圈。

操作要求:清洁时动作幅度不宜过大,避免溅湿顾客衣物及美容床单。

2. 脱屑的操作方法及要求

(1) 手臂脱屑:左手托住顾客手腕,使手背向上,右手拇指指腹由腕部沿手臂向上向外打圈,至肘部后用力拉回;将顾客手翻转,使手心向上,右手拇指指腹由腕部沿手臂向上向外打圈,至肘部后用力拉回。

(2)手背脱屑:操作要领同清洁手背。打圈时力量、幅度不宜过大,不可过分按压、扯拉皮肤;手背部脱屑操作方向宜为顺皮纹方向,以向外拉抹为主。

3. 按摩的操作方法及要求

(1)按摩前臂:美容工作者左手托住顾客腕部,使手背向上。右手四指自然并拢,从腕部沿手臂推至肘部,再翻掌由肘部拉抹至腕部,右手顺势托住顾客腕部,左手重复该操作。如此左右手各做 2~3 次。(图 7-25)

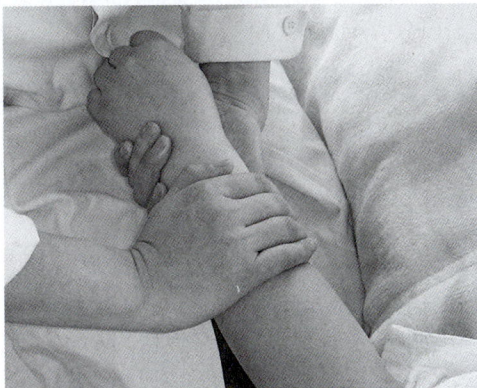

图 7-25　按摩前臂

(2)按摩手背:美容工作者双手四指微屈并拢,分别托住顾客的大、小鱼际,使手背向上。双手拇指指腹从指根部沿掌骨至手腕部向外向上摩圈,最后用拇指点按手部穴位(合谷、中渚)。如此重复 2~3 次。(图 7-26,图 7-27)

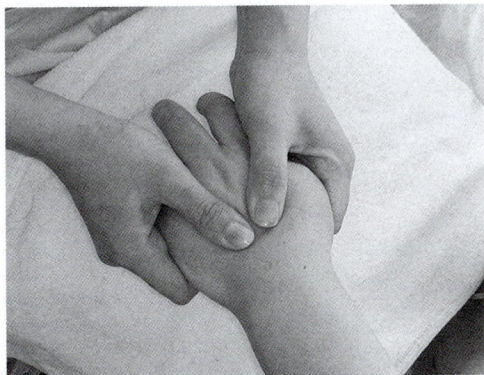

图 7-26　按摩手背

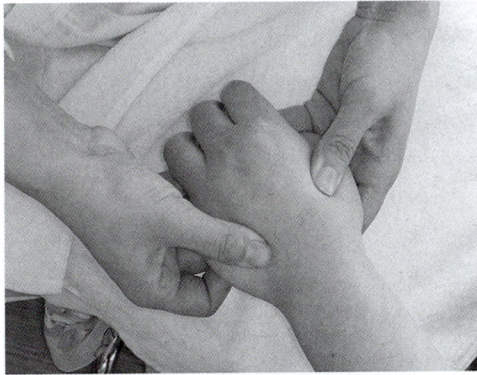

图 7-27　点按手背穴位

(3)按摩手掌:美容工作者环指、小指并拢,左右手分别勾住顾客的拇指、小指,示指、中指托住顾客手部,使手心向上。拇指指腹在顾客掌心中向上向外交替摩圈,最后拇指揉按劳宫穴。如此重复 2~3 次。(图 7-28,图 7-29)

(4)按摩手指:美容工作者左手托住顾客的手部,使手背向上。用示指和拇指稍用力夹住顾客的手指,拇指指腹在顾客手指背面,从指尖至指根向上向外打小圈按摩,从指根处用力捏住手指拉回指尖;用示指和中指第 2 指节夹住顾客手指两侧,从指根部稍用力拉抹至指尖。按摩时从拇指至小指依次进行,每个手指按摩 2~3 次。(图 7-30,图 7-31)

(5)活动腕关节:美容工作者左手扶住顾客腕关节,右手四指与顾客四指交叉。美容工作者利用右手掌前后运动带动顾客手腕前后运动;美容工作者右手掌左右方向旋转带动顾客手腕左右旋转。如此重复数次。(图 7-32)

(6) 放松动作:顾客手臂自然平伸,放松。美容工作者双手分别握住顾客左手两侧,使腕部放松,做上、下快速抖动,带动顾客整个手臂的抖动,再对右手臂进行同样操作;美容工作者用右手中指、示指第 2 指节夹住顾客手指,从指根部向指尖用力拔伸,至指尖处快速弹离,两手分别操作,一般从拇指到小指依次拔伸。如此重复数次。(图 7-33)

操作要求:按摩手法较前稍用力,但不可过重,以免造成肌肤损伤;放松动作中,

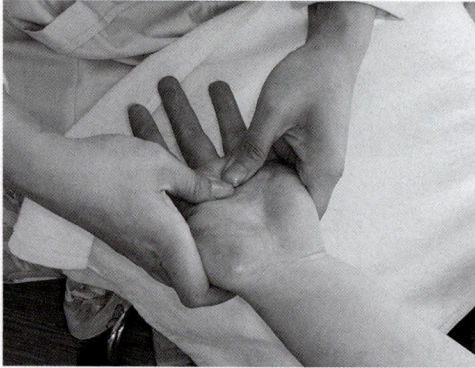

图 7-28 按摩手掌

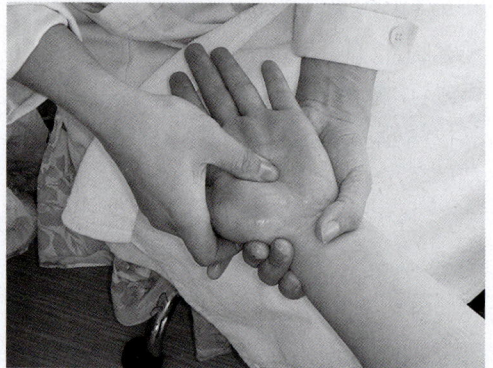

图 7-29 揉按劳宫

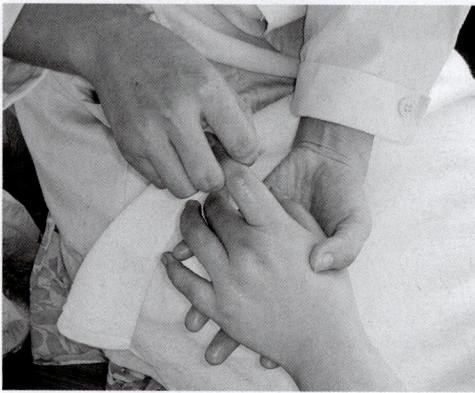

图 7-30 按摩手指(1)

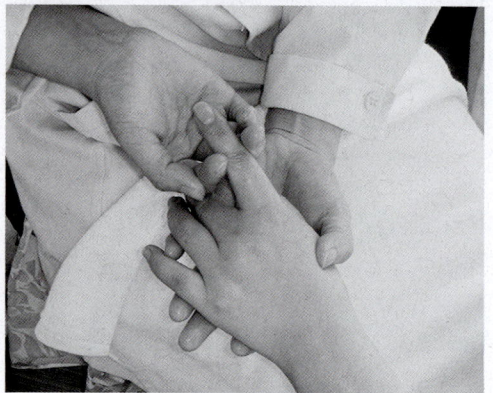

图 7-31 按摩手指(2)

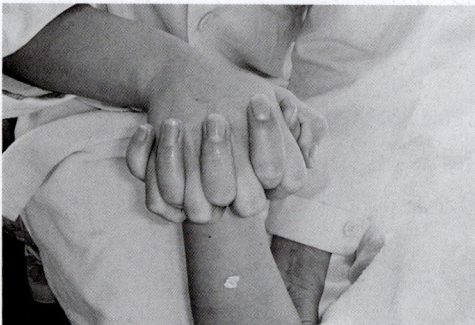

图 7-32 活动腕关节

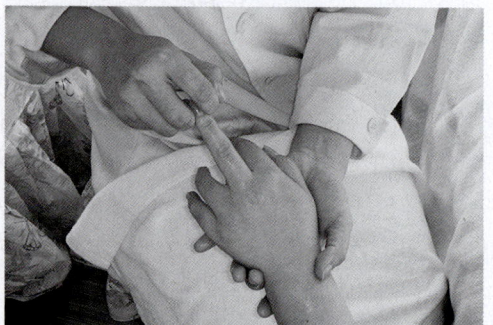

图 7-33 放松动作

指间关节拔伸有时会出现关节弹响声,此为正常反应,但不可过分追求弹响声,避免造成关节拉伤。

4. 敷膜的操作方法及要求

(1) 敷软膜:①用软毛小刷子将调成糊状的软膜均匀刷于顾客手掌及手背上;②铺上软布或用毛巾将手包起来。

(2) 敷热蜡:①用刷子将已预热好的巴拿芬蜡涂于顾客手部;②套上胶袋、毛巾和手套;③手上的蜡冷却后,除去手套、胶袋及凝固的蜡皮。

(二) 日常养护

1. 养成勤洗手的习惯 由于日常工作、生活的需要,双手经常会接触到许多东西,在不自觉中就被污染。所以,无论从卫生的角度,还是从手自身的保健来看,都应及时清除手部的污物、灰尘等。

(1) 洗手时最好用温水、软水:过热的水容易使手部皮肤干燥粗糙,过凉的水又不能完全洗净手上的污垢;硬水中含有较多的无机盐离子,可能会干扰清洁剂发挥作用,达不到理想的清洁效果。

(2) 尽量使用碱性小的清洁剂:碱性强的清洁剂去污力虽然强,但是容易过分祛除表皮的油脂,造成皮肤干燥粗糙。

(3) 洗完手要注意保养,及时涂抹润肤露、护手霜等。

2. 防止化学物质对手部的伤害 日化用品中的化学成分对皮肤都有一定的伤害,如洗衣粉、洗洁精、肥皂等,如果不注意保养,会加速皮肤的老化,出现皮肤粗糙、干裂等问题。所以在接触这些产品的时候要戴上胶皮手套保护皮肤。洗完后,将手在温水中洗净,然后涂抹润肤露、护手霜等。

3. 注意保暖 秋冬时节,空气中的湿度下降,温度降低,血液循环较差,容易出现皮肤干燥、起屑、冻疮。应及时戴手套,注意手部保暖。

4. 坚持做手部运动 经常做手部运动,会加快皮肤血液循环,增强皮肤弹性、灵活性。可参照手部按摩方法进行自我按摩,按揉手部穴位。

5. 注意防晒 现代研究表明,紫外线是加快皮肤衰老的重要原因。应及时涂抹防晒霜,做好防晒是保养皮肤的关键。

6. 定期养护指甲,保持指甲的健康、整洁。

二、指甲的修形及养护程序

1. 消毒 用皮肤专用的消毒液对美甲师和顾客的双手进行消毒,祛除手部皮肤和指甲上的细菌(图 7-34)。

2. 祛除指甲油 用棉片蘸取洗甲水将指甲上残留的指甲油擦去(图 7-35)。

3. 修剪指甲 先用指甲剪将指甲剪成理想的长度和形状,再用 180 号磨砂条打磨指甲前缘。打磨时要注意动作方向,要从指甲两侧向中间修磨,不要来回打磨,以免损伤指甲(图 7-36,图 7-37)。不同形状的指甲的修磨方法如下:

(1) 椭圆形指甲:用 180 号磨砂条从指甲两侧向中间按椭圆形轨迹打磨,直到圆润光滑为止。

(2) 方圆形指甲:将 180 号磨砂条与指甲面成 45°,从指甲两侧向中间打磨指甲前缘,再将磨砂条沿着指甲两侧向中间呈圆形曲线状打磨,最后将指甲两侧的尖角

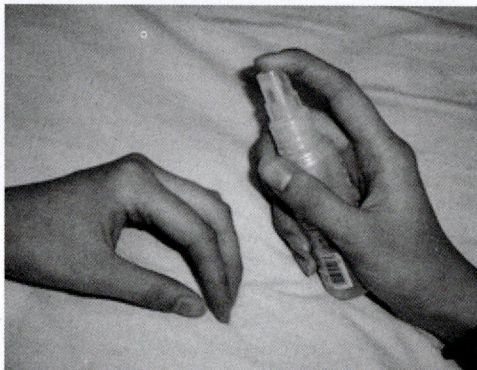

图 7-34　消毒

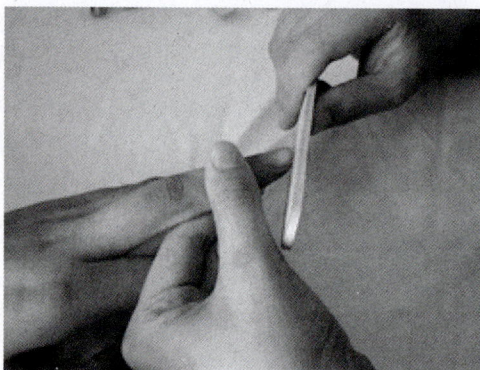

图 7-35　祛除指甲油

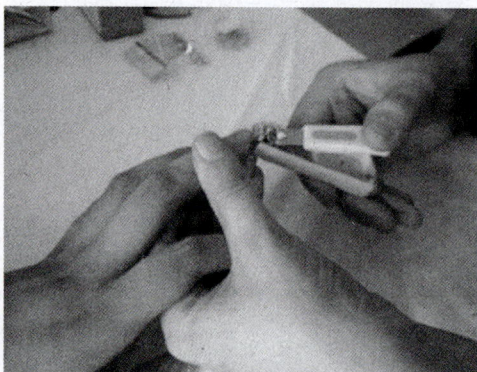

图 7-36　修剪指甲

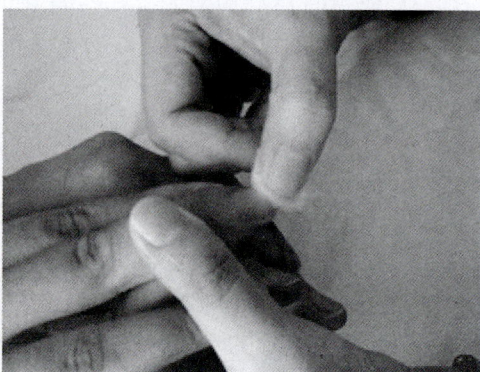

图 7-37　修磨指甲

锉圆。

（3）方形指甲：将 180 号磨砂条与指甲前缘呈直角，从左向右水平打磨，再将指甲侧面贴在磨砂条上，垂直打磨指甲两侧，最后从指甲两侧向中间方向平直修整对称。

（4）尖形指甲：将 180 号磨砂条与指甲前缘成 45°进行打磨，再沿指甲前缘下方，从两侧向中间按曲线轨迹将指甲锉成尖形。

4. 清洁指芯　用棉片包裹橘木棒的尖头蘸取酒精或皮肤专用消毒液清洁指甲前缘下和指芯上的污垢。清洁时动作要轻柔，避免刺伤指芯，如果指甲较长，可将手指翻转过来清洁指芯。（图 7-38）

5. 泡手指　在泡手碗中加入适量温热的皂液，将左右手手指依次放入其中浸泡约 3~5 分钟，使指皮松软。细嫩的皮肤浸泡时间略短，粗糙的皮肤浸泡时间略长，浸泡后用毛巾擦干。（图 7-39）

6. 软化指皮　在老化的指皮上涂上指皮软化剂，使其软化，注意不要涂在甲板上，防止其软化。（图 7-40）

7. 修剪指皮　用指皮推将老化的指皮向后缘推起，再用指皮钳夹起，用指皮剪剪去推起的指皮，注意使用时要剪断指皮后再提起指皮钳，不要牵拉，以免损伤皮肤。然后用指皮叉祛除指甲两侧老化的死皮。（图 7-41~7-43）

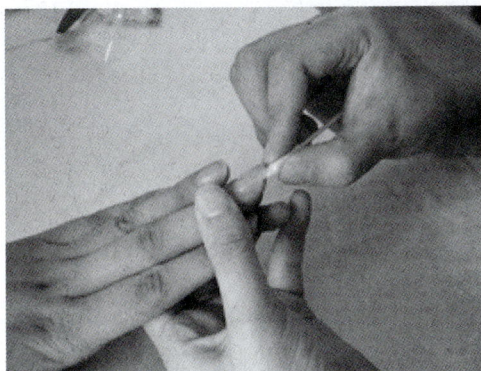

图 7-38　清洁指芯

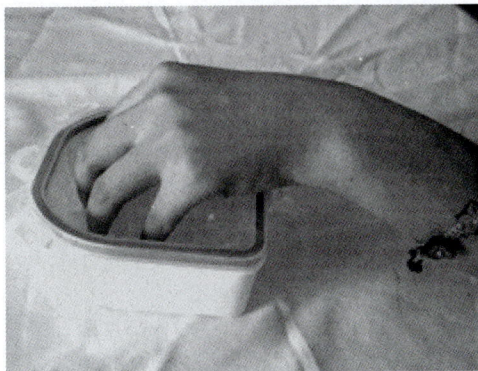

图 7-39　泡手指

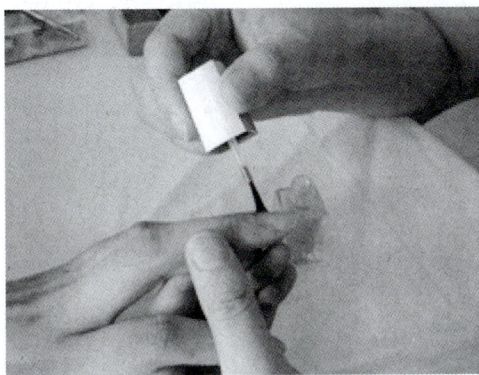

图 7-40　软化指皮

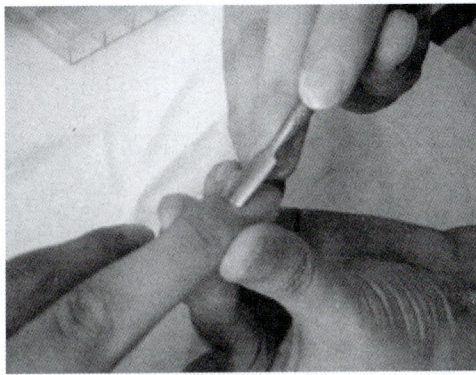

图 7-41　修剪指皮（1）

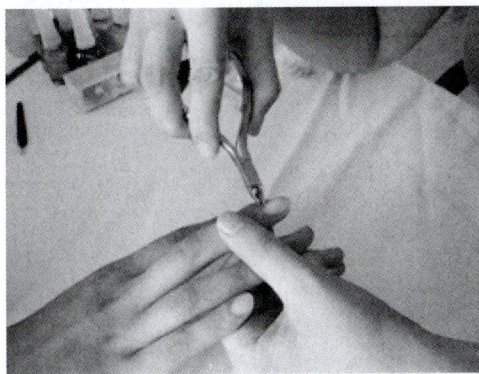

图 7-42　修剪指皮（2）

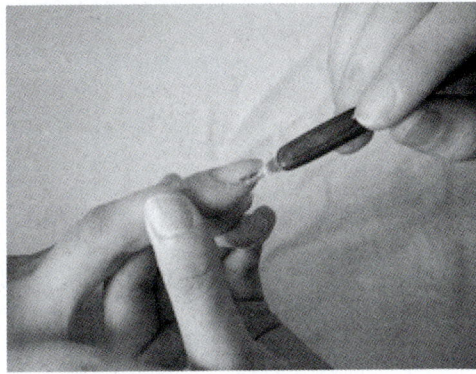

图 7-43　修剪指皮（3）

8. 营养指缘　将指缘营养油涂在指甲后缘,轻轻按摩使其被指缘皮肤吸收。(图 7-44）

9. 抛光　用抛光块或抛光条按照黑、白、灰的次序,单向在指甲表面摩擦,抛出指甲亮度。对自然甲抛光,切勿来回摩擦,否则摩擦产生的热可能导致指甲脱离,应该根据甲板表面的弧度倾斜抛光,在一个位置抛光次数不要连续超过 3 次。(图 7-45, 图 7-46）

10. 上抛光蜜蜡　将少量蜡膏涂在指甲表面,用羊皮锉反复打磨上过蜡膏的指甲,可增加指甲的硬度、亮度,以保护指甲。(图 7-47)

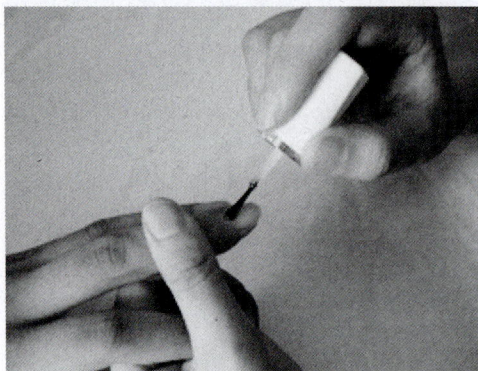

图 7-44　营养指缘

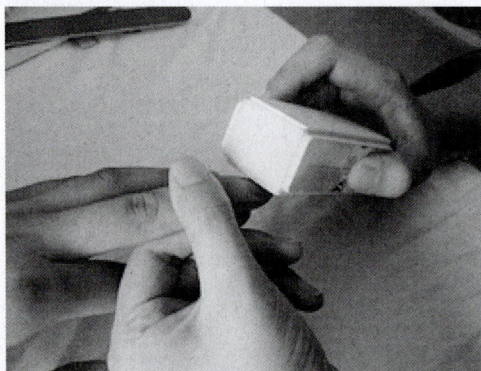

图 7-45　用抛光块抛光

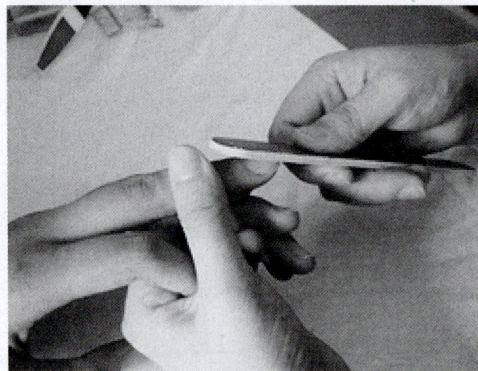

图 7-46　用抛光条抛光

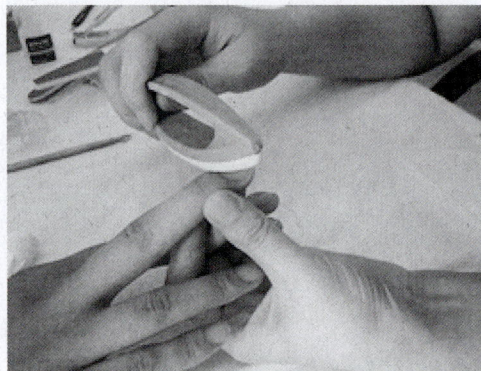

图 7-47　上抛光蜜蜡

知识链接

指甲的日常养护常识

美甲师可以用以下知识指导顾客进行日常指甲保养。

1. 易裂的指甲可以涂擦甘油或婴儿油。

2. 失去水分的指甲可以涂擦橄榄油。

3. 指缘或甲沟周围出现肉刺或死皮应用专业修甲工具将其剪断,并涂抹营养油。

4. 多次薄薄地涂指甲油比一次涂厚厚的指甲油效果更好,应尽量少用指甲油清洗剂,用时应当一次擦去一小部分,不要反复清洗整个甲面,卸除指甲油后可以抹上护甲油脂按摩,让指甲得到缓和休息,同时补充指甲失去的水分。

11. 涂指甲油　在指甲上依次涂上加钙底油、指甲油(两遍)和亮油。可根据顾客的需要选择合适的指甲油颜色。(图 7-48)

12. 整理工作台　清洁、整理工作台面,消毒使用过的工具。

三、足部趾甲的修形及养护程序

1. 同手部养护程序第 1~10 步 即：消毒→祛除趾甲油→修剪趾甲→清洁趾芯→泡足趾→软化趾皮→修剪趾皮→抛光→上抛光蜜蜡。

2. 上隔趾海绵 用隔趾海绵将足趾隔开，以便于涂指甲油。（图 7-49）

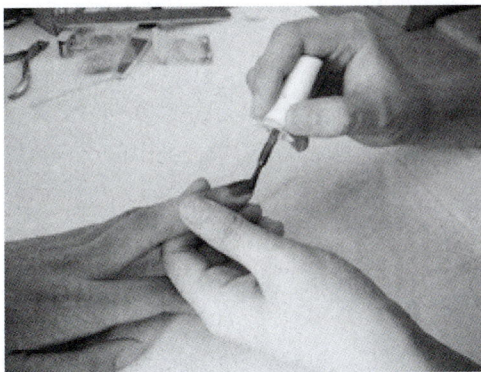 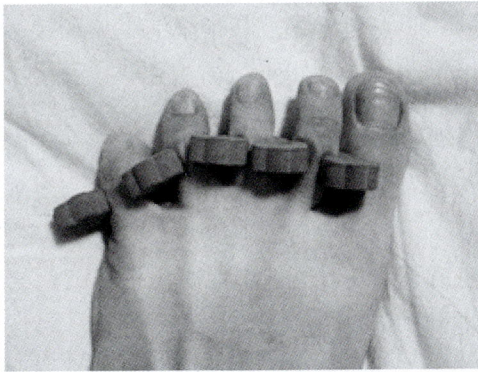

图 7-48 涂指甲油　　　　　　　　　图 7-49 上隔趾海绵

3. 涂指甲油 在趾甲上依次涂上加钙底油、颜色指甲油、亮油。颜色指甲油根据顾客的要求进行选择，可涂两遍。

4. 整理工作台 清洁、整理工作台面，消毒使用过的工具。

第三节　装饰指甲

拓展阅读

为了美化指甲，我们可以发挥自己的想象力，在指甲上涂上缤纷的色彩、别致的图案，使指甲看上去多姿多彩、华丽与高雅。常用的指甲装饰方法有彩绘、喷绘、甲油勾绘、甲油拓印、贴花镶嵌、水晶雕花等。

一、指甲油的常识

（一）分类

1. 指甲油 也叫指甲漆，属于油漆类，可以直接涂抹在指甲上，起到美化的作用。

（1）亮光指甲油：指一般的普通指甲油，可增加指甲亮度。

（2）亮片指甲油：在指甲油中加入了亮片、亮粉。

（3）透明指甲油：指有透明感的指甲油，可随着光线反射出光泽。

（4）雾光指甲油：有磨砂玻璃般雾面质感的指甲油。

（5）炫光指甲油：在不同的光线下会显现出不同的颜色。

（6）珠光指甲油：在特定的光线下，会有珠光效果。

2. 甲油胶 甲油胶的作用与指甲油一样，但成分完全不同。它是光疗胶的一种，属于树脂类，类似塑料。操作方式也与指甲油完全不同，需要上结合剂之后再上甲油胶，最后涂封层剂。

(二) 指甲油的颜色

1. 自然色系　此类指甲油颜色以肉色为主,分为浅红色、中性浅红色、透明无色等。

2. 暖色系　此类指甲油颜色以暖红色为主,主要包括朱红、大红、橘红、棕红色等。

3. 冷色系　此类指甲油主要包括玫瑰红、紫色、紫红、绿色、蓝色等。

4. 珠光色系　在指甲油里加入金、银彩色亮珠,涂在指甲上,由于光线照射时的反射光使亮珠闪闪发光,装饰性较强。

(三) 指甲油的选择

进行指甲装饰时需要选择合适的指甲油。指甲油的选择应考虑指甲颜色、手部皮肤、职业、年龄、服装、出席场合、季节等因素。

1. 指甲颜色　中老年女性、健康不佳的人,指甲原有的红润色消失,显现出苍白色或黄白色。可选用自然色系中肉色或透明无色指甲油改善指甲的异常颜色,增加指甲的光洁度和色泽感。

2. 手部皮肤　手部皮肤呈象牙白、麦肤色可选择暖色系的指甲油,如橙色、深红色、古铜色。肤色偏红者可选择粉色、珊瑚色、酒红色指甲油。肤色偏黄或苍白的人可选择暖红色系指甲油。手部皮肤皱纹较多者可选择较鲜艳的指甲油颜色,可使人的注意力集中于指甲而忽略手。

3. 职业　职业女性可选择粉红色、浅紫色等典雅、稳重、自然的浅色系指甲油或有透明感的指甲油。不要使用过于夸张、鲜艳的颜色。

4. 年龄　年轻人青春、时尚,可选择流行色系以体现其个性。成熟女性端庄、典雅、秀美,可选择浅色系指甲油。

5. 服装　指甲油的颜色应与服装的色彩相协调。

6. 出席场合　出席宴会或婚礼时,可选择红色、紫色、珊瑚色、金色等能突显华贵气质的指甲油。参加舞会或派对时,可选择前卫的香槟色、银色、有金属质感的紫色等色彩,并可在指甲上镶嵌钻石、粘贴金箔纸。

7. 季节　春夏季节天气较温暖,可选择浅色系,如粉红色、浅紫色、浅绿色、浅褐色等轻柔颜色。秋冬季节可选择深色系,如红褐色、硅红色、玫瑰紫、深橘色、茶色等较稳重的颜色。

(四) 指甲油的涂抹

1. 涂抹方法

(1) 轻轻摇动指甲油瓶,使指甲油能充分混合均匀。

(2) 将指甲油刷全部浸入指甲油瓶中,蘸取指甲油,取出时在瓶口处轻刮指甲油刷外侧,使指甲油在笔端聚成水滴状。

(3) 先涂指甲的中间,再涂指甲左边,最后涂指甲右边,均由离指皮 0.8mm 左右处涂至指甲,要涂得薄而均匀。(图 7-50,图 7-51)

涂抹较宽大的指甲时,左右可留出 0.8mm 左右的缝隙,会从视觉上感觉指甲变得细长。涂抹较长的指甲时,可先涂指甲前半部分,再涂抹后半部分。

(4) 如果有多余指甲油溢出,可用棉签蘸上洗甲水将其擦去。(图 7-52)

(5) 待指甲油干燥后,加涂一层亮油。

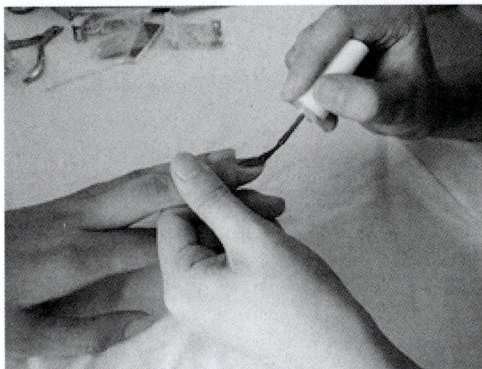

图 7-50 涂指甲油(1)

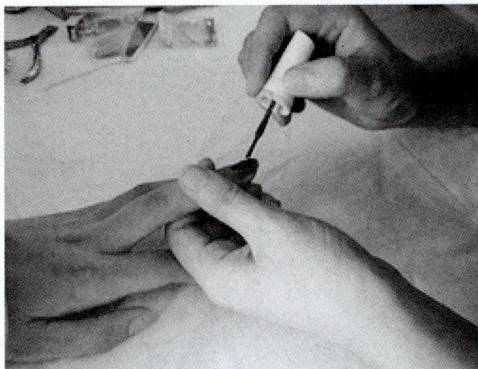

图 7-51 涂指甲油(2)

2. 注意事项

(1) 涂抹时应按照一定顺序,可从左手小指开始,至右手小指结束。

(2) 涂指甲油前应先涂一层加钙底油,不仅能隔离有色指甲油,增强指甲硬度,保护指甲,还便于指甲油着色,防止指甲油脱落。

(3) 指甲油用量要充足,一般每种颜色应涂 2~3 遍。

(4) 不同颜色的指甲油涂抹方法也不同。

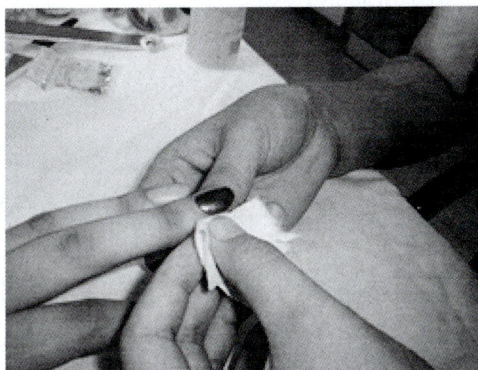

图 7-52 擦去溢出的指甲油

1) 深色指甲油的涂法:一次涂抹的量不宜太多,否则会显得厚重、不均匀。涂 2~3 遍,每一遍更薄一些,效果会较好。

2) 浅色指甲油的涂法:浅色指甲油使用不当很容易露出涂抹不均匀的痕迹,在涂第一层时需特别注意指甲油的蘸取量和刷指甲油的倾斜度,并在第一层未干时尽快涂第二层。

3) 珠光色系指甲油的涂法:珠光色系指甲油容易干,在指甲刷上蘸取稍多一些的指甲油,尽快涂好,否则会显得不均匀。刷子应直立使用,为避免留下痕迹,先涂两边,后涂中间。

4) 白色指甲油的涂法:白色指甲油涂抹时也易留下涂抹不匀的痕迹,因此涂抹方法与珠光指甲油相似,但第一笔蘸取的指甲油量比珠光指甲油要多,甲油刷与甲盖尽量垂直,迅速涂抹。

(五) 指甲油的卸除(图 7-53~ 图 7-55)

1. 将蘸满洗甲水的化妆棉轻敷在指甲上。

2. 待指甲油溶解后,再用化妆棉蘸

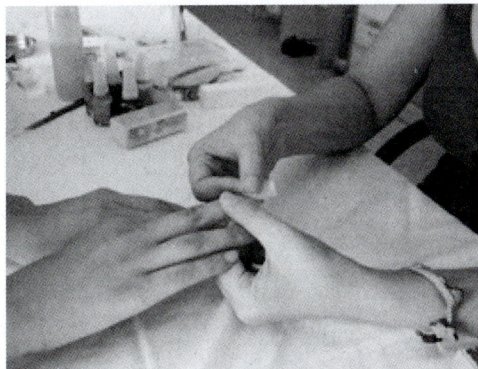

图 7-53 卸除指甲油(1)

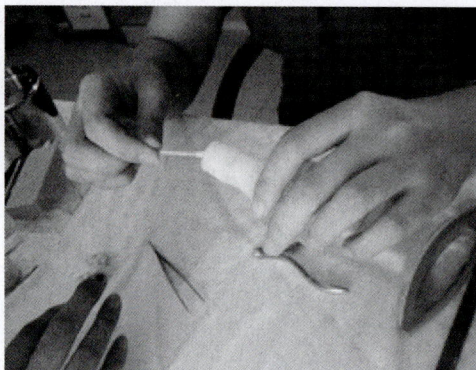

图 7-54　卸除指甲油(2)

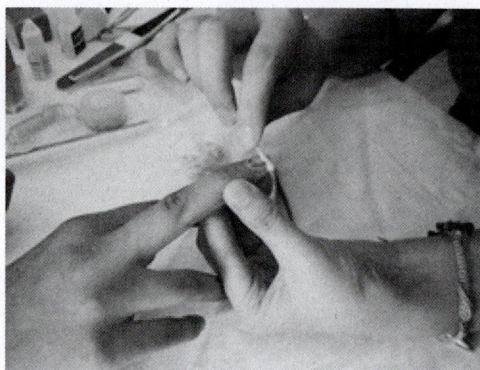

图 7-55　卸除指甲油(3)

取适量洗甲水,放在指甲上,由甲根朝甲尖方向擦净,不要来回涂擦。

3. 用棉签蘸取洗甲水,擦净残留在指甲四周的指甲油。

4. 在指甲边缘涂上指缘营养油。

5. 涂加钙底油。

(六) 使用指甲油的注意事项

1. 如果指甲油呈黏状、干掉,或者有颜色分离现象,表示指甲油可能已经变质。

2. 指甲油的保存期限一般为 2 年,未开封的指甲油可保存 3 年。

3. 指甲油用过后瓶盖要拧紧,否则里面的溶剂容易挥发掉,指甲油会变得很浓稠。

4. 如果指甲油变浓稠,可用指甲油专用稀释剂进行稀释,但一瓶指甲油只能稀释 2~3 次。

5. 洗甲水或丙酮不宜用来稀释指甲油。

6. 指甲油放置一段时间后,色素成分会沉淀,再次使用前须摇匀。

二、指甲彩绘

指甲彩绘是指用各种绘具在指甲上描画出图案的艺术。

(一) 指甲彩绘的操作程序

1~8. 消毒→修剪指甲→清洁指芯→泡手指→软化指皮→修剪指皮→涂加钙底油→涂有色指甲油。

9. 使用颜料、彩绘工具绘制图案,粘贴装饰物。

10. 再涂一层亮油,使指甲亮泽,并可使粘贴的装饰物不易脱落。

(二) 指甲彩绘的操作方法

1. 颜料彩绘　充分发挥自己的想象力,用各色丙烯颜料,在已涂好指甲油并且已干燥的甲面上描绘出各种各样不同的图案,干燥后再涂上亮油,来保持色泽鲜艳持久(图 7-56)。

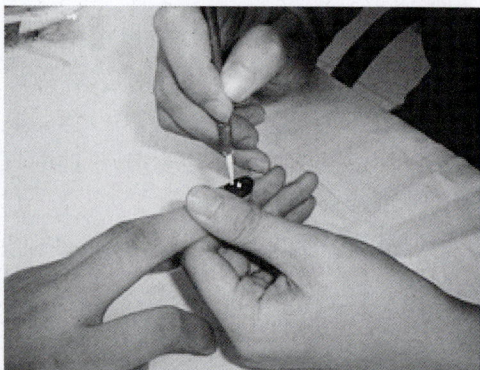

图 7-56　颜料彩绘

课堂互动

你知道用颜料彩绘进行美甲时,常用的图案有哪几种吗?

2. 喷绘　指甲喷绘是指用喷绘机和专用喷绘颜料,在甲面上喷出各种颜色渐变的效果或雾状色彩,并在此基础上绘制图案,可表现出颜料彩绘不易强调的层次与曲线。

3. 甲油勾绘　甲油勾绘是用指甲油和两用甲油笔,在指甲表面采用点、挑、拉线描绘等方法勾绘出简单美丽、变幻无穷的图案,是初学者容易掌握的彩绘方法。

4. 甲油拓印　甲油拓印又称水染镶嵌甲,是运用指甲油的比重以及水的凝扩效果,采用双色或多色组合的方式,用指甲油在水面上勾绘出奇幻的图案。操作时,先将指甲油滴入水中,用专用的勾绘针笔画出图案,再将手指伸入水中的指甲油中,用镊子祛除浮在水面的甲油浮膜后将手指取出,用洗甲水清除掉多余的指甲油,再涂上亮油。

5. 贴花镶嵌　是在彩绘后或涂有底色的指甲上进行的进一步装饰。常用的指甲装饰物有水印贴花、金银箔、水晶钻、亮片及吊饰等。

贴花装饰:用镊子取出喜爱的贴花图案,粘贴在涂好指甲油的指甲的适当位置上,再涂一层彩绘专用的亮光油,让贴纸与指甲结合得更紧密,光泽度更持久(图7-57,图7-58)。注意选择、设计的指甲彩贴图案应简洁,不宜在同一指甲上粘贴过多的彩贴。

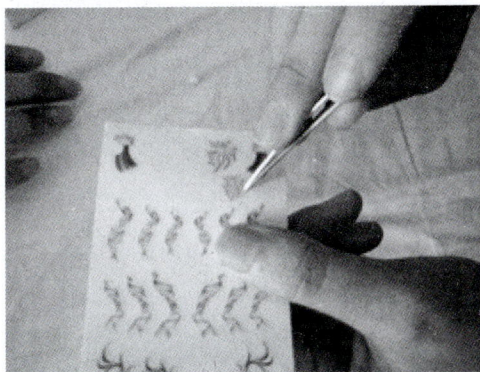

图 7-57　贴花装饰(1)　　　　图 7-58　贴花装饰(2)

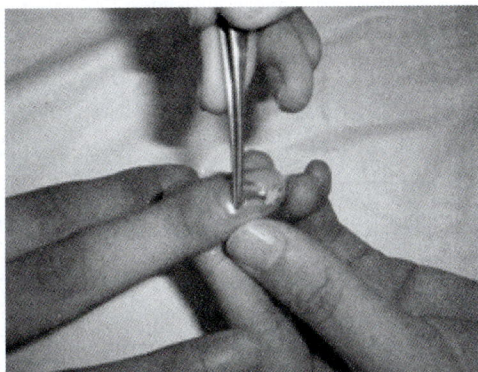

金银箔装饰:先将金银箔捣碎,再将其粘贴在涂好指甲油的指甲的适当位置上,并可配合彩线装饰。

水晶钻装饰:涂好指甲油后,待干,在贴水晶钻的位置上先涂上彩绘专用亮光油,将橘木棒或牙签尖端点上少量彩绘专用亮光油,用其粘取水晶钻,放在指甲上,排列成需要的图案,再涂上一层彩绘专用亮光油,使水晶钻不易脱落。

数码美甲机

指甲彩绘给指甲增添丰富的图案和色彩,但没有绘画基础的从业人员若要一年半载就能画出精美而独特的图案是很难的。但可以借助数码美甲机,采用开放式图库,智能识别任何形式的图片,并将图片分别自动对应不同的指甲,按照每个指甲的大小和形状作出调节,喷绘出精致的图案,从而满足不同顾客的个性要求。制作时间只有几十秒,减轻了美甲师的劳动强度,降低了对美甲师绘画技术的要求,且喷绘的画面比手工彩绘色彩更丰富、细腻,色彩间的过渡更柔和、自然。

第四节 贴片指甲

人造指甲具有修补和装饰断落或受损指甲的功能,对于薄软脆裂的指甲有保护作用,可避免其撕裂或破损。根据使用工具、设备和材料的不同,人造指甲可分为贴片指甲、水晶指甲、丝绸指甲、光疗树脂指甲等几大类。本节主要介绍贴片指甲。

根据人造贴片与指甲结合方式的不同,贴片指甲可分为全贴片、半贴片、浅贴片三类。根据人造贴片的色彩不同,可分为透明色贴片、自然色贴片、白色(法式)贴片、彩色贴片。

一、全贴片指甲的制作

(一) 所需工具、用品

消毒液、洗甲水、指甲剪、100 号和 180 号磨砂条(用 100 号磨砂条刻磨,祛除指甲表面油分;用 180 号磨砂条打磨指甲前缘形状)、橘木棒、泡手碗、皂液、指皮软化剂、指皮推、指皮剪、指皮叉、指缘营养油、指甲刷、人造甲片、贴片胶、一字剪、酒精、加钙底油、有色指甲油、亮油和棉片。

(二) 全贴片指甲的制作程序

1~7. 消毒→祛除指甲油→修剪指甲→清洁指芯→泡手指→软化指皮→修剪指皮。

8. 营养指缘　将指缘营养油涂在指甲后缘,轻轻按摩使其被指缘皮肤吸收。

9. 刻磨　用 100 号磨砂条打磨指甲表面,可增大接触面积并祛除指甲表面油分,使人造甲片能更加牢固地贴在自然甲上,再用指甲刷扫去粉末。(图 7-59)

10. 选修贴片　根据顾客的指形选择不同型号的人造甲片。人造甲片的宽度以两侧甲沟之间的宽度为准,如果贴片大小不符应事先修剪好。

11. 注贴片胶　在贴片槽内注入贴

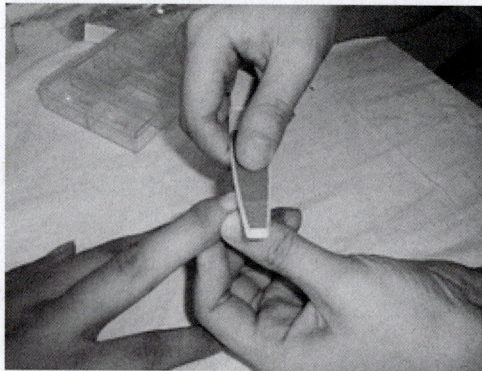

图 7-59　刻磨

片胶水,左右转动贴片,使胶水分布均匀。(图7-60)

12. 粘贴片　以45°角将人造甲片的后缘顶住自然指甲后缘,使其吻合,并将人造甲片由后向前轻轻压在自然指甲表面,待胶水干后松手。(图7-61)

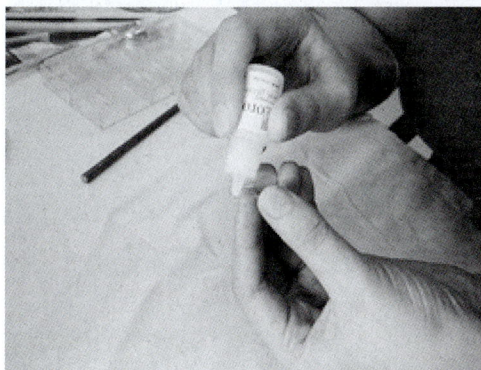

图7-60　注贴片胶

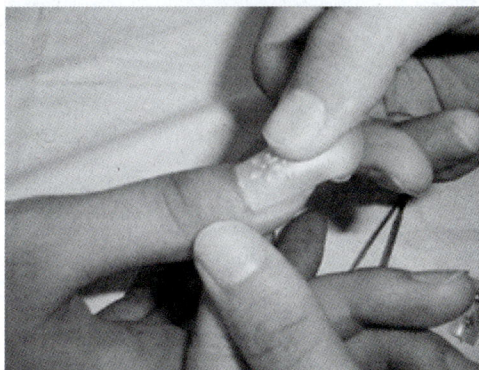

图7-61　粘贴片

13. 修整指甲前缘形状　根据顾客的需求,先用一字剪剪去多余的人造甲片,再用180号磨砂条打磨出合适的指甲形状。

14. 涂指甲油　在指甲上依次涂上加钙底油、颜色指甲油(两遍)、亮油。

15. 整理工作台　清洁、整理工作台面,消毒使用过的工具。

二、半贴片指甲的制作

(一)所需工具、用品

除人造甲片为半甲片外,其余均与全贴片相同。

(二)半贴片指甲的制作程序

1. 同全贴片指甲的制作程序1~9步　即:消毒→祛除指甲油→修剪指甲→清洁指芯→泡手指→软化指皮→修剪指皮→营养指缘→刻磨。

2. 选修贴片　根据顾客的指形选择不同型号的人造甲片(半贴片)。甲片的宽度以两侧甲沟之间的宽度为准,甲片槽的深度以盖住1/2甲板为宜,如果贴片大小不符应事先修剪好。

3. 注贴片胶　在贴片槽内注入贴片胶水,左右转动贴片,使胶水分布均匀。(图7-62)

4. 粘贴片　以45°角将人造甲片轻卡在自然指甲前缘上,使其吻合,再将甲片轻压在甲板上(不要有气泡),使胶水槽盖住甲板的1/2,并矫正歪斜。(图7-63)

5. 修整指甲前缘形状　根据顾客的需求,先用一字剪剪去多余的人造甲片,再用180号磨砂条打磨出合适的指甲形状。(图7-64,图7-65)

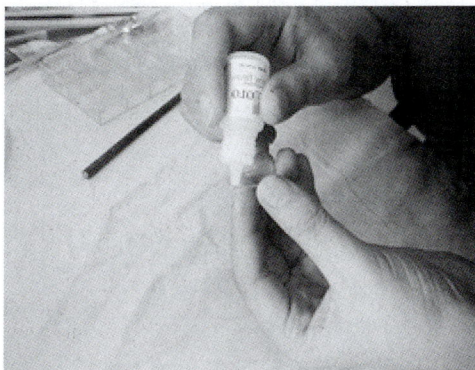

图7-62　注贴片胶(半贴片)

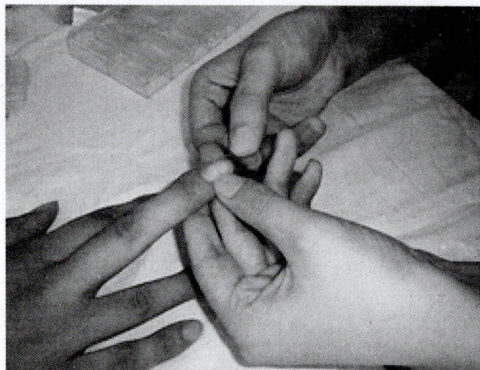

图 7-63 粘贴片（半贴片）

图 7-64 修整指甲前缘形状(1)

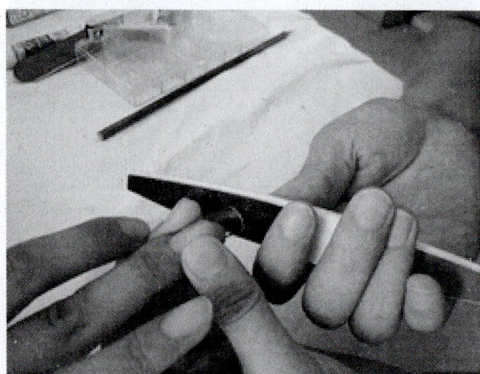

图 7-65 修整指甲前缘形状(2)

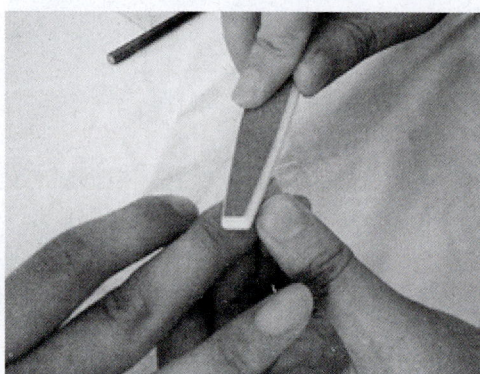

图 7-66 祛除接痕

6. 祛除接痕 用 180 号磨砂条祛除甲片接痕。(图 7-66)

7. 抛光 用抛光块抛光指甲表面。

8. 在指甲上依次涂上加钙底油、颜色指甲油(两遍)、亮油。

9. 整理工作台 清洁、整理工作台面，消毒使用过的工具。

(三)浅贴片指甲的制作程序

与半贴片指甲的制作程序基本相同，只是粘贴片时，使胶水槽盖住甲板的 1/3 即可(使人造甲片的后缘与微笑线吻合)。

三、贴片指甲的卸除方法

贴片指甲的卸除方法不同于普通指甲的卸除，只有掌握正确的甲片卸除方法，才能不损伤自然指甲。

(一)所需工具、用品

指甲剪、脱脂棉球、锡纸、180 号磨砂条、豆腐块、抛光块、指缘营养油、酒精棉签、卸甲液、加钙底油和营养亮油。

(二)操作步骤

1. 用指甲剪剪除多余的人造甲片。

2. 用脱脂棉球蘸取适量卸甲液，盖在指甲表面。

3. 用锡纸包紧指甲，以免卸甲液挥发。

4. 20分钟后，将锡纸和棉球去掉。

5. 用180号磨砂条打磨指甲表面。

6. 用豆腐块抛平指甲表面纹路。

7. 用抛光块按黑、白、灰的顺序抛出指甲亮度。

8. 在指甲边缘涂指缘营养油，轻轻按摩使其被指缘皮肤吸收。

9. 用酒精棉签清洁指甲边缘及残留指甲油。

10. 涂加钙底油。

11. 涂营养亮油。

第五节 光疗树脂指甲

一、光疗树脂指甲的原理

光疗树脂指甲是将树脂材料通过紫外线灯照射产生光合作用而使树脂固化制成的一种人造指甲。光疗树脂指甲采用纯天然树脂材料，透明、有光泽，不仅能保护指甲，而且能有效地矫正甲形。

优点：①纯天然树脂是一种无毒无刺激的化学物品，对人体、指甲无害；②在操作过程中没有任何刺激性气味，对人体的呼吸及精神系统无影响；③具有与自然指甲一样的韧性、弹性、不易断裂，持久耐用；④本身晶莹剔透，光泽透明，无需抛光、涂亮油，且色泽不易脱落，不易发黄；⑤有利于为真甲塑形。

缺点：①卸甲比较困难，需要打磨很久，打磨至很薄后，再将指甲浸泡到脱甲剂内；②卸甲后，指甲会出现干枯缺水无营养的状态，需要用一些营养油涂抹在指甲上，以提供足够的营养。

二、光疗甲的制作技术

(一) 所需工具、用品

消毒液、洗甲水、指甲剪、100号和180号磨砂条(用100号磨砂条刻磨，祛除指甲表面油分；用180号磨砂条打磨指甲前缘形状)、橘木棒、泡手碗、皂液、指皮软化剂、指皮推、指皮剪、指皮叉、指缘营养油、指甲刷、基础胶、造型浆、定型浆、彩色胶、表面清洁剂、光疗笔、光疗灯、打磨机。

(二) 贴片光疗树脂指甲

1. 同全贴片指甲的制作程序1~13步 即：消毒→祛除指甲油→修剪指甲→清洁指芯→泡手指→软化指皮→修剪指皮→营养指缘→刻磨→选修贴片→注贴片胶→粘贴片→修整指甲前缘形状。

2. 刻磨 贴片表面需刻磨(图7-67)。

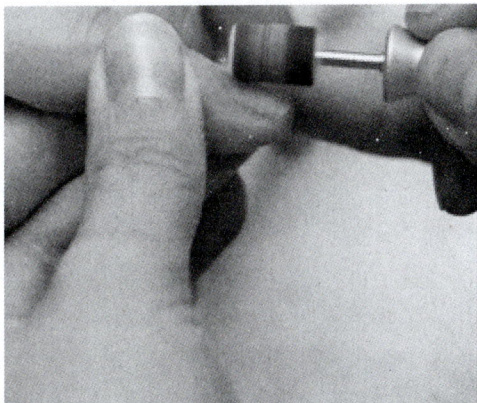

图 7-67 刻磨(贴片光疗树脂指甲)

3. 用光疗笔在指甲上涂一层薄薄的基础胶，并将指甲放入光疗灯光疗 30 秒。

4. 用光疗笔取粉透色或透明色造型浆涂在指甲表面，将制作好的指甲放入光疗灯光疗约 2~4 分钟，取出后用表面清洁剂擦拭，用 180 号磨砂条打磨指甲前缘，用打磨机打磨指甲表面。

5. 定型　用光疗笔将定型浆涂于整个指甲表面，要涂得薄而均匀。再将指甲放入光疗灯中光疗约 2 分钟，取出后用表面清洁剂擦拭。（图 7-68，图 7-69）

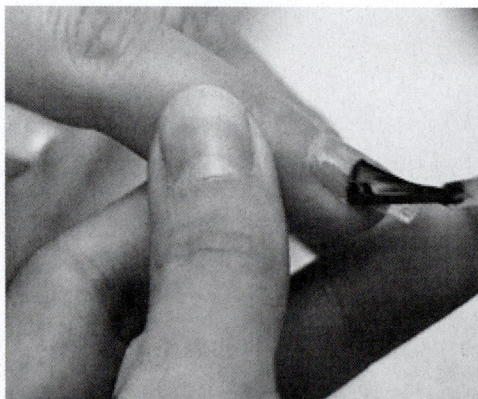

图 7-68　定型(1)

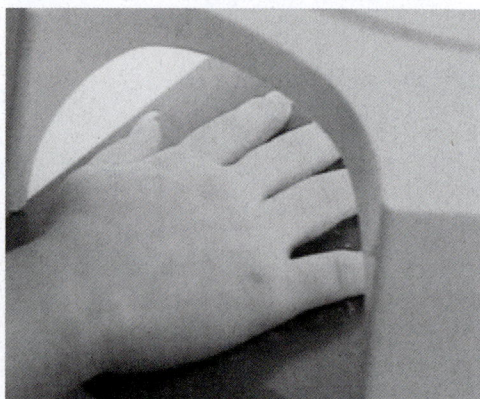

图 7-69　定型(2)

6. 涂营养油。

（三）法式光疗树脂指甲

1. 同自然指甲修护的程序 1~8 步　即：消毒→祛除指甲油→修剪指甲→清洁指芯→泡手指→软化指皮→修剪指皮→营养指缘。

2. 刻磨。

3. 上纸托板　将纸托板对准指间关节的中心线，将纸托板中心的圆孔的边缘以 45°角卡住指甲前缘，旋转纸托板使其紧贴指甲前缘。（图 7-70）

4. 用光疗笔在指甲上涂一层薄薄的基础胶，并将指甲放入光疗灯光疗 30 秒。

5. 制作光疗树脂指甲

（1）第一遍造型：用光疗笔取白色造型浆涂在指甲前缘，以螺旋的方式制作出指甲前缘，将制作好的指甲放入光疗灯光疗约 2~4 分钟，取出后用镊子放置在指甲前缘微笑线两侧轻轻挤压，制造拱度。再

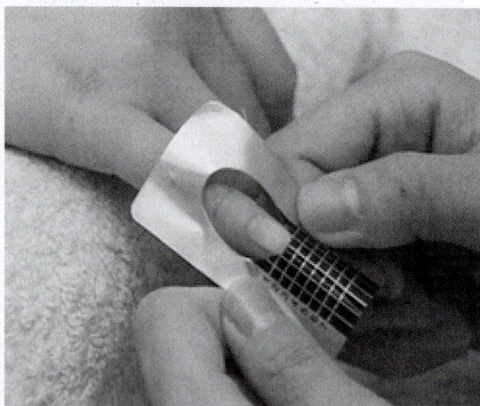

图 7-70　上纸托板

用表面清洁剂擦拭，用 180 号磨砂条打磨指甲前缘、表面。（图 7-71，图 7-72）

（2）第二遍造型：用光疗笔取粉透色或透明色造型浆由距离指甲后缘约 0.8mm 处涂于整个指甲表面，要涂得薄而均匀。再将指甲第二次放入光疗灯中光疗约 2~4 分钟，取出后用表面清洁剂擦拭。（图 7-73，图 7-74）

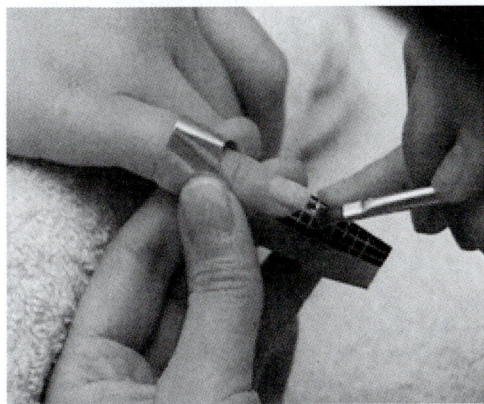

图 7-71　第一遍造型(1)

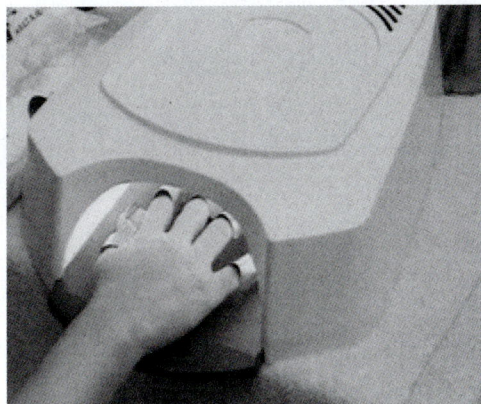

图 7-72　第一遍造型(2)

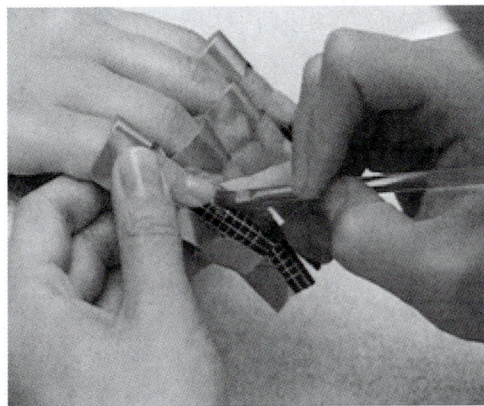

图 7-73　第二遍造型(1)

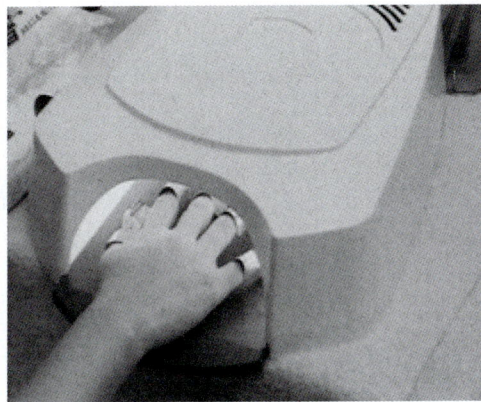

图 7-74　第二遍造型(2)

　　(3) 修形:卸下纸托板,用 180 号磨砂条打磨指甲前缘形状,用打磨机打磨指甲表面。(图 7-75,图 7-76)

　　(4) 定型:用光疗笔将定型浆涂于整个指甲表面,要涂得薄而均匀。再将指甲放入光疗灯中光疗约 2 分钟,取出后用表面清洁剂擦拭。

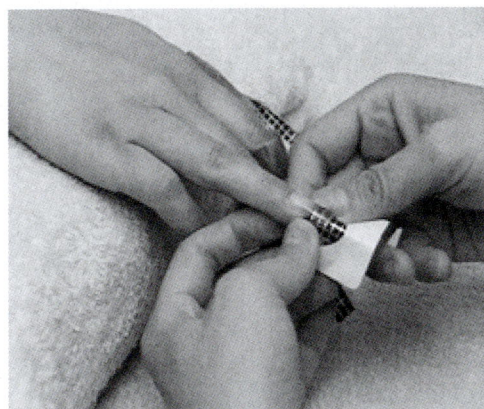

图 7-75　卸下纸托板

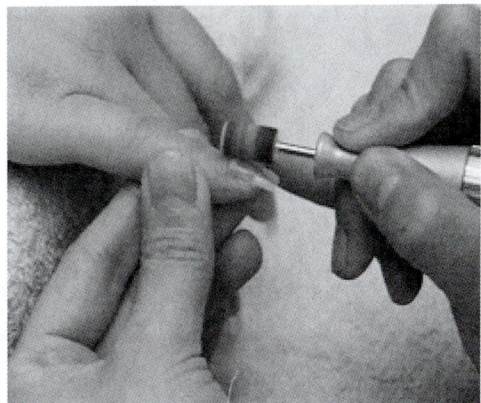

图 7-76　修形

6. 涂营养油。

(四) 彩色光疗树脂指甲

1. 同法式光疗树脂指甲的制作程序 1~4 步 即:消毒→祛除指甲油→修剪指甲→清洁指芯→泡手指→软化指皮→修剪指皮→营养指缘→刻磨→上纸托板→涂基础胶。

2. 用光疗笔取透明色造型浆制作指甲前缘,将制作好的指甲放入光疗灯光疗约 2~4 分钟,取出后用镊子制造拱度。

3. 用光疗笔取彩色胶蘸取贝壳粉以 "Z" 字形制作在指甲前缘上。用光疗灯照射 2~4 分钟。

4. 用光疗笔取适量镭射彩色胶涂满整个指甲板,形成光滑的平面。用光疗灯照射 2~4 分钟。

5. 用表面清洁剂擦拭指甲表面,用 180 号磨砂条打磨指甲前缘、表面。用粉尘刷清除粉尘,再次用表面清洁剂擦拭指甲表面。

6. 定型 用光疗笔将定型浆涂于整个指甲表面,要涂得薄而均匀。再将指甲放入光疗灯中光疗约 2 分钟,取出后用表面清洁剂擦拭。

7. 涂营养油。

附1 手部常用穴位

见表 7-2。

表 7-2 手部常用穴位

穴位名	归经	定位	主治病症
合谷	手阳明大肠经	在手背,第 1、2 掌骨间,当第 2 掌骨桡侧中点处	齿痛、手腕及臂部疼痛、口眼歪斜、感冒发热等,孕妇慎用
中渚	手少阳三焦经	在手背,第 4、5 掌骨小头后缘之间凹陷中,当液门穴直上 1 寸处	头痛、目赤、耳鸣、耳聋、喉痹舌强等头面五官病证;热病,肩背肘臂酸痛、手指不能屈伸
劳宫	手厥阴心包经	在手掌心,当第 2、3 掌骨间偏于第 3 掌骨,握拳屈指时中指尖处	中风昏迷,中暑,心痛,癫狂,痫证,口疮,口臭,鹅掌风
阳溪	手阳明大肠经	在腕背横纹桡侧,拇指上翘时,当拇短伸肌腱与拇长伸肌腱之间的凹陷中	狂言喜笑,热病心烦,胸满气短,厥逆头痛,耳聋耳鸣,肘臂不举,喉痹
阳谷	手太阳小肠经	在手腕尺侧,当尺骨茎突与三角骨之间的凹陷中	癫痫,肋间神经痛,尺神经痛,神经性耳聋,耳鸣,口腔炎,齿龈炎,腮腺炎
鱼际	手太阴肺经	在手外侧,第 1 掌骨桡侧中点赤白肉际处	咳嗽、哮喘、咳血;咽喉肿痛、失音、发热
大陵	手厥阴心包经	腕掌横纹中点处,当掌长肌腱与桡侧腕屈肌腱之间	心痛,心悸,胃痛,呕吐,惊悸,癫狂,痫证,胸胁痛,腕关节疼痛,喜笑悲恐,疮疡
曲池	手阳明大肠经	肘横纹外侧端,屈肘,当尺泽与肱骨外上髁连线中点	肩肘关节疼痛,上肢瘫痪,高血压,荨麻疹,流行性感冒,扁桃体炎,甲状腺肿大,急性胃肠炎等

附2 手 诊

一、掌纹的基础知识

(一)掌部的皮肤特征

掌部皮肤除具有一般皮肤的生理作用外,还具有以下特殊特征,使得人们可以通过观察掌纹的生成与变化来了解机体内脏的变化。

1. 手掌部皮肤角质层较厚,皮下有较厚脂肪垫,分布较多汗腺而无汗毛,易于观察掌纹。

2. 掌部血液循环丰富,使得大量人体生物电信息及非生物电信息反映于掌中。掌部细胞的分解代谢受到影响,掌纹也随之发生变化。

3. 手掌部末梢神经丰富。手指末节皮肤的乳头层内,含有丰富的感觉神经末梢及感受器,感觉非常灵敏。丰富的末梢神经活动也导致皮肤纹理发生变化。

(二)掌纹的"深""浅""消""长"

1. 深 指掌纹线较深。一般情况下纹线的深度常以感情线、智慧线、生命线的深度为参照标准,每条线的始端深于尾端。如出现的纹线比上述线深就称为沉。纹线的深浅变化常提示体内疾病的发生或疾病预后情况。要区别对待纹线的深浅变化,每一条纹线的深浅变化预示着不同的病情变化,如生命线末端变深预示机体生命力强,而智慧线过深多示头痛。沉只表示纹线的动态,不可片面以沉来诊断吉凶。

2. 浅 指掌纹线较浅。一般的浅纹多提示病情较轻、处于疾病初期。如久病者,纹由沉转浅表示疾病好转。浅纹若向消失方向发展则提示疾病好转、治愈;若向沉方向发展则提示病情加重。

3. 消 指纹的消失。消常是病情好转或痊愈的征兆。

4. 长 指纹线变长或新生纹。线一旦生成,是不会消失的,主要是发生长短深浅的变化。而纹随着机体健康状况的变化可以新生、深浅变化及消失。

(三)手掌上的交感神经区、副交感神经区

1. 交感神经区 指被生命线包围的区域。交感神经兴奋型的人此区域大而丰满、颜色鲜红。表现为以下特征:面色红润,秃头者多,喜食肉类,喜冷水浴,冲动好斗,睡眠好,喜欢运动,四肢肌肉发达,自然伸手时四指以中指为中心向拇指方向倾斜。易患高血压、脑出血、糖尿病等疾病。

2. 副交感神经区 指从生命线起端向感情线起端连接的一条弧形线内,到示指、中指、环指、小指四指根部的区域。副交感神经兴奋型的人此区域隆起、扩大。表现为以下特征:面色苍白、头发粗、易脱落、易白,喜食蔬菜,喜热水浴,欲望不易满足,运动量少,躯体比四肢发达,自然伸手时四指以中指为中心向小指方向倾斜。易患哮喘、消化道溃疡、结核病、癌症、神经衰弱等疾病。

(四)影响掌纹生成变化的因素

1. 与胚胎发育有关 掌纹在胚胎3个月时形成,与胎儿的营养供给、血液循环、供氧条件等有关。在子宫内,胎儿的手保持握拳姿势,这种握姿引起的压力进一步使掌纹变深变长。但如某些疾病因素导致胎儿供氧和能量不足,胎儿手指不能有力握紧呈松弛伸掌状,则掌纹线短或畸形。

2. 出生后手长期的捏、握动作造成纹线的生成和变化。

3. 人体健康状况的变化引起掌纹的变化,如炎症引起的内脏局部水肿时,手掌上就会形成"井"字状纹。又如肝功能发生异常时,手上可以出现金星线、土星线、肝病线。

(五)掌纹与机体系统的关系

1. 与手部神经系统的关系 手部的神经控制手指活动的肌肉,使手指进行弯曲和伸直运动,并把手的感觉传导给脑。手与脑之间有着精密的协调功能。手的活动如双手紧握、手捂在胸口等动作都直接表达了脑的思维反应。手指末节皮肤的乳头层内,有丰富的感觉神经末梢及感受器,敏感度较高,可以灵敏识别物体的形状、冷热、软硬度、干湿度及光滑度。这些丰富的手部神经活动与掌纹的生成变化有较大关系。

2. 与手部血液循环的关系 手部血液循环正常与否直接影响到手掌纹理的生成与变化。如血液循环正常,皮肤得到血液的充分濡养,掌纹就会显示出协调均匀的色泽;如血液循环受阻不畅,皮肤则失于濡养,掌纹就会萎缩、塌陷。

3. 与藏象经络的关系 手部经络循行丰富。手太阴肺经、手少阴心经、手厥阴心包经、手阳明大肠经、手太阳小肠经、手少阳三焦经等经络均循行到手部,脏腑气血阴阳的变化均可通过经络反映到手部,引起掌纹的变化。有大量的手穴实验和研究表明,手部集中着大量的人体信息,通过观察掌纹的变化可以判断机体的健康状况。

4. 掌纹颜色和微循环的关系 微循环正常与否会影响到掌纹颜色的改变。通过观察手掌部纹色的表现可以及早发现潜伏病灶。如当微循环中二氧化碳浓度高时,纹色就会因缺氧变得紫暗。由此可以进一步推断可能是肺系疾患或心脑血管疾病,有助于疾病的诊断与治疗。

二、手掌区域划定

(一)天然八带法的手掌分区

主要是沿手掌褶纹自然区域划定,是基本符合心理活动一般规律的一种分区方法(表7-3)。

表7-3 天然八带的手掌分区

八带	手掌分区
情感带	感情线以上直至示指、中指、环指、小指四指指根的区域
理智带	感情线和智慧线之间的狭长区域
体质带	位于掌根部正中间
功能带	虎口处的区域,即生命线起始部分与虎口之间的区域
精力带	大鱼际肌区域
温情带	生命线和玉柱线之间的区域
原欲带	玉柱线和小鱼际肌区之间的区域
想象带	小鱼际肌区域

(二)脏腑对应区的划分

1. 心在手掌上位置

(1) 心一区:位于中指、环指掌指褶纹与感情线之间的区域。

(2) 心二区:劳宫穴处约中指尖大小的区域。

(3) 心三区:位于拇指掌指褶纹的中点与腕横纹的中点连线靠近生命线,除去虎口的大鱼际区域。

2. 肾在手掌上的位置 位于生命线尾部,通过拇指掌指褶纹的中点,顺皮纹走向与生命线交点处的约小指指甲大小区域。

3. 脾在手掌上的位置

(1) 脾一区:在感情线和智慧线之间,环指下紧靠感情线下的约环指指甲大小的区域。

(2) 脾二区:位于生命线上,通过拇指掌指褶纹内侧端点做平行线,与生命线交点的下方,约小指指甲大小的区域。

4. 肺在手掌上的位置

(1) 肺一区:位于心一区的区域内。

(2) 肺二区:位于拇指掌指褶纹的中点与腕横纹的中点连线桡侧的大鱼际区域。

5. 手掌上肝的位置 通过拇指掌指褶纹内侧端点做平行线,平行线以上和智慧线、生命线所包含的区域。

6. 胃在手掌上的位置

(1) 胃一区:通过拇指掌指褶纹内侧端点做平行线,该线以上与生命线所包含的虎口区域。

(2) 胃二区:位于示指和中指下的智慧线上,约小指指甲大小的区域。

7. 十二指肠在手掌上的位置 位于环指与小指指间下的智慧线上。

8. 大肠和小肠在手掌上的位置 位于小指下的智慧线尾端,约环指指甲大小的区域。

9. 胆囊在手掌上的位置

(1) 胆一区:位于示指掌指褶纹与智慧线之间的区域。

(2) 胆二区:位于环指下的智慧线上,约环指指甲大小的区域。

(3) 胆三区:通过示指与中指间作垂线,与生命线相交的区域。

10. 胰腺区在手掌上的位置 通过拇指掌指褶纹内侧端点做平行线,与生命线相交,以此交点为圆心,画约为环指指甲大小的区域。

11. 眼在手掌上的位置 位于环指下的感情线上,形似眼睛的较小椭圆形区域。

12. 耳在手掌上的位置 位于感情线的起端。

13. 鼻、咽、支气管在手掌上的位置 位于中指下的感情线尾端的一段区域。顺掌线走向依次为支气管、咽、鼻。

14. 脑在手掌上的位置

(1) 脑一区:位于中指与环指指间下的智慧线上,约中指指甲大小的圆形区域。

(2) 脑二区:位于拇指掌指褶纹处,与颈椎区的位置基本相同。

(3) 脑三区:位于靠近示指掌指褶纹的指节。

15. 颈椎在手掌上的位置 位于拇指掌指褶纹处。

16. 腰椎在手掌上的位置 位于环指与小指指间下,感情线的下缘。

17. 下肢关节在手掌上的位置 位于坎位,腕横纹中部上 0.5cm 处。

18. 乳腺在手掌上的位置 位于环指下感情线、智慧线之间的区域。

19. 子宫和卵巢在手掌上的位置 位于生命线尾端,前列腺一区下方,中间是子宫区,两侧是卵巢区。

20. 膀胱、前列腺在手掌上的位置

(1) 膀胱一区:位于小指掌指褶纹与感情线之间的区域。

(2) 膀胱二区:位于生命线尾部。

(3) 前列腺一区:位于生命线尾部,膀胱二区稍下处。

(4) 前列腺二区:与膀胱一区相重叠的区域。

三、手指形态与健康

中医认为,五指能反映机体五脏六腑的盛衰及身体健康状况。手指的形态改变与疾病有着密切联系,通过观察手指的变化来判断疾病是掌纹诊病的内容之一。

(一)拇指与健康

拇指与先天头脑发育有关,体现人的先天智慧与意志力。一般以长而健壮为佳,代表其人头脑清晰、意志坚定。如拇指过于粗壮,多示脾气暴躁;而拇指过于薄弱,则示柔弱胆怯,如再兼见弯曲现象,多示其人易出现神经衰弱、头痛失眠、纳差等症状。拇指第1、第2节如圆净无纹,多示其人智慧高明、心情开朗;如散乱多纹,指节纹散乱不清,多示易患头部疾病。拇指肿胀呈鼓槌状,则容易患先天性心脏病、慢性肺气肿、肺源性心脏病等疾患。

(二)示指与健康

示指主要体现肝脏功能强弱。一般以指节直而柔软、富于弹性、圆秀健壮为佳。指节的长度,以第1节、第2节、第3节依次稍有递减。示指与中指密合而无漏缝。示指苍白瘦弱多提示肝脏功能较差,易患消化系统疾病,人体易出现劳累、萎靡不振。示指偏曲、指间漏缝、纹理散乱者,亦提示消化系统功能不佳。

(三)中指与健康

中指主要反映心脏、循环系统的健康状况。一般以圆长健壮、指形直而不偏曲为佳。中指苍白细弱,则提示心功能较差,造血功能欠佳。中指偏曲,指间漏缝,提示循环系统功能较差,肠道功能不足。中指的3个指节不对称,第2节特别长,一般表示钙质的代谢功能较差,易患骨骼、牙齿方面疾患。

(四)环指与健康

环指主要反映机体全身的健康状况,多与肾脏和生殖系统功能的强弱有关。一般以圆秀健壮、直而不偏曲、指节柔润有力为佳。环指过长者容易因生活无规律而影响身体健康状况;过短者,多提示元气虚、精力不足。环指过于瘦弱、苍白多提示肾脏及生殖系统功能差。环指的第1节与性功能的强弱有关,过于粗壮者易患内分泌失调,过于瘦弱者生殖功能较弱;第2节与机体筋骨强弱有关,指节苍白、过长、瘦弱、指节纹散乱者,皆提示钙质的吸收功能较差,筋骨脆弱。

(五)小指与健康

小指主要反映机体消化系统功能的状况。一般以指节长短相称、直而不偏曲为佳。若见苍白、短小、瘦弱,过度弯曲,皆提示消化功能障碍,易患胃肠道疾病。

四、掌线形态的功能判定

(一)手掌常见的异常纹(图7-77)

1. "十"字纹 由两条纹线垂直或交叉组合成"十"字或形似"十"字符号的纹。提示脏腑功能障碍,炎症性病变。病情常较轻或处于疾病早期,预后好。出现于不同的部位,代表不同脏腑的疾病。

2. "井"字纹 由四条短的褶纹组合成形似"井"字符号的纹。提示慢性炎症疾患,炎症时间较长,变化慢。

3. "△"三角纹 由三条短的褶纹组合成形似"△"形符号的纹。提示机体易出现气滞血瘀证。如该纹出现在感情

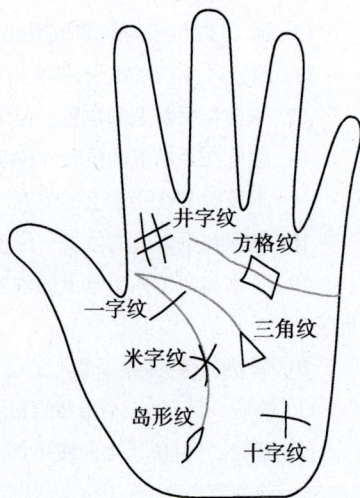

图7-77 手掌常见的异常纹

线尾端,多示易发生心脑血管疾病;如出现在智慧线尾端,多示易发冠心病。

4. "米"字纹　由三四条短纹组合成"米"字或形似"米"字符号的纹。提示严重的气滞血瘀证,有异物压迫如结石、囊肿等。

5. "□"四边纹　四条短纹组合成"长方形"或"正方形"符号的纹。多为外伤或手术后的掌纹表现。

6. "☆"五角星纹　由多条褶纹交叉组合成"☆"状符号的纹。此种纹较少见。多提示有脑血管意外或癫狂发病倾向。

7. 岛形纹　指由褶纹组合成如岛状的纹。提示相关脏器功能障碍,或为炎症性肿块或为肿瘤恶变。该纹出现在主线上多为凶兆。

8. "○"圆环纹　褶纹组合成如圆环状的纹,在环心中有较多杂纹。该纹出现与受严重外伤有关。

(二)掌部诊断健康的线(图7-78)

1. 感情线　起于手掌尺侧,从小指掌指褶纹下1.5~2cm 处,以反弓形延伸到示指与中指指间下方。

2. 智慧线　起于虎口正中 1/2 处,以抛物线状延伸至环指、小指下。

3. 生命线　起于虎口正中 1/2 处,与智慧线同源,以弧形、抛物状向下延伸至腕横纹,弧度不超过中指中线。

4. 健康线　起于大小鱼际交接处,斜行向小指方向(以不接触感情线、智慧线为原则)。

5. 玉柱线(事业线)　起于地丘,向上通过掌心,直达中指下方。

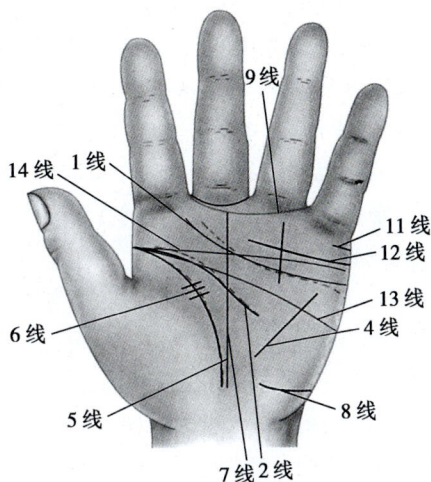

图 7-78　掌部诊断健康的线

6. 障碍线　横切各主线或辅线的不正常纹线。

7. 太阳线(成功线)　位于环指下的竖线,是玉柱线的副线。

8. 放纵线　位于小鱼际区,腕横纹上 1~2cm 的短横线。

9. 金星线　起于示指与中指指间,止于环指与小指指间的弧线。

10. 土星线　中指掌指褶纹下的弧形半圆。

11. 性线　小指掌指褶纹与感情线中间的横线。

12. 肝病线(酒线)　起于小指掌指褶纹与感情线中间,向环指下延伸的横线。

13. 悉尼线　是智慧线的变异线,智慧线末端一直延伸到手掌尺侧。

14. 通贯掌(猿猴纹)　感情线消失,智慧线变异为直达手掌尺侧的深粗横线。

(三)掌线形态功能判定

1. 感情线　掌线深长、明晰、颜色红润、杂纹少,表示机体呼吸系统、消化系统功能强。掌线在环指下出现断裂,表示肝功能较差。掌线出现岛形纹,如在起端,纹较大,多表示听神经有病变;如在环指下部,纹较小,多表示视神经异常;如在尾端,纹较小,多表示有咽炎或鼻炎。掌线在环指至中指区域,如有过多杂乱分支,多表示有慢性支气管炎;如出现四边状纹则多提示肺部有钙化点。掌线过长直达示指的掌指褶纹处,多提示患有胃肠自主神经功能紊乱症。

2. 智慧线　掌线微粗、明晰不断、颜色红润,主要提示心、脑、神经系统功能强。掌线出现明显"十"字纹,多提示有心律不齐;出现明显"米"字纹,多提示有血管性头痛。如在劳宫穴周围出现四边状纹,多提示有脑震荡病史或外伤手术史。掌线末端出现"☆"五角星纹,多提示易患脑血管意外。掌线断裂或有分支,多患有心脏方面疾患。

3. 生命线　掌纹微粗、明晰不断、颜色红润,多表示机体生命力强。掌线出现"米"字纹,如在肾区提示肾结石;在尾端提示易患心绞痛。掌线尾端出现岛形纹,则提示女性患有子宫肌瘤,男性患前列腺炎或增生。掌线过短,表示机体抵抗力差,易患病。掌线包围的区域过大超过中线,则提示血压偏高。掌线起点偏高,表示身体基本健康,如患病则易患肝胆疾病;起点偏低则示脾胃虚弱,消化吸收功能差。

4. 健康线　有健康线的代表身体不健;而没有健康线则表示身体健康。一般掌上以无此线为好。出现深长的健康线多提示肝功能较差;健康线长过感情线,提示患呼吸系统疾病;长过生命线则示患免疫系统疾患,病情危重。

5. 玉柱线　掌线以细而浅、笔直而上、明晰不断、颜色红润为好。掌线过长达及中指下,多提示心肺功能减退,中晚年易患心脑血管方面的疾病。掌线起端出现岛形纹,多表示消化功能差;末端有较多干扰线,则示易出现胸闷、气短等呼吸系统疾病。

6. 障碍线　主要反映近期身体的健康状况。手掌上如果突然出现大量的障碍线,表示近期过度疲劳、生活无规律等。如障碍线同时切过感情线、智慧线、生命线,提示患有慢性消耗性疾病。

7. 太阳线　主要与血压的高低有关。掌线穿过感情线,多示易出现高血压;未穿过感情线,则血压易偏低。

8. 放纵线　放纵线的出现主要与长期熬夜、生活无规律、嗜烟酒、长期服用安眠药、麻醉品有关。如出现 3 条该掌线则示易患糖尿病。

9. 金星线　出现该掌线多表示为过敏体质。

10. 土星线　该掌线的出现多提示心情不舒,精神压力大;可能还与近视眼的家族遗传有关。

11. 性线　健康的人一般出现两三条该掌线。以深平、明晰不断、颜色浅红为好。如无该掌线则示生殖功能低下,易不孕;末端有较多分支则示泌尿系感染。

12. 肝病线　该掌线的出现常示机体肝脏解毒功能下降。

13. 悉尼线　该掌线的出现多见于肝癌、血液病、牛皮癣等患者。与免疫性疾病、肿瘤有关。如左手出现则提示为肿瘤高危人群。

14. 通贯掌(猿猴纹)　有此线的人,其体质特征、智力发育等身体状况皆具有较强的遗传倾向。

(雷双媛)

扫一扫
测一测

复习思考题

1. 美甲和化妆有何关联?若某人要同时进行美甲和化妆需要注意什么?
2. 贴片光疗树脂指甲和彩色光疗树脂指甲在制作程序上有何不同?

第八章

三 文 技 术

学习要点

> 文色、浮色、补色等文饰术语;文饰的基本原则;文眉、绣眉、飘眉、文唇、文眼线的操作技术;文饰术后的并发症及其处理;美容文饰失败的修复方法。

第一节 概 述

一、美容文饰的基本概念

文饰美容技术是在人体体表进行艺术创造的一门特殊技艺,是一种创伤性皮肤着色术;由古老的文身术演变而来,古时称之为刺青,即人为地用锋利的器具将皮肤刺破,将有色染料植刺入体表,在皮肤内形成永久性或半永久性的各种图案以达到修饰的目的。它包括文眉、文唇、文眼线和文身等,是技术性很强的常用医学美容技术,需要专门的器械、严格的消毒并由训练有素的医技人员操作,其中文眉、文眼线、文唇又称"三文"。随着现代美容的发展,文饰术越来越受到人们的青睐。

二、美容文饰的原理

文饰术将色素刺入表皮下,形成一定的色素沉着。由于表皮薄,有一定的透明度,所以色素能透过表皮,呈现出色泽。刺入表皮的色素均呈小颗粒状,直径小于 $1\mu m$,很快被胶原蛋白包围,和众多的色素颗粒一起聚合成较大颗粒(约 1.5~1mm)的散状色素带,留在真皮和表皮之间。由于这种颗粒太大,无法被吞噬细胞带走,而形成一个具有颜色的标识,能维持几年甚至几十年。刺入的深浅直接关系到文刺的质量。刺得过深,色料进到真皮,渗入毛细血管丛,文刺后的皮肤就容易泛蓝,也容易泅色;刺得过浅,则容易随着表皮的新陈代谢出现掉色。

三、美容文饰的术语

在文饰工作中,经常会用到一些专业用语,这些术语的概念不能混淆。
1. 眉色 是指顾客自身眉毛的颜色。

2. 文色　是指顾客皮肤上用色料文刺出的颜色。

3. 上色　又称着色、吃色,是指受术部位皮肤在文刺后着色的状态。

4. 填色　指顾客皮肤已文了固定形状或轮廓,在此基础上,把中间的空白填上所需的颜色。

5. 浮色　指文刺后,一部分色料已刺入皮下,另一部分则浮在皮肤表面上。通常在文刺操作完毕时,要把留在皮肤表面上的浮色擦净,以便观察。

6. 脱色　又称掉色,是指顾客皮肤某一部位,在文刺上色后,经过一段时间,原来的文色脱掉了,颜色比以前变浅的情况。

7. 反色　指文全唇后,经过 7~10 天左右的脱痂脱皮、掉色,到 1 个月左右血液循环重新建立,文刺后的全唇色泽重新恢复的状态,反映出的颜色比原来明显。

8. 底色　指局部皮肤文刺后最先着色的部分。

9. 补色　也称加色、复色,指在原来所文颜色的基础上,再进行补文,如加宽、加深等,以补救原来的不足。

10. 盖色　指用与原来文刺颜色不同的色料,在原有的部位进行文刺,来掩盖现存的颜色。

11. 遮色　指用接近肤色的色料进行文刺,遮住原来文刺不理想的部分,使其与自身肤色达到一致。

12. 配色　指文刺的色料,是由 2 种或 2 种以上的颜色调配的。

13. 套色　指文刺时,第一遍文刺了一种色料,第二遍又用另一种色料文刺,分层次地上色。

14. 洇色　指由于文刺色料不达标或文刺时手法过重导致文刺时色料进入皮肤较深,造成局部皮肤文刺后,色料出现向四周扩散、漾渗,使得线条变粗或形状改变的情况。

15. 变色　指文刺后,经过一段时间,文刺部位现在的颜色与当时文刺的颜色不一样。

16. 轻文　指文饰师在文刺时,手法应轻,文色也相应浅。

17. 重文　指文饰师在文刺时,手法应重,文色也相应深。

18. 挑角　亦称起角,指在文刺上眼线时,外眼角部分逐渐加宽、上挑、形成夹角,即上眼睑睫毛尾端投影的形态。

19. 开角　指在文刺上下眼线时,外眼角部分的上下眼线不交合,而是展开。其意义在于:小眼睛者在文眼线时,眼睛没有框死的感觉。

20. 闭角　指在文刺上下眼线时,外眼角部分的上下眼线交合,角不展开。其意义在于:闭角的眼线以强调为主,手法显得有些夸张。

21. 上翘　指在文刺上眼线外眼角部分挑角时,有向上、向斜后方上翘的走势。

四、美容文饰的消毒及卫生监控

文饰技术是一项技术性很强的医疗工作。文绣师应树立无菌观念,严格按无菌技术规范操作,把握术前、术中、术后每个细小环节,杜绝和减少术后感染及并发症。(图 8-1)

（一）操作前

1. **美容文绣师消毒** 文绣师术前用75%酒精或碘伏对自己的双手进行消毒，范围至手臂部位。然后打开一次性无菌文绣包，穿无菌文绣服，戴上无菌圆顶帽、口鼻罩和无菌乳胶手套。

2. **顾客消毒** 文饰部位皮肤一般宜使用0.1%苯扎溴铵溶液消毒，也可用碘伏、酒精、碘酊消毒，但碘酊需用酒精脱碘。因碘酊、酒精易过敏，一般不用。如顾客眉部皮肤油性，可用75%酒精擦拭3~5次，因酒精可以去油脂，帮助提升上色效果。但唇部和眼部的消毒不可用酒精，因酒精对黏膜有刺激。另外，唇部用

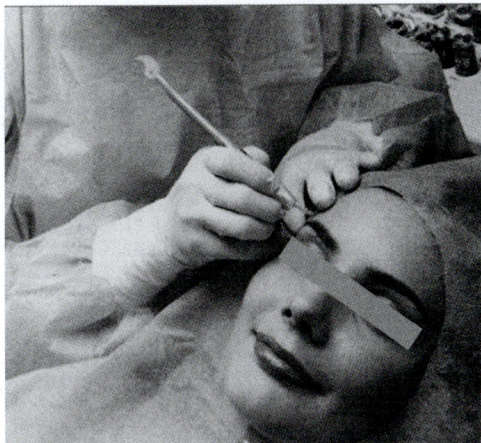

图 8-1　无菌文绣操作

酒精消毒文唇后会引起唇部发黑现象。唇部也可用碘伏进行消毒。

3. **辅助工具消毒** 修眉刀片、剪刀、镊子在设计造型前用75%酒精或0.1%防锈苯扎溴铵溶液浸泡消毒，浸泡时间为30分钟，药液宜每周更换1次。眉笔必须用消好毒、干净的刀片削笔尖呈扁鸭嘴状，再用苯扎溴铵棉球包裹笔尖进行消毒，消毒后再进行设计。

4. **铺洞巾操作** 消毒完毕，设计好造型，双方认可，然后在其颜面部位铺上一次性洞巾，露出文绣部位即可进入无菌文绣状态。

5. **备湿水棉片** 医用脱脂棉做成棉片或棉球消毒后，用生理盐水或甲硝唑溶液浸泡，然后拧干。做湿水棉片，注意不要太湿，以免影响着色效果。

6. **一次性针片** 一人一针，防止交叉感染。

7. **色料托架、色料杯** 色料架宜固定、容易清洁，色料杯必须一次性使用。

8. **美容文饰室** 定期紫外线灯行空气消毒，门窗、家具、地面用消毒液擦拭。

（二）操作中

1. **软化角质** 文饰部位皮肤消毒后可使用专业润皮渗色啫喱软化顾客的角质死皮，辅助麻药吸收及上色。可外加保鲜膜覆盖约10分钟，以加强吸收效果。

2. **止血止痛** 选择适当的麻醉方法，外敷麻药时间到位，做到无痛文绣，操作细致，动作轻稳，减少出血，便于色料更好地吸收留色。

3. **规范操作** 严格按照文饰操作步骤规范进行。

4. **防止感染** 使用生理盐水或甲硝唑溶液浸泡的湿水棉片不断擦拭文饰部位浮色，防止细菌经破损伤口感染。

5. **清洁卫生** 注意操作环境卫生，用过的湿水棉片要及时清理更换，保持工作台面及周围环境的卫生清洁。

（三）操作后

操作后必须及时涂上消炎药膏及专业修复剂。消炎药膏等需要先挤压到消毒棉签上，再涂抹文绣过的地方并来回擦拭。文唇术后10天再使用亮唇蜜与红唇素，令色彩巩固持久。

知识链接

修复剂

文饰操作中一般配合使用润皮渗色啫喱、眉唇修复剂、亮唇蜜与红唇素等。

专业修复剂的主要功能：内含适量碱性成纤维细胞生长因子(bFGF)，可加速皮肤细胞生长，促进恢复；消毒杀菌；滋润皮肤。配合保鲜膜使用，可防止结痂和脱色现象。

亮唇蜜的主要功效：含有蜂蜜多糖、水凝胶、维生素 E 等营养成分，深层滋养修复受损唇部纤维。加速返色，减少干燥脱皮现象。如连同红唇素一起使用，效果更佳。抵挡紫外线的侵扰，淡化黑色素，使唇部色泽水润光鲜。

五、美容文饰的麻醉方法

文饰技术是一种创伤性美容技术，疼痛是难免的。为了配合美容文绣师做好各项美容文饰术，保证文饰术后效果及质量，采用适当的麻醉方法是必要的。

(一) 文眉术中的麻醉方法

顾客在文眉的过程中，一般有轻微疼痛，可用棉签蘸少许 1% 丁卡因溶液或 2% 利多卡因溶液涂抹眉区皮肤，行表面麻醉。专业文绣产品中配备的麻药膏(舒缓乳)，涂敷眉部 30 分钟，起到表面麻醉作用，达到无痛操作。

(二) 文眼线中的麻醉方法

眼睛是面部最敏感的部位，所以在文眼线时，应根据顾客的具体情况来选择局部麻醉方法的任何一种。现将三种局部麻醉方法在文眼线中的应用介绍如下：

1. 行表面麻醉的麻醉方法

(1) 此法适用于对疼痛耐受力较好或近日眼部不想有明显肿胀的顾客。

(2) 术前 3~5 分钟均用棉签蘸少量 1%~2% 丁卡因溶液或 2% 利多卡因溶液，在上、下睑缘部位来回轻涂。佩戴隐形眼镜者，应取下隐形眼镜，放入生理盐水中暂存。

(3) 也可用专业文绣产品中配备的麻药膏(特效无痛舒缓乳)涂敷睫毛根部 30 分钟，达到无痛操作。

(4) 在刺破皮肤后，还应反复涂抹麻药。原则上是文刺一遍，涂抹一遍麻药。这样效果会更好一些。

(5) 麻药浓度应控制在 3% 以下，因浓度越高，有结膜充血，反应越重，甚至造成角膜剥脱现象。

(6) 涂抹麻药时，手宜轻柔，药液少蘸，勿触及球结膜(尤其是高浓度麻药)。

(7) 文刺后，应用氯霉素眼药水 2~3 滴冲洗眼球，同时嘱顾客来回转动眼球。每晚点氯霉素眼药水 1 次，连续 3 日。

2. 行局部浸润麻醉的操作方法

(1) 术前应详细询问顾客有无麻醉过敏史。

(2) 眼部常规皮肤消毒，即用 1∶1 000 苯扎溴铵棉球擦拭。如眼部有色彩妆的痕迹，应用金霉素眼药膏少许擦拭卸妆。

(3) 用一次性注射器抽取 2% 普鲁卡因肾上腺素注射液 1 支(2ml)，此药液是在购进时就已配制好的,封装在安瓿内。或用 2% 利多卡因溶液 2ml。

(4) 嘱顾客轻闭双眼,文饰师在一侧眼睛的外眦角部沿下睑或上睑进针做成皮下连续皮丘。也可使针尖从外眦直接进入至内眦下睑缘或上睑缘,边退针边推药做成皮丘。(或者下眼睑分成 2 次进针,上眼睑也一样)一侧下睑或上睑各用 0.5ml 麻药。

(5) 普鲁卡因肾上腺素注射液有延长作用时间和止血的功能,但个别敏感的顾客可出现心悸、脉快、血压升高等体征,此时应立即停药,对症处理。改用利多卡因即可。

(6) 有高血压、甲状腺功能亢进病史者应禁用。

(7) 由于是局部浸润麻醉,术后局部水肿较明显,应 24 小时内间断做冷敷。

3. 行区域阻滞麻醉的操作方法

(1) 局部用 75% 酒精消毒皮肤。

(2) 文下眼线时,在下睑部可行眶下神经阻滞麻醉。眶下孔位于眶下缘中点下方 0.5~1cm 处,其中有眶下神经、眶下动脉和眶下静脉通过。眶下神经为上颌神经主支,向前经眶下裂入眶,经眶下沟通过眶下管出眶下孔,分布于下睑、外鼻及上唇的皮肤。在鼻正中线旁开 3cm 左右眶下孔进针(图 8-2)。此处的骨性标志是上颌骨的眶面与颧骨的接缝处有一凹陷。嘱顾客眼睛向上看,垂直进针,抽无回血可推入 2% 普鲁卡因肾上腺素注射液(或 2% 利多卡因溶液)1ml 左右,以阻滞眶下神经。拔出针后,立即用棉签按压注射部位 1 分钟左右,防止出现血肿。

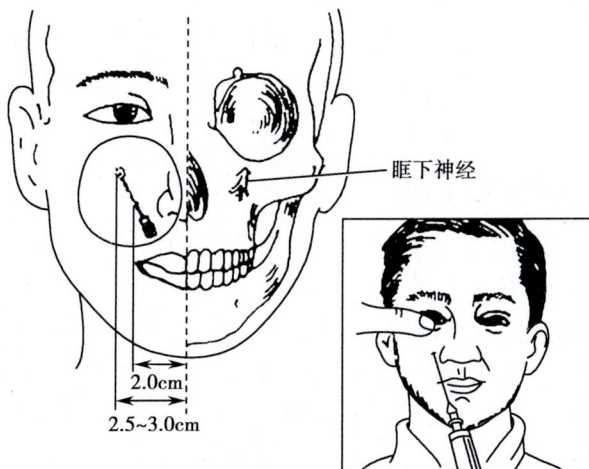

图 8-2　眶下神经阻滞麻醉

(3) 文上眼线(或文眉)时,可在上睑部行眶上神经和滑车神经阻滞麻醉。眶上切迹(孔)位于眶上缘内、中 1/3 交界处,其中有眶上神经、眶上动脉及眶上静脉通过,分布于上睑及额、顶部皮肤。在正中线旁开 2.5cm 左右眉弓下缘进针(图 8-3),此处触摸有一明显凹陷,压迫有酸、胀麻的感觉处就是眶上切迹。嘱顾客眼睛向下看(防止误伤眼球),持注射器与皮肤呈 45° 角斜向上进针,有落空感后,回抽确定无回血可推入 2% 普鲁卡因肾上腺素注射液(或 2% 利多卡因溶液)1ml 左右,拔针后按压针眼 1 分钟以上。

(4) 一般在麻药注入 6~8 分钟后方可行文眼线,否则麻醉不完全时,顾客会稍感

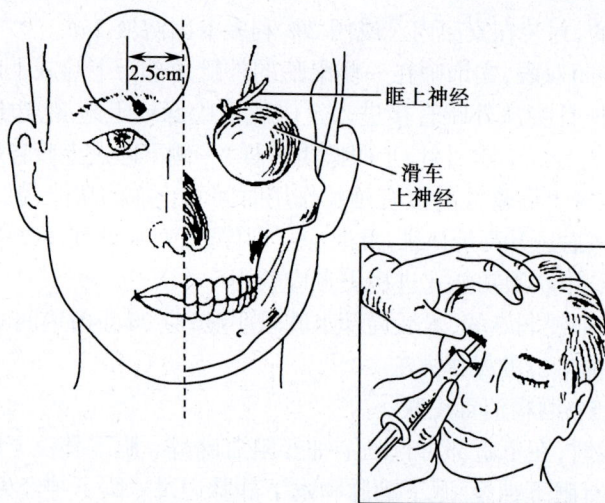

图 8-3 眶上神经阻滞麻醉

疼痛。

（5）注射部位应准确,防止因动眼神经阻滞而造成暂时性上睑下垂。如遇此情况,一般在 40~60 分钟此现象自动消失,不用做任何处理。

（三）文唇术中的麻醉方法

文唇术包括文唇线和文全唇。其麻醉方法如同文眼线一样,应根据顾客的具体情况来选择表面麻醉、浸润麻醉或阻滞麻醉(如颏神经阻滞麻醉,见图 8-4)方法的任何一种,也可将其中两种方法并用。

六、美容文饰的常用手法

（一）文刺手法(文眉机针法)(图 8-5)

1. 续段法　又称连接线条法,即根据所设计的长线条,分段文出数条中等长度的线,使其连接形成长线条。常用来文刺较长的线条,如眼线、唇线、文身等。

2. 连续交叉法　文刺的路线呈斜倒状的"W"或"M"形,其形状相互交叉,连续不断,用密集的线条组成片状,主要用于片状的着色或复色,如文全唇等。操作时要注意线条的疏密排列和针刺深浅,掌握得当,可以文出各种不同的效果。

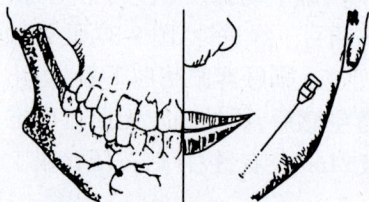

图 8-4 颏神经阻滞麻醉

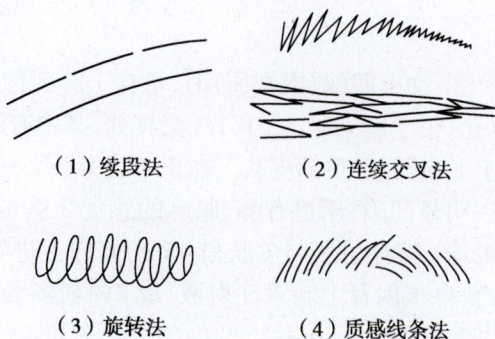

（1）续段法　　（2）连续交叉法

（3）旋转法　　（4）质感线条法

图 8-5 常用文刺手法效果图

文唇术中的三种麻醉操作

234

3. 旋转法　即用打圈的方法进行文刺。常用于文唇红、文身、复色等大面积的文刺。旋转法应注意掌握好圈子的大小和移针的速度。圈越小颜色越深,圈越大颜色越浅;移动速度快则色浅,移动速度慢则色深。

4. 质感线条法　又称画眉法,是根据基础眉的文样,一根一根地向上或向下划线,结尾时顺势翘出,多用于仿真立体文眉。但要注意:①每一根线条都要两头细、中间粗,稍带弧度;②线条的排列要有规律,疏密适当;③要注意线条的深浅、浓淡变化。

(二) 绣眉手法(柔绣技术)

用以 45° 角紧排焊接、极富弹性的不锈钢 14 头 /12 头针片将色料刺入皮肤 0.2~0.3mm 深处,绣出质感线条,属于质感线条法的一种。面部柔绣技术最适合眉毛的文饰。常用针法有以下几种:

1. 全导针针法　"摆、推、提、弹、还原、撤退"(图 8-6)。所有针以 45° 平均力度推向皮肤,然后针尾向下压,针片前端向上缓慢提升(注意最后 1~2 支针不可提)。此针法绣出的线条清晰均匀,没有轻重之分,常于绣眉腰时使用。按照力度大小,可分为重度全导针、中度全导针、轻度全导针。

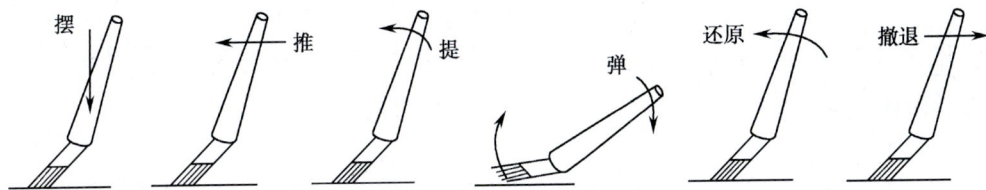
图 8-6　全导针针法

(1) 轻度全导针:推向皮肤力度最小,翻手腕幅度小,针片弹起皮肤程度少。用于绣上眉框前区、鼻影线、眼影轮廓线。

(2) 中度全导针:推向皮肤力度稍大,翻手腕幅中等,针片弹起皮肤程度高。用于绣上眉框中、后区。

(3) 重度全导针:推向皮肤力度最大,翻手腕幅度大,针片弹起皮肤程度最高,能听到清脆的针片"嘣、嘣、嘣"的声音。用于绣眼线、唇线。

2. 前导针针法　"推、提、撤"(图 8-7)。针片以大于 45° 角倾斜向前,使针片前端先刺入皮肤,后面的针跟着放在皮肤上,向前推且向上做提升,一边向上提升,一边向后撤退,产生前重后轻的效果。常于绣眉头、眉梢时使用。

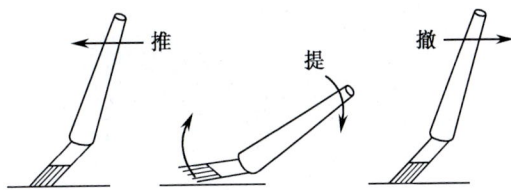
图 8-7　前导针针法

3. 后导针针法　"后、前、推、提"(图 8-8)。针片以小于 45° 角倾斜向后,使针片后端先刺入皮肤,前面的针跟

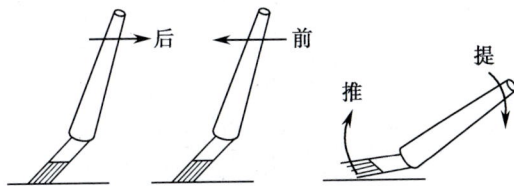
图 8-8　后导针针法

着放在皮肤上。向前推动的同时向上做全面提升,产生出后重前轻的线条。常在绣眉梢时使用。

4. 旋转针 "推、提、转"。利用后面的 6 支针在皮肤上做推、提、转的提升,形成弧形浮突线条,用于眉中、眉尾及唇线的位置。做完 2 条稍长线条后,把针片向后抹,与原来的线成一小弧度,继续"推""弹"。(图 8-9)

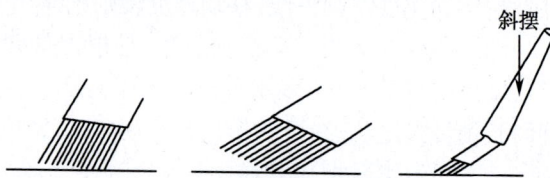

图 8-9 旋转针法

(三)飘眉手法

顺滑针法:摆—后—划—抛,使用前面的 7 支针轻摆压下皮肤然后再向后运力拉动划破做一字顺势划抛,只需一笔即形成光滑细致的弧度线条,也叫"一笔描"针法。纤细、创面小,可应用于整条眉毛做眉头、眉腰、眉尾的线条及眼线和唇线的位置。(图 8-10)

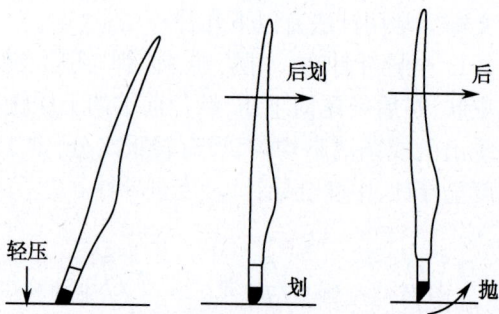

图 8-10 顺滑针法

(四)播眉手法

运用文眉机单针或七排针顺眉生长方向使用抛划法操作,轻稳平贴,有去无回,连线成片,将颜色一遍一遍由淡加深,做出雾状丝化感。

(五)文唇手法(图 8-11)

1. 弹性巡回润唇针法 垂直皮肤入针,推针力度重,回针力度轻,运用弹力加强上色,以轻巧、均匀等速的抛刺力度完成。

2. SPA 针法 排针和圆影针皆可自由选用,常用主要的上色手法,90°或 75°入针。

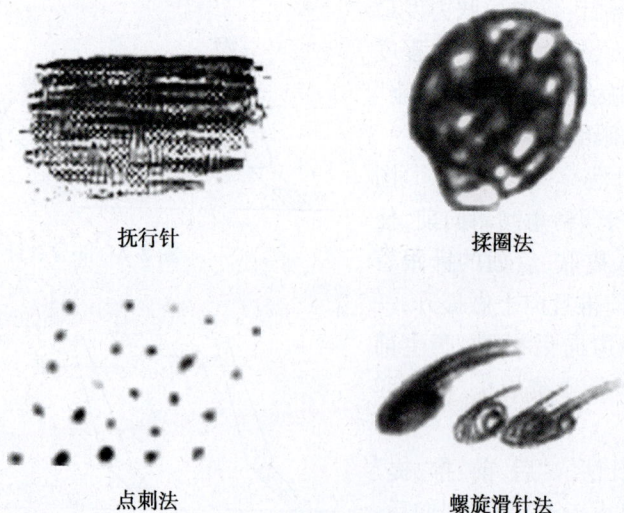

抚行针

揉圈法

点刺法

螺旋滑针法

图 8-11 文唇手法

(1) 抚行针:来回续段延长或 C 字运动方向上下来回划直线法,可用于唇线、唇面位置。

(2) 揉圈法:C 字运动方向来回环绕轻移打小而密的满圈,用于唇面位置。

(3) 点刺法:用于弥补唇线与唇体之间的空白区,也为最后检测是否上色均匀时用。

(4) 螺旋滑针法:常用于已做花的唇,用来修改深色向浅色相互过渡之用。

七、美容文饰的常用物品

(一) 文饰色料

要采用特制的无毒、经无菌处理过的色料。好的色料应符合以下特点:颜色纯正、色泽稳定、浓度适中、附着力好、不扩散、无毒、半膏状、无油水分离现象,文刺效果自然逼真。色料选购时一定要识别好坏真伪,严防假冒伪劣产品。

1. 文眉色料 有膏体状和乳液状,使用时可以调配。颜色分为主色和调色两类。常用的主色包括深咖啡色、浅咖啡色、自然灰色。调色是指黑色。单纯的黑色不能用于文眉,必须与主色调配使用。主色与调色的调配比例关系一般是 3:1。(表 8-1)

表 8-1 文眉色料的选择

色料	适用对象
深咖啡	接近于发色、眉色,适合肤色深、黄,自身眉毛比较黑的人,用于添加眉处
浅咖啡	适合肤色白皙,眉色浅,喜欢淡妆的人
灰咖啡	适用于年龄较大,喜欢自然效果的人
棕咖啡	适用于任何肤色和整体眉色较浅,喜欢自然效果的人
棕色	适合肤色较浅,有染发,比较时尚新潮的年轻人
土黄色	适用于文深了的眉毛,起淡化作用,还可以加少量深咖啡来修改泛红的眉毛
橙色	修改变蓝色的眉色,文后即出现咖啡色

2. 文睫毛线色料 有膏体状、乳液状、粉状,可以调配使用。颜色主要使用黑色,常用的有帝王黑、特黑色、炭黑等。调色有蓝色、红色、黄色或肉粉色。与主色调配使用可以防止黑色变蓝。主色与调色的调配比例关系一般是 10:1。

3. 文唇色料 主要用红色、粉色和橙色等基本色,混合 2 个颜色以上进行调配。要根据顾客的年龄、肤色及唇色等多方面因素来综合考虑选择。

20~30 岁年龄段的顾客一般推荐粉色系,如亮粉色、淡粉色等。40~50 岁年龄段的顾客一般推荐用红色和橙色系,如大红色、砖红色、橙红色、桃红色、玫红色。

选择全唇颜色时,原则上唇红底色越暗、越紫的人,宜选择鲜亮些的文唇液,如玫瑰红、草莓红、日本红;唇红底色淡的人,可选用特红色或日本红。从年龄角度考虑,年龄轻、肤色白的人,尽量选用鲜艳的颜色,如玫瑰红、日本红、草莓红;肤色深、年龄较大者,可选用颜色柔和的,如紫红色 + 玫瑰红或特红色 + 草莓红;如果唇底色暗淡或发乌,可用玫红色或草莓红文全唇,再用日本红覆盖。(表 8-2)

同一名称的制剂,由于生产厂家不同、生产工艺不同,其色彩并不相同。同一厂家的同一品牌,由于生产条件不同、时间不同,其颜色也有差别。因此,在调配色彩时,

表 8-2　文唇色料的选择

色料颜色	特点及适用对象
紫咖啡	多用于修文唇线
紫红色	多用于修文唇线
玫瑰红	亮丽柔和,适合肤色白皙的人
特红色	色泽厚实,色系深红,适合修改发乌、发紫的唇色
日本红	颜色纯正、鲜艳、亮丽,适合追求文唇效果鲜艳的人
草莓红	颜色浅而柔和,适合肤色白皙的年轻人及喜欢淡妆、唇色浅的人
橙红色	适合发黑发暗的唇进行转色
玫瑰紫	紫色系,适合皮肤白的人

需要根据当时购进的色料进行调配,不能照搬书本上的调配比例。

(二) 文饰工具

文饰工具是文绣师手中的武器,按操作方式不同,分为手工和机械两种;按文刺针的多少,分为单针和多针。常用的主要有以下几种:

1. 电动文饰机　即电动文眉机,简称文眉机,为最常采用的文饰工具之一。文眉机有直流电式、交流电式和充电式三种,最普通的是交流电式和充电式。其外形似一支粗大的圆珠笔,机身内有一个微型电动机,转轴上的连杆与卡针器相连,从而带动卡针器上的文眉针做垂直运动。使用时,将文眉针插入卡针器的十字孔内,套上针帽,选定转速挡位,开机后文眉针高速旋转,做垂直运动,刺入皮下,从而将针尖所蘸的色料带入皮内,留下持久的颜色。文眉针为单针,注意要在开机情况下调节针位的高低,使文眉针大约要露出针帽 0.2~0.3cm。在文刺过程中,文绣师应控制文刺深度,以刺入真皮浅层为宜,过深可引起色彩变蓝。(图 8-12)

新型文饰机

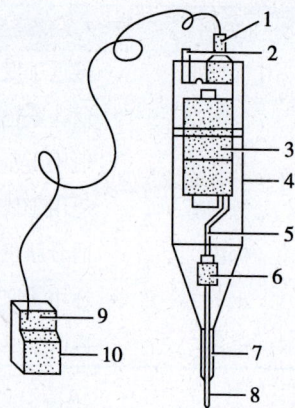

图 8-12　文眉机

1. 电源插头　2. 开关　3. 电动机　4. 机身　5. 连杆　6. 卡针具　7. 针帽　8. 针　9. 挡位调节　10. 稳压电源

2. 绣眉笔　绣眉笔是近几年内普遍采用的一种绣眉专用文刺工具,由笔杆和针片组成。其针片有十四头弧形绣眉针和十二头弧形绣眉针,不锈钢材料,真空无菌包装。十四头弧形绣眉针适合为眉毛粗、宽、浓、硬、密的顾客做出细致仿真的眉毛弧线条和绣眼线;十二头弧形绣眉针适合为眉毛细、窄、淡、软、散的顾客做出柔密仿真的眉毛弧线和眉部细小部位的操作。

3. 会走弧线的手型笔(一次性弧形绣眉针)　手型笔的结构为流线体外型设计,利用人体力学能配合针片轻松走出眉毛的弧线,可用来表现各种眉部手工文饰技艺,如绣、挑、雕、划、飘的手法。(图 8-13)

4. 文绣手工打雾笔　金属头十字开头,灵活轻便配合雾眉针具轻松做出像雾状一样自然效果的眉毛。

5. 针具　分机器操作类和手工操作类。

一次性弧形绣眉针

文绣盒

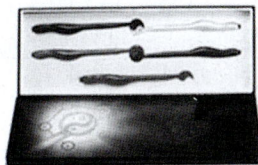

五行开运绣绘笔

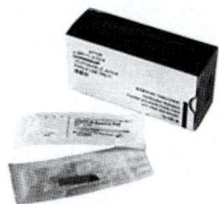

十四头弧形绣眉针

魔力色料

膏体色料

色料杯以及色料杯架

双色设计笔

唇眉修护剂

稳定剂

图 8-13　文饰工具

（1）机器操作类针具有单针、圆三针、排五针、排七针。（图 8-14）

单针：可用于文眉、文眼线、文唇线。配合机器做线条。

圆三针：可用于文唇线、漂唇。

排五针、排七针：可用于漂唇、雾眉。做雾眉时扫雾。

（2）手工操作类针具有单排针、双排针、圆针系列、手工弯弯绣系列、神侠系列针、齿轮针等。（图 8-15）

单排针：单排斜头，专用于飘滑线条。做线条眉。

双排针：专做雾眉。用于打雾补色。

圆针系列：有圆三针、圆五针等。

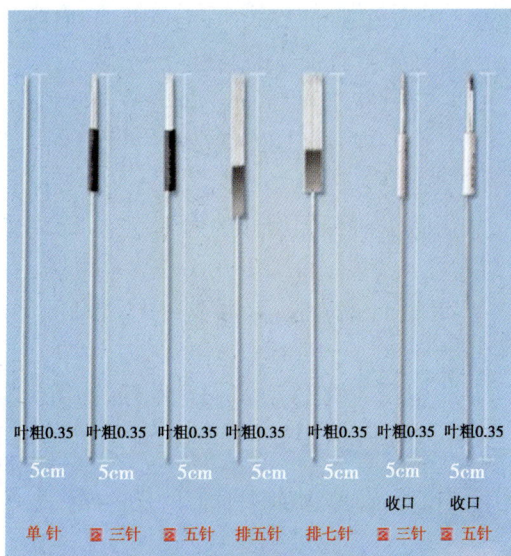

图 8-14　机器针具

239

专做雾眉。用于打雾,点雾时显细腻。可搭配四侠针操作。

手工弯弯绣系列:有单排、双排、三排弯弯绣等。三排弯弯绣,快速雾眉,上下垂直去点。

神侠系列针:有神9针、神7针、神5针、神3针等。由多组圆三针无铅焊接而成,克服圆三针、圆五针效率低的不足,能够快速打雾,可配合搭配圆三针、圆五针收定边框,轻易打造沙雾眉。

齿轮针:专用于雾眉。针要斜刺,不能垂直。

(三) 文饰用品

75%医用酒精、0.1%苯扎溴铵溶液、十四头/十二头弧形绣眉针、单针、三针(复合针)、排针及针帽(一次性)、文

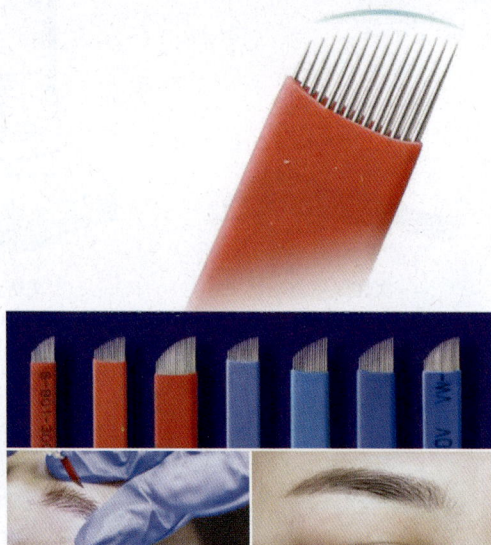

图 8-15 手工针具

眉机、湿水棉片、色料、托盘、无菌杯、无菌医用脱脂棉球、一次性医用口罩、无菌手套、局部麻醉药、色料杯、镊子、一次性5ml无菌注射器、消炎药膏、眉笔、修眉刀、棉签、牙签、保鲜膜、一次性无菌纹绣包、环保桶、推车、美容床、被子、凳子、镜子、化妆台及无影灯。

八、美容文饰的适应证和禁忌证

在文刺之前,要仔细观察和询问顾客,严格把握文刺适应证。

(一) 禁忌证

1. 文饰部位(眉部、唇部、眼部等)皮肤有炎症、皮疹、疾患或过敏者不做。
2. 患有传染性皮肤病、糖尿病、高血压、严重心脑疾病者不做。
3. 过敏性体质、瘢痕性体质不做。
4. 精神状态异常(如不配合或期望过高)或精神病患者不做。
5. 孕期或月经期不做。

(二) 适应证

1. 因各种原因引起的眉毛脱落、稀疏、缺损、眉中瘢痕、眉色淡、眉型不美等均可文眉。
2. 睫毛稀疏脱落、眼型不佳、倒睫、眼袋术后掩盖瘢痕、重睑术过宽等均可文眼线。
3. 唇部轮廓不清晰、唇色不佳、外伤或整形术后留有瘢痕等均可文唇。
4. 顾客个人爱好且无禁忌证者,不会化妆或无时间化妆者,均可文饰。

九、美容文饰的基本原则

1. 宁浅勿深,宁繁勿简　是指在文刺操作时,宁可刺浅,切忌过深;宁可工作麻烦些,也不能给人留下一双浓黑不自然的眉毛,造成遗憾。人与人之间存在着个体差异,

如皮肤性质、弹性、颜色等,所以对药液的吸收过程不同,每个人对眉毛颜色深浅的要求也不同。如刺入的部位过深,色料可沿皮下扩散造成洇色、颜色变蓝等,顾客不满意且难以修改。过浅虽然着色差,文饰后易脱色,但可以通过补色进行弥补。对要求文眉的顾客,一般给予2次免费补色的机会。

2. 宁短勿长,宁窄勿宽 是指文刺形状不宜过长或过粗过宽,尤其是在第一次文时,能短则短,能细则细,可通过再次补文来调整。

3. 宁慢勿快,修文并用 操作要认真,不能只顾速度而不顾质量,对部分上色困难者,需反复文刺,切不可急躁。同时,为保持眉的生动立体和生理功能,应该尽量保留真眉,在原有眉型基础上修剪美化后再进行文眉。

4. 浓淡相宜,注意整体 在文眉过程中,应时刻注意眉毛的自然生长形态,按其长势和色泽规律文出浓淡相宜、富于立体感的眉。原则上眉头、眉梢、眉峰上下边缘要淡,而眉身要深些。如果不按自然生长形态规律去文,各部分浓淡不分,黑成一片,显然达不到增添美感的目的。

总之,在文饰技术操作时,要留有余地。任何不理想的文刺形态,都将给顾客留下长期痛苦。所以,从某种意义上讲,文饰操作只能成功,不许失败。

第二节　三文技术的操作

一、文眉技术

由于文眉具有永久或半永久性,所以必须真实、自然、美观。现多采用立体仿真文眉术。立体仿真文眉术是根据眉毛自然生长方向和规律,用人工文刺的方法来美化眉毛。

(一) 眉型审美设计

课堂互动

你了解标准眉的位置吗?

设计眉型是文眉非常关键的步骤。要想设计好眉型,必须了解标准眉的位置、美学参数和顾客的五官、脸型、肤色、职业、年龄、性格、气质等因素。

1. 眉部结构的相关组合名称(图8-16)

2. 眉型设计需要考虑的因素

(1) 时代性:随着时代的变迁,流行的眉型也发生着微妙的变化。(图8-17)

(2) 个性化:每个人都有不同的个性,在设计眉型时应根据其不同个性而进行。外向性格的人,适合的眉型是高挑、弯曲,眉峰要有角度,这样才显得充满生机、活力;内向性格的人,适合的眉型是柔和、不夸张,眉峰略有弧度,这样才显得温文尔雅。

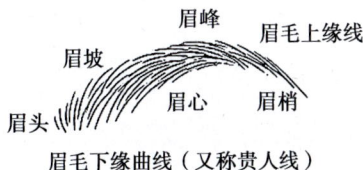

图 8-16　眉部结构名称

241

| 20世纪 20~30年代 | 20世纪 40年代 | 20世纪 50年代 | 20世纪 60~70年代 | 20世纪 80年代 | 20世纪 90年代 | 21世纪 |

图 8-17　眉型时代变化图

（图8-18）

（3）对称性：对称性是指相对的对称。我们很难找到两边的眉型是完全一样对称的眉毛。比如说经常靠左侧睡觉的人，左腮一定比右腮小，左边的颧骨就比右边的颧骨突出，左

外向　　　　　　　　　内向

图 8-18　眉型内向、外向性格变化图

边的眉骨自然也比右边的眉骨高，给顾客设计眉型时，不能设计完全对称，否则显得左边的眉型低了。有时候眉毛设计得过于对称，反倒把一个人的面部缺陷都显现出来了。

（4）配合性：人的五官每一部分都不是单独存在的，眉毛也一样，其设计必须配合面部五官的生长特点，与之相协调。

（5）灵性：即眉毛线条的排列。文饰眉毛时，眉毛线条排列的摆放尤为重要。排列有序，浓密、稀疏得当，颜色浅淡虚实，才有立体感，自然而富有灵性。

课堂互动

请根据图片试述 3 种绣眉线条排列的比较效果？（图8-19）

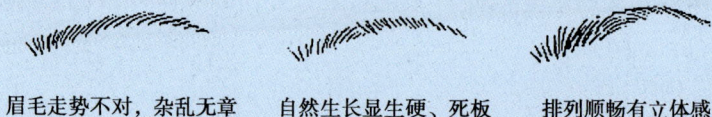

眉毛走势不对，杂乱无章　　　自然生长显生硬、死板　　　排列顺畅有立体感

图 8-19　眉毛线条的排列变化图

三种绣眉线条排列的效果

（二）不同脸型的眉型设计（表8-3）

表 8-3　不同脸型的眉型设计

脸型	设计方法	效果图
圆脸型	适合眉型上扬，眉头压低些，眉梢挑起，眉峰略向上移。可有拉长脸型的效果，增强 T 面部的立体效果	

图 8-20

续表

脸型	设计方法	效果图
方脸型	适合略微高挑,眉峰柔和略带弧度的眉型,以增加女性的温柔感。眉型不宜过长过细	 图 8-21
长脸型	适合平缓粗一些且长一些,弧度不太大的眉型,使面部有加宽感,能给人一种温柔、亲切感。不宜画过短或过细的眉型	 图 8-22
三角脸型	眉宇间的距离略宽些,眉型可稍细长些,有一定的曲线感,眉梢略微上扬,可拓宽脸型上半部分的宽度	 图 8-23
菱形脸型	适合稍平,眉峰稍向外靠的眉型,以弥补两颧骨处不饱满的缺陷。眉宇间距适当加宽,或眉型略弯可稍长	 图 8-24

续表

脸型	设计方法	效果图
倒三角脸型	适合眉头稍超过内眼角的眉型,宜描画成弯眉,眉峰略向前移,但不宜太粗、太长、太弯,要保持活泼可爱的形象	

图 8-25

　　总之,脸型过长,眉峰下移;脸型过短,眉峰上移;脸型过宽,眉峰前移;脸型过宽长,眉峰后移。

　　眉型设计还应考虑顾客的年龄、性格:年龄大、脸型较宽、性格开朗者,可酌情设计出较宽的眉型;年龄偏轻、脸型小、五官紧凑集中、性格内向者,可设计出较细的眉型。

(三) 文眉色料的选择

　　在文眉操作时,一般将 2~3 个色料颜色混合调配使用。

(四) 文眉的操作

　　以立体仿真文眉术(也称自然眉)的操作为例。

　　1. 自然眉操作特点　　上色快,疼痛感低,创面细浅,不结痂,不产生瘢痕,完全依照眉毛的特性及生长方向、根据顾客的原有客观条件进行填充,一根一根做上去,具有光感、空间感的立体效果,即使近看,亦如眉毛重生,充分在二维空间中表现出三维立体感。

　　自然眉在整个操作过程中不填色,线条采用质感线条法,重复少,脱色后不扩散,清晰、纤细,线条排列遵循眉毛的生长方向,能做到疏密有度、深浅相间、以假乱真。

文男士眉的要求

课堂互动

你知道文男士眉有哪些要求吗?

　　2. 操作常规　　包括术前准备、术中操作和术后注意三个环节。

　　(1) 术前准备

　　1) 与顾客沟通:针对眉型、眉色、个人喜好、气质、职业、年龄、费用等相关内容进行沟通,让顾客做好接受文饰的心理准备。签文饰协议书,拍摄照片。

　　2) 物品准备:电动文眉机、文眉针、色料、色料杯、消毒药棉、湿水棉片、碘伏或0.1% 苯扎溴铵溶液、一次性乳胶手套、弯盘、防水眉笔、修眉刀片、消毒棉签、牙签、保鲜膜、抗生素软膏等。

3）文绣师衣帽整齐,洗手、戴口罩。

（2）术中操作

1）清洁消毒两侧眉部。如顾客眉部皮肤为油性,可用75%酒精擦拭3~5次,去油脂便于上色。

2）根据顾客的脸型、气质、爱好设计出理想的眉型,双方达成共识。

3）在画好的眉型上再次用碘伏或0.1%苯扎溴铵溶液消毒。

4）文绣师戴口罩、手套,取双侧对面位或单侧对面位。

5）涂敷麻药并用保鲜膜覆盖约30分钟。

6）配色:根据顾客眉部的底色、肤色、发色调配好文眉的颜色,必须与顾客沟通后再决定。

7）安装文眉机及单针。

8）走针法:右手持机蘸取少许文眉色乳垂直入针约0.8mm,不宜太深。针法走质感线条(弯弧度、中间实两边虚)。左手示指、中指平行于线条将皮肤绷紧。

9）第一遍先在画好的眉型区稀疏地文出眉毛的主线条,勾出眉型轮廓。

10）第二遍在主线条中添加辅线,突出眉毛的立体空间感。

11）第三遍走修饰线,突出眉毛的不同层次。同时运用线条颜色深浅浓淡来体现层次感,主线比辅线深一些,辅线比修饰线要深一些。自然眉质感线条摆放和分布需要基本功,后面附有练习分解图(图8-26~图8-28)。

12）操作过程中如顾客感觉疼痛时,可以反复涂敷麻药并用保鲜膜覆盖约2~3分钟后继续完善操作。

13）锁色:把剩余的色料涂于上色的眉毛处,外敷保鲜膜,加固上色。

14）观察眉毛着色情况及整体效果,术中不断用0.1%苯扎溴铵棉球擦去浮色,不足之处及时修整,直至满意

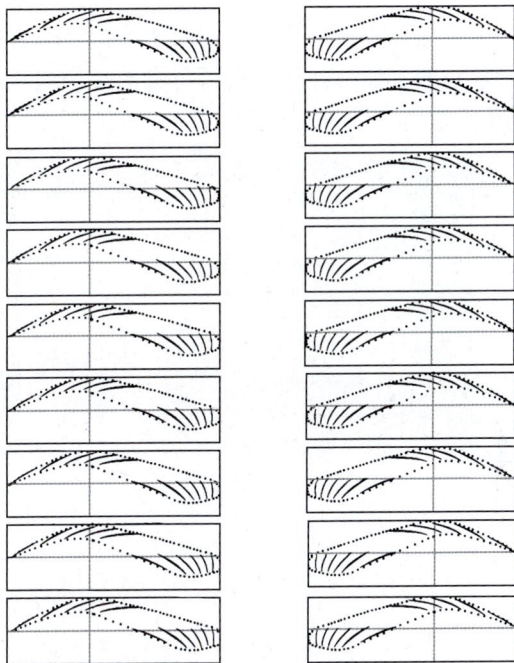

图 8-26 绣眉练习分解(1)
基础线条的训练

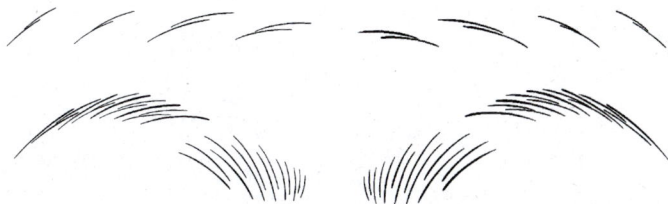

图 8-27 绣眉练习分解(2)
绣眉线条摆放与分布练习

图 8-28 绣眉练习分解(3)
绣眉线条摆放与分布练习

为止。

15) 文刺完毕,可在局部涂一层抗生素药膏,以防止感染及厚痂形成。

(3) 术后注意

1) 保持局部干燥、卫生。术后 3 天内,不宜洗头,不要用水洗眉区,不要做热敷以防涸色。

2) 局部眉区涂消炎药膏预防感染,并缓解结痂造成的不适。

3) 术后 7 天左右结痂,结痂期不宜用手剥离或抓痒。

4) 痂皮脱落后会伴有部分脱色现象,可于 1 个月后补色。

5) 术后局部肿胀,个别顾客会出现轻度瘀血等情况,一般 3~7 天即可消失,不需特别处理。如红肿较严重可口服消炎药缓解。(图 8-29,图 8-30)

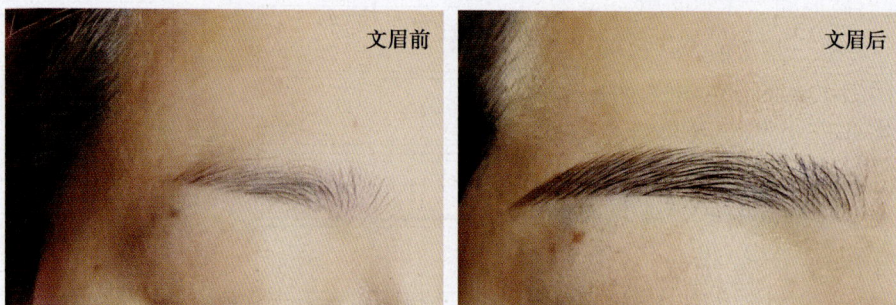

文眉前   文眉后

图 8-29 女士线条眉前后对比效果

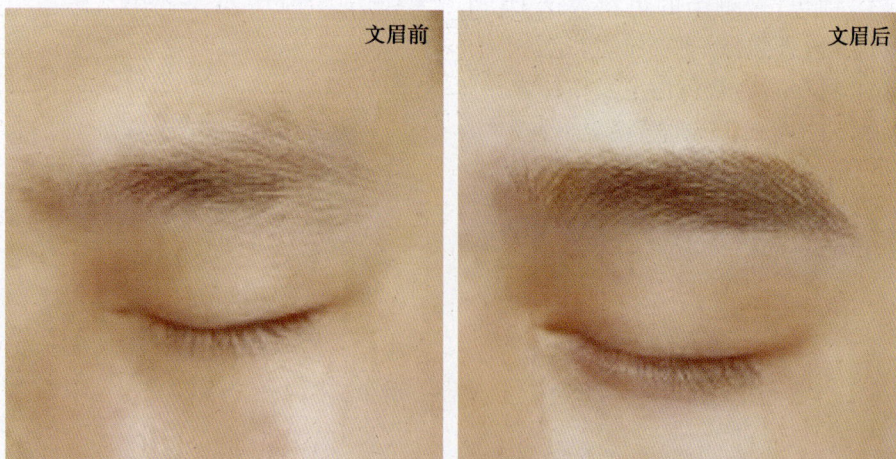

文眉前   文眉后

图 8-30 男士线条眉前后对比效果

(五) 文眉术的注意事项

1. 禁忌　切忌画框文眉；切忌局麻文眉；切忌刮光眉毛再文；切忌针尖对准顾客眼球，以防飞针；切忌文刺过深，严禁超过1mm。

2. 自然眉宜选择啫喱状态的色料，密度够又能保证下色。而液态的密度不够、易扩散，不适合做文自然眉时的色料；固态的则过于黏稠，不易下色，可运用于排针针刺法(绣眉)。

3. 保持垂直入针，做到有效文刺。重复不断穿刺宜使局部表皮皮肤溃烂、糜烂，从而造成结痂与脱落。

4. 干性皮肤易着色，文刺力度宜轻；油性皮肤不易着色，文刺力度宜稍重。

5. 严格无菌操作，必须保证一人一针一份色料，以防交叉感染。

6. 操作中不上色的原因及其处理

(1) 手法过于轻缓，文刺太浅，脱痂后看不出文刺的痕迹。半个月或1个月后可通过补色的方法来补救。

(2) 顾客皮肤性质为油性，尤其是"T"字区，毛孔较粗大，文刺太浅则不上色，文刺深了则渗出液多。处理方法：文刺前用75%酒精棉球在双眉部涂擦几遍，先行脱脂；在整个文刺过程中，尽量少用眼药膏涂擦，避免油性过大，等全部过程完成后，再涂眼药膏。

(3) 机器方面：首先可能是文眉机转速慢；其次考虑针尖外露过长，药液不能及时通过针帽到达针尖部分；第三，操作中，针尖是否与色料金属杯强行接触而变钝粗，出现痕迹现象。处理方法：文眉机应挑选功率大、转速快的；针尖的长短可通过针帽来回调节；采用关机蘸药液或及时调换新针。

(4) 色料质量差也可导致不上色，宜选择质量好的色料。

(六) 术后并发症及处理

1. 脱色　文饰痂皮脱落后，颜色变浅着色不均。可在1个月后补色。

2. 文后出现蓝色眉、红色眉　眉色明显异常者，可用Q开关Nd:YAG激光洗眉。蓝色、过黑眉可选用1064nm波长激光祛除黑色素；红色眉可选用532nm波长激光，能非常有效地祛除红色素，不留瘢痕。若效果仍不满意，可手术切除。在文饰祛除后，重新文饰。

3. 两侧眉型不对称　多见两侧眉型一高一低、一长一短、一宽一窄、一弯一直、一浓一淡的情况，可在脱痂后重新修补矫正。

4. 局部感染　极少发生。如文眉区出现红、肿、热、痛，应及时局部涂抹或外敷抗感染药。亦可口服抗生素。

5. 交叉感染　文饰后发现肝炎等传染病，应及时到医院进行专科治疗。

6. 变态反应　局部出现红斑、水疱、渗液、糜烂、自觉瘙痒，严重者出现畏寒、发热、恶心、头痛等全身症状，应尽快到医院处理。

二、绣眉技术

绣眉是柔绣文饰技术中效果较为突出、能体现柔绣特色的一种技术，运用十四头或十二头弧形绣眉针蘸取绣眉膏状色料，使用"推-提-弹-撒"等针法把色料绣在皮肤表层。

绣眉的适应证、禁忌证、应遵循的原则及眉型设计、操作步骤等要求,均与电动文眉机文眉一样。只是所用文眉工具不同、针法技巧有别而已,绣出眉毛的质感效果一致。操作步骤如下:

沟通→设计眉型→消毒→点刺后敷麻药(必要时)→选配色料(膏状)→安置针片→走针→观察上色→锁色→定色→术毕涂抹消炎膏修复。

绣眉针法操作要点:

1. 选择安装好针片　十二头弧形绣眉针适用于眉毛较细、较短、较淡的顾客,效果特别出色。十四头弧形绣眉针适用于眉头较深、较长、较浓的顾客,能更好地表现眉毛的仿真状态。将针片妥善牢固安装在绣眉笔杆前端。安装针片时,笔杆与针片可在同一轴线上,也可将针片与笔杆安装成 130°~160° 夹角。

2. 左手绷紧眉部皮肤,右手握持绣眉笔杆,针片前端蘸取色料,以 45° 刺入皮肤,根据不同部位,灵活交替运用全导针、前导针、后导针、旋转针等针法。顺着眉毛的生长方式,一一绣刺。深度一般在 0.2~0.3mm。

3. 先绣眉坡,眉坡起始区用轻度全导针,中区用中度全导针,这样绣出来的效果是淡淡的一条线的感觉,不需力度太重,以免影响效果。眉峰过渡处用点针,可避开眉峰出现交叉,而导致看起来不够光滑。眉头用后导针,使眉头呈打开状,并且做出眉毛一丝丝自然向上生长的效果。眉尾用旋转针,可以使眉尾带弧度、有浮突感,看起来更加逼真(图 8-31)。文绣密度和着色程度,依眉毛不同部位而有所不同。一般眉头部位要稀些,颜色要淡些;眉腰部位要密些,颜色要浓些;眉梢部位由于眉毛稀少应适当绣密些,但颜色要淡。操作时要注意各部位疏密、颜色浓淡要衔接自然,不要出现阶梯现象。眉毛线条的摆放与分布见绣眉练习分解图。

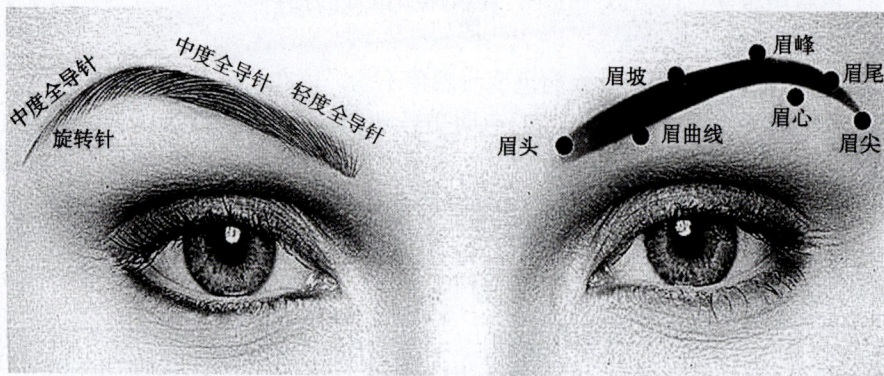

图 8-31　绣眉不同部位使用不同针法

4. 观察着色情况,操作中应及时用湿水棉片拭去浮色,始终保持文绣部位的洁净。在同一位置可反复柔绣多遍,并观察上色情况,直到满意为止。

5. 锁色　把剩余的色料涂于上色的眉毛处,外敷保鲜膜,加固上色。

6. 定色　涂土黄色稳定色性,可使颜色变得更自然柔和。

7. 一侧绣好后,同法文绣另一侧。双侧文绣结束,应仔细观察眉型、高低、长短、形状、色泽是否对称,若不对称应马上修整。

8. 术毕处理　待确定绣眉满意后,应行眉区清洁,并涂少许抗生素药膏以保护创面。

三、飘眉技术

飘眉归属于文绣,是运用五行开运绣绘笔蘸取飘眉专用色料采用飘眉针法的顺滑针将色料植入表皮,进而形成一根根仿真眉毛。因在效果方面能达到如毛发丝的纤细,有以假乱真、俊秀飘逸的感觉,因而取名叫飘眉。

1. 飘眉的特点　操作快,比普通绣眉手法快 5~10 倍,手法轻盈,一次性上色,不斑驳、不晕色、不变色,线条排列可根据顾客自身眉毛生长方向进行随意变换,弧度逼真,稳定持久。

2. 适合人群　①喜欢简约风格的女性;②眉毛较密,浓粗的女性;③无眉、缺眉、少眉、秃眉的男性。

3. 飘眉的配色

(1) 金棕咖:适合少女型和浪漫型气质的女性。

比例:3 份金棕咖 + 1 份亚洲黑或深棕灰 + 0.5 份土黄 + 0.2 份白色。

(2) 深棕灰:适合优雅型、古典型和自然型气质的女性。

比例:3 份深棕灰 + 1 份亚洲黑或金棕咖 + 0.5 份土黄 + 0.2 份白色。

(3) 亚洲黑:适合前卫型、少年型、戏剧型气质的顾客。

比例:3 份亚洲黑 + 1 份深棕灰或金棕咖 + 0.5 份土黄 + 0.2 份白色。

(4) 灰色调的眉毛:这种眉色迎合了很多潮流和时尚人士,在国际上一些专业彩妆里面都能找到。

自然灰色:2 份亚洲黑 + 2 份白色 + 0.5 份土黄,飘眉针法做两遍即可。

深灰色:3 份亚洲黑 + 2 份白色 + 0.5 份土黄,飘眉针法做两遍即可。

飘眉使用的色料几乎不含 Fe_2O_3,且色系以灰色为主调,上色手法为"一笔描",着色仅需 1~2 遍,入色深度在表皮层的基底层与真皮浅层乳头丘之间约 0.4mm,是最稳定的层面,所以不会发红,也不会偏蓝。

4. 操作步骤　沟通→穿无菌文绣服,打开无菌文绣包→消毒→设计眉型→点刺后敷麻药(必要时)→选配色料→安置针片→走针→观察上色→锁色→定色→术毕涂抹消炎膏修复。

5. 飘眉针法操作要点

(1) 用五行开运绣绘笔或会走弧线的手型笔安装好针片。

(2) 左手示指、中指绷紧眉部皮肤,右手握笔,针片前端蘸取少许色料,将针片上的 7~8 根针垂直刺入皮肤,深度一般在 0.4mm。拇指用力推笔,手腕旋转进行顺滑抛(即"顺时针外抛"或"逆时针内收"),抛出一根根弧形线,每抛一笔蘸取一次色料。先抛出主线条,再抛辅助线、修饰线。线条排列可根据顾客自身眉毛生长方向进行随意变换,只要遵循"线随形变,灵活变通"的原则即可。线条变化可以对脸型起到调整、强调、收敛和美化的效果。

(3) 观察着色情况,操作中注意力度,并不是力度越大越容易上色,而是三分力向下轻压、七分力快速运力向后拉弹,听见针与针碰撞的吱吱声即一次性上色。重复上色遍数不可超过 2 遍。操作中应及时用湿水棉片拭去浮色,始终保持文绣部位的洁净。

（4）锁色：把剩余色料涂于上色的眉毛处，外敷保鲜膜，加固上色。

（5）定色：涂土黄色稳定色性，可使颜色变得更自然柔和。

（6）一侧飘绣好后，采取"逆时针内收"滑抛绣另一侧。仔细观察眉型、高低、长短、形状、色泽是否对称，若不对称应马上修整。

（7）术毕处理：待确定飘眉满意后，应行眉区清洁，并涂少许抗生素药膏以保护创面。

6. 飘眉术的线条摆放变化对不同脸型的美化效果

（1）适合心形脸型、方脸型、倒三角脸型：眉峰在 1/2 处的柳叶眉，其线条整体走势应呈聚拢上收的状态，并一直延续到眉尾部分。眉头至眉峰处由短线逐渐变长斜立上收，眉峰到眉梢处短线向下聚拢呈"V"字，制造出收紧面部五官突出轮廓立体感，拉长提升面部长度的效果。（图 8-32）

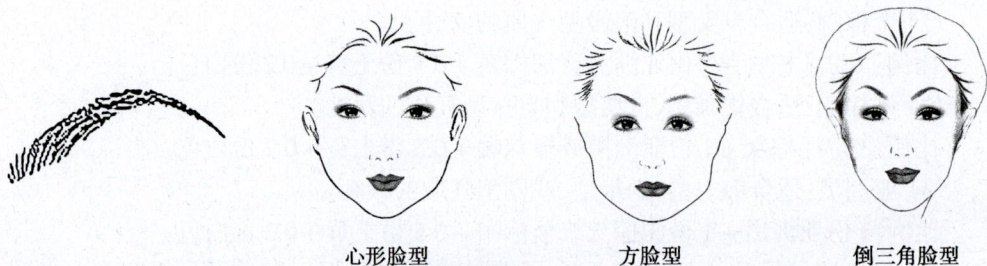

图 8-32　心形脸型、方脸型、倒三角脸型线条摆放变化

（2）适合长脸型、瘦长脸型的一字眉：线条走势应在眉头到眉峰部分长线斜平舒展，呈向上平滑长弧线状态过渡到眉梢部分弧线下斜呈"V"字分两层。制造出增添面部饱满感，缩短面部长度的效果。（图 8-33）

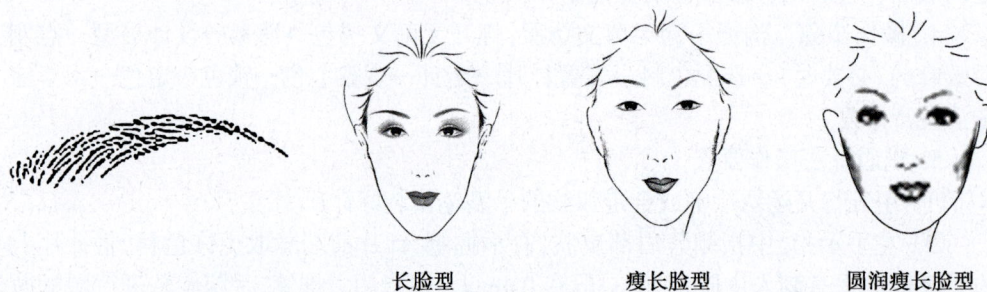

图 8-33　长脸型、瘦长脸型、圆润瘦长脸型线条摆放变化

（3）适合菱形脸型、三角脸型：眉峰在 3/4 处的上扬眉，其线条走势略同柳叶眉，在眉头至眉峰部分朝眉梢方向平斜长线斜立聚拢上收延续至眉心靠后，眉梢短线向下聚拢合并呈"V"字。修饰五官过于紧促、焦急严肃、额头尖窄、颧骨突出的印象，制造提升面部、扬长避短的美化效果。（图 8-34）

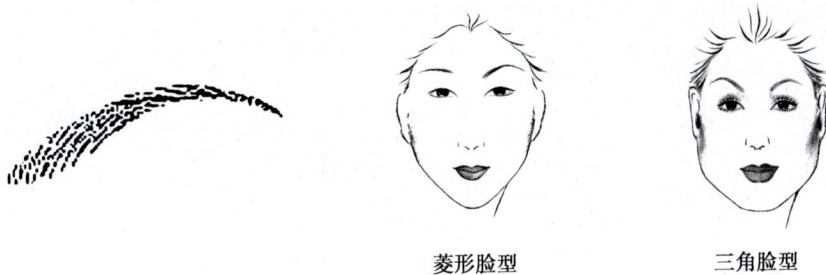

菱形脸型　　　　　　　　三角脸型

图8-34　菱形脸型、三角脸型线条摆放变化

四、文唇术

文唇术分为文唇线、文全唇两种。单纯文口唇轮廓线的，称为文唇线术；文出唇周围轮廓线后，又将整个红唇部都着色者，称为文全唇术。（图8-35）

（一）唇部构造

口唇分为上唇、下唇。上下唇又分为：①皮肤部（也称白唇）。②红唇部，为口唇轻闭时正面所见的赤红色口唇部。红唇部皮肤极薄，没有角质层和色素，因而能透出血管中血液颜色形成红唇。③黏膜部，在唇的里面，为口腔黏膜的一部分。（图8-36，图8-37）

（二）唇型设计

1. 五点定位法　唇谷中央一点（A），左、右唇峰两点（B、B′），两端唇角两点（C、C′）。D、F、D′是上唇与下唇的对应点。弧线连接五点即可达到一张相对对称完美的双唇。（图8-38）

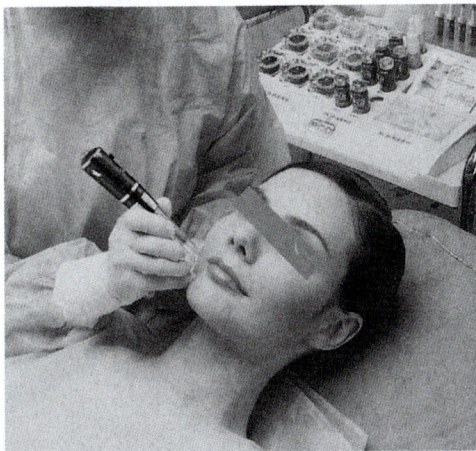

图8-35　文唇术操作

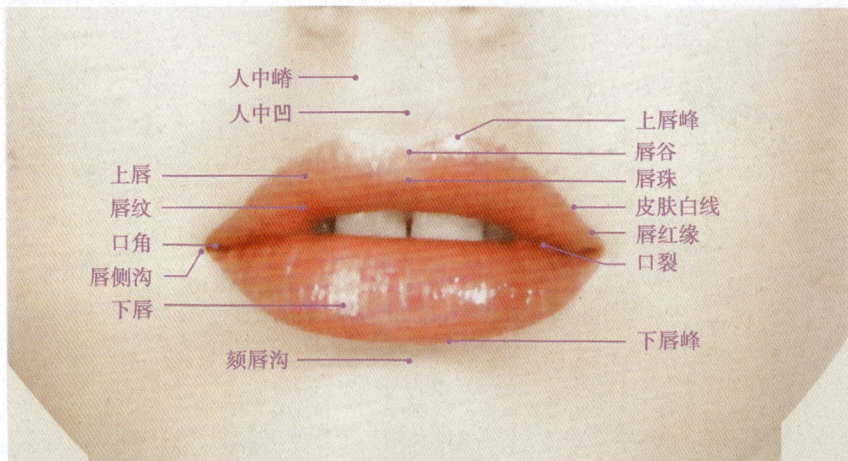

图 8-36 唇部结构图

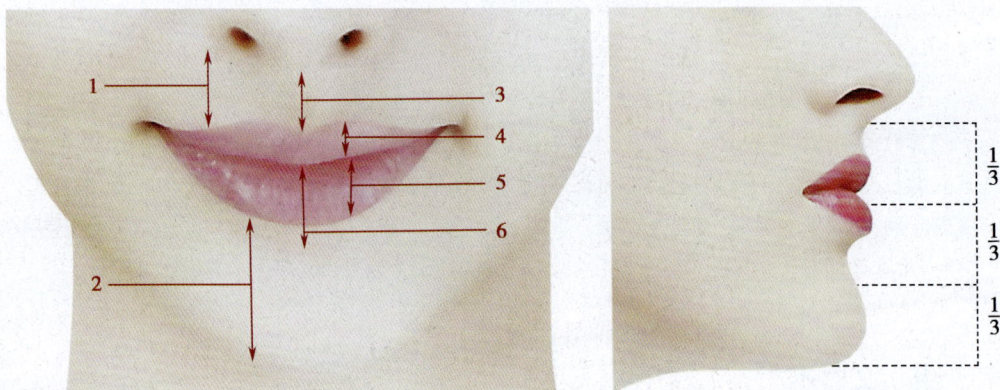

图 8-37 唇部美学标志图

1. 上唇皮肤高 20~24.5mm   2. 下唇皮肤高 42~47.5mm   3. 人中高 13~18mm   4. 上红唇高 5~8mm

5. 下红唇高 10~13mm   6. 下唇至颏唇沟高 25~32mm

A 点对称于 F 点、B 点对称于 B′ 点,C 点对称于 C′ 点。

标准唇型:上唇经中线高(AE)7~8mm,下唇唇中线高(EF)10mm,B 点和 B′ 点较 A 点高 3~5mm,下点 D 和 D′ 点较 F 点高 1~2mm。

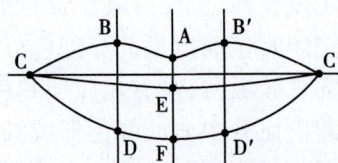

图 8-38 五点定位法

2. 唇峰定唇型　唇线设计采用唇峰定唇型的方法,即以唇峰的位置变化来决定整个唇线的形态。常见唇峰定唇型的方法见表 8-4。

3. 唇周画点连线　此种画法比较随意、简单,是在原唇基础上,构思出理想的“花瓣型”“樱桃型”等若干种合适的唇型。在唇周点上若干个小点,将小点光滑连线即成理想唇线。在设计口唇角时,无论以何种方法,应使口唇角微微上翘,给人以甜美笑意之感。

表 8-4　常见唇峰定唇型的方法

唇峰		特点	适合人群
1/3 唇峰 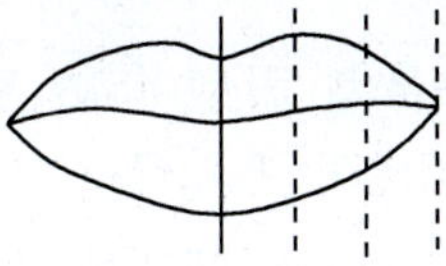		唇峰的位置在上唇中部到口角这段距离的内 1/3 处,呈山形。唇缘弓曲线起伏大,两上唇口角的曲线微微向上,下唇较丰满。给人以感情丰富、豪爽大方之感	适合多数女性。尤其在微笑时口型最佳
2/3 唇峰 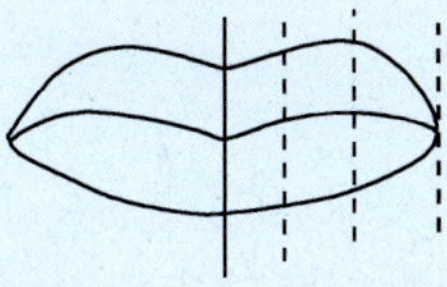		唇峰的位置在上唇中部到口角距离的内 2/3 处。唇部曲线圆滑、平缓、宽广。有优美微笑的感觉,显得高傲艳丽	适用于舞台歌唱演员等口部动作较多的人
1/2 唇峰 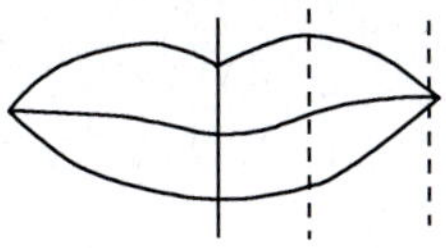		唇峰的位置在上唇中部到口角的 1/2 处。唇峰处上唇厚度与下唇厚度基本相同。上下唇线轮廓圆滑匀称。口唇的动静皆相宜。有内向而沉静、典雅而秀美的感觉	适合东方女性

　　唇型设计是文唇线的前提,文好唇线是文全唇的关键,这实质是一种艺术再创造的过程。口唇形状各异,不理想者可通过文唇术进行美化修饰,使其变得美丽动人。(表 8-5)

表 8-5　不同唇型的设计技巧与效果

不同唇型的特点	设计技巧	效果图
上下唇型过厚	为内收唇型,将唇的轮廓线文在原唇线内侧约 0.5~1mm	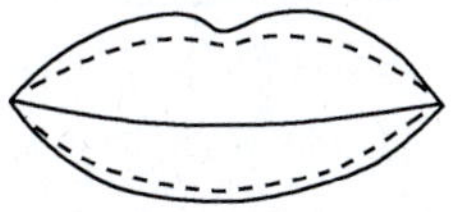
上下唇型过薄	为扩大唇型,将唇的轮廓线文在原唇线外侧约 0.5~1mm	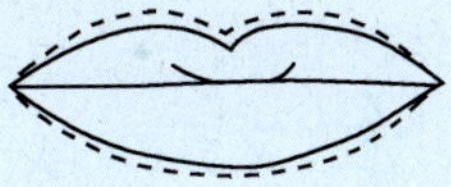
口角下垂	两侧口角处适当提高,如脱离原唇型过多,应考虑文全唇	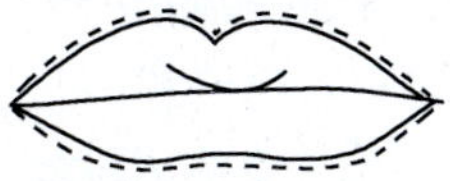
唇型过突	唇轮廓线的弧度平缓或取直,唇峰低些	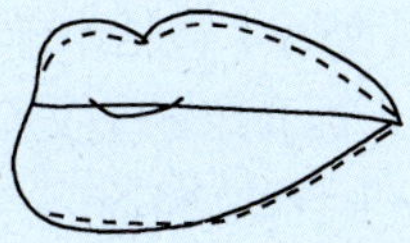
唇轮廓线模糊	先定好唇峰位置,再文出唇的轮廓线	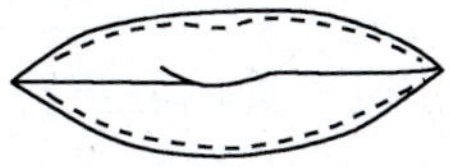
上下唇弯度过大	加宽口角处的口唇宽度	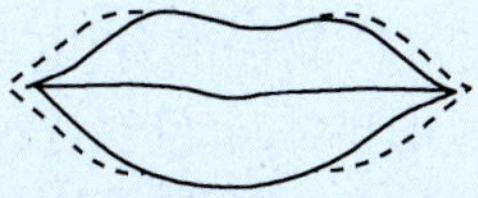
上下唇轮廓线不对称	用唇轮廓线矫正上、下唇,使之平衡	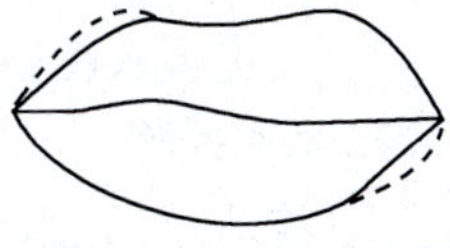

在唇线的设计中,不论是纠正厚唇、薄唇或一般的文唇线,都应在原基础上进行,即紧贴于唇红线,向外或向内文饰,以此来达到加宽或缩小唇型的目的。向内向外时,不能离开唇线1mm左右,否则形成二重唇,影响美感。

总之,设计唇型线时,必须依据顾客的唇型、脸型、鼻型、眼型、年龄、肤色及爱好等因素综合调整,确保设计的唇型符合"轮廓清晰、曲线优美、型随峰变、不离红线、立体感强"的原则。这样才能设计出适合各种脸型的唇型,以弥补原唇型的缺陷,增加原唇的美感。

(三)选择文唇色料及配色

配制文唇液,应根据顾客的年龄、肤色、唇色和本人要求,综合考虑。原则上要求文出的全唇色泽应柔和自然、不过于鲜艳夸张,肤色相对偏暗的应使用深色系,肤色相对白皙的应使用亮色系。文全唇时,最好使唇线的色泽和全唇的色泽相差不要太多,使文出的唇相对自然。如果想让唇型清晰有立体感,可以通过加重唇线的着色来强化唇型轮廓。

文全唇一般可以用单一的1种色料或2种色料配制,可将2种色料各取1滴按1∶1配制;如果颜色要偏重于哪种颜色,则哪种色料可取2滴配另一种色料1滴,按1∶2配制。配制时注意将颜色搅拌均匀后,感觉理想,方可使用。

总之,文绣师在实践中应不断探索尝试,灵活应用,要因人而异地去选择。

(四)文唇术的要求

1. 唇线设计 轮廓清晰、曲线优美、型随峰变、不离红线、立体感强。
2. 唇线运笔 用力柔和,减少出血;线条流畅,上色均匀。
3. 着色分布 唇线略深,全唇略艳;先文唇线,再文全唇。
4. 上下呼应 人中长者,上唇略画厚;人中短者,上唇略画薄;下颏比例小,下唇略画小;下颏比例大,下唇略画大。
5. 年龄层次 20~35岁女性,文色可略艳;35~45岁女性,文色可略暗。

(五)文唇术的步骤

沟通→清洁→消毒→软化死皮→设计唇型→敷麻药→配色→取位→文唇线→文全唇→入色消肿→收敛吸色→修复。

(六)文唇术的操作

文唇术包括术前准备、术中操作、术后注意三个环节。现代人单独文唇线的比较少,下面介绍的是文全唇的操作。

1. 术前准备

(1)与顾客沟通:针对唇型设计、配色、个人喜好、忌讳、年龄、气质、职业、禁忌证、费用等相关内容进行沟通,让顾客做好接受文饰的心理准备。签文饰协议书,拍摄照片。

(2)物品准备:电动文唇机(亦称润唇机,为数码机器)、文唇单针、复合针[3针、7针(七排针)]、色料(按需要调配好)、色料杯、消毒湿水药棉片、0.1%苯扎溴铵溶液或碘伏、一次性乳胶手套、弯盘、抗生素软膏或抗病毒软膏、防水唇线笔、麻药等。

(3)文绣师衣帽整齐,洗手、戴口罩。

2. 术中操作

(1)清洁:首先用棉片擦拭、洗面奶清洁唇部,以减少口腔内外的病菌和病毒通过文唇感染局部创面。

(2) 消毒:用 0.1% 苯扎溴铵溶液浸泡的棉片或碘伏进行口周及唇部消毒。消毒由内至外最少 3 遍,以防感染。

(3) 软化死皮:使用润皮渗色啫喱软化角质死皮,再用棉签打圈清洁死皮,辅助麻药吸收及上色。

(4) 设计唇型:用防水唇线笔根据顾客的唇型、脸型、鼻型、眼型、年龄、肤色及爱好设计好唇型,双方达成共识。

(5) 铺麻药:用 1mm 厚的脱脂棉片,取 2% 丁卡因溶液加 1ml 盐酸肾上腺素浸湿水棉片于唇部敷 20~30 分钟,并用保鲜膜覆盖以防止挥发。文全唇开始后就不再用肾上腺素,以防唇色发乌。一般多采用表面麻醉或局部浸润麻醉。也可敷专业文绣产品中的特效无痛舒缓乳镇痛。

(6) 配色:根据顾客唇部的底色、肤色、年龄、爱好调配好文唇的颜色,必须与顾客沟通后决定。

(7) 文唇线:先文唇线,后文唇红部,以防跑型。

1) 文绣师戴无菌手套。

2) 文唇针蘸少许配好的文唇色液,左手固定唇部皮肤,右手持机,将针(单针)垂直、均匀刺入皮肤,采用抚行针法即线条续段法沿预先设计好的唇线造型位置进行文刺。

3) 第一遍:从唇峰开始先把整个唇线文刺 1 遍,以免在操作过程中将唇线擦掉而影响观察,失去依据。操作时,用左手将唇部组织略微绷紧,针尖刺入深度宁浅勿深,约为 0.8mm。在文完第一遍后,有可能出现线条深浅不匀,连接断裂的情形。

4) 第二遍:用定针法沿唇线,以第一遍的 2/3 入针深度重走 1 遍,将线条塑型。完成后擦拭干净,检视唇线的完成情况。

5) 第三遍:观察唇线着色情况及整体效果,不足之处及时修整。术中有渗血、出血现象可用浸有生理盐水加肾上腺素的消毒棉球擦拭,以利于观察着色情况和止血。擦拭时动作要轻,以减轻局部肿胀现象。

(8) 文全唇

1) 文好唇线轮廓后,开始文红唇部。为防止操作中文唇色液流入口腔内,或唾液反流入唇部污染操作面,在牙齿与唇部间隙内垫 1 块棉片。

2) 润唇机换复合针,出针 0.2~0.4mm,垂直进针,以揉圈针法即连续交叉法或旋转法("打圈"、走"之"字针法)反复填文红唇部。文刺时应绷紧(注意紧绷的范围不应超出 15%)唇部组织,用力适中。如果力度过大易造成唇部紫斑,力度过小不易上色。文唇角时要求顾客微张嘴,以便使唇角组织绷紧。

3) 第一遍用"揉""抚""扫""抹"针法达到整体上色 80%。手法注意轻、柔、浅、匀、密。

4) 第二遍主要是补色,可用"小圈""复合针"。

5) 第三遍主要是巩固上色,可用"单针点刺法""打圈"。

6) 操作过程中如顾客感觉疼痛时,可以反复涂敷麻药并用保鲜膜覆盖约 2~3 分钟后继续操作。

7) 文刺过程中,不可边文边擦,要使色料被充分吸收,否则会严重影响上色。应勤蘸色料,减少无效文刺。出血时不容易着色,因此文刺时应避开出血点。

8)检查上色情况,上色不足应酌情填文,直到色泽均匀、文饰师与顾客双方满意为止。最后要把剩下的色料均匀涂敷在唇部,保留5分钟以上,以便唇部组织继续吸收色料,然后擦掉。术后常规涂抹抗病毒软膏,预防感染。

3. 术后注意

(1)术后口服阿昔洛韦片、牛黄解毒片、维生素C或维生素B_2,局部涂抹抗病毒软膏以防唇部起疱疹。帮助皮肤修复及防止色素沉淀。

(2)术后24小时内做间断冷敷,以消除局部肿胀现象。

(3)饭后用生理盐水清洁唇部,及时涂抹抗生素软膏滋润唇部,以防干裂、脱皮及感染。保持唇部黏膜湿润。

(4)黏膜恢复期间禁烟酒,禁食海鲜及辛辣刺激性食物,忌食茄子、芒果、荔枝等,需多喝白开水。

(5)术后3~7天脱痂。结痂应自然脱落,不可用手抠抓,以免着色不匀而影响效果。

(6)文唇线者,脱痂后,若颜色变浅或着色不理想,可在2~3周后补色;文全唇者,刚文完后颜色非常浓艳,如化了浓妆。第2天至第4天出现结痂、脱皮,局部色泽暂时呈粉白色,半个月左右颜色由粉白色逐渐转为红亮。期间从文唇第10天开始使用红唇素和亮唇蜜可长期保鲜唇部色彩。第5天至第1个月为修护滋养期,若着色不理想者应等1个月后再进行补色修正。(图8-39)

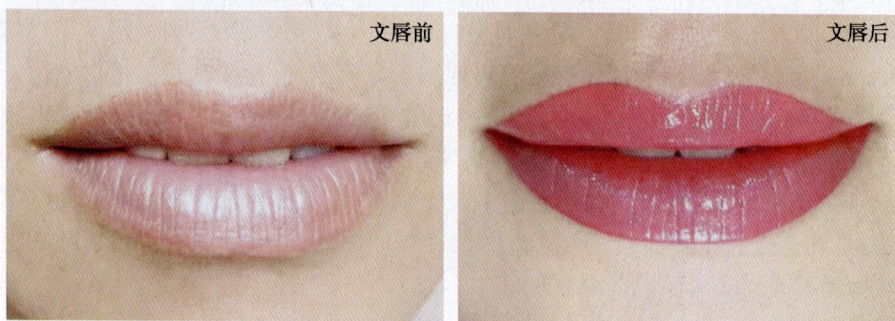

图8-39 文唇前后对比效果图

(七)文唇术的注意事项

1. 有文唇禁忌证者不宜做。

2. 色料的选配让顾客认同,切忌文唇调色加"棕色"或"咖啡色",以免文后颜色发黑。因为咖啡色内含有黑色素,唇部吸收黑颜色的能力特别强。

3. 切忌先局麻后再设计唇型,以免跑型。

4. 切忌唇线夸张过大,防止造成"血盆大口"。

5. 切忌文刺过深,造成瘢痕。一般文唇线的深度以小于1mm,即不超过皮肤基底层为宜;文红唇部深度以小于0.4mm为宜。

6. 切忌边文边擦,要让色料充分渗透。一般是文完上全唇或下全唇后用"按"的手法进行擦拭。

7. 文唇线时应遵循"宁淡勿浓,宁细勿宽"的原则。文全唇时应遵循"宁浅勿深,宁淡勿浓"的原则。

8. 严格无菌操作,须一人一针一份色料,防止交叉感染。

9. 注意两侧口角处的填色及对称性。

10. 注意红唇区内外黏膜颜色的过渡要自然柔和。

(八) 文唇术的并发症及处理

1. 唇型不美

(1) 原因及表现:与设计者的美学修养及文饰时操作失误有关,使设计的唇型与脸型、五官不协调。

(2) 预防及处理:要求文饰师具有较高水平的美学知识和审美观、熟练的操作技巧。操作时一定要运笔均匀,紧贴唇红线文刺。

能够修补者可于术后 2~3 周修补。不能修补者可行 Q 开关 Nd:YAG 激光退色或手术切除术。

2. 唇色不美

(1) 原因及表现:与美容文绣师缺乏色彩知识或草率行事,顾客不根据自身情况,盲目赶时髦有关。文出黑色或棕色唇线,致使文出的唇线与肤色及唇色极不相称等。

(2) 预防及处理:文唇线的色料要根据肤色和原有唇色决定。若文出黑色、深棕色唇线则为失败。为避免发生,应选择大红和深红色色料,不要自己乱配色料或文刺过深。

处理文唇失败目前最好的办法是 Q 开关 Nd:YAG 激光治疗,利用该激光系统的 532nm 波长激光能非常有效地祛除红色素,不留瘢痕。

文唇不上色等的原因

课堂互动

你知道文唇不上色、唇色青紫、文唇后唇部过肿或发乌的原因吗?

---

3. 感染

(1) 原因及表现:与文饰过程中未能严格执行无菌操作,或顾客口腔有溃疡、口腔周围皮肤有感染病灶存在等有关。可导致局部创面糜烂、红肿、化脓、疼痛明显,严重者伴发热。

(2) 预防及处理:选择适宜的时间进行文饰,避开病灶存在期。术中应严格遵守无菌操作,术后常规涂抗生素软膏保护创面,保持局部清洁干燥。

处理:行全身或局部抗感染治疗。①感染轻者,取甲硝唑溶液清洗创面后,再用甲硝唑溶液浸湿干棉片敷于唇部,每天 1~2 次,连续 2 天;②感染重者,静脉滴注消炎抗菌药,每天 1 次,连续 3 天;③若唇部表面溃烂,可用复方黄柏液敷唇,每日 2 次,效果甚佳。

4. 疱疹

(1) 原因及表现:又名单纯性疱疹,由人乳头状瘤病毒(HPV)感染引起,为最常见的并发症。在唇面部常见多个聚集排列的水疱。

(2) 预防及处理:术后注意口服阿昔洛韦片、牛黄解毒片、维生素 C 或维生素 B_2,局部涂抹抗病毒软膏以防唇部起疱疹。

处理:用单针进行疱体的表层穿刺,用甲硝唑片剂磨成粉,再用利巴韦林注射液调和成膏状,外敷在疱体上 20~30 分钟。效果甚佳,继续口服阿昔洛韦,注射干扰素或转移因子,提高机体免疫力。

5. 过敏反应

(1) 原因及表现:一般多由消毒液、文唇液、麻药等引起。出现局部渗液多,唇周潮红、发痒,有苔藓样改变。

(2) 预防及处理:术前询问顾客以往有无过敏史。操作时禁用伪劣、质量不合格的消毒液、文唇色液、麻药。

注意保持局部创面清洁,可用庆大霉素液加地塞米松局部涂擦或湿敷,也可用氢化可的松软膏外涂。口服抗过敏类药物治疗,局部反应明显、严重者,同时给予抗生素药物治疗。

6. 增生(极少见)

(1) 瘢痕性增生

1) 原因及表现:由于过深过密及过度的文刺,使真皮受损出现糜烂、不规则隆起。多见于瘢痕性增生。

2) 预防及处理:询问顾客是否为瘢痕体质。瘢痕体质不宜做。

处理:可以在创面表层实行开放性点刺法,用曲安奈德敷于棉片上,再用保鲜膜覆盖 15~20 分钟。(曲安奈德是一种肾上腺皮质激素类药物,常作用于外科瘢痕性处理。用量上宁少勿多)

(2) 排异性增生:即局部规则性块状隆起,常见于唇线边缘。

处理:在机体表皮做一个均匀穿刺,把曲安奈德敷于棉片上,保鲜膜覆盖 15~20 分钟。

7. 排异(极少)

(1) 机体性排异:色素进入体内时在深层同化期间机体细胞对外来物质产生的排异现象,常见于文完后周期性脱落,是文刺过深造成的。

治疗:涂抹防疤膏,口服阿昔洛韦。

(2) 病理性排异:由于色素的毒副作用,有机色料进入皮肤内不断推动角质层脱落而形成机体隆起,常见局部块状隆起。

治疗:机体表层做一个均匀穿刺,把甲硝唑片剂磨成粉,再用庆大霉素、地塞米松调和成膏,敷在病灶上 20~30 分钟。

五、文眼线

文眼线不仅起到扩大、改变眼型,增加睫毛浓密感的作用,而且能使黑眼线与白巩膜形成颜色上的黑白对比,在彼此衬托和相互影响下,使黑白更分明,眼睛更加明亮有神。

(一) 眼线设计

1. 眼线设计的原则　前细后宽(近内眼角处为前,近外眼角处为后),前浅后重;形随眼变,不离睫毛。

2. 标准眼线的设计　上眼线位于上眼睑两排睫毛根部之间,下眼线位于下眼睑灰色缘间线与睫毛根部之间,外眼角描画比内眼角浓,上眼线粗下眼线细,比例为

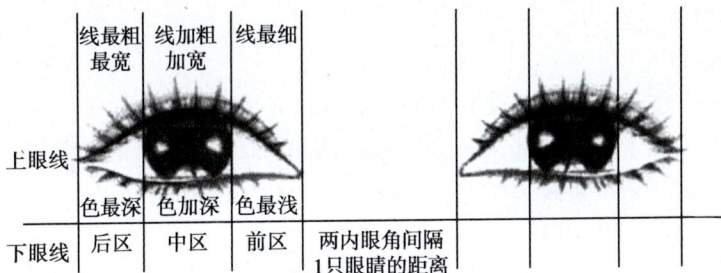

	线最粗最宽	线加粗加宽	线最细	
上眼线				
	色最深	色加深	色最浅	
下眼线	后区	中区	前区	两内眼角间隔1只眼睛的距离

图 8-40   标准眼线的设计

7：3。(图 8-40)

3. 眼线的形态   眼线的基本形态(图 8-41)原则上应符合正常睫毛的生长规律。上眼线应自内眦部向外眦部逐渐加宽,至尾部微微上翘,尤其对于年龄大、眼睑皮肤有松弛下垂的人更应注意眼线尾部的处理。下眼线自泪小点下缘至外眦部可基本一致,表现为细、直、淡的形态,也可在下睑缘中外 1/3 处略文深加宽些。

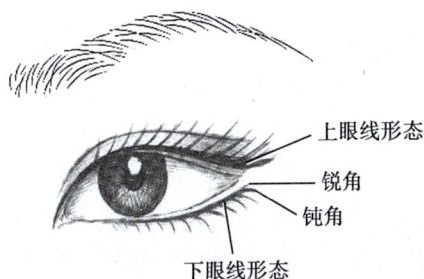

图 8-41   眼线的形态

4. 不同眼型眼线的设计

(1)"凸"型眼型(亦称近视眼)

1)特征:眼球鼓起外凸,眼黑部分面积少,眼白面积大。

2)设计目的:增强眼睛的黑白对比度,达到收缩眼型,减轻眼球外凸的感觉。

3)眼线设计位置:上眼线位于眼睫毛根部内侧,不搭角;下眼线位于灰色线上。

4)设计线条:眼线线条偏细。

5)效果对比图(图 8-42)。

(2)"凹"型眼型

1)特征:眼球内陷,眼黑面积多,眼白面积少。显得憔悴无神。

2)设计目的:增加眼睛的明亮通透度,在视觉上起到放大眼睛的效果。

3)设计位置:上眼线位于睫毛根部及其外侧,到位搭角;下眼线位于眼睫毛根部,使眼睛外扩。

4)设计线条:偏粗。注意往睫毛根部内侧加粗,不能超出睫毛根部。否则会眼睑外翻。

5)效果对比图(图 8-43)。

(3)细长型眼型(亦称鹰眼)

1)特征:眼睛长度有余,宽度不足。

2)设计目的:增加眼睛宽度,收

文眼线后　　　　　　　没有文眼线

图 8-42   "凸"型眼型眼线设计对比图

文眼线后　　　　　　　没有文眼线

图 8-43   "凹"型眼型眼线设计对比图

缩长度。

3）设计位置

上眼线——位于睫毛根部及其外侧,提前 2mm 平搭角。

下眼线——位于睫毛根部,在外眼角到内眼角的 2/3 处,由粗到细的过渡。

4）设计线条:中等偏粗。

5）效果对比图(图 8-44)。

（4）上吊型眼型(亦称上斜眼)

1）特征:外眼角高,内眼角低,线轴线向上。

2）设计目的:抬高内眼角,降低外眼角。

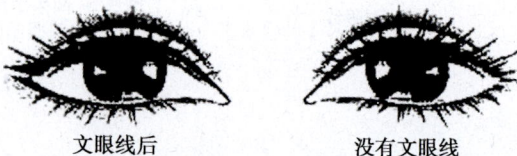

文眼线后　　　　　　没有文眼线

图 8-44　细长型眼型眼线设计对比图

3）设计位置

上眼线——避开泪囊,起笔文于内眼角眼睫毛根部的外层,中部文于内外眼睫毛根部的中层,外眼角文于内层眼睫毛根部的内测,即眼睑外缘上。

下眼线——从内眼角最前端开始,起笔由内眼眶开始文于眼睛中间,在褐色线上,外眼角文于睫毛根部。

4）设计线条:下眼线的外眼角线条增粗。

5）效果对比图(图 8-45)。

（5）下垂眼型(亦称下斜眼)

1）特征:内眼角高,外眼角低,眼轴线向下。

2）设计目的:降低内眼角,提高外眼角。

文眼线后　　　　　　没有文眼线

图 8-45　上吊型眼型眼线设计对比图

3）设计位置

上眼线——内眼角文于眼睑外缘上,紧贴眼睫毛根部至外眼角处,在眼睫毛根部及其外侧,提前 2mm 起角。

下眼线——内眼角不文色,由眼睫毛根部连接至眼睑外缘拉与外眼角贴于灰线上。

4）设计线条:上眼线的外眼角线条增粗。

5）效果对比图(图 8-46)。

（6）向心型眼型

1）特征:两内眼角间距小于 1 只眼的距离。

2）设计目的:拉开两眼间距。

3）设计位置

上眼线——内眼角线淡,沿眼睫毛根部向外眼角拉长加宽。

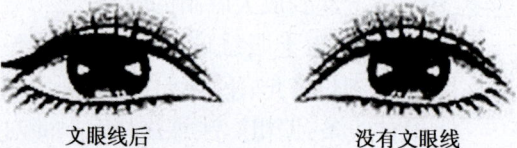

文眼线后　　　　　　没有文眼线

图 8-46　下垂眼型眼线设计对比图

下眼线——1/3 或 1/2 处在眼睫毛根部向外眼角拉线。

4）设计线条:上眼线向外眼角线条拉长加宽。

5）效果对比图(图 8-47)。

（7）离心型眼型

1）特征:两眼间距大于 1 只眼的距离。

2）设计目的:缩短两眼之间的距离。

3）设计位置

上眼线——文于眼睫毛根部,内眼角至外眼角处停止不向外延伸。

下眼线——文于眼睫毛根部与灰线之间。

4）设计线条:内眼角略粗,外眼角较内眼角略细。

5）效果对比图(图 8-48)。

文眼线后　　　　　　　　没有文眼线

图 8-47　向心型眼型眼线设计对比图

文眼线后　　　　　　　　没有文眼线

图 8-48　离心型眼型眼线设计对比图

（8）肿泡眼

1）特征:眼睛浮肿。

2）设计目的:淡化浮肿感。

3）设计位置

上眼线——文于泪囊后开始紧贴内眼眶,沿着睫毛根部向外眼角延伸光滑线条。

下眼线——从内眼角前端向外眼角沿着眼睫毛根部与灰线间延伸曲线。

4）设计线条:偏细不宜过粗。

5）效果对比图(图 8-49)。

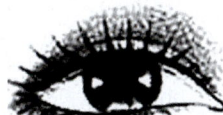

文眼线后　　　　　　　　没有文眼线

图 8-49　肿泡眼眼线设计对比图

（二）文眼线的色料及配色

文眼线所用色料的颜色取决于顾客皮肤和虹膜的颜色。由于东方人虹膜多为黑褐色,皮肤颜色偏黄,文出的眼线颜色越黑效果越好,所以文眼线所用色料原则上以黑色为宜,调配少量的黄褐色和橙色系可以防止黑色变蓝。这样文出的眼线与虹膜及皮肤的颜色比较和谐。因而,色料的配制是黑色制剂比例应大些,与调色比例为10∶1。

（三）文眼线的要求

1. 眼线设计　前细后宽,前浅后重;形随眼变,不离睫毛。

2. 眼线运笔　稳而不抖,准而不偏;匀而不乱,畅而不断;线条流畅,着色均匀;先文细线,逐渐加粗。

3. 掌握年龄层次　20~35 岁女性宜线条略粗,文色深些;35~45 岁女性宜线条略细,文色淡些。

4. 明确皮肤性质　上眼线因文在皮肤上,易上色;下眼线因文在睑缘上,不易上色。

5. 文饰效果　明亮有神,柔美动人;层次分明,富于立体感。

（四）文眼线的操作

1. 操作步骤　沟通→清洁→消毒→软化死皮→设计→涂敷麻药→配色→操作针法→观察上色→修复。

2. 术前准备

（1）与顾客沟通：针对眼线设计、配色、个人喜好、忌讳、年龄、气质、职业、禁忌证、费用等相关内容进行沟通，让顾客做好接受文饰的心理准备。签文饰协议书，拍摄照片。

（2）物品准备：电动文饰机、单针、文眼线的色料(按需要调配好)、色料杯、消毒药棉、0.1% 苯扎溴铵溶液、一次性乳胶手套、弯盘、抗生素软膏或眼药水、生理盐水、麻药等。

（3）文绣师衣帽整齐，洗手、戴口罩。

3. 术中操作

（1）清洁：眼部有妆，应先用少许金霉素眼药膏为眼部卸妆，擦掉眼线、眼影及睫毛膏等，再用洗面奶清洗眼部。

（2）消毒：用无刺激的消毒液 0.1% 苯扎溴铵溶液消毒睑缘及睑部等。

（3）软化死皮：使用润皮渗色啫喱软化角质，辅助麻药吸收及上色。

（4）设计眼线：根据顾客的眼型设计好眼线，双方达成共识。

（5）麻醉：选择适当的麻醉方法，常用的有表面麻醉、局部浸润麻醉、局部阻滞麻醉 3 种。具体操作见第一节。大多采用表面麻醉，可用文绣产品中的特效无痛舒缓乳行睫毛根部涂敷 30 分钟。

（6）文眼线：文饰师戴手套，分开眼睑，暴露睫毛根部，右手垂直持机，蘸少许眼线色液，上眼线从内眼角上睑缘起笔，沿着睫毛根部到眼部中区（即整眼长 2/3 处），文出纤细的线段。以轻、中度抚行针"续段法"操作，至外 1/3 处起角加粗以重度抚行针"续段法"完成。下眼线在下眼睑睫毛根部与灰线之间。从内眼睑起笔绕开泪小点到眼部中区文出纤细的线段，以轻、中度抚行针"续段法"操作，至外 1/3 处色稍加深加粗以重度抚行针"续段法"完成。深度约 0.3~0.7mm，以见到微细血珠为宜，用棉球擦拭不掉色即可，每文刺 5~6 针再蘸眼线色液 1 次。(图 8-50)

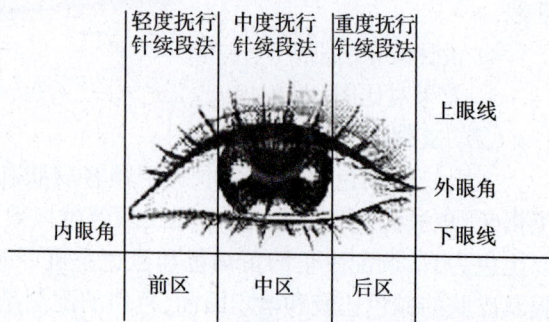

图 8-50　眼线针法分布图

（7）文刺时手要稳，运针力度一致，深浅掌握适度，边文边擦，先文出细线条，再根据标准逐渐加宽，力求文出线条圆滑、流畅、自然的眼线。

（8）文刺完毕，用氯霉素眼药水冲洗双眼，文刺的部位再涂一层抗生素眼药膏以防感染，最后用棉片将面部擦拭干净。

4. 术后注意

（1）术后 24 小时内间断冷敷，便于消除局部肿胀。禁止热敷。冷敷时应将冰块放置于冰袋内，外裹消毒毛巾进行，每次冷敷时间为 20~30 分钟，不得将冰袋或冰块直接放于创面上,以免冰水渗入伤口造成感染。

(2) 术后 24 小时内可用凉水洗脸,但不可沾热水,以防脱色。

(3) 术后 3 天内创面保持清洁干燥,不得沾水;继续滴用氯霉素眼药水,每天 4 次(或在创面上外用消炎药,每天 3 次),以防感染。

(4) 局部因注射麻药造成瘀血者,术后 2 天可做热敷消除瘀血。

(5) 术后勿用手揉擦眼部,3~7 天后自然脱痂。创面结痂后不宜接触热水、蒸气等,以防结痂软化、脱落,影响着色。结痂要让其自行脱落,不能人为抠掉,以防其颜色随痂一同脱落,影响上色效果。

(6) 术后 1~6 个月内补色 1 次。(图 8-51)

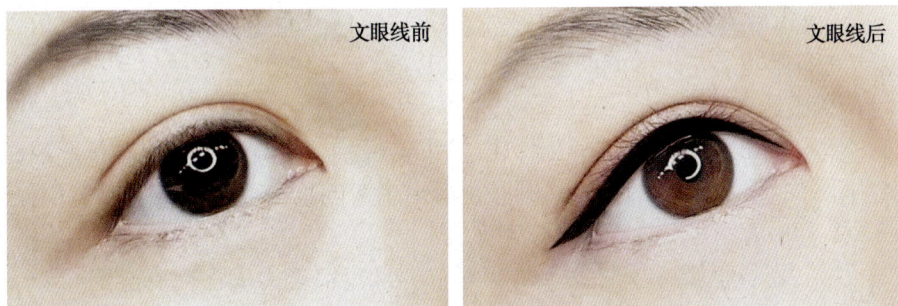

图 8-51　文眼线前后对比效果图

(五) 文眼线的注意事项

1. 术前详细询问顾客有无麻醉过敏史。对于眼睛患有慢性炎症、近期做过眼部文饰、瘢痕体质、过敏体质、凝血机制障碍、月经期、精神过度紧张者不要文眼线。

2. 文刺前用眼药水滴眼数次。戴隐形眼镜者,要摘掉镜片。

3. 严格无菌操作,做到一人一针一份色料,文饰器具必须严格消毒。

4. 严格检查文眉机,防止出现"飞针"现象。操作过程中文针绝不能朝向眼球,以防万一出现"飞针"误伤眼球,造成意外事故。

5. 涂抹麻醉时,注意不能让麻药进入眼睛。尤其是高浓度的麻药会导致角膜损伤,严重的会导致角膜剥脱甚至失明。

6. 注意不要伤及泪小点开口、睑板腺开口及睫毛根部。

7. 切忌文刺过深,造成洇色。

8. 忌将下眼线全部文在睫毛根外侧而形成"黑眼圈"。

9. 切忌上眼线最高点文在瞳孔内侧缘上,以免造成"三角眼"。

10. 避免上眼线尾端上翘的部分过分夸张。

11. 切忌上下眼线尾端在外眦部相交重合,避免有框死的感觉。

(六) 术后并发症及处理

1. 眼线颜色变蓝

(1) 原因及表现:眼线色液质量差,文刺过深所致。

(2) 预防及处理:选择质量可靠的眼线色液,调配眼线液时应选用黑棕色,以黑色为主,以防眼线变蓝。文刺不宜过深,以 0.3~0.7mm 为佳,即刺至表皮深层或真皮乳头层,以不出血或少量出血为度,这样文出的眼线不易变蓝且不易晕染。

处理:文饰术 1 个月后,若发现眼线变蓝,可选择质量好的文眼线液再次文刺覆盖或修改。

2. 眼线洇色、晕染

(1) 原因及表现:洇色、晕染是文眼线色液在文刺后至皮内向四周扩散、渗透引起的,是文饰术中较棘手的并发症,一旦发生很难处理。这是操作技术差和责任心不强所致。

(2) 预防及处理:要求文饰师具有高度责任心、丰富的医学美学知识以及熟练的操作技巧。顾客欲做此项文饰,一定要到专业的美容院及医疗机构接受治疗,以免造成终生遗憾。

处理:用高频电进行清洗,面积小时可一次清洗,面积大时分数次清洗。另可选用 Q 开关 Nd:YAG 激光治疗祛除眼线色素,不留瘢痕。必要时可考虑用手术切除,伴有眼袋者可行眼袋矫正术并同时祛除洇色区皮肤。

3. 两侧眼线不对称

(1) 原因及表现:美容文绣师工作粗心,审美观差。或两侧注射麻醉药量不等,导致眼睑肿胀不同,文饰时双侧对称,肿胀退后出现两侧眼线不对称。表现为左右两侧眼线长短、粗细、宽窄、深浅、位置不对称。

(2) 预防及处理:要求文饰师具有美学修养和审美能力。注射麻醉药量要一致,操作细致,边文边擦拭边观察两侧的对称性。

处理:文饰术 1 个月后,对不对称的部位进行修补,多出部位无法覆盖时,可用激光或高频电清洗。

4. 眼睑外翻

(1) 原因及表现:美容文绣师对文眼线的正常位置掌握不准确,下眼线文刺偏外,下睑缘外露过宽,看上去貌似"眼睑外翻"。

(2) 预防及处理:文下眼线时应沿睫毛根部内侧进行文刺。下眼线文好后,顾客站立平视,下睑内侧唇缘看上去似露非露,或下睑缘外露宽度不超过 1mm。

处理:将下眼线往内侧补文。如果眼线过宽,可采用激光清洗或手术切除的方法将外侧过宽眼线除掉。

5. 熊猫眼

(1) 原因及表现:美容文绣师技术水平低,文饰得过宽、过深、洇色,或内、外眦角的上、下眼线连接。

(2) 预防及处理:上眼线沿着睫毛根部的外侧文,根据实际情况,眼线可适当宽些,一般宽度为 2~3mm。下眼线沿睫毛根部的内侧缘文,要求细、直、干净、清晰、流畅,不宜宽,一般在 0.5~1mm。内、外眦角处的上、下眼线不能连接。文饰过程中可随时让顾客坐起来,以观察眼线形态。

处理:将下眼线向内侧补文。如果眼线过宽,用激光把外侧过宽眼线清除,或手术切除。

6. 睑裂缩小

(1) 原因及表现:文饰不流畅,文饰后眼线离睑缘太近。小眼睛上、下眼线全文或者上、下眼线在内、外眦角处相连,视觉上产生眼睛变小的感觉。

(2) 预防及处理:下眼线文在睫毛内侧,上眼线文在睫毛外侧,切勿将整个睑缘都文满。上、下眼线内侧都要细,外侧要适当加粗,在内、外眦角上、下眼线不能相连。小眼睛最好只文上眼线,不文下眼线。

预防为主,一旦形成睑裂缩小,可采用高频电沿睑缘后唇轻轻清洗,但清洗不应过宽过深,以免损伤睑板腺开口,造成睑板腺阻塞。

7. 皮下瘀血

(1) 原因及表现:局部麻醉时注射针头刺破小血管,造成皮下出血所致,皮肤表现为青紫色。

(2) 预防及处理:注射麻药不应过深。针头首选 5 号或小于 5 号的细针头,进针时应避开毛细血管网,回抽时注意是否有回血。推药时动作要轻柔。出针时,立即按压针眼 1 分钟。如采用阻滞麻醉或表面麻醉可避免刺破局部血管发生瘀血。

处理:注射麻醉时,如出血立即压迫出血部位 3~5 分钟。出血多者应停止操作。文饰结束后要立即冷敷约 30 分钟。术后 2 天热敷,以利瘀血吸收。局部瘀血不需特殊治疗,一般 6~10 天可痊愈。

8. 局部感染

(1) 原因及表现:文饰器械消毒不严格,未遵守无菌操作原则,或术后不注意卫生,机体免疫力下降,均可造成局部感染。表现为局部红、肿、热、痛等现象。

(2) 预防及处理:文饰用具严格消毒。文饰操作应严格遵守无菌操作原则。术后保持创面清洁、干燥,并滴眼药水对伤口进行养护,以防感染。

处理:感染轻者,可通过局部点抗生素眼药水或上眼药膏治疗。感染较重者,除局部应用抗生素眼药水或上眼药膏外,还可适量口服广谱抗菌消炎药奥硝唑和帕珠沙星 3~5 天。

9. 过敏

(1) 原因及表现:顾客为过敏体质。过敏包括对麻药、消毒液和文眼线色液过敏,表现为局部红肿、发痒,面部丘疹,文饰脱色。

(2) 预防及处理:术前应详细询问顾客有无过敏史,有过敏史者不宜做。

处理:如出现过敏现象,应立即停止操作,及时对症抗过敏治疗。祛除变应原。可应用激光祛除色料,色料祛除后变应原消失,过敏现象随之消失。

10. "飞"针损伤

(1) 原因及表现:美容文绣师操作粗心,安装文眉针不牢,致使文饰过程中文眉针从文眉机上脱落刺伤角膜或眼球,表现为眼部持续疼痛、流泪、怕光等。

(2) 预防及处理:术前应先行试文,检查文眉针安装是否牢固。文饰过程中应精力集中,文眉针应始终避开角膜和眼球。

处理:损伤的当时,应及时滴入氯霉素眼药水或红霉素、金霉素眼药膏。严重者及时到医院眼科进行就诊。

第三节　美容文饰失败的修复方法

一、空针密文退色法

1. 原理　用文眉机不蘸任何色料在需修复区来回空文,人为造成表皮损伤,使其数日后结痂脱落,颜色变淡。

2. 方法

(1) 局部皮肤常规消毒。

(2) 用文眉机不蘸任何色料比较致密地走空针文局部,注意深度应为 0.5~0.8mm。

(3) 术后创面用纱布按压 10 分钟,以减少出血。

(4) 局部涂少许湿润烧伤膏或干燥暴露创口。

3. 养护　保持创面干净和干燥,7~10 天结痂脱落,颜色变浅。

二、洗眉水退色法

1. 原理　空针密文损伤表皮后,局部涂脱色剂,皮肤表面数日后结痂脱落,颜色变淡。

2. 方法

(1) 局部皮肤常规消毒。

(2) 用文眉机反复致密地空文需退色区,注意深度。

(3) 用消毒棉签蘸脱色剂均匀涂擦需退色区 2~3 遍。

(4) 3 分钟左右,涂消炎剂于需退色区。

(5) 干燥后局部薄涂抗生素药膏,保护创面或干燥暴露创面。

3. 养护　术后 24 小时可清洁创面 1 次,1 周内不得沾水,7~10 天结痂脱落,颜色明显变浅。

三、遮盖法

1. 原理　用文眉机蘸取与自然肤色相同或相似的色料进行文刺,使某部位的原文色变浅,如同利用遮瑕霜来遮盖皮肤瑕疵。

2. 方法

(1) 眉区遮盖法:用棕色色料文刺整个眉区或部分蓝色眉区;用大红、桃红色料文刺整个蓝色眉区。

(2) 眼线洇色遮盖法:用自然肤色色料文刺眼线某一洇色或不理想部分,使之原底色变浅。

(3) 唇线遮盖法:用大红、桃红色料文刺整个发黑的唇线,视当时遮盖的效果决定文刺的次数。

3. 养护　术后创面保持绝对清洁和干燥,3~7 天结痂脱落,1 个月左右进行第 2 次遮色,直到达到理想效果。

四、再文饰法

1. 原理　在原有文饰或文饰失败修整的痕迹上再进行文饰。

2. 方法

(1) 眉的再文饰法:一般在行祛除术后 2~3 个月进行。皮肤常规消毒,描画好所需形状,要注意不能与原痕迹差距太大。

(2) 眼线的再文饰法:应在标准的位置行再文饰法。

(3) 唇的再文饰法:在修整的基础上再行文饰法。

五、电灼退色法

1. 原理 电针与文刺部位接触,针尖部放电产生局部火花,使气体分子电离,产生等离子体火焰,导致电针周围组织的蛋白质炭化、气化、凝固变性。由于汽化层下面还有薄薄的凝固层,形成保护层,可以阻止出血,最后表皮脱落,颜色变浅。此法是以破坏为前提,祛除各种失败文饰,有止血、消炎、不留疤等优点。

2. 方法

(1) 文眉术失败的修复和养护

1) 签订文饰协议书。

2) 皮肤常规消毒。

3) 用 2% 普鲁卡因肾上腺素注射液 2ml 局部浸润麻醉。

4) 用多功能电离子文饰治疗仪 5~8V,长火局部炭化,深度 0~5mm,边操作边用棉球擦拭,直到原文眉变浅或消失。

5) 术后伤口用纱布按压 10 分钟,以减少出血和渗出,局部按烧伤原则处理,涂少许湿润烧伤膏。

6) TDP 理疗 3 天,每次 18 分钟,1 日 1 次。

7) 保持创面干燥,不得沾水,术后 7~10 天痂皮自然翘起,裂开翘起的部分可剪掉,不可硬揭。

8) 术后 15 天左右局部发红、发痒,有新眉长出。

9) 实施祛眉术后 3~6 个月才可补文。

10) 如第一次祛除效果不佳者,第二次可用点状烧灼法,深度以真皮浅层为宜,不损伤毛囊。

(2) 文眼线失败的修复和养护

1) 签订文饰协议书。

2) 局部用 1% 苯扎溴铵溶液消毒。

3) 2% 普鲁卡因肾上腺素注射液局部麻醉。

4) 按照文眼线的正确位置进行文刺。

5) 电针祛除失败眼线部分。

6) 局部涂以湿润烧伤膏,不予包扎。

7) 如上下眼线同时修补,修补顺序应是上眼线、下眼线、外眦角,以免色料沾染创面。

8) 按烧伤原则处理局部。

9) 术后 7 天左右痂皮自然脱落,不可硬揭。

10) 根据祛除情况,3~6 个月后均可再修补 1 次。

11) 下眼线的祛除应注意深度,以防破坏毛囊,睫毛乱长。

(3) 文唇术失败的修复

1) 签订文饰协议书。

2) 局部常规消毒。

3) 2% 普鲁卡因肾上腺素注射液 4ml 局部浸润麻醉。

4) 电针对准需修复部位进行炭化,注意深度,以下步骤同上。

六、手术切除柔绣法

1. 原理　通过手术部分或全部切除文失败的眉毛,重塑新的眉型,术后再用绣眉法补文或重文。可同时改善眼上部皮肤松弛。由于切眉的同时也切除了术区毛囊,影响了该处眉毛的生长。因此,最好采取选择性切除,根据具体情况保留眉头或部分眉毛。这样,愈后即使画眉或重新文眉都比较自然。

2. 方法　目前切眉术的切口一般用美容外科的专用小针,50~70 号尼龙细线缝合。术后 5~7 天拆线。也可用可吸收缝线做皮内间断缝合,外面可用医用胶水、生物黏合剂或贴免缝胶布,这样可以避免针眼瘢痕。术后需要加压包扎 1~2 天,不需要吃消炎药和镇痛药,一般术后 2 周左右可以完全消肿,这时可以开始用眉笔画眉,2 个月后可以重新在新眉型的基础上绣眉。

七、激光洗眉法

1. 原理　特定波长的激光可以透过皮肤表皮到达皮肤深层,使皮肤内部色素颗粒瞬间粉碎,粉碎的色素颗粒被人体巨噬细胞吞噬后,慢慢运走,而对周围正常皮肤和毛发不造成损伤,因此皮肤上不会留瘢痕。不同波长的激光,可以选择性吸收皮内的黑色、蓝色、绿色、褐色、红色、棕色、黄色等色素,是目前运用最广泛、效果最佳的文刺修复方法。

2. 方法　目前采用 Q 开关 532nm(去咖啡色、橙色、红色)、Q-IT 开关 755nm(去蓝色、绿色、咖啡色、黑色)和 Q- 开关 1 064nm(去蓝色、咖啡色、黑色)3 种波长的激光,可祛除绝大多数色素。愈合期间,可涂抗生素软膏或口服消炎药避免继发感染,避免阳光紫外线直接照射;痂皮脱落以前治疗区不接触水,不搓擦,要等痂皮 1 周左右自行脱落,不得强行剥落;若遇文得较深的病例,一次不求完全消除,可分次进行,千万不可因急于求成,而造成局部损伤甚至形成瘢痕。两次治疗间隔时间为 3~6 个月。

(曾小平)

扫一扫
测一测

复习思考题

1. 文饰后局部一直出现红、肿、痒、脱皮等现象,考虑何原因? 如何处理?
2. 顾客,女,32 岁,护士,嘴薄轮廓不明显,前来文唇修正。见:脸型较标准、但感觉扁,立体感不强,眉眼位置适中,口唇扁平,口角稍下垂无唇峰、唇色一般、肤色白。请写出:
(1) 唇型线的设计要点。
(2) 文饰操作要点。
(3) 术后可能出现的并发症及处理。

主要参考书目

1. 范巨峰,赵启明 . 医学抗衰老[M]. 北京:人民卫生出版社,2018.
2. Rebecca Small,Dalano Hoang,Jennifer Linder. 化学换肤、微晶磨削与外用产品实用指南[M]. 黄威,主译 . 北京:北京大学医学出版社,2015.
3. 雷万军,崔磊 . 皮肤美容学基础与应用[M]. 北京:中国中医药出版社,2013.
4. 何黎,刘玮 . 皮肤美容学[M]. 北京:人民卫生出版社,2008.
5. 陈德宇 . 中西医结合皮肤性病学[M].9 版 . 北京:中国中医药出版社,2012.
6. 张学军,郑捷 . 皮肤性病学[M].9 版 . 北京:人民卫生出版社,2018.
7. 郑美英 . 韩式半永久化妆术[M]. 沈阳:辽宁科学技术出版社,2018.
8. 顾小思 . 美人点妆——国风妆容与盘发实例教程[M]. 北京:人民邮电出版社,2018.
9. 日本新美睫株式会社 . 美睫速成教材[M]. 上海:上海人民美术出版社,2015.
10. 克莉西·怀伍德 . 芳疗百科[M]. 牛尔,译 . 上海:世界图书出版公司,2010.
11. 汪妲·谢勒 . 芳香疗法精油宝典[M]. 温佑君,译 . 北京:中信出版社,2011.
12. 瓦勒莉·安·沃伍德 . 芳香疗法配方宝典[M]. 陈评梅,冯凯,译 . 北京:中信出版社,2013.
13. 周生力 . 形象设计概论[M]. 北京:化学工业出版社,2015.

复习思考题答案要点与试卷

《美容实用技术》(第 3 版)教学大纲

06核